教育让未来更精彩

为未来而来

主编 齐振军

中国社会出版社

国家一级出版社·全国百佳图书出版单位

图书在版编目（CIP）数据

为未来而来 / 齐振军主编 . –– 北京：中国社会出
版社，2019.12

（教育让未来更精彩 / 齐振军主编）

ISBN 978–7–5087–6293–7

Ⅰ . ①为… Ⅱ . ①齐… Ⅲ . ①小学教育－教育研究
Ⅳ . ① G622.0

中国版本图书馆 CIP 数据核字 (2020) 第 011747 号

书　　　名：教育让未来更精彩——为未来而来
主　　　编：齐振军
本册主编：齐振军

出　版　人：浦善新
终　审　人：尤永弘
责任编辑：马潇潇

出版发行：中国社会出版社　　邮政编码：100032
通联方式：北京市西城区二龙路甲33号
电　　话：编辑部：（010）58124868
　　　　　销售部：（010）58124868
网　　址：www.shcbs.com.cn
　　　　　www.mca.gov.cn
投稿邮箱：LLYD2017@163.com
经　　销：各地新华书店

中国社会出版社天猫旗舰店

印刷装订：廊坊市华昌印务有限公司
开　　本：170mm×240mm　　1/16
印　　张：19
字　　数：250千字
版　　次：2020年4月第1版
印　　次：2020年4月第1次印刷
定　　价：128.00元（全3册）

中国社会出版社微信公众号

《教育让未来更精彩》编委会

主　编：齐振军

成　员：王　阔　　邵学良

李万军　　沙晓燕

《为未来而来》

主　编：齐振军

成　员：张平川　　田晓丽

黄　斌　　梁　利

郭新新　　赵克红

聂　琴　　杨高懿

任丽华　　王新霞

目录

小学综合实践活动课程校内课程
资源开发的研究

北京市朝阳师范学校附属小学

张　炜

一、问题的提出

（一）背景介绍

综合实践活动课程从 2001 年开设以来，就被研究者广泛关注。这是我国原有的"课外活动""活动课程"的进化，更是一种在原有活动课程基础上的创新与延续。这一课程的设置是对我国传统教育形式的一次更新，它很大程度上改变着我国传统课程以书本知识为传授主体的教学形式，旨在培养学生的勇于创新精神和综合实践能力。

2014 年北京市发布了《北京市教育委员会关于印发北京市基础教育部分学科教学改进意见的通知》，文件指出：学校要组织学生走出校门，中小学校各学科平均应有不低于 10%的课时用于开展校内外综合实践活动课程。2017 年党的十九大召开，大会提出全面推进素质教育的要求，学生综合素质评价成为中考、高考改革的重要内容。

笔者所在的学校是首批素质教育示范校，地处首都文化中心，家长 90%为本科以上学历，40%为研究生学历，他们重视孩子的全方位教育，希望孩子能博学多识。朝师附小育人目标是：身体健康、心理健全、知识扎实、见识广博，具备学习能力、发展潜力的合格小学毕业生。依据学生培养目标，学校着力培养学生六方面的核心素养，即包容、表达、质疑、合作、创造、自信。学校通过构建"人文与交流、科学与技术、艺术与欣赏、健康与运动"四大领域，从"基础类、拓展类、发展类"三个层次构建学生课程体系，以此提升学生学习的能力、发展的潜力，使学生成为"心悦少年"。

（二）存在问题及原因分析

笔者作为一名主管教学的副校长在工作中注意到：自 2014 年《学科改进意见》出台后，10%学科综合实践活动课程的实施并不是很理想，在实践中存在以下问题。

1. 课程资源开发力量薄弱，课程开发意识不强

学校综合实践活动课由兼职教师担任，教师的学科专业性不强，课程资源开发力量相对薄弱。教师把《综合实践活动教师用书》和《综合实践活动（学生手册）》视为唯一的教学资源，课程资源开发意识不强。

2. 资源开发认识不清，课程内容偏颇

访谈得知，对于综合实践活动课程的基本理念教师有一定的了解，但对课程理念深入理解得不够，对该课程资源开发认识不清。例如，有些老师认为该课程内容偏向于劳动技术教育，有的以信息技术课代替，以偏概全，课程资源开发面狭小，课程内容偏颇。

3. 课程资源开发主体单一，课程实施缺乏保障

对于如何开发综合实践活动资源，教师回答是仅限于按照《综合实践活动教师用书》上的要求去做，需要什么，在学校里能找到什么就用什么，处于依靠自己的教学经验和生活阅历无意识开发和利用教育资源状态，开发主体单一。访谈得知，学生参加过很多学校传统活动、社会实践活动等，学校也能提供一定的活动实施保障条件，但这些传统活动、社会实践活动没有与综合实践课程相结合，学生为了研究性学习参加的学校传统活动、社会实践活动更少，学校没有形成一定的综合实践课程实施保障机制。

上述问题的出现是有其深层次原因的，具体分析主要有以下几点。

1. 教师依赖于教材，主动开发资源的意识淡漠

教师没有自主开发课程的意识是导致课程资源开发意识淡漠的主要原因。访谈得知，自 2012 年 8 月以来，学校都使用由北京市朝阳区综合实践活动课教研员主编的《综合实践活动教师用书》和《综合实践活动（学生手册）》，从三年级到六年级各一套。由于教师长期依赖于教材的缘故，对于生疏的综合实践活动课程一旦有了用书、手册、资源包等，教师都会趋之若鹜，不会轻易放手。这种想法是易于管理、便于备课，但一味贪图省事，教师在课程资源开发上的意识也就更加淡漠。

2. 缺乏课程资源开发相关培训，没有进行课程资源整合

教师对综合实践活动课程理念理解不深，对课程资源开发认识不清，主要是因为教师缺乏综合实践活动课程理念及课程资源开发的相关培训。教师对综合实践活动课程资源开发认识不清，有一定的误区，这是因为教师只是把综合实践活动课程看作是一种"活动"，而不是"课程"，认为只要是学生参加的校内外活动都属于综合实践活动课，对综合实践活动课程资源开发认识不清。

3. 缺乏课程资源开发的外部支持，学校欠缺综合实践课程实施的保障机制

课程资源开发主体单一的主要原因是课程实施得不到来自学校相关部门对于课程资源开发的外部保障与支持。学校统一使用《综合实践活动教师用书》和《综合实践活动（学生手册）》，没有指导教师自主开发课程活动主题。

（三）相关概念界定

综合实践活动是指基于学生的直接经验，密切联系学生的生活实际，在教师的引导下，以研究性学习为主要的学习方式，以培养学生的创新精神、实践能力和综合能力为主要目的的一门课程。本研究采取教育部颁发的《综合实践活动指导纲要》中的定义，即综合实践活动课程简称"综合

实践活动"，"从小学至高中设置综合实践活动并作为必修课程，其内容主要包括信息技术教育、研究性学习、社区服务与社会实践及劳动与技术教育……综合实践活动课程是基于学生的直接经验，密切联系学生自身生活和社会生活，注重对知识技能的综合运用，体现经验和生活对学生发展价值的实践性课程。"

本研究将课程资源开发界定为寻找实现课程目标的材料，具体而言就是对于校内课程要素的充分挖掘，根据学生的发展与能力以及学校发展的要求制订课程目标，通过某学科或多学科教学内容、教学环境等各种条件的综合运用，最终实现课程目标的整个课程实施过程。课程资源种类很多，而课程资源开发则是对有助于学生学习的各种素材进行合理有效的开发利用。

二、解决问题的过程与方法

本研究的主要目的是开发小学校内综合实践活动课程资源，从而解决学科教师开展实践活动课程设计难、低效率的问题。

第一阶段，根据研究实际需要，制定出学生调查问卷和教师访谈提纲，利用 1～2 个月时间，按照先期制订的调查问卷及访谈提纲，深入到学校进行调研，根据访谈发现当前学校校内综合实践活动课程资源开发存在的问题。

第二阶段，在校内开展综合实践活动课程实施培训会，提高教师利用实施载体开展综合实践活动的能力；将学校内指向单一的活动进行深入开发，挖掘活动所具有的资源，让更多的学科在活动中发现可以实施的研究点。

第三阶段，梳理校内已有活动，将其进行分析和分类，建构出校内综合实践活动课程框架；梳理校内综合实践活动课程的案例，通过案例呈现开发综合实践活动课程的过程，设计综合实践活动课程的实践任务单。

第四阶段，整理校内综合实践活动课程开展的成功经验。这项研究笔者用到下列四种研究方法：文献分析法、问卷调查法、访谈调查法、教育观察法。下面进行简要说明。

1. 文献分析法

作为学习理论、收集信息的主要方法，其中信息资料主要来源于教育理论书籍、报纸杂志以及网络下载的相关资料等。通过与本课题相关的资料信息的分析与研究，可达到准确地界定课题研究的价值性、可行性及关键概念的内涵与外延，并制订研究目标与实施方案等目的。

2. 问卷调查法

问卷分为学生问卷和教师问卷两份。学生问卷以笔者所在小学三年级到五年级的同学作为样本分发问卷；12 位综合实践活动课程老师全部参与教师问卷调查。根据调查结果，分析总结出学校实施综合实践活动的实际情况。

3. 访谈调查法

研究将面对笔者所在学校部分教师，进行"小学校内综合实践活动课程资源开发"的访谈，以获得的相关资料作为研究基础。进一步了解当下教师在资源开发中存在的问题，对搜集的信息进行定性分析。

4. 教育观察法

教育观察法就是在一定的条件下，比较自然地通过亲身参与或者借助辅助条件，带着目的考察并观察教育现象的方法。笔者深入学校课堂，通过观察并对课程资源开发现状进行描述，了解我校综合实践活动的实施情况，从客观层面及旁观者的角度对课程资源开发存在的问题进行总结，进而提出课程资源开发的改进策略。

三、成果的主要内容

我校综合实践活动的实施已经取得了良好的成效，但其问题也亟待解决。本研究提出相应的策略，在工作中进行了实践，使综合实践活动课程的实施改进又见成效。

（一）形成综合实践活动课程教师培训体系

教师是综合实践活动课程资源开发的关键，也是最重要的课程资源之一。学校给予该课程有力支持，决定着小学综合实践活动课程资源开发的效果。

1. 参加教研部门的教师教育

学校利用"十三五"教师教育的机会，让教师参加全国、市、区相关学科培训、信息技术能力培训，进行在职进修，加强教师对综合实践活动课程理念的认识，加深对课程资源开发理念的本质性理解，促进小学综合实践课程的开发与实施的力量。

2. 学校的教师素养培训

学校可采取专家引领、同伴互助自主学习的方式来提高教师的自身素养，通过开展案例型分析教研活动，针对具体问题开展专题性研讨、主题活动教学展示等方式来提高教师的综合实践活动学科素养。

3. 教师之间的同伴互助

教师的自我提升可以通过学科培训、同伴互助、自我反思、自主学习等方式来进行，其中同伴互助是最有利于提高该学科素养的方法，因为综合实践活动课程的综合性、开放性决定了该学科的执教教师应该是以指导教师团队的形式来进行合作开展综合实践活动的，打造团队开发氛围，携手共同推进该课程的实施。

这样自上而下，形成各级综合实践活动学科培训体系，培养出一支具有较强的课程设计能力，较全面的跨学科知识，较优秀的课程组织、管理和协调能力，基本的信息技术和教育科研能力的指导教师队伍，确保综合实践活动课程的开发与实施。

（二）形成校内综合实践活动课程资源框架

"全员参与指导"是我校确定指导教师队伍的基本措施，也体现了综合实践活动课程的基本理念，所以，学校要调动方方面面的课程力量，建立综合实践活动课程资源开发团队，将学生、教师、家长及社区人员吸纳到团队中来，让他们全员参与指导综合实践活动课程资源开发，在主题活动实践中，挖掘一切课程因素来源，将学科课程、校本课程、班队会、学校活动、网络资源等与综合实践活动课程进行整合，结合学校特色、地域特点，形成校本化综合实践活动课程。本着"转化为主，增加为辅"的原则，探索和挖掘现有的校内常态实践活动资源，在不增加项目的基础上，对校内现有的实践活动资源进行有效的挖掘、整理与整合，实现四个对接。

1. 实现课程与学生对接，确保学生全面发展

学校设计开发的实践活动课程，是学校在对本校学生的需求进行科学的评估，并充分考虑当地社区和学校课程资源的基础上，以学校和教师为主体开发的，旨在发展学生个性特长的、多样的、可供学生选择的课程。学校统筹教学安排，使学生在丰富的实践中获取直接情感体验，在对实践活动中的各种现实问题和社会现象的积极思考中，主动获取直接经验，增强理解，使得学生既会做事又会做人，把做事与做人结合起来。

为此学校以校内实践活动为载体，以面向所有学科和面向全体学生为主线，按照活动资源的种类不同，建构校内实践活动资源的参观型实践活动资源、服务型实践活动资源、仪式型实践活动资源、演艺型实践活动资源和竞赛型实践活动资源五类实施载体的基本框架。

表1　朝师附小校内综合实践活动课程资源框架

资源类型	主要特征	校内资源
参观型实践活动资源	参观型实践活动主要以学生用肉眼直观获得的资源为主，通过参观的形式提升自己的综合实践能力	"我是小小解说员""新生入学第一课""阅文景观展览角"等，通过以上的这些活动，一方面拓宽了学生的知识领域，学生不仅学习了各学科最基本的知识与规律，并在此基础上实现了自主能力的发展，进一步提升了自己的综合实践能力
服务型实践活动资源	所谓"服务"就是为他人做事，并使他人从中受益的一种有偿或者无偿的活动	服务型实践活动课程主要有"微梦想图书捐赠""文明小宣传员""图书志愿者"等活动，这些活动为学生提供了实践能力锻炼的平台，学生在参与这些活动的过程中，提高了自己的思想品德素质和志愿服务他人的能力
仪式型实践活动资源	所谓"仪式"多指典礼的秩序形式，在古代这个词也有取法、仪态或者指测定日历的法式制度的意思。人类社会进化和发展过程中，应该说仪式贯穿始终	仪式型实践活动资源主要有"入队仪式""升旗仪式""开学典礼和结业式"等。学生参与仪式活动，看似只是一次简单的活动，实则不然。学生在仪式活动中，一方面锻炼了学生各种能力，另一方面发挥了学生的主动性、创造性和个性
演艺型实践活动资源	演艺型实践活动，就是在老师的指导下，学生通过排练，最终以表演的形式展现出来的艺术活动	演艺型实践活动主要有合唱节活动、艺术节活动、新年音乐会活动、上童话梦工厂活动、阅读节活动等。通过参加这些活动，不但可以培养学生的语言表达能力、肢体协调能力、探究能力、合作意识，还有助于开发学生的创造潜能

资源类型	主要特征	校内资源
竞赛型实践活动资源	竞赛是在体育、生产等活动中，比较本领、技术的高低，由多个人参加，有一定的规则	竞赛型实践活动有科技节、运动会、排球嘉年华、汉字大赛等。通过参加这些竞赛活动，可以培养学生的竞争意识，提高积极参与事务的主动性，塑造勇敢的个性，解放天性

2. 实现课程与学科对接，引导教师专业发展

学校设计开发的实践活动课程，学科教师在课程开发和实施的过程中发挥着策划、管理、指导、服务、组织等多种职能，是实践活动课程的领导者，也是教师专业发展、学校内涵发展的体现。

教师充分挖掘单一活动所具有的资源，将其融入多学科实践点。学校各年级以传统活动运动会为例进行了实践。每个学科的老师充分发掘资源，找到运动会中符合自己年级的学科实践点。以下是以四年级各学科教师挖掘到的可在运动会中进行的实践点和预计达成目标。

表 2　运动会中进行实践点和预计达成目标设计表

（以四年级为例）

学科	实践点	达成目标
语文	写一写成长中切身经历的事	每名学生都能写出体会，描述此次运动会上自己感触最深的瞬间，语句通顺，有真情实感
数学	学生通过绘制条形统计图来预测并找到相关比赛项目的冠军	1. 通过参加本次运动会，向学生抛出一个问题，即利用"条形统计图"知识来解决实际生活中的问题 2. 激发学生带着问题自主地学习"条形统计图"内容，并利用此知识去解决问题 3. 让学生体会生活中数学知识的运用无处不在，让学生爱上数学，增强成功的体验

续表

学科	实践点	达成目标
外语	学生通过观察、采访，询问他人心情，了解参赛选手以及观赛群众的状态	1. 善于观察 2. 能够主动关心他人 3. 运用所学，在真实的情境下描述、记录，并安慰他人
品社	学会如何参与体育嘉年华，并清楚游戏方法和游戏规则，知道自己年级优良中差的标准	通过阅读体育游戏嘉年华介绍的相关内容，学会相关的游戏规则和方法并能在运动会上根据学会的内容进行应用，并体会自己学会后的心情是如何的
科学	感受不同状态下心脏跳动的情况	1. 了解心脏在人体内的位置 2. 在运动会中，感受不同状态下心脏跳动的情况 3. 会使用摸的方法感受心脏的跳动
音乐	2015年秋季运动会中所播放的《中华人民共和国国歌》	1. 了解《中华人民共和国国歌》创作的背景以及词曲作者 2. 在运动会时为什么要播放国歌 3. 知道生活中运用国歌的场合以及相关礼仪 4. 在歌唱与聆听活动中激起民族自豪感和学生的爱国情怀
美术	为啦啦队设计动漫标志牌	1. 知识与技能 知识：了解动漫标志牌的作用和特点；了解动漫标志牌的基本结构和组合方法 技能：能运用动漫形象和指示文字的组合，根据运动会的需求进行动漫标志牌的设计 2. 过程与方法 （1）通过探究、讨论、观察、教师示范等教学方法，主动参与学习探究设计动漫标志牌的方法，体验设计过程

学科	实践点	达成目标
美术	为啦啦队设计动漫标志牌	（2）在学习过程中感受设计与应用的结合，充分体会设计为生活服务的理念 3. 情感、态度和价值观 通过学习，理解"物以致用"的设计理念，为运动会设计动漫标志牌。培养创建文明校园而关注身边事物、关注生活的意识
体育	学习并掌握1~2种正确的射门技术和动作方法	1. 了解足球射门常用技术有哪些 2. 你采用的射门技术是什么，动作特点有哪些 3. 射门时如何控制球的高度和角度

3. 实现课程与课堂对接，打破有限空间束缚

实践活动是课堂教学的延伸，实践活动是课程内容，实现了学科教学内容与校内外资源的整合，学生带着学科问题，参与实践活动，在活动中去发现、探索，带着问题走进课堂进行学习。这样的学习内容，打破了原有课堂教学的时间与空间的束缚，学生有了更多的自主活动、自主发展的机会和空间。

在找准实践点和设计预计达成的目标的基础上，教师设计学生实践活动任务单。由学生根据自己的兴趣来选择任务单进行完成。本研究仍以运动会为例，进行了实践。以下是科学、劳动与技术学科设计的任务单。

（1）四年级科学学科的实践任务设计

任务一：你在学校运动会中，作为运动员，请你在运动会前，摸一摸你心脏的位置，并试着数一数一分钟心跳的次数。运动会后，再摸一摸心脏的位置，并试着数一数你一分钟心跳的次数。

任务二：当你在学校运动会观看比赛项目时，没有你们班的参赛选手时，数一数你的心跳；有你们班的参赛选手时，再数一数你的心跳。

任务三：你会使用哪些方法测量心跳次数？试着测一测大家一分钟的心跳次数，并记录在表中。

任务四：在运动会上，你会使用哪些方法来保护自己的心脏？请查阅资料，了解保健自己心脏的做法。

（2）三年级劳动与技术学科

任务一：沙包是什么样的，都有哪些玩法？

任务二：要制作一个沙包，请写出沙包的缝制过程。

任务三：沙包用什么针法缝制最好？

学生选择不同学科的任务单，带着任务单上的任务，通过上网查阅资料、查阅书籍、同学讨论、寻求家长帮助了解任务单上的内容要点，并在运动会前完成部分任务单项目，在运动会中再完成剩下的内容。运动会结束后，教师将任务单进行回收、分析，利用课堂时间进行反馈。

4. 实现课程与文化对接，推动学校特色发展

朝师附小在半个多世纪的发展历程中，一校五址分布在三环、四环、五环，不同的地理位置需要满足不同家长群体的多元化教育需求，面对和平街校区家长对艺术教育的需求、太阳星城校区家长的现代化需求，学校的实践课程也体现了尊重学生成长规律、满足家长多元的需求、合理开发利用周边资源、达成学校的培养目标，使学校实践活动课程成为以学校"悦"文化为引领的，推动学校特色发展的心悦课程体系的重要组成部分。

（三）形成课程资源开发保障机制

由于综合实践活动课程性质所决定，其实施者不能仅局限于校园里的教师与课堂，而要"走出去、请进来"，实现校内和校外资源的相互转换。学校在课程实施过程中提供人、财、物、时、空等方面的保障，开发支持系统，形成机制，促进该课程实施。

1. 弹性课时制度

由于综合实践活动课程的性质，学校单一、机械的时间管理制度，保

证不了课时的落实。我校采取集中与分散相结合的原则，灵活安排综合实践活动课程，时间采取弹性的"规定"加"自选"教学管理策略，即规定每周一节课可与信息技术课、专题教育、校本课程、学校活动等相结合灵活使用。对课程时间进行弹性管理，合理开发利用综合实践活动课程的时间资源。弹性课程时间管理制度的建立，形成了学校教学管理文化，保证该课程的实施。

2. 教师指导制度

教师是综合实践活动课程实施的执行者、组织者、参与者和指导者，学校结合校情，建立实践活动课程教师指导制度，采取"全员参与指导"的策略，配备实践活动课程专职、兼职教师，吸纳学生、家长、社区人员加入到教师指导队伍中，调动各种课程力量，开发课程主体资源，构建一支稳定的、高素质的实践活动教师指导队伍。

3. 课程评价制度

学校建立了一整套与综合实践活动相关的课程评价制度，诸如教师评价制度、学生发展评价制度、学校发展评价制度等，把学生在综合实践活动中的表现作为学生综合素质评价的重要依据，将教师在学校实践活动课程的实施状况作为教师年度综合考核的标准之一，将学校综合实践活动课程的实施状况作为教育督导评估的重要内容。

4. 活动安全制度

综合实践活动课程的开展不能局限于课堂，学校要结合主题活动的开展，组织学生到课外进行主题实践活动。而在活动空间上，学校主要考虑的是学生的活动安全问题，学校建立相应的课程活动安全制度，形成安全保障机制，确保课程的开发与实施。

四、效果与反思

在"运动会"综合实践活动后，笔者也采访了一些学生。A 同学说带着任务去参加比赛，更有趣，能学到很多知识。B 同学说这次给运动员们测心跳，不但学会了使用听诊器的方法，也了解了保护心脏的方法，学到了很多知识。C 同学说通过缝沙包的过程，使自己的手更灵巧了。D 同学说通过完成美术老师布置的任务单，了解了什么是"生机勃勃"，对写作文也有帮助。E 同学说通过这次运动会，自己知道了怎样可以把标枪投得更远。通过对学生的调研，笔者认为本次综合实践活动课程的开展是比较有效的。在后续的工作中，我们还开展了多次同类综合实践活动课程，通过梳理活动开展的经验，笔者认为取得成果的关键有三点。

（一）尊重学生兴趣，以学生为主体

任务单的选择完全尊重学生的选择，学生的选择则是由他们自身的兴趣决定的，这样一来，学生就具有了内部的学习动机。内部学习动机能促使学生更高效地完成实践任务，并从中取得更多的收获。

（二）激发教师思维，充分开发课程实施载体

在对课程实施载体进行开发的过程中，离不开各学科教师的开放性和创造性思维，他们需要打破常规思考，想到过去不能想到的实践点。将各学科教师的实践点利用教研活动进行分享时，老师们的想法总是能让其他老师眼前一亮。

（三）组织培训，将综合实践活动课程的开展变为常规工作

自学校开始对综合实践活动课程的资源进行充分开发后，对老师的培训也进行了系统化的设计，每次课程开始前都有相应的说明培训，课程结束后有相应的反馈。经过三四次培训后，每位老师都将学校开展校内综合实践活动课程的工作作为常规工作，能积极参与任务单的设计工作和对学生的反馈工作中。

通过研究发现，校内单一内容的实践载体转化为复合内容的综合实践课程的实施载体是具有可行性的。自开展本研究以来，校内多种活动由原有单一的内容变为复合型的综合实践课程实施载体，教师在每次课程开展

前均能结合活动设计出相应的实践任务单，学生能根据他们的兴趣选择自己感兴趣的学科来开展综合实践活动。这种做法不仅解决了教师设计学科综合实践活动难的问题，还提高了综合实践活动开展的有效性。

在研究过程中，笔者发现校外综合实践活动课程的实施载体和校内综合实践活动课程的实施载体的分类是一样的，同样可以划分为五类，不同的是校外的综合实践活动课程资源与校内的资源相比较会更加丰富，后续会对校外的综合实践活动课程资源进行研究，让各学科老师的综合实践活动课程由校内走到校外。

学生体能素质调查、
练习手段与评价方法的研究

北京市朝阳师范学校附属小学

崔长友

一、问题的提出

学生体能素质包括速度、力量、柔韧、灵敏、耐力五大素质。体育教学质量、课间操和体育大课间（一小时活动）质量是学生身体素质提升的关键。学生身体素质与健康水平的提高和改善，是学校办学的生命线。为了提高体育课堂教学质量、课间操和体育大课间（一小时活动）质量，确保学生体能素质提升，体育运动的参与能力、身体素质、身体形态和运动水平的提高，应科学、客观地对学生进行练习手段指导。评价方法是促进学生生动、活泼、主动发展的动力。

全国学生体质健康调研结果显示，学生体能素质方面存在着严重问题。近些年来，我国学生的速度素质、耐力素质、柔韧性素质、爆发力素质、力量素质等，呈下降趋势。与此相反，随着社会发展脚步的加快，社会生活竞争力的加强，增强学生体质、增强健康水平已成为世界各国体育与健康教育的重要目标。这就要求必须培养学生具有较高的体育素质和技能水平，以及要养成终身锻炼的习惯。因此，在体育课堂、课间操和体育大课间（一小时活动）中，加强学生的体能训练，是一个极为迫切且有意义的研究课题。

（一）研究背景分析

积极贯彻落实《中共中央国务院关于深化教育改革全面推进素质教育的决定》和国务院《关于基础教育改革和发展的决定》重要举措，以学校教育树立"健康第一，以人为本"的指导思想。全国各省、市、地区都在这十多年里紧紧围绕如何提高学生体质健康水平这一现实问题，采取了各式各样的方法与干预措施。为此《课程标准》在课程目标的"身体健康"部分明确提出引导学生努力学习和锻炼，全面发展体能。

《国家中长期教育改革和发展规划纲要（2010—2020）》第二章"坚持全面发展"中指出："提高体育教学质量，加强心理健康教育，促进学生身心健康、体魄强健、意志坚强。"这是对体育教学工作提出的具体而明确的要求。由此可见，在当前形势下，体育教学、课间操和体育大课间（一小时活动）要以提高学生体能素质为目标，在"健康第一"的思想指导下，积极寻求能够增强体能素质的内容、方法、手段，并将其落实到体育课堂教学、课间操和体育大课间（一小时活动）中，为全面发展学生体质作出直接的贡献。这是提高体育课堂教学、课间操和体育大课间（一小时活动）质量的重要措施之一，也是衡量学校体育工作质量的标准之一。

我校是北京市课间操示范校、朝阳区首批素质教育示范校，学校一直非常重视体育工作。《新课标》的体育教学，要求发展全体学生身体基本活动能力和身体素质，增强体质，强调体育与保健相结合，发展体育为主，实践为主，注意教学的娱乐性、趣味性。小学阶段的体育教学，应以体能素质为主，运用体能素质练习手段、评价方法，切实促进学生身体素质。

（二）明确提出问题

（1）运用体能素质评价方法，激发学生的主动参与意识，提高学生身体素质。

（2）运用体能素质调研、措施方法、评价指标，改进教学方法，提高学生身体素质。

（3）运用体能素质措施方法，营造课间操、体育大课间（一小时活动）环境，提高学生身体素质。

二、归因分析

（1）文献资料法：根据研究目的和内容，收集大量的文献，从中获取相关信息和观点，并对其进行整理分析和研究。

（2）访谈法：与被调查者之间进行面对面的谈话，以了解和掌握有关资料和信息。

（3）行动研究法：针对某一问题，根据一定的理论或假设进行有计划的实践，从而得出一定的科学结论的方法。

（4）问卷调查法：根据调查目的，设计好问卷调查表，最后对回收的调查问卷进行统计分析而得出结论。

（5）经验总结法：以朝师附小四个校区的学生为研究对象，针对不同年龄学生身心发展规律，以体育教学手段为干预措施，在实验组中设计并使用体现安全性、实用性、趣味性、互动性等特点的体能素质方法手段，检验其应用效果，寻求提高青少年学生体能素质的有效方法。

三、解决问题的过程与方法

（一）解决问题的过程

1. 第一阶段（2018.9—2018.10）

（1）提出研究计划，拟定研究方案。

（2）加强学习，提高理论水平。

（3）采集信息，收集资料。

2. 第二阶段（2018.10—2018.12）

（1）分析整理资料。

（2）完善研究方案，制订实施方案。

（3）在体育课堂、课间操和体育大课间（一小时活动）中实施，展开身体素质全面研究。

3. 第三阶段（2019.1—2019.6）

采取教学示范、经验交流、论文交流、课例案例等形式展示研究成果。

（二）解决问题的方法

（1）学校领导非常重视学校体育工作，由负责教育科研工作和具有丰富体育教学经验的人员全面主抓。课题组成员全部是本科学历，高级教师2人，一级教师5人，二级教师10人。四个校区的教师均具有多年教育教学工作经历、扎实的工作作风和学科创新意识。

（2）我校共有专业体育教师17名，既有参加工作3~5年的年轻教师，也有工作20年以上的老教师，教学经验丰富，为本课题的研究提供有力的保证。

（3）我校共有学生3656人，他们都乐于参加体育活动，是本课题实施的基础载体。

（4）学校教学场地基本上能够满足学生体育教学、课间操和体育大课间（一小时活动）需求。

（5）在每天的课间操和体育大课间活动中，体育老师们认真组织，严格要求，多形式、全方位地保障每天课间操和体育大课间活动的时间与组织锻炼练习的效果。

四、成果的主要内容

（一）学生身体素质检测项目及评价标准

根据学生的年级不同，对照《学生体育身体机能素质评价表》，检查学生通过体育锻炼身体合格等级状况、单项考核测试成绩。

（1）50米跑。

（2）50米×8往返跑。

（3）坐位体前屈。

（4）1分钟单摇跳绳。

（5）敏捷梯练习。

（6）斜身引体向上或实心球。

（7）仰卧起坐。

根据测试成绩、汇总，绘制学生体质与健康的统计量表，进行综合评价。

表1　朝师附小不同年级的测试项目

年级	必测试项目	测试项目	备注
一、二年级	身高、体重、肺活量、坐位体前屈	50米跑、立定跳远、投沙包、30秒单摇跳绳、30秒仰卧起坐	
三、四年级	身高、体重、肺活量、坐位体前屈、仰卧起坐	50米跑、立定跳远（急行跳远）、斜身引体（后抛实心球）、1分钟单摇跳绳、1分钟仰卧起坐、敏捷梯测试	立定跳远（急行跳远）任选其一 斜身引体（后抛实心球）任选其一
五、六年级	身高、体重、肺活量、50米×8往返跑	50米跑、立定跳远（急行跳远、跳高）、20秒立卧撑（后抛实心球）、1分30秒单摇跳绳、1分钟仰卧起坐、敏捷梯测试、50米×8往返跑	立定跳远（急行跳远、跳高）任选其一 立卧撑（后抛实心球）任选其一

评价工具：身高体重秤、肺活量计、握力计、坐位或立位的体前屈测量仪、秒表、皮尺。

不同年级的评价量表：

表2 一、二年级学生体质健康评价表

评价内容	学习表现		自己评价		组内评价	
			第一学期	第二学期	第一学期	第二学期
体能与运动技能	练习的动作掌握得好与不好	好				
		一般				
		还应努力				
学习态度与行为	在体育课上，学习和锻炼积极不积极	好				
		一般				
		还应努力				
认识与知识	坐、立、行姿势正确不正确，会不会测量自己的身高和体重	好				
		一般				
		还应努力				
交往与合作精神	课上与同伴合作得好不好	好				
		一般				
		还应努力				
情意表现	练习遇到困难时克服困难的表现怎样	好				
		一般				
		还应努力				

表3 三、四、五、六年级学生体质健康评价表

评价内容	学习表现		自己评价		组内评价	
			第一学期	第二学期	第一学期	第二学期
体能与运动技能	参与体育与运动技能项目测量评价表评定，能较好掌握	好				
		一般				
		加油				

续表

评价内容	学习表现		自己评价		组内评价	
			第一学期	第二学期	第一学期	第二学期
学习态度与行为	会做简单动作、听得懂体育简单术语，主动学习、乐于展示运动动作	好				
		一般				
		加油				
认识与知识	能积极主动参与体育活动，了解一些生理知识和运动常识，有运动中自我保护意识	好				
		一般				
		加油				
交往与合作精神	在交往中能与同学和平相处，有团队意识和合作能力	好				
		一般				
		加油				
情意表现	有克服困难与挫折的表现，对自己成功有自信心	好				
		一般				
		加油				

表4　年级学生体育课堂表现小组互评表

评价内容	姓名	第一次评价		第二次评价		第三次评价		总评
		自评	组评	自评	组评	自评	组评	
学习态度								
运动参与								
情意表现								
合作精神								
运动技能								
进步幅度								
语言表达								

（二）课间操及体育大课间（一小时活动）练习手段方法及评价标准

利用学校课间操和体育大课间活动时间：每天上午 8：00—8：30，共计 30 分钟。每天大课间活动时间：15：00—15：40，共计 40 分钟。开展丰富多彩的活动，激发学生练习兴趣，提高学生身体素质及练习效果。通过实验研究，学生们的身体素质有了明显的提升。

在每天的课间操和体育大课间活动中，体育教师们认真组织，严格要求，多形式、全方位地保障每天课间操和体育大课间活动的时间和组织锻炼练习的效果。

表5　校区集体活动统一口令项目表

项目	时间	内容	负责教师	备注
热身慢跑	8′	首尾相接、绕人、合分跑	体育老师各班老师	集体听音乐
不同方式跳	10′	敏捷梯：单双脚跳、开合跳、自编动作跳、组合跳 3、7高跳（3、7时用力向上跳） 收腹跳（一年级15次，二、三年级25次，四、五年级30次，六年级35次）	体育老师各班老师	统一口令搭配进行
柔韧性练习	5′	原地弓步压腿、直膝压腿	体育老师各班老师	自由练习双人协作
素质练习	5′	原地高抬腿 15″×3、原地摆臂15″×3、 单摇跳绳 30″×3	体育老师各班老师	统一口令

注：表格所注内容按照周期进行，自由搭配组合。

1. 集体活动组织练习内容与要求

（1）集体热身准备活动：统一听口令练习（4′）。

（2）慢跑热身（8′）：听音乐慢跑，首尾相接跑、绕人跑、合分跑交替进行。

（3）不同方式的跳跃练习（6′）。

（4）利用敏捷梯的单双脚跳、开合跳、自编动作跳、组合跳。

（5）原地纵跳抱腿（4′）。

要求：分年级收腹跳×3（一年级15次，二、三年级25次，四、五年级30次，六年级35次）。

注：此内容每天完成两项，自由搭配，听音乐练习。

（6）柔韧性练习（5′）：单人听口令原地弓步压腿、两人协作压腿。

（7）素质练习（5′）：原地高抬腿15″×3、原地摆臂15″×3、单摇跳绳30″×3。

（8）多种多样的游戏活动（8′），激发学生练习兴趣：跳绳、彩虹伞、袋鼠跳、跳大绳、篮球游戏、迎面接力跑。

2. 听音乐进行自编的瑜伽放松操练习

（1）以班级为单位，集体听音乐热身跑，时间为8′。

要求：跑时为了避免学生出现烦躁心理，因此采用阶段性的变换跑的方式（首尾相接跑，分合、合分跑，绕桩跑，绕人跑等）；班级总负责体育教师提示开始，提前合理划分活动场地。

（2）分年级、分区域进行游戏活动。

要求：跳绳、彩虹伞、袋鼠跳、跳大绳、篮球游戏、迎面接力跑、运球接力跑在规定区域内活动，注意安全。

（3）集体练习，放松整理活动。

要求：由体育教师带领同学听音乐进行自编瑜伽操放松活动。

五、效果与反思

（一）研究效果

按照《学校体育工作条例》要求，由体育教研组长根据学校工作计划，制订"朝师附小校区的工作计划"。学校每学期定期组织召开各校区的体育专题会议，领导听评课、研究学生体质健康提升办法及肥胖学生体质健康锻炼营的指导方案。各校区间进行体育工作调研互查，为体育工作的顺利开展奠定坚实的基础，提供可靠的改进依据。

学校成立专门负责的学校领导小组，按照教委人事要求和学校教学岗位需求配备体育教师。按时学习朝阳区教委人事制度考核要求，落实学校体育工作的文件精神，开足、开齐体育课。

学校非常重视体育教研组的建设，每学期开学初，都要开展教师基本功考核；教师教案编写、师德情况反馈、学生作业考核、组内人人做课、骨干教师上引路课、校本教科研展示活动、学校运动会的准备会和总结会等一系列活动，针对问题，写反思、写体会、写总结；给教师创造条件外出听课，参加朝阳区体育中心组活动、朝阳区体育教材分析、"朝阳杯""创新杯""附小杯"教学评优、"专家进校园"等活动，促进教师专业基本功的发展与提高。

放学后的练习由学校统筹管理，明确规定小学生每天必须放学后进行练习，每星期早锻炼五天（周一至周五），放学后练习时间 16：00—17：00。调查显示，就目前学生对学校放学后练习开展现状的喜爱程度相对来说不是很理想。从表6可得知，仅有7.2%的学生认为对目前学校放学后练习开展的现状自己还是特别喜欢的，因为学生很乐意参与其中。其中25.8%的学生"不太喜欢"，认为放学后练习对自己不起多大作用，影响自己的放学写作业时间。有23.7%的学生"很不喜欢"，认为放学后练习内容陈旧枯燥，提不起兴趣，甚至说学校应取消放学后练习。

表6　学生对学校目前放学后练习开展现状的喜爱程度

	特别喜欢	比较喜欢	一般	不太喜欢	很不喜欢	合计
人数	14	24	60	50	46	194
百分比	7.2%	12.4%	30.9%	25.8%	23.7%	100%

完善学校、学生、家长的联系，通过家校平台，随时与班主任、学生家长取得联系，得到学生家长的理解与支持。加大班级间、校际间的宣传，提高学校的知名度和社会影响力。积极组织学生参加假期学生社区志愿者活动，多为社区服务，满足不同层次社区需求，提升学生社会适应能力，得到学生家长、附近社区的认可。学生的体质健康测试成绩也是体育教师和学生家长沟通的主要手段之一。

表7　学生全年放学后练习出勤率统计表

月份	2—4月	5—7月	8—11月	12—1月	全年平均数
学生出勤率	99.5%	98.7%	97.7%	95.7%	97.9%

在体育教师提供的放学后练习出勤率的统计资料中发现，学生全年的出勤率普遍较高，为97.9%。但调查中发现看似学生出勤率较高，其实际上学生自己意志薄弱，主动性、积极性差，根本就不想去，完全受学校强制要求不得已才去的。根据体育教师和班主任反映，放学后练习中学生的自觉性很差，时常有些同学有迟到早退现象发生。其中可以说每次都有学生未向体育教师和班主任请假而擅自离开。据调查，这些同学有的借故溜回教室，有的回去趴在桌子上睡觉，还有的补作业或干生活琐事。

因此要想拥有健康的身体，就必须让学生在思想上重视体育锻炼，而放学后锻炼是锻炼身体的有效形式之一。调查结果表明，有37.1%的学生认为放学后练习不太重要，有19.6%的学生认为放学后进行练习活动很不重要，仅有9.3%的学生认为放学后练习活动很重要。

表8　关于学生对放学后练习的重要性认识

	很重要	比较重要	一般	不太重要	很不重要	合计
人数	18	25	41	72	38	194
百分比	9.3%	12.9%	21.1%	37.1%	19.6%	100%

体育大课间（一小时活动）组织方法与措施。

（1）体育教师采取轮换组织、年级组负责制的方式进行总体的调控和安排。

（2）每班两名老师，分别为正副班主任老师，带领同学们进行慢跑，提示同学们在转弯和绕人时加倍注意安全。

（3）分区域活动时，由各班两名老师组织本班同学进行活动，按照同类器材集中活动的要求进行练习。

（4）为了检验学生的体质提升效果情况，学校采取利用课间操和体育大课间活动时间进行主题月体育比赛。由年级负责体育教师制订比赛的内容、比赛方法、录取名次等方案；每月检测学生体质情况一次，以赛代练，在练习中明确方法、规则、标准，提升学生对于身体素质的高度重视。

总之，通过学校体育教学、课间操和大课间体育（一小时活动）的开展，促进学生身体素质与健康水平的提高和改善。体育教研组、体育学科组的学习和教学方法的研究，提高课堂教学的实效性和学生参与课堂教学练习的有效性，促进体育教师教学组织、教学方法、教学措施和教学手段的改进和提高，落实学生每日锻炼一小时，促进学生形态、机能、心理适应能力的提高，保证学生的体质与健康，促进学生生动、活泼、主动、健康地全面发展。

（二）反思与展望

（1）明确学生体质与健康、体育学科教学质量是学校生存的保证。学年初，加强体育教师学科教学质量的培训，成立学校一级的质量监控小组，由专人负责体育学科的教学质量监控方案的实施与效果监督，使体育教师真正认识到学生体质与健康、体育学科教学质量是学校生存的保证。体育学科的根本任务是为了学生身心的全面发展，端正体育教师的价值观念，形成学生质量意识，以目标引领学科建设和教师专业发展。

（2）加强体育课学生身体练习的有效方法的研究。开学初、备课前，学习新的《体育与健康课程标准》和《体育课成绩评定和体质评价方法》，贯彻落实学习有所体现（在体育教案的目标当中有所体现）。

（3）监控学生体质状况。依据《体育课成绩评定和体质评价方法》，体育教师在开学初对在校的每一名学生进行身体形态、机能的初测。测量学生身体现状：身高、体重、肺活量、速度、灵敏、力量、耐力、柔韧。了解学生身体素质现有状况后，根据学生身体素质现有状况，制订本学年体育教学学生身体素质达成目标。期末自查，反思目标达成计划与实施效果、结果间的差距情况，分析原因并总结。

（4）创造条件，积极开展课堂教学交流。通过区级、校级教学评优、组内教学交流研讨、体育教学随堂听常态课、教研员下校督导课，寻找体育教师在体育教学中的差距，提高体育教师教学组织能力，促进教学水平的提高，同时促进学生身体素质、活动能力的提高。

（5）落实课间操和大课间体育（一小时活动）活动，了解学生喜爱运动的程度。学年末，对学生学习状况的实际考核测评，通过听常态课和体育学科单项成绩考核及学生的自我评价和小组评价，检查学生体质状况、体育锻炼习惯和效果，观察学生体育课中参与体育活动的态度。

通过实践证明，学生对体育教学手段的改变持积极、支持的态度，体育课上学生锻炼的积极性提高，课堂氛围得到改善。与此同时，学生掌握了多种练习的方法，锻炼身体的能力有所提高，体育课的密度可增加6%~7%，学生的身体素质得到了有效的发展。

在经过一个阶段的实施、练习手段、评价方法之后，我们发现操场上活动的学生更多了、更加有序了，同时学生参与体育社团的积极性和主动性也越来越高，学生社团的成绩也越来越优异。在统计分析学生参加国家学生体质健康测试数据时发现，学生的及格率、良好率、优秀率发生了极大的变化。

六、建议

（1）学校应加强体育学科方面的管理，成立更多体育兴趣小组，加强学生体育骨干的培养，使骨干们带头做老师的小助手，和老师一起指导同学练习。

（2）进一步推进体育教学的改革，加强体育常识方面的宣传，开展体育健康知识方面的讲座和知识竞赛活动，丰富学生的体育常识。

（3）加强课间操和大课间体育（一小时活动）的内容、措施、手段的落实，鼓励学生放学后参加社团活动，增加各种竞赛活动，促进社团训练水平的不断提升，为学生发展搭建平台。

关于国际生态学校创建的行动研究

长沙麓山国际实验小学

杨池珍　蔡东阳

一、项目缘起

国际生态学校项目（Eco-School，ES）是国际环境教育基金会（FEE）在全球推展的五个环境教育项目之一，是当今世界上面向青少年最大的环境教育项目之一，旨在帮助学校改善当地环境，节约资源并减少他们的碳足迹。该项目也是环保部宣教中心作为中国代表机构加入国际环境教育基金会后，首次在中国启动的全球性环境与可持续发展教育项目。

国际生态学校的创建目标与 2018 年 7 月 3 日国务院公开发布的《打赢蓝天保卫战三年行动计划》的行动目标高度吻合。党的十八大早就提出"五位一体"的战略布局，强调要将生态文明融入经济建设、政治建设、文化建设、社会建设各方面和全过程，努力建设美丽中国，实现中华民族永续发展。生态文明建设需要全社会的共同努力。中小学校在人才培养、环境教育和推进生态文明建设中发挥着举足轻重的作用。学校应当以可持续发展思想为指导，加强各类环境教育教学活动，努力为生态文明建设贡献力量。

我校作为长沙市乃至湖南省的示范窗口学校，作为集团化办学的航母，加入国际生态项目，创建国际生态学校，是面向未来教育的积极行动，是长沙麓山国际实验小学（以下简称麓小）这所致力于让教育面向世界的国际学校一次极好的发展机遇，也是我们每一个麓小教育人肩负的神圣使命，是一份沉甸甸的责任，更是用行动诠释"做豪迈的中国人"这句铿锵誓言。

而国际生态学校项目按照先进的环境教育理念和环境管理原则，综合各国学校开展环境教育的理论与实践经验，提出了生态学校建设的"七步法"，涉及学校管理、课程、对外交流等多方面，并为学校开展有关环境保护和可持续发展主题内容的教育教学工作，提供了大量实用的建议和丰富的案例。于是我们从 2018 年 9 月开始，全校师生开始了"七步法"行动，开始了麓小"国际生态学校"创建的行动研究。

二、行动即研究过程

环境保护、环保教育都是"做"的哲学，只有"做"才能让环保行动落地，只有"做"才知道如何调整行动方案，只有"做"才知道如何确立行动方向；行动，是推动我们不断前进的力量，行动本身即是活动的目标。

（一）落实"七步法"

国际生态学校项目的七项标准（简称"七步法"）是项目的核心，我们依据"七步法"，一步一步开始了我们的创建行动。

第一步：建立生态学校委员会

生态学校委员会是生态学校实施过程的核心内容。委员会组织并指导学校的活动，由与学校环境相关各方组成，包括学生、教师、学校管理和维护人员、父母，甚至可以包括地方政府代表。这个过程会强调民主化参与，并激励学生努力解决他们自己所提出的问题。麓小生态学校委员会成立前期，我们进行了大量的准备工作，首先，由学生处组织对全校教师进行了一场"国际生态学校项目"的通识培训；接着召开"国际生态学校委员会成立大会筹备会"，经过多方努力，"国际生态学校委员会成立大会"顺利召开，成立了包括社区代表、环保代表、主管学校德育工作的校级领导、学校行政、工作小组、各学科带头人、年级组带头人、班主任、学生代表共计 150 多名代表的委员会。在升旗仪式上，面向全校师生，我们举行了隆重的项目启动仪式。

第二步：开展环境评审

环境评审是从评审学校的环境影响开始着手。让学生参与到这项工作中，参与的范围从评价学校校园的垃圾到检查学校设施的浪费等。目的是在实施生态学校项目之前，清晰阐明学校在特定主题方面（如废物产生量、能源消耗量等）的环境影响。

我们充分发挥各年级组的主观能动性，各个年级通过问卷调查法、实地考察法等调查研究的方法对校园或校园周边环境进行评审，先获得数据，再进行统计，最后得出结论，明确本年级接下来最紧要的环保行动项目。于是，一、六年级最初确定的环保行动项目为节水，二、四年级为废物利用，三、五年级为光盘行动。

案例1：这是六年级设计的问卷卡。

节约用水学习卡

姓名：_____　　学号：_____

任务1：通过多种途径调查我国的水资源现状和生活中浪费水的现象并把它记录下来。

我国水资源现状记录：

生活中浪费水的现象：

任务2：测量一个水龙头单位时间的滴水量。

1. 准备的测量用具：
2. 没关紧的水龙头滴水记录：滴水时间_____，滴水量_____。
3. 按这种方式计算：1分钟的滴水量为：_____ml。

1小时的滴水量为：_____ml。

10小时的滴水量为：_____L。

任务3：你知道生活中有哪些节约用水的小妙招？请记录下来。

第三步：制订行动计划

制订行动计划就是将上一步评审所获得的信息应用于确定优先事项并制订行动计划，设定一个可以实现的目标和完成期限，针对特定的问题，改进学校的环境绩效。行动计划是大家进行环保行动的纲领，它是具体的、可操作的行动指南。

案例2：三年级组对学生5月份光盘数据进行了统计，作出评估，最后制订行动计划。

表1　三年级5月份在校就餐光盘监测与评估

班级	就餐人数	4.22—5.22 总用餐数	4.22—5.22 光盘总数	4.22—5.22 光盘占比例
1601班	12	252	63	25%
1602班	12	252	12	12%
1603班	24	504	17	20%
1604班	12	252	12	35%
1605班	30	630	12	12%
1606班	4	84	14	9.5%
1607班	4	84	14	17%
1608班	28	588	15	15%
1609班	21	441	15	29%
1610班	17	357	19	44%
1611班	1	21	10	57%

"一粥一饭，当思来之不易；半丝半缕，恒念物力维艰。"小小餐桌，展现了中华民族尊重劳动、珍惜粮食的优秀文化。勤俭节约，不仅仅是个

人良好素质的体现，更是对我国传统美德的继承和弘扬。

为了提高学生的文明素养，让学生养成良好的就餐习惯，5 月三年级进行了"光盘行动"督查，增强学生们的文明就餐意识，使学生养成勤俭节约、爱惜粮食不浪费的好习惯，向"舌尖上的浪费"说"不"！

具体实施：首先班主任在班级进行了光盘倡导，安排午餐值日生，督促同学文明就餐，吃多少盛多少，不要浪费，午饭后各班值日生会将班级光盘人数上报年级，因为各班人数不同，所以将各班 5 月用餐数和实际光盘数进行配比，得出各班本月光盘占比，1601：25%，1602：12%，1603：20%，1604：35%，1605：12%，1606：9.5%，1607：17%，1608：15%，1609：29%，1610：44%，1611：57%。

从各班光盘占比来看，午餐能做到光盘的学生并不多，挑食、饭菜浪费现象严重。

根据用餐情况，我们决定加强光盘宣传，班主任进行动员、教育，并进行家校合作，借助家长的力量进行文明就餐、节约用餐教育。从 6 月起，年级将通过定期不定期相结合的方式检查各班级文明就餐情况并及时通报，及时总结和推广活动中的经验，发挥典型示范作用。同时，学校将在学期结束时，根据各班文明就餐情况，对做得好的班级和个人进行表彰，通过一系列的活动，真正将"光盘行动"活动引向深入。

表 2   三年级光盘人数统计表（6 月）

班级	中餐人数	6.1	6.2	6.3	6.4	6.5	6.6	6.7	6.8
1601	7								
1602	2								
1603	22								
1604	23								
1605	26								
1606	15								

班级	中餐人数	6.1	6.2	6.3	6.4	6.5	6.6	6.7	6.8
1607	22								
1608	10								
1609	11								
1610	17								

2019 年 5 月 28 日

第四步：监测和评估

监测与评估是为了确保计划实施的过程符合所制订的目标，并对行动计划实施中所取得的进展和成果进行表扬。进一步确保学校的环境教育和环境保护是一个不断进步的过程。

案例 3：一年级通过问卷调查确定了"节水"为最紧要的环保行动项目，通过一个月的环保行动之后，他们继续通过问卷调查收集情况，确定下一步的行动计划。以下是他们收集数据之后完成的评审报告。

表 3　4 月份"一年级节水行动"测评报告

班级	家长是否对孩子进行过节约用水的教育	孩子是否把节约用水的理念传递给家人	你们家孩子是否有背记节水儿歌	节水行动	
1801	100%	98%	82%	100%	
1802	100%	97.96%	83.67%	97.96%	
1803	100%	97.96%	81.63%	100%	
1804	100%	97.92%	83.33%	100%	
1805	100%	100%	81.25%	100%	
1806	100%	97.95%	81.63%	97.96%	
1807	100%	97.87%	82.98%	100%	
1808	100%	97.92%	81.25%	97.92%	
1809	100%	100%	83.67%	100%	

班级	家长是否对孩子进行过节约用水的教育	孩子是否把节约用水的理念传递给家人	你们家孩子是否有背记节水儿歌	节水行动	
1810	100%	97.92%	83.33%	100%	
1811	100%	97.96%	79.59%	100%	
1812	100%	98%	82%	100%	
1813	100%	98%	84%	98%	
1814	100%	97.92%	85.42%	100%	
1815	100%	97.92%	83.33%	100%	
1816	100%	97.92%	81.25%	100%	
1817	100%	97.92%	85.41%	100%	
总评	100%	98.18%	82.69%	99.52%	

调查反馈：

　　本年级共有学生826人，共收到有效问卷803份。问卷调查发现，通过一系列的"节水行动计划"宣传，100%的家庭节水意识有了很大的改观，并将节水付诸了行动，节水习惯表现良好。所以我们大力提倡，对学生进行保护生态环境意识的渗透是有效的。

　　学生们应树立珍惜和保护水资源的观念，并把这种观念向周围的群众辐射。宣传节约并保护水资源，从我做起，从现在做起，从节约每一滴水做起，更多的人认真落实环保行动，并养成随手关水龙头、用节水水龙头，利用洗脸水浇花、冲厕所等习惯。

　　总之，树立节水意识，养成节水习惯，把我们的学校、家庭、城市建成节水型的。让我们的孩子积极地加入到节约用水的行列中来，以实际行动为创建环保生态学校、创建我们的美好生活贡献力量。

　　第五步：与课程建立联系

　　麓山国际实验小学一直倡导"一切活动皆课程"的理念，创建国际生态学校，加入环保行动也一定要与课程紧密结合。让学生在课堂上了解环保行动的重要，激发其对环保行动的热情。开展对能源、水和废物等环境

主题的研究，从而不断生发参与环保行动的动力。我们将环境和可持续发展教育纳入课程，让每一个学科都渗透环保教育，承担环保教育的使命。

语文课上，孩子们在老师的指导下撰写环保小论文；数学课上，老师带领孩子们探讨废品回收中的数学问题；美术课上，老师们带领孩子们动手进行小制作，变废为宝；音乐课上，老师带领孩子们唱环保歌谣；科学老师自编环保教育读本，对孩子们进行环保宣传教育；等等。

案例4：数学老师在课堂上带领孩子们探讨环保问题。

师：我们每个班都有废纸回收基金对吗？我们学校为了提升全校师生废纸回收的积极性，通过统计各班的废纸回收基金，评选出了最佳环保年级。我们来看看学校的统计。

表4

一1	一2	一3	一4	一5	一6	一7	一8	一9	一10	一11	一12	一13	一14	一15	一16	一17	总计
7	9	11	13	6	12	10	8	14	15	12	8	5	9	14	6	11	170

表5

二1	二2	二3	二4	二5	二6	二7	二8	二9	二10	二11	二12	二13	总计
9	4	7	0	13	16	11	15	13	12	11	9	12	130

表6

三1	三2	三3	三4	三5	三6	三7	三8	三9	三10	三11	总计
7	6	4	8	8	20	12	6	8	6	5	88

表7

四1	四2	四3	四4	四5	四6	四7	四8	四9	四10	总计
8	14	10	13	16	10	7	11	8	11	120

表8

五7	五8	五9	五10	五11	总计
0	15	10	17	18	60

问：经学校统计，得到以上数据，通过观察数据，学校决定将评一年级为 4 月份最佳环保年级，你同意吗？

生：同意。

生：不同意。

师：为什么？

生：因为一年级有 17 个班，班数是最多的，如果比总数不公平。

师：也就是说，我们要评价哪个年级为最佳环保年级，当班级的个数不同时，比较什么是不公平的？

生：总钱数。

师：你们同意吗？

第六步：社会宣传和参与

进行社会宣传，鼓励更广泛地参与的意义在于，鼓励学校与外部组织建立联系，从而能够获得他们的经验和专业支持。学校充分利用校内外媒体进行项目宣传，利用班级文化建设对学生进行"国际生态学校项目"的宣传，鼓励全校学生利用假期社会实践活动的机会进行环保行动，开展环保宣传……通过广泛的宣传，不仅是学生，还有学生所在的家庭、社区，都在积极加入我们共同的环保行动。

图1 我校创建国际生态学校项目的教师培训大会

图 2　我校创建国际生态学校项目启动仪式

创建国际生态学校，麓小师生在行动

近日，麓山国际实验小学在周一升旗仪式上举行了创建国际生态学校的主题教育活动。学校紧跟时代主题，积极创建国际生态学校，并力求以此促进学校的优质发展、特色发展。

图 3　《潇湘晨报》报道我校启动创建国际生态实验学校项目的截图

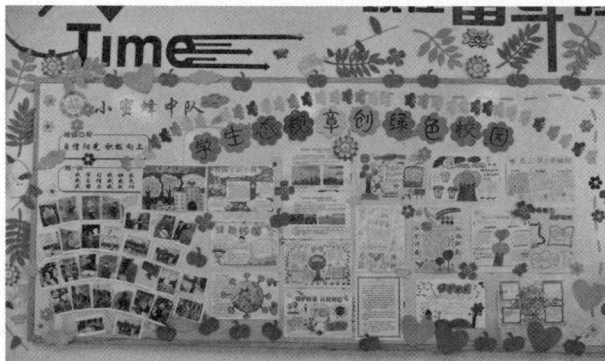

图 4　班级环保文化建设环保墙

图 5 学生变废为宝的手工作品

图 6 红网报道我校学生暑假参加环保类社会实践活动截图

第七步：制订生态规章

生态学校制订出自己学校的"生态章程"，这是一份对价值和目标的

声明，勾画出学生努力实现的理想。在我们学校，每个年级都创建了独有的生态规章，每个班级把它贴在教室墙壁上，要求每位学生对"章程"熟记于心，同时，"章程"更是孩子们日常环保行动的方向。

案例5：五年级生态规章。

节约粮食很重要，人人都应做得好。

小小粮食种出难，饭粒不能随便掉。

根据饭量来订餐，适量加饭吃得饱。

荤素搭配不挑食，多种营养肚里倒。

外出吃饭要注意，奢华排场可不要。

剩余饭菜打包回，倒掉扔掉多不好。

浪费粮食太可耻，光盘行动真叫妙。

（二）与学校德育紧密结合

习总书记一再强调立德树人是教育的中心环节、根本任务。育人为本，德育为先。我们麓小一直把德育工作放在学校教育工作的首位。让学生从小树立环保观念，让"学会关心"的校训真正落实到环保行动之中，让孩子们积极行动起来关心自己的学校、关心自己的家庭、关心自己生存的家园，这是学校德育的重要内容。结合国际生态学校的创建行动，我们把2018年9月至2019年9月的德育工作重点确定为环保教育，旨在让全校师生一起加入环保行动项目，合力打造一个真正的生态校园。

麓小一直倡导全员育人，全学科育人，全方位育人。让每一位教师参与环保行动，让每一位教师都成为环保教育的实施者，让每一次活动都承载着环保教育的使命，这是麓小开展德育的基本方法。在本次德育研究行动中，各年级充分发挥每个班主任老师在德育阵地的引领作用，充分发挥各学科教师在环保教育方面独一无二的功能与魅力，达成了合力育人的目标。每个年级组根据学生的年龄特点确定本年度环保行动项目，同时把相关项目作为德育研讨主题。主题确定后，大家便开始制订德育实施方案，进行行动跟踪，收集行动资料，总结行动成果……完成一系列德育研究工作。2018 年 12 月，全校举行了一场以"家校携手，推进生态文明建设，创建国际生态学校"为主题的大型德育研讨总结报告会。各个年级以自己独特的创意，呈现了本年级在环保行动中做出的种种努力，分享了在环保行动中取得的成果。大家把行动成果集结成册，成了可以扩散、传承的精神与文化产品。因为与学校德育工作紧密结合，环保行动更加细致、深化、量化、细化，更加常态化、规范化。

图 7　我校环保德育研讨会年级组汇报资料

同时我们把环保行动纳入学校礼仪教育的范畴，让学生们更好地在日常生活中落实环保行动。新学期，我们把"环保礼"和学生一日生活的问候礼、课堂礼、课间礼、两操礼、就餐礼、就寝礼等各项礼仪制作成视频教程，对学生进行具体又规范的礼仪行为指导。通过视频，我们告诉学生：美好的环境需要每个人用心呵护；我们不能随地乱扔垃圾；看到地上有垃圾要主动拾起；学会给垃圾分类，进行正确投放；节约用水；践行光盘……"爱护环境，珍惜资源，让我们到过的地方变得更美好"是我们履行"环保礼"的坚定誓言。我们把学习礼仪视频、践行环保行动作为作业布置给学生，让学生时时习礼，处处行礼，随时随地实践环保。通过一日日、一天天的行动，让学生真正把环保的行为变成一种生活方式，化成一种

陪伴终生的美好习惯。

三、行动成果

环保教育是"做"的哲学！国际生态学校创建的"七步法"正是我们行动的指南。在创建国际生态学校、践行环保的过程中，我们已经收获满满。因为行动即在研究！行动即是成长！

（一）更新了生活观念

创建国际生态学校，不是一个口号，而是脚踏实地的行动！通过这一年的行动研究，全校师生都真切地看到生活中存在巨大的浪费现象，存在严重的生态破坏现象；大家认识到进行环境保护不需要做轰轰烈烈的大事，而是每个人每天每时每刻做出一点点小小的努力，都将给世界带来改变，大家开始对小小的举动心怀敬畏。"生活即环保，环保在日常"的新观念逐步深入人心。这种观念不仅体现在学校，还辐射到孩子生活的家庭、社区，乃至更远的地方……

（二）节约了资源

节水、光盘、废弃物利用……这些行动都实实在在地减少了浪费，节省了资源，为生态家园的建设作出了一份贡献。

案例6：这是年级一月光盘行动的成果总结。

"光盘光盘我们在行动"光盘行动已开展了1个多月，通过观察和家长反映，这次活动取得了非常成功的教育效果。

首先，在学生中，我们看到了许多节约不浪费的现象，很多学生从思想上能认识到浪费是可耻的，粮食是可贵的，自觉地、积极地参加本次活动。各个中队开展的主题班会也取得了很好的教育效果。例如1502常青藤中队，他们通过主题班会、签名活动、"光盘行动"调查、回访调查等环节来践行本次活动。特别是"光盘行动"调查这个环节，比较有创新，而且还是一个收效较好的方法，得到学生和家长的大力支持和好评。调查表发下去后，家长对学校工作大力支持与配合，调查表能非常真实、客观地反映学生的情况，学生们也通过调查表不断减少自己剩饭剩菜的情况，不断迈向"光盘"，"光盘"的习惯就由此而慢慢地养成了。

其次，在教师的队伍中，我们也看到了节约的现象。很多教师现在能做到吃多少点多少，互相监督，形成"光盘"的习惯。从收泔水的阿姨处了解到，她反映这段时间泔水少了很多，浪费减少了很多。

最后，很多家长反映学生在家的一些变化，如不怎么挑食了，能吃光碗里的饭，出外就餐主动提出剩余饭菜打包，等等。更难能可贵的是，学生监督家长，对家长有浪费的现象也批评指正。家长为了做孩子的榜样，自己也自觉地形成光盘的习惯，拒绝铺张浪费。

虽然在我们的生活中还不能完全杜绝浪费，但是我们希望通过本次的活动，倡导大家形成节约的习惯，在心中形成一种不浪费的意识，来监督我们的行为，把勤俭节约的美德延续下去。

四、反思

生态学校的创建是个庞大的系统工程，创建生态学校的日子我们都是在摸索中走过的。前期，我们结合学校的具体情况制订了详细的行动方案，不过在落实方案的过程中也发现了一些问题，有待我们在未来的行动中找寻答案。比如，如何进一步地把创建行动课程化、序列化，更好地让环保行动成为孩子生活的一部分？名目繁多的"教育"都要进校园，如何让"环保教育"有足够的时间、空间落地？

我们的环保行动研究还非常肤浅，希望学校与更多生态学校建立联系，共同分享学校环境和可持续发展教育的经验，将生态学校建设与教育质量提升融合在一起，促进学校的优质教育，推动生态文明建设，为我们赖以生存的唯一的地球家园奉献人类的爱，承担应有的责任。

开发湖湘文化校本课程
组织小学生阅读实践研究

长沙麓山国际实验小学

邹玲静

一、研究动因

（一）传承和发展湖湘文化的需要

湖湘文化是多样性统一的中华民族传统文化中的一种十分富有特色的区域性文化，是中华文明中独具特色的文化奇葩。湖湘文化以原道发端，远迹屈子，中经贾谊、柳宗元形成湖湘文化原道的源头，到周敦颐重构儒道的《太极图说》、王船山"六经责我开生面"、魏源"技可进乎道"和"师夷长技以制夷"，谭嗣同锻造维新变法的思想利器《仁学》，直至毛泽东思想的形成，"流风所被，化及千年"，积千年之功，卓然独立于世，为中国近现代革命作出了巨大贡献。所以说，湖湘文化博大精深，是一种非常珍贵的教学资源。把湖湘文化引进并融入学校教学教育，不仅是深化学校教育的现实需要，而且也是传承和弘扬优秀传统文化的迫切要求。

湖南人引以为骄傲的湖湘文化，在今天却正慢慢地被人们淡忘，当然也就谈不上开发与利用了。对此我们进行了广泛的社会调查，在岳麓山脚下湖湘文化的发源地，选取了师大附中学生、师大和湖大学生以及普通市民三类群体发放了调查问卷各 100 张。参与调查的人中，无论是长沙市里的普通市民，还是生活在麓山脚下、书院门边的湖大、师大及师大附中的学生，都认为在日常生活中几乎感受不到湖湘文化的氛围。现在社会各界

45

对于湖湘文化的宣传，可谓远远不够。在各高校与中学里没有重视湖湘文化教育的课程，有也仅仅是作为选修课的内容。岳麓书社出版的关于湖湘文化的专题书籍，找遍书店也只有那么几本。湖南的影视业十分发达，甚至被称为"电视湘军"，却根本没有充分利用湖湘文化这一有利的文化资源。现在，湖湘文化的阵地差不多只剩下岳麓书院这块最后的净土了。这座千年庭院就如同茫茫大海中的一座孤岛，在人们渐渐淡忘了这种优秀的地域文化的今天，仍然固执而寂寞地独守着湖湘学派的白墙黑瓦。湖湘文化陷入无人了解的尴尬境地。在学校里开设湖湘文化课程，是普及湖湘文化的重要环节。湖湘文化进校园，是一项推进学校教育改革的综合性教学实践活动，有利于传承和弘扬湖湘文化。湖湘文化只有植根于校园，才有利于让学生充分认识并理解文化的多样性及其价值，才能得到真正的弘扬与发展。

（二）语文课程新标准的要求

《全日制义务教育语文课程新标准》明确指出："认识中华文化的丰厚博大，汲取民族文化智慧。关心当代文化生活，尊重多样文化，吸收人类优秀文化的营养，提高文化品位。"随着新课改的进一步深入，应该挖掘教材和学生生长环境中的文化底蕴，培养学生高尚的爱国、爱家乡的情感，培养学生的人文精神，并激发他们努力学习，为建设更美好的家乡和伟大的祖国而努力。同时，新课程标准也十分强调学生的课外阅读，重视语言积累，对学生的阅读量还做了明确的规定。

（三）国家关于弘扬传统文化精神的落实

《湖南省建设强省规划纲要》第一章也指出，加强中华民族传统文化和湖湘文化教育。作为义务教育阶段的小学应该贯彻落实文件精神，担负起研究传承阅读湖湘经典的任务。阅读湖湘文化经典，学习湖湘文化精髓，继承和发扬湖湘文化的精神，是我们麓山学子的责任与使命。我校地处湘江之滨，麓山脚下，毗邻岳麓书院，有着得天独厚的学习与文化氛围。我

们认为让小学生走近湖湘文化，了解湖湘文化，喜欢湖湘文化，传承湖湘文化，是文化强校的策略，是文化强省的启蒙，是文化强国的奠基。近年来，湖湘文化成为学界研究的热门课题，涌现了一大批研究成果，推动了湖湘文化研究的不断深入。我校一大批语文教师，重视并大力推广学生课外阅读的同时，也接触过有关湖湘文化的书籍和活动，积累了不少课外阅读与了解湖湘文化的经验，学生的阅读习惯和阅读能力都有了长足的发展。这为我校开发阅读资源，弘扬湖湘文化奠定了良好的基础。我们希望通过科学深入的研究，探索开发课外阅读资源与弘扬传统文化相结合的策略，使我校的课程开发与课外阅读找到新的途径，有所创新与突破。

本研究旨在努力开发、积极利用湖湘文化中蕴藏着的自然、社会、人文等多种语文课程资源，将适合小学生阅读、知行的湖湘文化融入小学生的课外阅读资源里，创建校园湖湘文化阅读体系，从而形成独特的校园"湖湘语文"文化。引导小学生通过阅读实践活动用自己的视野从多方面了解、感受、体悟"湖湘文化"深厚的底蕴，传承湖湘文化的精髓，培养学生热爱湖湘文化的情感，提升学生的语文素养，促进学生全面发展。

为了推进本课题研究的实践工作，我们制订了如下的研究目标及内容。

研究目标——

（1）构建适合小学4—6年级学生的湖湘文化校本课程体系，包括课程目标、课程内容、课程实施、课程评价等；

（2）促进学生热爱湖湘文化，感受湖湘文化，激发学生阅读情趣，提升学生的语文素养；

（3）传承与发展湖湘文化，营造具有湖湘文化特色的学校文化。

研究内容——

（1）湖湘文化校本课程目标体系的研究，包括研究和分析学生的阅读需求，确定湖湘文化校本课程的总目标和具体的内容标准，制订简要的湖湘文化校本课程标准，即预先设计出学生课程学习的结果（如知道什么、能做什么），为选择和开发课程内容提供依据；

（2）湖湘文化校本课程的内容选择与资源包开发的研究；

（3）湖湘文化校本课程的实施和学生阅读实践活动开展的研究；

（4）湖湘文化校本课程评价的研究。

二、研究方法

（1）问卷调查法：通过问卷调查，了解学生喜欢或应该阅读的经典著作，确定推荐阅读书目。此方法主要用于研究和分析学生的阅读需求，确定湖湘文化校本课程的总目标和具体的内容标准，制订简要的湖湘文化校本课程标准，为选择和开发课程内容提供依据。

（2）行动研究法：将课题组成员分成三个团队，每个团队负责一个年级段的推广研究。团队里又分行动小组，具体研究推广阅读的内容、实践活动、评价等项目。在小组总结、团队报告的基础上形成课题的结题报告及成果。此方法重点展开对湖湘文化校本课程的实施和学生阅读实践活动开展的研究。

（3）经验总结法：在不同的阶段进行总结，调整探究计划。

（4）文献法：此方法主要展开对湖湘文化校本课程的内容选择与资源包开发的研究。

三、研究过程

本课题属于情感性研究，研究对象是学生，研究工作要结合日常的教育教学工作进行。因此研究方法主要以行动研究法为核心。本研究经由本校语文教师的积极参与、多方配合，通过行动研究法，边探索边总结，在不断总结的基础上提高认识，全面系统地推进和扩展研究范围，形成研究成果。

（一）预研究阶段

深入学习理论，形成明确的课题意识，完成研究方案。

主要工作：

（1）课题组组长和相关成员参加省"十三五"课题培训会议，并认真研读了省教育学会学术委员会编印的《中小学教师怎样做课题》资料，对开展课题研究工作有了初步的概念。

（2）经自愿申请、学校研究决定、主持人批准，成立了本校课题组，主要成员有学校主管教学的副校长戴伍军，学校教科室邹玲静主任、教务处向春芳主任、语文教研组长刘爽老师，1—6年级各语文备课组长。其中，有中学高级教师2位、小学高级教师9位、硕士研究生2位。

（3）课题组预备会议明确了课题研究方向及需分别承担的研究任务，并明确了具体负责人。

（4）课题组负责人积极查找资料，组织教师学习相关理论，开展教师培训。在边学习、边实践、边反思的过程中，逐步认识到校本课程的作用——"能使课程更加符合学校教师和学生的发展特点与实际需要，能将课程改革的理想更好地落到实处，提高课程的成效"；明白了校本课程开发的规范程序——"需要评估—确定目标—组织与实施—课程评价"。进一步确立了"开发湖湘文化校本课程，组织小学生阅读实践研究"系列校本课程要为学生发展提供空间、为教师成长搭建舞台、为学校特色的彰显拓展承载地域的目标。

（5）这一阶段将语文组按年级学段分成三个团队。各团队面向学生、老师、家长分别发放相应的问卷调查表，广泛征求师生及社会的意见，分析确定相对统一的湖湘文化的相关经典作品。老师根据调查结果搜集作品并阅读，挖掘出湖湘文化经典作品与现代小学生的阅读交集点，形成初步的阅读体系。

主要方式：专题讲座、自学讨论、观摩研讨、参观学习等。资料积累、前期检测。

通过本阶段学习，课题组成员明白了本课题的目的意义、主要内容、操作步骤和实施过程。

（二）研究准备阶段

开题，评审、修改完善课题方案。

主要工作：

课题组老师经多次反复研讨，撰写出了课题具体研究方案；学校特邀湖南省教育学会和长沙市教科院专家们莅临我校，举行开题论证会。专家组听取了汇报，刘先捍、李志宏、龙迪辉、谭迪熬四位专家分别作了中肯而精彩的点评，充分肯定了课题研究的价值和现实意义。专家组认为四个课题研究方案设计框架完整，具有实施的可行性，均同意正式开题并启动研究工作。

（三）研究实施阶段

（1）研究湖湘文化校本课程目标体系的开发。

包括研究和分析学生的阅读需求，确定湖湘文化校本课程的总目标、各年级分目标，课程实施的具体内容标准，制订详细的湖湘文化校本课程标准体系。

（2）主要工作。

研究开发湖湘文化校本课程的阅读资源包，编撰系列校本教材。

校本教材研发主题之一：我的湖湘我的情——文学湖湘，旨在引导阅读历代文学名人文学作品，如毛泽东、周敦颐、沈从文、周立波、田汉等文化名人的著作，感受湖南历代文化名人的情怀；

校本教材研发主题之二：我的湖湘我的情——史学湖湘，旨在引导学生阅读史学资料，如："朱张会讲""曾国藩家书中的精髓""谭嗣同变法维新"等历史故事或资料，感受湖湘文化思想精髓；

校本教材研发主题之三：我的湖湘我的情——山水湖湘，旨在引导学生了解各名胜，如岳麓山、橘子洲、爱晚亭、岳阳楼、边城凤凰、衡山、汨罗江、贾谊故居、杜甫江阁，结合实地游历，充分感受其所承载的历史、文化、人文精髓。

研究湖湘文化校本课程的实施。在开展了开题论证立项工作后，就省教育学会专家给予的《开题论证意见》召集课题组核心成员进行了认真的研读，并按照专家的建议对课题研究方案中的"问题提出""理论依据""研究目标""研究内容"及"研究方法"等方面进行了精心的修改、补充和完善，进一步调整了课题实施计划。

教师层面：从开始加入课题研究的行列开始，相关教师就集课程决策者、课程编制者、课程实施者于一身。就"开发湖湘文化校本课程，组织小学生阅读时间研究"这一课程研究核心而言，老师能根据自己的本体性知识（所具有的特定的学科知识）、条件性知识（教育学知识、心理学知识）以及实践性知识（课程开发实践、教学经验累积）开设出哪些富有特色的课程，这是需要进行申报、审查、考核和评估的。开学初，课题组就动员老师们就"开发湖湘文化校本课程，组织小学生阅读时间研究"这一校本课程主题思想，自愿、自发地申报自己能胜任的校本课程。这一全校性的大面积自主申报工作让课题组掌握了教师教育观念、课程意识、课程知识、研究能力等现状的第一手材料，也为学生一定范围内的自主选择提供了选择对象。其中最受学生欢迎的是向荣华老师开设的"走进沈从文"微课程，翔实的资料、生动的课件、互动的课堂，都极大地调动了孩子们感受、了解湖湘文化的高涨热情。

学生层面：拓展课程包括户外实地考察、文本阅读两个方面。其中，我校的特色拓展活动——"五彩麓山枫"，最受学生欢迎，而且受益最大。

引导进行学生阅读实践活动的开展。

要想全面提高学生的语文素养，仅靠学习语文教科书是很难实现的。苏霍姆林斯基曾经这样说过："让学生变聪明的办法不是补课，不是增加作业,而是阅读、阅读,再阅读。"大量教学实践也证明,语文教育的本质意义在于阅读,丰富而广泛的阅读既是母语学习的核心环节,也是提高学生语言能力的重要抓手,还是促进学生精神成长的基本途径。未来的语文教学将确立"超文本"理念与"大阅读"策略,让阅读成为伴随学生终身学习的生活习惯,让阅读成为学生人生旅途所必经的精神跋涉,让知识、学识、见识成为学生的终身名片。语文教学将把学生的阅读视野从"纸本书"向"电子书"(电脑、网络、影视、音像)、"无字书"(自然万物、社会活动)延伸,把阅读的途径从"课堂阅读"向"课外阅读""校外阅读""家庭阅读""社会阅读"扩展。这里的"超文本"不仅仅指的是课外阅读。叶圣陶诗云:"天地阅览室,万物皆读书。"教师要积极引导学生走出课堂,亲近自然,融入社会,用自己的眼睛去阅读社会人生这样一部活生生的书。未来的语文教师将阅读视为内在的需求和毕生的追求,以畅游书海为乐,以博览群书为己任,阅读经典美文,领略中外名著,吟咏古今诗文,以广阔的文化视野、厚实的文化底蕴和良好的文学修养,为学生打开一扇又一扇文学的窗口、文明的窗口、文化的窗口。

我校阅读教学的具体目标:

第一,通过学习语言规范的课文,形成规范化的语言积累,并内化为自己的语言。第二,通过学习内涵丰富的文章,提高审美情趣,提升阅读品位。第三,通过教师的引导,掌握阅读方法,培养独立阅读能力。第四,充分利用好湖南文化名人、全国乃至世界的经典作品,组织学生背诵经典名文,1—2 年级背诵优秀古诗文 50 篇。课外阅读总量不少于 5 万字。3—4 年级背诵优秀诗文 50 篇(段),课外阅读总量不少于 60 万字。5—6 年级能背诵优秀诗文 60 篇(段)。广泛阅读各种书籍,课外阅读总量不少于 150 万字。

每年 10 月走进阅读节:

从 2012 年至 2018 年,我校共组织了七届阅读节,每届历时整整一个月，活动会分为学校、班级、家庭、个体等层面立体交错进行。每届都有不同的主题。如，第六届的主题是"书香味·湖湘情"。围绕这一主题，学校开展了丰富多彩的读书活动。比如："赏读湖湘名家名篇"的读书交流会；关于湖湘文化的百科知识竞赛等。我们还邀请著名的演诵名家吕铭老师给我们带来了精彩的湖湘文化诗会等等。多彩的活动，使同学们充分感受了湖湘山水的壮丽秀美、历史文化的源远流长、民俗文化的丰富多彩、湖湘名人的热血情怀。

四、研究成果

（一）初步构建了"开发湖湘文化校本课程，组织小学生阅读时间研究"系列校本课程的目标体系

总目标：

（1）收集整理湖湘文化有关的图片、音像、文字资料，形成较为系统的湖湘文化知识资源库；构建适合小学 4—6 年级学生的湖湘文化校本课程体系（包括课程目标、内容、实施、评价等）。

（2）开发实施"湖湘文化特色教育"，根据不同年龄层次学生的需要，依托湖湘文化，开展形式多样的热爱家乡及湖湘文化的综合实践活动，促进学生对湖湘文化的认识和了解。

（3）通过大课改背景下的湖湘文化教育教学活动的实践，找到湖湘文化、教学文化、实体文化、精神文化的有机结合点，陶冶师生的情操，让校园充满湖湘人文特色，学生受到湖湘文化熏陶，促进学生热爱湖湘文化，感受湖湘文化，传承湖湘文化，创建湖湘文化特色学校。

（4）学生能主动进行探究性学习，在实践中感知、了解、传承湖湘文化。

（5）激发学生阅读情趣，提升学生的语文素养。

（二）在课题研究中，我们将从知识、能力、情感等方面确立培养目标

（1）在知识目标方面，重视体验性、策略性、跨学科性知识。

（2）在能力目标方面，注重培养学生自主、探究、合作、交流的能力；表现能力、创造能力和信息的搜集及处理能力。

（3）在情感目标方面，重视培养学生良好道德品质和文明行为，培养学生爱祖国、爱家乡，培养学生的环保意识和责任感，培育学生责任心、求知欲，实现学生个性发展。

四年级目标：①能初步把握文学作品的主要内容，体会文章表达的思想感情，能对课文中不理解的地方提出疑问。②能复述叙事性作品的大意，初步感受作品中生动的形象和优美的语言，关心作品中人物的命运和喜怒哀乐，与他人交流自己的阅读感受。③诵读优秀诗文，注意在诵读过程中体验情感，展开想象，领悟内容。④积累课文中的优美词语、精彩句段，以及在课外阅读和生活中获得语言材料。背诵优秀诗文50篇（段）。

五年级目标：①能用普通话正确、流利、有感情地朗读若干经典湖湘文学作品。②默读有一定的速度，默读一般读物每分钟不少于300字。学习浏览，扩大知识面，根据需要搜集信息。③诵读优秀诗文，注意通过诗文的声调、节奏等体味作品的内容和情感。背诵优秀诗文60篇（段）。④能写简单的纪实报告，内容具体，感情真实。⑤养成读书看报的习惯，收藏并与同学交流图书资料。课外阅读总量不少于40万字。

六年级目标：①在阅读中体会作者的思想感情，在交流和讨论中，敢于提出自己的看法，作出自己的判断。②阅读叙事性作品，了解事件梗概，能简单描述自己印象最深的场景、人物、细节，说出自己的喜欢、憎恶、崇敬、向往、同情等感受。阅读诗歌，大体把握诗意，想象诗歌描述的情境，体会诗人的情感。受到优秀作品的感染和激励，向往和追求美好的理想。③诵读优秀诗文，注意通过诗文的声调、节奏等体味作品的内容和情

感。背诵优秀诗文60篇（段）。④扩展阅读面。课外阅读总量不少于100万字。⑤养成留心观察周围事物的习惯，有意识地丰富自己的见闻，珍视个人的独特感受，积累习作素材。⑥能写读书笔记和观后感，内容具体，感情真实。⑦为解决与学习和生活相关的问题，利用图书馆、网络等信息渠道获取资料，尝试写简单的研究报告。⑧策划简单的校园活动和社会活动，对所策划的主题进行讨论和分析，学写活动计划和活动总结。⑨对自己身边的、大家共同关注的问题，或电视、电影中的故事和形象，组织讨论、专题演讲，学习辨别是非善恶。⑩初步了解查找资料、运用资料的基本方法。

（三）编写了"开发湖湘文化校本课程，组织小学生阅读实践研究"系列校本课程

（1）《我的湖湘我的情——文学湖湘阅读系列读本》（上、下册）（已印刷成册）、《文学湖湘——文学作品阅读系列读本》，适用于小学阶段四、五、六年级学生。

本册教材由四部分组成，即前言、目录、单元和课目。课程内容包括两个部分，全期共十个课时。第一部分：走近古代湘楚文学；第二部分：走近近代湖湘文学。各部分分为"温馨导语""走近××""顶峰著作""精品赏读园""探究与体验""自由阅读卡"六个栏目，旨在让学生能从多角度初步了解湖湘本土历史上著名而具有代表性的人物及其在文学方面所取得的伟大成就，进而起到文化引领和价值导向的作用，引导学生了解湖湘文化，传承湖湘文化精髓。

（2）《我的湖湘我的情——名胜古迹诗词歌赋系列读本》。

《山水湖湘——名胜古迹诗词歌赋系列读本》为全一册，适用于小学阶段中年级学生。

本册教材由三部分组成，即前言、目录和课目。课目内容共十个篇章，每个篇章分为"温馨导语""走近××""精品赏读园""探究与体验""自由阅读卡"五个栏目，旨在让学生能以湖湘大地上著名的自然山水、名胜古迹为切入点，初步了解湖湘本土的地理风貌、人文环境乃至所辐射到的文化内涵，激发湖湘学子对家乡的热爱之情，引导学生了解湖湘文化，传承湖湘文化精髓。

（3）《我的湖湘我的情——史学作品阅读系列读本》（上、下册）。

（四）形成了"开发湖湘文化校本课程，组织小学生阅读实践研究"系列课程的特色活动

1."五彩麓山枫"系列活动

如每年寒假暑假，联合少先队大队部一起组织的"五彩麓山枫"系列活动，活动组织卓有成效，连续几年，学校少先队大队部均荣获"湖南省红旗大队""湖南省红领巾标杆大队"等荣誉称号。

（1）"红色麓枫篇——爱国主义教育我感怀"活动。

活动内容：参观 1~2 处爱国主义教育基地，包括先烈故居（如刘少奇故居）、纪念馆（如雷锋纪念馆）、红色名胜（如橘子洲头）、历史名人故居（如贾谊故居）、博物馆（如湖南省湘绣研究所、国货陈列馆）等，要求有照片、有心得。

（2）绿色麓枫篇——志愿者服务我践行。

活动内容：提倡组建团队（以 5~10 人为一组，可以跨班级、年级自由组合）开展环保宣传或实践、社会调查（如问卷调查）、交通文明劝导、"护绿岳麓山""下农村、进社区""图书馆整理行动""关爱弱势群体""长沙地铁志愿服务"等活动，鼓励创新。参加活动后应到所居住社区（村）积极进行志愿者登记注册，如居住地无志愿者机构，可到杜鹃楼长沙市志愿者指导中心（长沙市青少年宫正门右侧）进行志愿者登记注册。非长沙地区学生由校团委另行安排进行登记注册。

（3）蓝色麓枫篇——课外阅读我陶醉。

活动内容：要求暑假期间，每位同学至少阅读一本有意义的课外书，并撰写读书心得，一并上交。开学后将布置主题团日活动举行第四届"麓山读书会"，同学们将自己的所感所悟通过读书会与大家分享、交流；麓山少先队大队部将通过校园宣传平台对好书进行推介，并将此项活动纳入班级考核，对优秀班级以及个人进行评比和表彰。

（4）橙色麓枫篇——勤工助学我行动。

活动内容：我校"爱心里程碑"项目是长沙市首批"我最满意的少先队"活动之一，每次活动收集的爱心款公示后全部捐入长沙市青少年发展基金会，再由我校与青基会一同确定开展项目，所有项目公开透明，受助人将向捐赠人（或代表）反馈回信。在全体师生努力下，在全体家长的支持下，此项活动坚持多年，我们将一如既往地开展下去，并将其延伸到假期实践活动中。

（5）粉色麓枫篇——青春麓山我描绘。

活动内容："我的美丽湖湘"——探访湖湘文化研究性学习。选择湖湘文化中的"衣、食、住、行"的任意一个方面（也可多个方面）进行社会调查，并撰写研究性学习报告（可辅以画册、PPT、微视频的制作）。

如：2016年"牵手岳麓书院，走近湖湘文化"活动方案。

指导思想：岳麓书院具有深刻的湖湘文化内涵，反映出一种"士文化"的精神，自然景观与人文景观融为一体的传统文化教育的重要资源，是对学生进行素质教育的活教材。

岳麓书院就在我校附近，可学生对岳麓书院、对家乡的了解少而肤浅，更不要说对岳麓书院深含着隽永的文化品位、儒家士人的严谨和闲适的读书生活、审美情趣和生活理想的理解。可喜的是学生愿意去了解它，对岳麓书院有着浓厚的兴致。因此，进行"牵手岳麓书院，走近湖湘文化"课题实践活动有利于促进学生在了解岳麓书院的过程中求知，在挖掘岳麓书院精髓的过程中启智，在诵读诗词的过程中积德，在感悟诗词的实践中雅行，必定有益于他们健康成长和将来的发展。

由此可见，以"岳麓书院文化"为中心，探究湖湘文化，从而对学生礼仪、爱祖国、爱家乡、传统美德教育的"牵手岳麓书院，走近湖湘文化"的课题研究能拓展更加广阔的教育空间，更系统地对学生进行教育训练，也更加有利于落实我校的育人目标。

参加对象：四、五、六年级各班的文学社成员 5 人（语文尖子生）。三年级每班 2 人。学生共计 102 人。

活动指导教师：课题读本撰写组成员。

表1　"牵手岳麓书院 走近湖湘文化"系列活动一览表

时间	地点	活动	责任人
第九周 周二下午 2：30—5：00	岳麓书院	参观岳麓书院	四至六年级语文备课组长及课题读本撰写组老师
			四年级（三年级 12 名学生编入四年级）：邹玲静、刘爽、王春光、向春芳老师
			五年级：方育龙、杨池珍老师 六年级：刘娇莲、欧艳红老师
第十一周 周三文体活动	文化报告厅	1. 摄影作品展	备课组长收集并精选照片交语文组做成展板
		2. 资料展	三、四年级——"我了解的岳麓书院"：书院的建筑、字画、历史文化、名人故事的相关图片、文字资料集展览（以班为单位装订成一本，共12本）
			五、六年级——"我心中的岳麓书院"调查报告展（以班为单位装订成一本，共12本）
第十二周 周二	一楼道德讲堂	岳麓古诗文诵读比赛	三年级一个代表；四至六年级各 2 个代表

活动成果的体现：学生活动成果集（文本、光盘）、学生活动及获奖情况；调查报告、教师随笔集。

保障与措施：

①组织的保障。

组长：戴伍军副校长　副组长：邹玲静主任、向春芳主任。

专家指导：李志宏主任（省教育学会主任）；段晓宏（市教科院小学语文教研员）。

②经费保障：建议学校支持课题的研究，对参与活动学生给予奖励。

③建议学校对参加课题实验的教师给予一定的奖励。如有突出成绩的，将在评优、评先时给予倾斜。

（五）学校老师根据自身兴趣、爱好、知识积累及专业素养，开发出了"特色"校本课程——湖湘文化系列大讲堂

课题组参与者向荣华老师率先为六年级的师生们带来了"湖湘文化大课堂"的第一课——"走近乡土文学之父沈从文"。向老师首先用沈从文的墓志铭"照我思索，可理解我；照我思索，可认识人"作为本次课堂的约定，从四个方面对沈从文进行了评价，他认为沈从文是现代文学史上最富传奇、最具思想、最孤独、最具美感的乡土作家之一。向主任的精彩讲述引发学生们的共鸣，同学们个个屏息凝神，用心而专注，台下的老师们也积极参与进来发表自己的观点，讲述文学作品中的湖湘文化。在大课堂的自由交流环节，向主任就本次大课堂作了详细解读。他说："有文学的地方就有美。湖湘文化的美，要让孩子们从小有所了解。"孩子们也激动地说："我们真希望每周都有这样的大课堂！"讲座结束后，语文组教研组长邹玲静老师组织课题组的部分老师商讨了本学期的研究内容及本课题研究的远期规划。

表2　湖湘文化大讲堂系列2017年上学期

执教者	主题内容	时间
施源	中国第一位浪漫主义诗人——屈原	第二周
施源	楷书第一人——欧阳询	第四周
邓远	理学的"开山鼻祖"——周敦颐	第六周
邓远	"茶陵诗派"盟主——李东阳	第八周
向春芳	唐代湖南三诗人之一——李群玉	第十周
向春芳	走近"明末大学者"——王夫之	第十二周
杨池珍	撞击警世洪钟的写诗人——陈天华	第十四周
杨池珍	清代以文人而封武侯的第一人——曾国藩	第十六周
欧艳红	用血肉凝成革命诗篇——夏明翰	第十八周

表3　湖湘文化大讲堂系列2017年下学期

执教者	主题内容	时间
王春光	中国戏剧之魂——田汉	第二周
王春光	向着光明振翅飞翔的女作家——丁玲	第四周
方育龙	中国的"安徒生"——张天翼	第六周
向荣华	走近"乡土文学之父"——沈从文	第八周
黄琴芳	领袖文人——毛泽东	第十周
黄琴芳	晚清历史小说家——唐浩明	第十二周
邹玲静	走近"湖南骡子"——何顿	第十四周
邹玲静	割舍不断的是乡情——彭见明	第十六周
向荣华	给童年一双翅膀——汤素兰	第十八周

课程授课安排：

（1）因课程中有一些内容的教学非一个教师能独立完成，如外出参观、实践活动，因此，凡教学相关内容时，学校应安排教师协助。

（2）因课程中有一些内容的教学非校内教师能够承担，因此，学校应聘请部分社会人士作为该课程的教师。

（3）建议学校将本课程纳入学校总体课程系统，定于每周三文体活动时间作为"湖湘文化大讲堂"活动时间。

（4）课程开发者、实施者：

①课程开发者为邹玲静、向春芳、欧艳红、向荣华老师等。②课程实施者建议为课程开发者之一，同时，根据课程内容的学科相近性，安排具有其相应特长的教师。

（六）教师撰写论文、学生汇编了相关作品，精彩纷呈

（1）教师类：参与课题的老师成员撰写了相关的科研论文。

2017 年岁末，从长沙市教科院传来捷报：在长沙市"2015—2017 年度优秀教研组评选"活动中，我校语文教研组被评为"长沙市优秀教研组"，刘爽老师被评为"教学改革先进个人"。在年度论文评选活动中，选送的 19 篇教学论文分获 13 个一等奖、4 个二等奖、2 个三等奖。其中邹玲静老师撰写的《让阅读成为语文人的根基》、杨柳老师撰写的《小学语文阅读教学中学生审美能力培养的现状与理性选择》、向春芳老师撰写的《整本书阅读——"逆风的蝶"教学实录》、殷瑛老师撰写的《我与孩子"聊"起来》共 4 篇论文获一等奖。多位老师的论文也分获本次年度论文大赛二、三等奖。

（2）学生作品类：

学生"湖湘文化"相关作品诵读录像作品若干。

学生"湖湘文化"相关作品读后感或观后感精品习作、采访手记等作品选录。

摘录一则如下：

我心中的岳麓书院

班级：五（5）　撰稿者：胥星冉

早就听说"岳麓书院"是一个拥有着古老的历史文化的读书之地。那里依山傍水，前临湘江，后枕岳麓山，四周林木荫翳，环境幽雅，很是清爽。上周我们学校组织了一次游"岳麓书院"的活动，每班选五位同学参与，我就是其中的一个"幸运儿"。

戴上红领巾，我格外挺立；拿上小本子，我格外得意；背上小背包，我笑得格外灿烂……我们依次坐上了校车，不到几分钟，便到达了"岳麓书院"。

一踏入岳麓书院，一股清新的香气像调皮的小孩子，从我的鼻子里直接钻进我的心，久久不得散开。赫曦台上摆着几盆嫩绿的草，大概那香味就是从草里散发出来的吧！香味，让我的心更净，让我的心更静。赫曦台的正中间有一幅画，听导游姐姐说这是整个岳麓书院的平面图。书院内白墙灰瓦，红墙黄瓦，许许多多的树木围着我，仿佛置身于古代，回到了久远的从前：古钟叮当，下课了，孩子们迫不及待地跑出教室，在赫曦台上嬉戏玩耍；上课了，孩子们认真地读书写字，琅琅的读书声就好像在我的耳边回荡——人之初，性本善；性相近，习相远……

再向前走，就是"教学斋"。"教学斋"也叫"忠孝廉堂"，那是朱熹亲手书写的，刻在讲堂的两壁。所刻的四个字刚劲有力，笔力道劲，是岳麓书院道统源流的象征。环顾四周，我感到有些奇怪，讲堂并不大，讲堂的前面只有一大片的庭院，那，学生们在哪里上课呢？我脑海中的小问号冒了出来。导游姐姐说："讲堂是先生们讲课的地方，而学生们则坐在庭院里听课，不像现在的你们坐在教室上课……"真是及时雨，我的小问号立即消失了。

岳麓书院内有许多的书法作品。讲堂内有"道南正脉，学达性天"，导游姐姐说这是乾隆皇帝亲手御书的，当时岳麓书院名气鼎盛，地位崇高。"纳于大麓，藏之名山"是当时书院的学监所书，说的是岳麓书院被浩瀚青翠的树林掩映，藏在地大物博的岳麓山之中。这样的环境正是修身养性的好地方，难怪岳麓书院能够培养出如此多的名人大家。"惟楚有才，于斯为盛"是挂在第一道门上的楹联，表达的是楚国真是出人才的好地方，岳麓书院更是英才聚集之地……这些书法作品让我这个湖南人感到无比骄傲，也为自己和岳麓书院距离这么近而自豪。

走着走着，导游姐姐把我们领入一个小礼堂内，刚坐下，灯光暗了下来，接着，一串古朴的音乐传入我们的耳朵，随着音乐的渐进，许多乐器也开始加入，那声音节奏缓慢，我开始觉得自己在静谧的竹林中行走。天上下着雨，滴滴落在一片一片竹叶上，发出很轻很轻的响声……

漫步在书院内，回头一看，夕阳缓缓落入岳麓山后，今天我与"岳麓书院"之约已快结束，但它的清幽雅致，它的古朴灵秀，它的文化内涵，它的精神底蕴已经悄悄留存在我的心底。

五、研究结论

（一）湖湘文化是一种非常珍贵的教学资源

把湖湘文化引进并融入学校教学教育，不仅是深化学校教育的现实需要，而且也是传承和弘扬优秀传统文化的迫切要求，在教学活动中对老师的教学理念和学生的学习行为，产生着深刻的影响。为此，在湖南省教育学会以及学校领导的大力支持下，小学语文教研组制定出了湖湘文化进校园的目标体系（2012—2016）。各个年级及备课组的师生们也积极参与课题研究过程中开展的各项活动。教研组组织骨干老师还编出了校本教材——《我的湖湘我的情——文学湖湘作品赏读》。整个活动，从一开始就展现出了非凡的生命力。

（二）湖湘文化进校园，是一项推进学校教育改革的综合性教学实践活动，有利于传承和弘扬湖湘文化

这些年来，虽然国家加强了对优秀民间传统文化的保护，确定了一批国家级非物质文化遗产项目及其代表性传承人，但地方传统文化的保护和传承仍然面临着后继无人的窘境。湖湘文化进校园，为学生认识家乡，了解家乡开辟了新的途径。湖湘文化只有植根于校园，才有利于让学生充分认识并理解文化的多样性及其价值，才能得到真正的弘扬与发展。

湖湘文化进校园，有利于转变学生的学习行为与学习方式。

在对湖湘文化资源进行开发时，一方面可以利用课堂教学让学生在学习的过程中认同、感受、了解湖湘文化，另一方面组织学生开展形式多样的教育实践活动，如观赏、参与社区地方民俗演出，开展班级或学校表演、诵读。学生通过对湖湘文化的学习，开阔了视野，走出了教室，走进了生活，自己主动去收集、探索、模仿、感受和理解身边的传统文化，亲力亲为，突显学习者的主体地位。学习的过程成了学习者主动探究、积极参与、愉快享受的过程。学习兴趣与学习积极性得到不断的强化和提高，引领学生自觉地走进民族文化圣殿，用几千年沉淀下来的优秀民族文化修身养性，立德做人，为学生终生幸福奠基。

湖湘文化进校园，有利于增强教师的课程资源开发意识与能力，促进教师自身教学相长。

在以往的教学中，许多教师往往对身边生活中的教学资源利用、重视不够，本土传统文化进入课堂只是个别教师的自主行为。湖湘文化进校园后，大家有了责任，有了压力，于是按照要求，人人去收集整理有关本土传统文化资料，并从中筛选出可供教学利用的素材。为了确保所选材料的实用性和科学性，找准湖湘文化进入课堂教学的切入点和着力点，探索湖湘文化运用于课堂教育的有效方法和措施，教师们围绕课题以学习抓教学，以教学带科研，以科研促教学。大家充分认识到湖湘文化进校园，既是丰富课堂教学的重要内容，也是优化课堂教学的有效手段，合理利用这些资源，有助于拓展延伸课堂教学，实现教学目标的多元化，为学生的成长留下宝贵的精神财富，并对他们的世界观、人生观和价值观起到深远的影响。

六、问题讨论

整整五年时间，我校以"开发湖湘文化校本课程，组织小学生阅读实践研究"作为学校的教研重点，引导学生通过阅读实践活动用自己的视角

从多方面了解、感受、体悟"湖湘文化"深厚的底蕴，传承湖湘文化的精髓，培养学生热爱湖湘文化的情感，提升学生的语文素养，促进学生全面发展；也推进了我校的教科研工作、德育工作，推进学校的特色发展，但在课题研究中，我们还存在着以下思考与困惑：

（1）校本课程的开发研究对教师的参与、探究、反思、推进的能力要求相当高，而且课题研究所需要投入的时间与精力和教师的现实状况存在很大矛盾，对于承担这一课题研究和校本课程开发的很大一部分老师来说，造成了较重的精神压力和工作负担。怎样才能减轻他们的压力和负担，促使老师们能更大限度地投入兴趣和激情？

（2）开发出来的校本课程评价体系不够完善，还需要进一步研究，建立一套开放多元的评价体系以促进并激励学生更深入持久地了解湖湘文化、传承甚至发展湖湘文化。

但不管怎样，我们相信，以我们执着不懈的努力，湖湘文化一定会深深植根于麓山国际实验小学这块肥沃的土壤，一定会扎根于学生的心灵，孩子们也必将成为湖湘文化最优秀的传承者！

在小学科学课教学中有效地提高
学生科学素养的研究

长沙麓山国际实验小学

张　好

"在小学科学课教学中有效地提高学生科学素养的研究"课题是由长沙市麓山国际实验学校小学科学组承担的湖南省教育学会"十二五"教育科研课题。2011 年申报，2012 年 1 月经由湖南省教育学会课题研究专家组审批立项并开题。课题批准号 A-25，学科分类为基础教育，课题主持人是张好，是麓山国际实验学校小学科学教研组长，湖南省特级教师。主要研究人员有钟裕容、余理、高逸湘、向雯、黄思思。

"在小学科学课教学中有效地提高学生科学素养的研究"课题通过多个子课题探究在小学科学课教学中如何有效地提高学生的科学素养，教师和学生在各项教学竞赛中取得显著的成绩。教师整理出一些宝贵的经验，撰写的论文分别获奖或发表，并参与出版相关书籍，将课题成果向社会推广。同时，《小学科学学科素养评价表》《小学科学实验课课堂教学评价方案》《小学科学学科发展规划》等成果作为教学中的抓手，亦有力地推进了学生科学素养的提高。

一、问题提出

科学素养是公民综合素质重要的组成部分，公众科学素养的水平直接关系到一个国家的综合国力。学生是国家潜在的人力资源，应该从小培养。小学科学课程作为一门义务教育阶段的基础性课程，以培养学生的科学素养为宗旨。在广泛推行科学教育改革的今天，很多一线的科学老师都在有意识地培养学生的科学素养，都在教学中注重培养学生发现问题的能力并不断开展科技活动，但随意性比较强，容易出现有问题无价值、有活动无思考、有实验无探究的现象。教学效果低的原因在于没有将核心素养放到最重要的位置，没有确定的平台，缺少创新的举措，没有形成完整的操作体系。基于此，我们决定开展"在小学科学课教学中有效地提高学生科学素养"的课题研究，该课题将理论与实践相结合，将为小学科学教学工作者提供一些可以借鉴的提高学生科学素养的具体方法和操作平台。

二、课题界定

（一）小学科学课

是指小学科学课程，包括课堂教学、课外科技实践活动等。

（二）科学素养

《全民科学素质行动纲要》对科学素养作出如下定义：科学素养就是了解与社会发展和认知水平相适应的必要的科学知识，了解基本的科学方法，了解科学技术对社会和个人的影响，认识科学本质，崇尚科学精神，树立基本的科学思想，并具备一定的应用它们处理实际问题和参与公共事务的能力。

小学科学课程标准指出：科学素养一般包括对自然现象的好奇心和求知欲，运用基本的科学知识和技能认识自己和周围世界的能力，具备进行科学探究所必需的科学思维和方法，与自然界和谐相处的生活态度等。

基于以上理论，我们归纳出学生科学素养的四个基本要素，即科学兴趣、科学知识、科学方法和科学精神。

（三）在小学科学课教学中有效地提高学生科学素养

科学素养是目前世界各国科学教育的最主要目标，《小学科学课程标准》也明确提出"小学科学课程是以培养学生科学素养为宗旨的基础课程"。新课程标准颁布至今，大量研究都从注重学生学习的探究性、主体性和开放性入手来提高学生的科学素养，较少有研究涉及如何有效提高学生科学素养的确定的平台和完善的操作体系。

本课题探究有效地提高学生的科学素养的教学方法，从"创新教学策略"和"开发拓展课程"两个方面入手，其中"创新教学策略"分解为"创设问题库，有效提高学生的科学素质""怎样使小组合作学习更有效""植物知识的教学如何突破时空"三个子课题。"开发拓展课程"分解为"开设'道尔顿'学制式的拓展课程，提高学生科学素质""开设'科学 DV'校本课程，有效提高学生科学素质"两个子课题。同时，我们将完成"小学科学学科素养评价表""小学科学实验课课堂教学评价方案""小学科学学科发展规划"等操作体系的建设。

三、理论依据

（一）现代脑科学对人的潜能的研究是本课题的生理学依据

加强科学教育、让学生亲历科学探究过程才能更好地实现右脑功能和左脑功能的高度协调，促进人的发展。近年来，人们对于大脑两半球功能优势的研究成果，尤其是对右脑功能的新认识，为我们进行科学教育、开发人的潜能提供了科学的生理学依据。

（二）道尔顿制的基本理念是本课题的教育学依据

道尔顿制作为教学的一种组织形式和方法，又称道尔顿实验室计划，由美国教育家帕克赫斯特女士于 1920 年在马萨诸塞州道尔顿中学所创行，因此得名。道尔顿制秉持"自由"与"合作"的基本理念，面向全体学生，通过在学校场域内构建专业化的资源性教室、多元化的课程，实施个别化的教学设计、发展性的学生评价、终身化的教师成长等，致力于学生的心智与体魄的全面、和谐、可持续的发展。本课题在实施过程中，汲取道尔顿制的基本理念来开展科技活动，让学生拥有一定的自由意识，让他们在老师的指导之下相对自由地支配学习时间和适合他们个人的学习速度等。

四、研究目标

（一）探究在小学科学课教学中有效地提高学生的科学素养的方法与途径

（1）整理出相关经验，撰写有价值的教学论文，甚至出版相关书籍。

（2）研究并制订小学生科学素养评价方案、小学科学课堂评价方案。

（二）通过课题研究，全方位提升学生的科学素养

（1）科学兴趣：拥有亲近科学、体验科学、热爱科学的情感。

（2）科学知识和方法：知道如何运用科学知识和方法去尝试解决身边的问题，会提出假设或猜想，会搜集有关的信息或证据，会进行判断、推理和决策，并且能与他人共同合作解决问题，或者设计新的作品。

（3）科学精神：既勇于探究新知又能够实事求是，既能独立思考又乐于互助合作。

（三）通过课题研究，有效地提高教师的教育教学水平

（1）制订小学科学教研组发展规划，以促进骨干教师、青年教师的持续发展。

（2）课题组老师在课题实施过程中学习教育理论，参与课例研修，不断增强教育科研能力，争取在各级各类教学比赛中获得优异的成绩。

五、研究内容

通过 5 个子课题的研究，有效地提高学生的科学素养。

表1　子课题内容

编号	子课题名称	类别	负责人
I	《创设问题库，有效提高学生的科学素质》	创新教学策略	余理　张好
II	《怎样使小组合作学习更有效》		钟裕容

续表

编号	子课题名称	类别	负责人
III	《植物知识的教学如何突破时空》	创新教学策略	张好 黄思思
IV	《开设"道尔顿"学制式的拓展课程，提高学生科学素质》	开发拓展课程	向雯 张好
V	《开设"科学 DV"校本课程，有效提高学生科学素质》		高逸湘

六、研究方法

本课题研究采取以行动研究为主体的研究方法，辅以经验总结法、短周期教育实验和观察、文献等方法。

（1）行动研究法：制订个性研究方案，通过学生实践情况进行分析，再研究调整重新进行实践。

（2）经验总结法：教师根据研究内容，及时总结经验，撰写教研论文甚至出版发表作品。

（3）短周期教育实验法：我们将开展一系列周期较短的微型课题、子课题研究。

七、研究过程

（一）准备阶段（2010 年 1 月至 2010 年 12 月）

（1）确定课题名称并制订课题方案。

（2）落实课题研究人员，并进行合理分工。

（3）向省教育学会申报立项并听取修改意见，不断完善课题方案。

（二）研究阶段（2010 年 12 月至 2014 年 10 月）

（1）在实施教学和科技活动的同时，研究"问题库"平台的管理模式、科技活动的操作模式，探索学生科学素质的评价体系、课堂教学的评价体系、促进教师发展的有效途径等（在课题实施过程中逐渐使之形成成果），实现理论与实践相结合，着眼于更有效地提高学生的科学素养。

（2）课题主持人组织各项研究及交流活动。定期进行教师培训，研究成员进行课例研修，开展各项学生活动。在这一阶段，学生的科学素养得到显著的提升，他们在省市级各项竞赛中获得优异的成绩。同时，课题研究增强了科学教师基于新课标的教学意识，有效地促进了教师的专业成长。

（3）积极总结经验、撰写论文等。"在小学科学课教学中有效地提高学生的科学素养"相关论文或书籍，《小学生科学素养评价方案》《小学科学课堂评价方案》《小学科学教研组发展规划》等研究成果在这一阶段形成。

（三）总结阶段（2014年10月至2016年3月）

（1）整理研究过程中的各项原始资料。

（2）撰写课题研究报告。

（3）做好课题的结题工作。

（4）继续进行相关实践与研究。

特别说明：

在课题研究的过程中，小学科学教研组增加了3名新教师：高逸湘、向雯、黄思思。这三位老师也成了本课题研究组的成员。因此我们在原课题方案的基础上，增加了子课题研究的数量，一共开展了5个子课题的研究。

八、课题研究成果

（一）研究获得"在小学科学课教学中有效地提高学生的科学素养"的方法与途径

1. 出版及发表作品

（1）5年来，课题组成员张好、余理、钟裕容参与出版《科学》《实验能力训练》《直击小学科学学科教学疑难》《两型社会知识读本》《我是小创客》《安全导航》等书籍，担任主编或参编工作。

（2）课题组开发了校本课程资源包《科技活动》《卫生安全，饮食健康》《两型社会知识读本》等。

（3）子课题同名论文《创设问题库，有效提高学生科学素养》在《小学科学》发表，课题研究相关论文《科学教学中的六个细节》在《湖南教育》发表，《探究蚯蚓对亮度变化的反应》《聚能环电池的新发现》在《实验教学与仪器》发表。

2. 论文获奖

子课题同名论文《怎样使小组合作更有效》获市级论文比赛一等奖。《种菜豆教学设计》获全国论文比赛一等奖，《让科学记录表更好地发挥作用》获省级论文比赛一等奖。另外有学生的科技实践活动报告《人工条件下的蚯蚓越冬》《不一样的养蚕》《飞向太空》《我们来秋种》等分别获得长沙市创新大赛一、二、三等奖，并被录入《小学科学教师培训课程》《直击小学科学学科教学疑难》等书籍。

3. 形成了评价体系

《小学科学学科素养评价表》《小学科学实验课课堂教学评价方案》《小学科学学科发展规划》都是课题原计划的研究目标，已形成成熟方案。

4. 开发了慕课资源包

课题组开发"小学科学教学重难点"课堂教学慕课资源包，张好、钟裕容、高逸湘、向雯老师录制科学课教学视频一共 20 个片段，由湖南省教师发展中心面向全省发行。

（二）学生的科学素养得到有效的提高

（1）我们运用《小学科学学科素养评价表》对三至六年级学生的科学兴趣、科学知识与方法、科学精神进行阶段测评，以百分制计算学生的科学素养。经过四年的实验，同学的科学素养的平均分值由 68 分提高到

83 分，总分达到 90 分以上的同学由原来的 16% 提高到 30%。

我们发现，一个优秀的学科素质评价方案，它能起到潜移默化的作用，告诉学生应该怎样去学习，更好地引领学生自主发展。为了让评价方案更好地做到"润物细无声"，我们将它公布在科学教室，学期结束的时候让孩子们自己来计算总分，这样能让学生始终参与评价的过程。他们知道自己哪些方面做得不错，哪些方面需要加强，就能更有针对性地制订自己的学习计划，完善自己的学习行为，使自己的科学素养得到不断的提高。

（2）"创设问题库，有效提高学生的科学素质""怎样使小组合作学习更有效""植物知识的教学如何突破时空"三个子课题的开展，使课题研究与常规教学能有效结合，切实提高了学生的科学素养：①学生学科学的兴趣浓厚，每学期学校对学生的问卷调查显示，科学课是孩子们最喜欢的学科之一。②学生的问题意识和提问题的能力增强了，他们能自己主动发现有价值的问题、运用科学知识和方法解决问题。比如在课堂上制作"转动的牛顿盘"之后，很多同学边玩边提出了新的问题："如果改变色盘上色彩的分配比例会怎样？""如果是黑白图案会怎样？""如果色盘是其他形状会怎样？"在老师的鼓励下，同学们自主设计了与教材中不一样的转盘，一位同学居然能把他的异型盘拉出奇怪的叫声。比如在演示实验"反冲小瓶"的时候，有的同学提出："能不能想办法让反冲小瓶转得更久更灵活？"于是他想办法利用四驱车的升级配件滚珠轴承来固定吊绳，做成一个"升级版的反冲小瓶"。③教师不把上下课铃声当作教学的起点和终点，经常根据学生的需求拓展后续活动；教师不让学习活动限制在教室这个狭小的空间，为孩子们开辟了更广阔的探究场所。植物知识单元教学中，我们在距科学教室很近的教学楼楼顶开辟"空中菜园"。通过春种、秋种各项实验探究，从解剖植物的种子开始，到播种、观察、记录，从跃跃欲试到获得成功、享受惊喜，孩子们表现出优良的科学态度和科学精神。

（3）通过"开设'道尔顿'学制式的拓展课程，提高学生科学素质"

"开设'科学 DV'校本课程，有效提高学生科学素质"两个子课题的实施，学生的课外科技活动丰富多彩，在各级各类科技比赛中屡获佳绩。统计数据如下：

表2　各级各类科技比赛成果

对应的子课题编号	项目	荣誉等级	获奖人次
Ⅳ	科技创新大赛（发明作品）	省级、市级一等奖或二等奖	21
Ⅳ	科技创新大赛（科技实践活动）	省级、市级一等奖、二等奖	团体
Ⅳ	获得专利证书	实用新型	9
Ⅳ	青少年建筑模型比赛	国家级、市级一等奖、二等奖、三等奖	32
Ⅳ	青少年车辆模型比赛	市级一等奖、二等奖	28
Ⅳ	科学小论文比赛	国家级一等奖、二等奖、三等奖	35
Ⅴ	科技创新大赛（DV作品）	市级二等奖	团体

（三）教师的教学水平和科研能力不断发展

课题研究过程中我们制订了《小学科学学科发展规划》，其中包括了教研组（课题组）老师们的个人发展规划、麓山国际实验学校的"小学科学课专家型教师"培训课程。通过五年来的努力，培养了一批在省市知名的科学名师：课题主持人张好获得"湖南省特级教师""省级名师工作坊坊主""市级名师工作室名师""国培计划专家"等荣誉称号；高逸湘老师成为长沙市小学科学名师工作室成员、长沙市科技创新名师工作室成员；黄思思老师成为长沙市小学科学名师工作室成员；余理老师的教学成果和竞赛课分别获得省级一等奖和国家级一等奖。课题组成员主编或参与编写出版《科学》《实验能力训练》《直击小学科学学科教学疑难》等6本书籍，开发了《科技活动》等3个校本课程资源包，开发了课堂教学慕课光盘等，

4篇论文在教学杂志发表，23项论文或相关成果获得国家、省市奖励。

九、研究结论

通过五年的课题研究，我们认为：

1. 本课题研究是我国目前教育发展和小学科学学科发展的需要

"核心素养"是当前教育领域最受关注的热词之一。学生发展核心素养，是指学生应具备的、能够适应终身发展和社会发展需要的必备品格和关键能力，综合表现为九大素养，具体为社会责任、国家认同、国际理解；人文底蕴、科学精神、审美情趣；身心健康、学会学习、实践创新。作为小学科学教师，我们最关注的部分是：学生发展核心素养要兼具科学精神和实践创新。而小学科学课程标准也指出，小学科学是一门以培养学生科学素养为宗旨的基础课程，科学素养的核心要素是科学求真精神。在广泛推行教育改革的今天，我们设计确定的平台、采取创新的举措、形成完整的操作体系，可以使科学课教学的现状得到改善，使学生的科学素养得到有效的提升，研究意义重大。

2. 本课题研究获得的方法与途径具有一定的推广价值

课题研究过程中，我们在学习内容、活动组织、评价等方面给教师和学生提供了选择的机会和创造的空间。经过近五年的努力探究，我们获得了初步的成效，教师和学生共同成长。

"创设问题库，有效提高学生的科学素质""怎样使小组合作学习更有效""植物知识的教学如何突破时空""开设'道尔顿'学制式的拓展课程，提高学生科学素质""开设'科学DV'校本课程，有效提高学生科学素质"等子课题的研究成果表明，"创设问题库""突破时空的教学""关注细节的教学""小组合作学习"等教学方法的实施，"道尔顿学制式的科技实践活动""科学DV"等校本课程的开发，都能有效地提高学生的科学素养。

《小学科学学科素养评价表》《小学科学实验课课堂教学评价方案》《小学科学学科发展规划》作为教学中的抓手，亦能有力地推进学生科学素养的提高。

十、问题讨论

"国际学生评价项目（PISA）"和"中国学生发展核心素养"都将"科学素养"作为学生发展的核心素养之一。本课题基于"有效地提高学生的科学素养"，在小学科学课程实施、课堂教学以及学生评价、教师发展等方面开展实践探究，是一件功不可没的事情。但是小学科学仍然是一个薄弱学科，课前准备费时费力、课时系数太低造成科学教师教学任务繁重，如何排除困难开展后续研究，需要我们持之以恒的精神和毅力。另外，在教育功利思想的影响下，学生科学素养的重要性如何被所有的学校领导和家长认可，实验教师如何争取理论学习的机会以不断提升教研水平，也是一个需要不断探讨的问题。

表3　课题实施5年来，教师与学生取得的部分成绩列表

时间	对应的子课题编号	名称	项目	荣誉等级	作者
2015	Ⅰ—Ⅴ	"特级教师"	荣誉称号	省级	张好
2011	Ⅰ—Ⅴ	"名师工作室名师"	名师培养团队	市级	张好
2015	Ⅰ—Ⅴ	"名师工作坊坊主"	名师培养团队	省级	张好
2014	Ⅰ—Ⅴ	"国培计划"专家	国培办教师培训者选拔	省级	张好
2010 2011	Ⅰ—Ⅴ	"小学科学学科课程专家"	教师发展中心聘请	省级	张好
2011	Ⅰ—Ⅴ	"小学科学名师工作室成员"	教师成长团队	市级	高逸湘

时间	对应的子课题编号	名称	项目	荣誉等级	作者
2011	Ⅳ—Ⅴ	"科技名师工作室成员"	教师成长团队	市级	高逸湘
2011	Ⅳ	"创新大赛园丁奖"	科技活动培训	省级	张好
2011	Ⅰ—Ⅴ	一等奖	教研成果展示	省级	余理
2011	Ⅰ—Ⅴ	一等奖	录像课	国家级	余理
2012	Ⅳ	"创新大赛园丁奖"	科技活动培训	市级	钟裕容
2014	Ⅳ	《直击小学科学学科教学疑难》	参与编写出版	教育科学出版社	张好
2013	Ⅳ	《科学》	参与编写出版	湖南教育出版社	张好
2013	Ⅰ	《实验能力训练》	主编	湖南科技出版社	张好
2011	Ⅲ	《"种菜豆"教学设计》	教学论文	国家级一等奖	张好
2011	Ⅲ	《植物知识的教学如何突破时空》	教学论文	省级一等奖	张好
2011	Ⅲ	《积极开发课程资源,有效服务"生命世界"的教学》	教学论文	省级一等奖	张好
2012	Ⅰ	《创设问题库,有效提高学生的科学素养》	教学论文	发表	张好
2012	Ⅰ	《"摆"课堂教学实录与自评》	教学论文	省级二等奖	张好
2012	Ⅱ	《让实验记录卡更好地发挥作用》	教学论文	省级一等奖	钟裕容
2012	Ⅱ	《怎样使合作学习更有效》	教学论文	市级一等奖	钟裕容

续表

时间	对应的子课题编号	名称	项目	荣誉等级	作者
2013	II	《单元起始课的教学初探》	教学论文	市级一等奖	高逸湘
2015	II	《三态的变化》	慕课	省级一等奖	张好
2015	II	《金属》	慕课	省级一等奖	钟裕容
2015	II	《材料的分类》	慕课	省级一等奖	高逸湘
2015	II	《温度计》	慕课	省级发表	向雯
2013	II	《光的直线传播》	示范课	省级	高逸湘
2014	II	《蚯蚓的选择》	示范课	市级	张好
2012	IV	《洋葱小屋》	《青少年科技博览》发表	国家级	王颖
2011	IV	《圆周尺》	《青少年科技博览》发表	国家级	刘亦晟
2011	IV	《防霉筷笼》	长沙市创新大赛	市级一等奖	肖思惟
2012	III	《我们来秋种》	科技实践活动	市级二等奖	团体
2011	IV	《不一样的养蚕》	科技实践活动	市级一等奖	团体
2010	IV	《安全插线板》	长沙市创新大赛	市级三等奖	朱奕铮
2010	IV	《洋葱小屋》	长沙市创新大赛	市级一等奖	王颖

时间	对应的子课题编号	名称	项目	荣誉等级	作者
2012	Ⅳ	《一种新型毛笔》	长沙市创新大赛	市级二等奖	喻泽南
2012 2014 2015	Ⅳ	建筑模型作品	长沙市建筑模型比赛	市级一等奖12人次 二等奖20人次	戴昊阳等
2013 2014	Ⅳ	车模竞技	长沙市车辆模型比赛	市级一等奖10人次 二等奖18个	黄云炜等
2014 2015	Ⅳ	科学小论文	中国教育学会小学科学分会组织的科学小论文比赛	国家级一等奖12人 二等奖16人 三等奖7人	张佳煜等
2013	Ⅴ	科学DV	长沙市科技创新大赛	市级二等奖6人	团体

绘本阅读促进小学低年级语文教学

北京市朝阳师范学校附属小学

李　虹

一、问题的提出

语文课程的基本理念在课标中明确提出："语文课程应激发和培育学生热爱祖国语文的思想感情，引导学生丰富语言积累，培养语感，发展思维，初步掌握学习语文的基本方法，养成良好的学习习惯，具有适应实际生活需要的识字写字能力、阅读能力、写作能力、口语交际能力，正确运用祖国语言文字。语文课程还应通过优秀文化的熏陶感染，促进学生和谐发展，使他们提高思想道德修养和审美情趣，逐步形成良好的个性和健全的人格。"

阅读一直是小学语文教学的核心，《语文课程标准》在第一学段的阅读目标中指出：要让学生"喜欢阅读，感受阅读的乐趣；借助读物中的图画阅读；阅读浅近的童话、寓言、故事，向往美好的情境，关心自然和生命"。《基础教育课程改革纲要（试行）》在教材开发与管理方面强调要积极开发并合理利用校内外各种课程资源。课标中也明确要求语文教师应高度重视课程资源的开发与利用，创造性地开展各类课堂活动，提高学生语文知识与技能。图文结合、简单易懂的绘本是最符合低年级学生年龄特点的读物，受到学生们的喜爱，是课外阅读的首选。

如今绘本已成为小学低学段语文教学不可缺少的课程资源，是小学低年级语文教学的有效辅助。把绘本"作为课程资源融入小学语文教学的方式，不仅回应了学生的心理诉求，还能使语文教学充满活力与趣味"。

　　小学低学段如何利用好绘本的阅读提高小学低年级语文的教学效果，提升学生的识字写字能力，培养阅读兴趣并提升阅读量呢？这是笔者在教学工作中思考的问题，也是笔者将"绘本阅读促进小学低年级语文教学"进行研究的内容。

二、归因分析

　　（1）对于识字量少的小学低年级学生来说，阅读长篇的文字、理解深奥的语言存在着相当大的困难。因此图文结合、简单易懂而又内涵丰富的绘本是最适合小学低年级学生阅读的图书。它符合小学低年级学生的思维特征，契合小学低年级学生的认知水平。而且，绘本在家里也可以进行阅读，还能够加深亲子关系。它与我们的语文教学有着怎样的关系呢？教师在教学中只停留在"阅读"的层面上，不能够用好绘本，缺少新意和创意。这是引发笔者思考的原因之一。

　　（2）语文课本中有许多插图，运用插图开展教学，对培养学生兴趣、激发学生热情、发展学生思维能力起到了很重要的作用。绘本除了文字描述，还有生动活泼的插图，能够更好地激发小学生的阅读兴趣，达到良好的教学效果。如果只是翻翻图，就表示看完了一本绘本，这样的阅读太肤浅。这是引发笔者思考的原因之二。

　　（3）绘本会丰富学生的想象力，让学生在听说读写的实践活动中提升语文学习能力，并促使他们积极地向纯文字阅读过渡，最终让他们乐于观察、乐于动笔、乐于学习语文。那么怎样利用这些图，深度培养学生的语文学习能力呢？这是引发笔者思考的原因之三。

三、解决问题的过程与方法

（一）了解绘本应用到小学语文阅读教学中的优势

1. 以绘本阅读为媒介激发阅读兴趣

绘本从创作角度来看，具有图画主体性。探讨字面意思，"绘本"这个名词来源于日本。在日文中，"绘"字解释为画，可以是名词，也可以是动词。"画"在绘本创作中，具有举足轻重的作用。失去了图画，绘本就变成了一本文字书。"画"是绘本的灵魂。一幅幅连贯的图画，同样也在讲述故事。可见，绘本中的"画"不可或缺，占主体地位。正是因为绘本图画精美，富有张力，图文互见，易于理解，符合低学段儿童的直观形象思维，所以被称为最适合儿童阅读的书。

绘本从文学角度来看，具有文学性。绘本作为一种独特的文学形式，与儿歌、诗歌、童话、散文、戏剧等并存于儿童文学。它突破了传统观念上的故事书的含义，变单纯用文字表现故事内容为以图画为主表现故事内容，是一种适合小学低学段学生直接阅读的"视觉化的儿童文学"。绘本的文学性在于图文和谐共生。就表达方式而言，绘本或记叙，或描写，或抒情，或论理。在修辞手法的运用上，绘本喜用比喻、拟人、夸张、反复、对比、设问等来引起儿童的共鸣。

阅读教学作为小学语文教学的重要组成部分，尽可能地阅读各种与该学习阶段学生所掌握语文知识相互配备的文字，对所学语文知识进行巩固，最终有利于提高学生的综合素养。绘本属于素材性课程资源，最大的优点是可以直接运用于课堂。教师由浅入深地选择不同的绘本供给学生。小孩子都喜欢图画，便会享受绘本故事带来的乐趣，从而自发地想去阅读，这样有效地激发了学生的阅读兴趣。

2. 以绘本阅读为桥梁开发想象力

重视和培养小学生良好的想象力是新课程教育改革的必然要求，一个人只有具备丰富的想象力才可以在理解文章的基础上创造出更加优秀的文学作品。

绘本教学中，教师可以通过创设情境的方法，引导学生进入绘本描绘的生活和情感世界，让他们说出自己的感受和体会，甚至通过体验实现个性化阅读。"例如埃兹拉·杰克·济慈的绘本代表作《下雪天》获得了1963年的凯迪克金奖。该作品用简单而极具创意的拼贴方式，描述了黑人小男孩在雪地里玩耍的美好时光。飘舞的雪花，欢乐的小男孩，让同龄的孩子们迫不及待地想加入那个童话的世界。"绘本阅读过程中，教师捕捉学生的灵感，反馈课堂生成的内容，引导学生把所想所感通过绘本创作的方式表达出来，可以写字，可以画画，既开发了学生的想象力，也开发了学生的精神世界。

3. 以绘本阅读为基石丰富知识储备

在小学语文学习过程中仅仅培养想象力是不够的，最终需要以文字形式加以落实，这就需要小学生具备良好的语言表达能力。但是，在现实中一些小学生由于知识储备不够，导致在写作时难以表达得更加顺畅。绘本阅读可以有效地激发小学生的阅读兴趣，有意识地引导学生主动阅读各种绘本，不断地增加小学生的知识储备，从而为接下来的写作练习奠定坚实的基础。

4. 以绘本阅读为载体培养正确的价值观

绘本故事大都来源于生活，又高于生活。由于贴近小学生的生活经验，使得小学生喜欢读。而且绘本故事小，但故事情节不仅扣人心弦使小学生阅读起来欲罢不能，而且绘本故事蕴藏着十分丰富的人生哲理，小学生在阅读过程中可以通过情感交流启迪心灵。绘本可以帮助他们树立正确的人生观、世界观和价值观，使他们可以更加积极、乐观、自信地面对各种困难，从而更好地促进学生健康发展。

（二）开展绘本阅读课程

1. 班级"小写绘"阅读课程激发学生的阅读兴趣，培养听说能力

《我的阅读观》的作者朱永新先生指出："儿童阅读是有阶梯性的。低年级学生最适合阅读绘本，进行读写绘一体化的训练，即小写绘。在儿童的眼里，图画是种语言，而世界就是一幅图画。中文的汉字、英文的字

母，所有的符号也都是丰富多彩的画。一年级的学生就是通过绘本进入图书的世界的。绘本不仅帮助学生建立了自己的图画世界与绘本的图画世界的联系，也帮助他们建立了与文字的联系，建立了与另外一个浩瀚的知识海洋的联系。学生由读图进而读书，由绘画进而写作，一切自然天成。"

学生在一年级时，凭借绘本阅读做文章，开展"小写绘"的阅读活动。课堂上，老师声情并茂地讲绘本故事，在书中寻找学生可进行创造的点，将美术、音乐、语文等学科融合到"小写绘"中。学生用耳朵和眼睛感知语言，用绘画输出感受，再用语言表达思想。下面就以绘本故事《咕噜牛》为例，讲一讲"小写绘"阅读活动怎样开展。

《咕噜牛》讲述的是一只小老鼠在树林里行走，先后碰到了狐狸、猫头鹰、蛇要吃掉它。小老鼠编出了一个怪物"咕噜牛"来吓唬它们。没承想真的有只咕噜牛怪物。小老鼠带着咕噜牛在树林里走，吓跑了狐狸、猫头鹰和蛇，最后声称要吃咕噜牛肉，把咕噜牛也吓跑了。讲这本书时，学生在听的时候想象着咕噜牛的样子，了解对咕噜牛这个形象的描写运用了什么样的语言。之后，老师设计有意义的活动，由学生画怪物、讲怪物。画怪物又分为两个层次：一是画自己想象中的怪物形象，二是根据老师的描述画出怪物的样子。讲怪物时，学生和同学结成小组互相讲自己画的怪物的样子。老师再给出表达的框架，学生借助这个"台阶"，规范语言，流利、完整地表达出自己的作品，使学生的语言表达能力得到培养。指导学生"写"与"绘"，此环节的教学设计如下：

（1）游戏一，每个人来画出你心里面的怪物。游戏的名字叫"大怪物快出来"。

①说明规则：在纸上画出自己心中的怪物。

根据自己画的怪物的特点，给怪物起个名字。

②学生画怪物，老师巡视。

（2）学生展示"作品"，说一说怪物的样子。

①四人为一个小组，每个人说一说自己手中的"怪物"的长相。

> 这是我心中的怪物。它长着（　）头，（　）眼睛，（　）鼻子，（　）嘴巴，（　）牙齿。它会（　）。我给它取名叫（　）。我（　）它。

②指导学生展示自己的作品，并说清楚怪物的长相，老师引导学生表现自己，并进行点评。

a. 老师指导说。

b. 学生自己组织语言。

c. 学生互相说。

d. 指名单独说。

（3）游戏二"怪物大 party"。

我们做个游戏，一起来画个怪物吧。游戏的名字叫"接力绘本"。

①说明规则：

a. 老师给口令，学生根据口令发挥想象力和创造力进行绘画。

b. 每次画完后要将手中的画传给下一位同学。

c. 大家要合作画一只怪物的头像。

②老师发出指令，学生画怪物。

③学生展示"作品"，说一说怪物的样子。

在这样的阅读课程中，学生将语言变成图画，又把图画转成语言。通过一系列思维的活动，学生能感受到绘本书籍的魅力，锻炼了听、说的能力，进而爱上阅读。

2. 年级"博观悦己"阅读课程促进学生深入阅读，培养读写能力

老师在一年级坚持带领学生进行绘本阅读，做"小写绘"训练。到了二年级引导学生向阅读桥梁书过渡。三年级是学生形成阅读能力的关键时期。年级组的老师们共同努力开设"博观悦己"阅读课程，在每一个周末都会有学生参加"相约周末——读书打卡"活动。

　　"博观悦己"顾名思义，就是要广泛地阅读好书，充实自己的精神世界，愉悦身心。这项阅读活动的目的有三点：第一，培养学生乐于阅读的好习惯；第二，提升学生的阅读量；第三，学生在阅读中思考，在阅读中交流，形成阅读策略。

　　课程伊始，我们制作了推送信息向家长和学生讲明了这项阅读活动的目的和意义以及参与的形式，调动起学生参与阅读的热情。之后，老师们以师育生，每周坚持阅读专业书籍，在周末时和学生一起打卡，分享阅读心得。学生的阅读兴趣再次高涨起来，阅读书目的选择也宽泛了，小说、寓言、神话、科技等不同类别的书籍成为学生手中的读物。学生每周会选择一本书阅读，到了周末就把自己的阅读感受写下来与大家交流。老师会认真阅读学生的心得体会，从人物的评价、情节的概括、主题的理解等不同方面对学生的感受作评价。师生的感悟、情感的交流在这一方天地中凝结在一起，学生的读写能力在不知不觉中提升。有的家长被这项活动影响，也参加到周末读书打卡的行列中来，和自己的孩子共同阅读一本书，从不同的角度分享阅读感受，将亲子阅读走向深入。家长与孩子之间的话题也多了起来。

（三）借助绘本读物补充语文课程内容

　　教师是课程的第一责任人。在课程的八个要素中有一项是课程内容。它既包括我们的教材，也有我们依据课程目标、教材内容与类别、学生认知水平对教材进行内容上的删减、补充、整合，这些都可以算作我们的课程内容。

　　选择课程内容时要能够注意到学生的兴趣、需要和能力。部编本教材二年级下册第七单元有四篇童话故事，主题是"改变"。有因为不断改变而变得越来越美好的《青蛙卖泥塘》；有因为不断努力，耐心等待，而不断成长的《小毛虫》；而《蜘蛛开店》《大象的耳朵》则围绕改变，讲述了妙趣横生的故事。绘本《天空在脚下》便是一个关于梦想、坚持和成功的故事。勤奋的米瑞对走钢索产生兴趣，但她却被贝利尼无情地拒绝了。米瑞没有因此而放弃。她每天都悄悄地观察，偷偷地练习，在没有人指导的情况下，独自一人练习一周，最终实现了自己的愿望。而贝利尼也因为米瑞对钢索不顾一切的热爱而战胜了自己内心的恐惧。两个人都在改变着自己。补充这本书进行阅读，学生会将童话故事迁移到自己的生活中，感受改变带来的力量。教师根据教材和学生的需要补充绘本阅读课，学生听故事、表演绘本、想象情节、为某一个情节进行创作，使学生走近人物，感受人物的不平凡，懂得改变的含义。

对教材内容删减、整合、补充后，有效的课程实施增进了我们语文课堂教学的实效性。

四、成果的主要内容

1. 形成可借鉴的阅读活动

在"小写绘"阅读活动的引领下，班级中"同读一本书""进班讲故事""好书我推荐"等活动可以随之开展起来。老师们在这个活动中对于书目的选择、讲故事时在哪个情节处提问、课堂气氛的把握等方面都要认真思考，这也提升了自己的阅读量与学习力、思考力。尤其是在讲述过程中，调动学生的想象、思考，鼓励学生去创造新的图画，去表达自己的思想，促进学生多听多想多说。"小写绘"让老师和学生由"读故事"到"讲故事"，由"翻翻书"到"悦读书"，共同"悦读越美"。

2. 拓展阅读活动，学生的综合能力得到锻炼

有了两项阅读课程做基础，阅读月便是我们拓展阅读活动的好时机。"大家讲坛"课程在阅读月中开展，意在提供课程平台，引导学生进行课外阅读，拓展学生的阅读空间。学生能围绕一个内容，清楚地表达自己的见解，态度自然大方，有礼貌，有表达的自信。听的学生能认真倾听，努力了解讲话的主要内容。

"大家讲坛"课程一年级就可以开设。考虑到学生的年龄特点，不用给学生设定具体话题，而是以"我是快乐小学知"为主题，学生根据自己的兴趣、爱好、特长、见闻等不同方面，选定一个内容进行演讲。课程实施分为准备、审稿、班级展示、确定年级展示人选和年级展示几个阶段。

方案确定好之后，老师和学生说明此课程学习的意义与目的，并鼓励学生都来参加。之后的一周时间里，学生把自己的讲说稿件交给老师，老师对学生讲演的主题与内容做到心中有数。

班级内进行开讲仪式，让学生重视这项课程的学习。学生一个一个地在班内进行展示。可以采取抽签的方式增加趣味性，可以是学生自愿地、主动地到讲台前面来向大家讲演。积极参加的学生毛遂自荐，传播自己的知识，而另一些不主动、有些害羞的同学，看到大家互相介绍自己的喜好或自己感兴趣的知识，也会主动参与"大家讲坛"过程之中，鼓足勇气，积极参与。学生讲述时，老师实时录像转发给家长，与家长分享。学生讲述之后，老师借助评价手段与评价语言及时评价，给予学生鼓励。师生间的评价、学生间的评价都更能调动起学生积极参与的热情。有的学生在看到同学的讲述后，主动修改自己的讲述内容，为的是自己讲的时候更进一步。

学生的话题各种各样。有的讲故事，有的介绍一本书，有的讲自己的兴趣特长，还有的讲中华传统文化……每一个学生的讲述主题都不一样，这也更加吸引了学生想要去讲，想要去听。

"大家讲坛"阅读课程不仅拓宽了学生的知识面，更提升了他们的自信心和主动性。在这个平台上，学生学会了站在观众的角度上、评委的角度上去欣赏、赞美并且能为同学提出合理建议，大大提升了他们的团结互助能力。"大胆发言、大声说话、大段表述"也尽显其中。"大家讲坛"阅读课程使每一个学生从不同的角度表达思想，或侃侃而谈，或娓娓道来，人人堪称讲坛上的大家，听说读写能力均得到了锻炼。

五、效果与反思

（1）学生的阅读兴趣在一年级被培养起来，通过绘本阅读与语文课的结合，无形中提升了学生的阅读量，使阅读不再是生硬的任务。

（2）把绘本引入课堂，将绘本阅读与说话写话训练有机地结合起来，充分激发了学生的说话写话兴趣，使学生言之有序、言之有物，取得了良好的教学效果。

（3）在研究的过程中，特别是"小写绘"的训练中，学生在想象中绘制画面，在想象中续编故事，想象力得到开发。

（4）绘本阅读要更好地促进低年级学生学好语文，教师有针对性地选择绘本很关键，切不可为了补充绘本而补充。这需要教师一直走在阅读的路上。同时，教师要思考不同作品的阅读策略，在学生的阅读力、写作力的培养上再下功夫。

小场地进行小学体育教学策略的研究

北京市朝阳师范学校附属小学太阳星城校区

刘　　瑞

一、问题的提出

随着科学技术的迅猛发展和经济的全球化，人类社会的物质文化生活水平从整体上有了很大提高。我们的教育事业也在进行着不断的革新，最明显的就是我们可以发现，如今的教学硬件设施已经越来越好。许多原本比较旧、比较小的学校都在政府的大力支持下，不是扩建就是异地重建，或是新建更好的学校，使学生能够在更好的环境中学习、成长。这种情况，使我们的体育与健康课程能在新课程的理念下，得到更好的发展。可就在这时我们不得不考虑，不是所有的学校都有那么好的条件。特别是在一些大、中、小城市市中心的学校，由于地理位置的特殊性，它们不可能拥有标准的运动场地。当然，即使是条件好、场地标准的学校，由于班级的众多也会出现操场拥挤的情况。体育场地、器材是加强素质教育，提高体育教学质量，增进学生健康的物质保证。而体育教学与场地、器材、组织等因素密切相关，场地小严重制约着体育课程教学质量，甚至会出现安全事故。如何因地制宜地开发利用好学校各种现有资源，在确保安全的前提下，根据教学目标、教学内容、学生情况、场地器材等因素创造性地进行教学成了第一线的体育工作者们思考的重中之重。

（一）目前国内的研究情况

绝大多数的研究都是和领导协商调整体育教学的时间，做到划分场地，错时上课；减少或者弃选占地面积大的教学项目；选择占地面积小的项目，避免选用占地面积大的项目；没有真正思考到不能做到错时上课的情况下如何进行教学，同时也不符合我校实际的教学情况（我校为足球特色校，每周基本上每个班都有一节外教足球课，足球课是我们的校本课，外教上课时占用了二分之一的足球场），我校的体育教学场地明显拥挤。

（二）学校场地使用及体育教学现状

我校区现状如下：

（1）我校区一共 36 个教学班，学生 1400 余名，操场为 200 米标准场地，我校按照国家规定开足了体育课，一、二年级每周四节课，三到六年级每周三节课，同时三、四年级会有一节外教足球课；聘请了英国卡迪夫城足球教练，外教上课占用二分之一的足球场。

（2）体育课一般都在上午第三、四节和下午第一、二节，体育课上课时间比较集中，通常会有 7 个班同时上课，同时出现同年级交叉过大现象，大家的项目比较集中；多数时候会有 9 个及更多班同时上课，学生的体育人均活动面积严重不足，场地出现相对拥挤的情况。

（3）组内老师 60% 都是上班两到三年的年轻教师，他们对于学生常规养成的教育还很不到位，课堂教学的连贯性不能保障，致使全体老师的体育课会受到不同程度的影响，经常出现年级学生上课时内容一样，场地交叉情况，学生的安全受到影响，教师教学阶段性中断，学生练习的积极性不够。

（4）学生的体育学习和体育锻炼质量下降明显，同时学校的工作面临着学生体质监测及朝阳区四年级体质抽测的现实，同时学生的超重及肥胖率在发生明显变化。

二、归因分析

现今社会发展现状，国家放开二胎政策，学生入学率持续攀升，学生入学人数急剧攀升；同时学校面积固定不变，尤其是操场容纳了更多的学生上课、活动、训练。在 2016 年学校启动了和英国卡迪夫城足球俱乐部合作的校园足球交流活动，学校请英国教练教授学生足球课。由于足球项目需要更大的活动区域，同时足球也是我校的特色，作为北京市的校园足球示范校，我们要大力开展校园足球活动，因此外教上课时需要多使用操场，占用了二分之一的足球场，这样势必会使我们体育教师上课的场地变成小场地，好多项目和技术动作的学习受到制约。

一般来讲，学校的体育课都是从上午第三节开始，我校区一共 36 个班级，每班人数平均 38 人，我校区一共 6 名体育老师会在第三节开始上体育课，同时我校区在这个时间段还有平均两个班的班主任老师会带领学生到操场进行体能训练，基本上每天三、四节开始，到下午第一、二节结束，我校区会有十个班的学生到操场参加体育类的学习，上课时间过于集中，这样就出现了人多场地少的情况，学生的体育课程学习受到极大影响。

我校区一共有 6 名体育老师，其中有 4 名三年教龄以下的年轻教师，占全组教师的 66.66%；年轻教师还处于教学的适应阶段，对于学生的课堂常规习惯和教学内容刚刚掌握，课堂的连贯性往往会因为常规习惯受到影响，同时由于场地没有划分，教师上课场地会经常出现交叉现象。

三、解决问题的过程和方法

（一）过程

1. 第一阶段：2016.2—2016.7

（1）做好选题课题开展的准备工作，确定研究步骤和方法及预期成果。

（2）积极调研小场地体育教学的现状，搜集资料，了解相关小场地体育教学的文献资料。

2. 第二阶段：2016.9—2017.1

积极进行小场地体育课堂教学的方法实践与探索，完成中期汇报及特色研究教师研究课题的项目推介活动。

3. 第三阶段：2017.2—2017.7

进行小场地体育教学的后期研究，逐步梳理研究成果。

4. 第四阶段：2017.9—2018.6

做好课题结题工作，撰写修改课题研究报告。

（二）研究的对象

一到六年级全体学生。

（三）研究方法

文献资料法、观察法、分析法、行动研究法、个案研究法。

四、成果的主要内容

我校区的体育场地十分紧缺，同时上课的班级多，体育课堂相互干扰现象严重。为解决这个问题，笔者在校区特色研究活动中以小场地体育教学为主要研究点，同时和组内老师达成一致，共同寻求适合小场地多班级大班额环境的教学模式，并以此来缓解场地不足的问题，有效地提高体育教学质量，也希望能为同样条件下的学校在体育教学中提供参考依据。在我校区的小场地体育教学中，我们形成了如下模式。

（一）形成相对不集中的课时安排机制

我校区共有 36 个教学班，每班人数平均 38 人，我校区一共 6 名体育老师会在第三节开始上体育课，同时在这个时间段还有平均两个班的班主任老师会带领学生到操场进行体能训练，基本上每天三、四节开始，到下午第一、二节结束，会有 10 个班的学生到操场参加体育类的学习，就是将近有 400 个学生在操场活动，出现了严重的场地不足的现状，事故摩擦时有发生，场地器材的使用经常出现交叉。当我们将这些问题提出来之后，得到了校区课程部的极大重视，课程部的领导做好调研之后，在新学期体育课的课程时间安排上遵循高低年级的搭配，从第二节课开始就安排体育课，使得各年级的学生都能够在有限的空间内充分活动，尽可能不互相影响。

（二）形成实际场地功能特点和教师个人相对固定的场地布局结构

体育场地布局合理应做到利于多个班级同时活动，互不干扰。各个项目活动的时候，不影响其他活动者，更重要的是体育活动的实施不影响学校其他班级的课堂教学。因此我们根据操场的实际情况，将操场进行了功能划分，我校区的操场可分为跑道区（跑道），球类练习区（足球场、篮球场），投掷区（足球门后方），调整活动区（操场外侧甬道上），风雨操场；同时基本固定老师们上课的位置（如图 1 所示）。固定位置之后，如有教学内容上的冲突，我们会及时组内进行一个小幅度的调整；这样极大地降低了老师们上课抢地盘儿、互相干扰的情况，减少老师之间、学生之间摩擦的情况，使课堂教学更加有序。

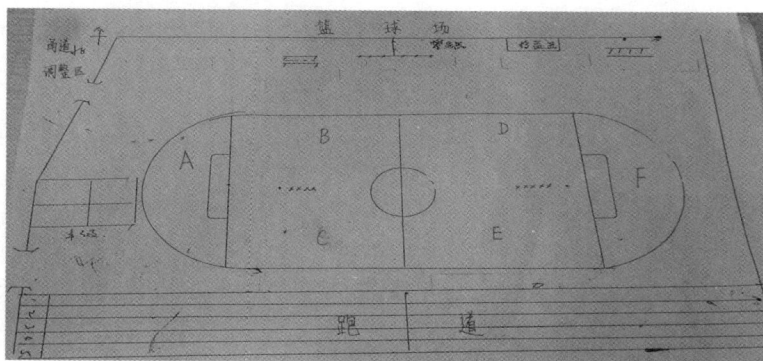

图 1　学校操场功能划分区域及教师上课位置示意图（无外教足球课时）

（注：图中 A、B、C、D、E、F 分别代表我校区 6 位老师）

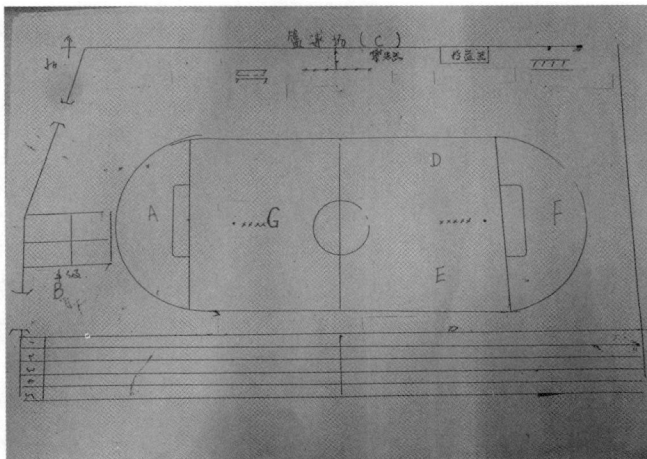

图 2　学校操场功能划分区域及教师上课位置示意图（有外教足球课时）

（注：图中 A、B、C、D、E、F 分别代表我校区 6 位老师，G 代表足球外教。）

（三）形成符合年级学生小场地周次教学内容分配表

在我校的《体育与健康课程标准》中提到，体育老师可以根据教学内容、教学目标、学生情况、场地情况、器材情况等因素创造性地进行体育教学。因此，在我校区新学期的教研组活动时间里，就将规划体育老师的教学内容作为一项重要的工作。老师们集中在一起，商讨新学年教学内容，大家一致决定将游戏、球类、体操类、田径类、武术类等教学内容按照年级和学生水平进行选择和组合，根据各个年级的具体情况和要求来选择内容进行备课和上课，保证教学内容合理搭配，保证场地最大化最优化使用。在每周的教研活动中，我们都会协商本周的上课内容、器材使用、安全事项等。通过一个阶段实施年级项目内容教学，老师们进行体育教学的效果比较明显。

便于体育老师组织课堂教学，课堂争地盘的现象和互相干扰的现象没有了，大家可以更加有效、合理地利用场地、空间。

在以往，上体育课时，200 米的环形跑道上有三四个班的学生在进行跑步，有的快有的慢，有高年级的也有低年级的，学生个人的基础和素质很不一样，跑起来完全是混在一起的。学生不理解老师的意图，老师很难监控学生，整个跑道都是人，偷懒的学生往往就在此时出现，不便于老师的组织，达不到准备活动热身的目的。同时，还偶有发生低年级的被高年级的撞倒、跑在前面的同学摔跤后边同学避不开也摔跤的连锁反应，学生的安全是一种隐患，同时教学的效果也相对较差。分年级进行教学后就不同了，学习球类的可以在球类活动区域进行广播操、球类专项准备活动；学习武术的可以在上课场地进行小范围的慢跑及各种柔韧性的练习；而练习田径的则可以痛快地在跑道上变速，老师们都可以更加有效地利用自己的场地和上课空间，按照自己的教学目标教学计划进行教学，互不干扰和影响。

（四）体育器材可以更加合理有效地使用

在没有进行分年级项目教学之前，经常会出现一个项目多个班级授课的情况，同时出现有些器材不够用而有些器材无人用的现象。现在再也没有出现争抢器材的现象，大家都能够拿到自己想用的器材，这样极大地提高了器材的合理、有效使用。同时，学生的练习密度和练习强度也提高了，老师们学生们正常的教学与学习需求得到了满足，为课堂教学的顺利完成提供了强有力的保障。

（五）形成不同项目的小场地教学模式

严谨的教学组织是一节课顺利开展的关键。小场地，上课班级多，人数多，学生之间的接触多，学生特别容易受到其他班级的干扰，教学组织务必要考虑这些因素，调动学生参与课程学习的主动性积极性，吸引学生的注意力，从而完成教学目标。

在小场地教学中，首先必须严格按照教学环节安排上课时间，尽可能做到精讲多练，让学生有更多的时间参与练习，体会动作。在教学中，尽可能做到精通教材。这样设置教学内容时才可以更好地考虑教学内容、场

地、器材的有效结合，清晰分组、调队。同时，合理地利用器材，尽可能减少队伍的调动，如：实心球练习时站成梯形队，跑步时采用追逐跑、往返跑、接力跑等形式。

在小场地教学中，老师们按照自己的教学内容，根据教学目标事先设计好教学环节，准备活动时更要根据自己的教学内容充分利用小场地进行教学，采用短距离、多器材、高频率、少调队、形式多样等原则进行教学。

五、效果与反思

（一）效果

1. 组内教师转变了观念，加强了沟通，在教学上主动性更强

教育观念、教育思想不断转变。通过长时间的探索、尝试，我们清楚地认识到教师在上课时要发挥自己的聪明才智，创造性地因势利导开展游戏。备课、上课充分考虑班大、人多、场地小的特点，在这种局限性很大的情况下也要使学生养成锻炼身体的习惯，形成良好的意志品质，促进学生在身心和社会适应能力等方面都能健康和谐地发展。逐渐改变陈旧教学观念，突出学生的主体地位和个性发展。

新的学期里，体育组几位教师要做到集体备课，把相同相近的教学内容在课时顺序上协调开，使得每节课、每个班都在不同的区域进行，做到互不影响。保障场地不冲突，器材不冲突，大家在备课时总结了以下几点。

（1）选择占地小有实效的教学内容。占地面积较小的教学内容，不仅可以使学生同时进行练习，提高教学密度，而且场地要求不高，可容纳多班同时进行。更便于教师的组织与观察，及时纠正学生的错误动作。教师在选择内容时还要注重实效性，保证练习密度和练习量。

（2）选择可替代的教学内容。在选择教学内容时，只要能使学生的各方面得到充分的发展，那就是可行的。所以那些对场地要求高的练习，在小场地中无法开展时，就可以选择可替代的教学内容。打个比方，同样

是发展下肢力量和奔跑能力的两种练习——一种是 400 米跑，一种是 50×8 米往返跑，那么选择后者就会节约场地。同时，400 米跑的练习可以和跳垫子练习进行替换，在多次的重复练习中，发现学生快速往返跳过 10 块小垫子 2 组和 400 米全程跑的时间和锻炼价值效果对等，那么在练习中可以进行替换练习，不选用跑 400 米全程的练习方法。

（3）可以选择一些可集体同时进行的项目进行教学活动。

我校区一直坚持年级主题月活动，在活动前期，需要进行加强训练，如集体的跳绳、长跑、踢毽等活动，体育教师根据所教的年级设置相应的比赛规则，如一、二年级的跳固定绳，三、四年级的八字跳绳，五、六年级的 3 分钟计时跳绳。在体育课上进行练习时，可以分区域进行练习，比赛时可以同时开始进行。明确要求之后，全校 1400 多名学生可以进行同时的活动，上课时，7 个班 300 多名学生更是可以充分活动，没有场地的矛盾。

2. 选择适当的教学方法

（1）固定队形练习法。在小场地上同时有几个班级上课，学生的活动范围小，这时宜采用"固定队形练习法"，即固定队形进行练习，要求学生位置不变而教材教法多变，除了做提高身体素质的体操、跳绳、俯卧撑、徒手技术动作等练习外，还可以做跳跃、曲线跑动、前后排双手胸前传接球，利用小型器材进行协调性练习，用沙包进行抛接练习，充分锻炼学生的方位感和空间感。教学秩序活而不乱，易于调动学生的兴趣，从而实现教学目标。

（2）环境适应法。充分利用学校的自然环境和建筑物，做自然地形跑。如：沿着花池跑、绕树慢跑、台阶两脚交换跳、跑楼梯、沿墙根慢跑纵跳摸高、靠墙手倒立、对墙投掷、绕过障碍等。这种方法因地制宜，顺其自然，学生情绪很高，运动量易于掌握和调整，组织队形不易混乱，灵活而不忙乱。同时学生对于场地的变换觉得很新鲜，尤其是低年级的学生

更加喜欢，往往能够完成超过规定的练习而不觉得累。

（3）图形练习法。在场地上做曲线、折线移动，如"8"字形跑、蛇形跑、螺旋跑、折线跑、快慢相间跑等，还可以走跑交替、变换动作方向与节奏。这样场地虽有限，跑距却可以延伸，称之为"图形练习法"，对培养学生的反应和灵活性具有很好的辅助作用。

（4）器材替代法。利用羽毛球、纸飞机等轻物代替沙包掷远；用跳橡皮筋来代替练习跨越式跳高的过杆技术，可以增加练习次数，掌握好运动技能，并有效地避免运动损伤。

（5）小组轮换练习法。在有效的范围内分组练习，如：第一组跳绳、第二组仰卧起坐、第三组跳小栏架、第四组快举小哑铃练习，依次轮换，老师有针对性地辅导难度系数高的练习，保证师生的练习安全，提升练习的效果。只要要求明确，组织严密，所有空间都能得到充分利用。

（6）比赛法。利用多种竞赛活动形式加大运动量，如：迎面接力由单人跑改成手持实心球一到两个，提高难度，高年级可进行背人负重的接力，在跑之前做五到十次深蹲或立卧撑加大运动量，利用增加密度来加大运动量。

如：篮球传球时由两人迎面传球改为三角、四角或用两球进行，提高传球数量和质量。由两人传一个球过渡到四个人传四个球，跳绳每人跳跃个数由少逐渐增多，用海绵垫练习前滚翻，再过渡到前滚翻接力，通过增加练习次数达到合适的负荷量和良好的练习效果。

3. 巧妙运用教学器材

（1）一物多用。体育器材一般都具有多种功能。这就需要体育老师开放思维，充分发挥创造力和想象力去挖掘体育器械的一物多用。比如垫子既可以用来进行体操类的前后滚翻及组合练习，同时也可以进行身体素质练习及各种游戏练习。

（2）教师自制器材。如在进行摸高练习时，自制摸高练习器，练习器由球袋包裹软排组成，同时在球袋的外边系上一根 5 米的跳绳进行调控高度，学生可以根据水平自己调控高度，帮助动作的掌握。

（二）反思

1. 存在的问题

（1）长时间的小场地学习，会极大地降低学生对于大场地活动项目的认知。

（2）人数过于集中，小场地会增加学生之间的小摩擦，长时间的小场地练习从某种意义上来说会对学生乐观豁达的性格产生影响。

（3）器材的投入不够，小场地为了极大地提高学生的参与主动性，需要更多的体育器材；但是在实际的研究中发现目前的器材配备不够，对于小场地的体育教学研究有制约。同时所购的器材款式过于老旧，占地较多。

2. 建议

（1）根据具体的项目特点，阶段性地调整上课时间，务必使学生体验真正的运动项目和场地，建立一种正确的项目认知。

（2）根据项目特点和教师特点，有目的地选择同年级教学内容集中合班上课的教学形式，发挥老师的专长，创造一种全新的教学氛围；这在某种程度上可以解决学生由于小场地而产生的摩擦，能激发学生的练习热情和竞争意识，增强大局意识和班级荣誉感、凝聚力。

无论体育场地大小，学生情况怎样，作为一线的体育老师，认真备好每一堂课，激发、调动学生的积极性，重视和发挥学生在教学中的主体地位，以及充分利用多种不同的教学模式，这样才能在小场地上好体育课，同时也需要老师付出更多的心血，通过集体的智慧想出更多的办法，使我们的课堂教学在体育小场地上顺利完成。

在小学语文课堂中提升低年级学生口语表达能力的研究

北京市朝阳师范学校附属小学

马红芳

一、问题的提出

（一）什么是口语表达能力

所谓口语表达能力是指用口头语言来表达自己的思想、情感，以达到与人交流的目的的一种能力。口头语言比书面语言起着更直接的、更广泛的交际作用。

坚定信心是成功进行口语表达的基础，语言修辞是口语表达的关键，加强训练是提升口语表达能力必要的途径。

（二）为什么要进行口语表达能力的培养

1. 基于时代的要求

21 世纪是知识经济的时代，是高科技信息化的时代，人们之间的交往日益频繁，语言表达能力的重要性日益增强，好口才越来越被认为是现代人所应具有的必备能力。作为现代人，我们不仅要有新的思想和见解，还要在别人面前很好地表达出来；不仅要用自己的行为对社会作贡献，还要用自己的语言去感染、说服别人。因此，培养良好的口语表达能力，将成为一个人与他人、社会成功交往的重要条件之一。自古以来，世界上很多优秀的人物都有着共同的特点，就是他们超出常人的表达能力，让他们的思想与见解能够让大家了解和接受。这样的人更容易获得别人的尊重和欢迎，也更容易与别人进行沟通交流，而且能取得事半功倍的办事成果。

目前世界上许多先进国家都非常重视对学生口语表达能力的培养，他们把提高学生的说话能力看作是学校教育的一个组成部分。他们认为说话训练不仅有助于发展学生的智力，而且能提高学生的交往能力和活动能力，以适应社会和科学技术发展的需要。

2. 基于国家的发展

2014 年 3 月 30 日，教育部印发的《教育部关于全面深化课程改革 落实立德树人根本任务的意见》提出"研究制订学生发展核心素养体系和学业质量标准"，将"核心素养"置于深化课程改革、落实立德树人目标的基础地位。核心素养以培养"全面发展的人"为核心，分为文化基础、自主发展、社会参与三个方面，综合表现为人文底蕴、科学精神、学会学习、健康生活、责任担当、实践创新六大素养。

随着素质教育的深入，口语表达能力更显出其重要性。它是学生综合能力不可或缺的一部分，是学生核心素养的重要内容之一。

3. 基于学校的要求

《全日制义务教育语文课程标准》在"前言"部分提到：语言文字是人类最重要的交际工具和信息载体，是人类文化的重要组成部分。语言文字的运用，包括生活、工作和学习中的听说读写活动以及文学活动，存在于人类生活的各个领域。在"课程性质"这一部分中提到：语文课程是一门学习语言文字运用的综合性、实践性课程。义务教育阶段的语文课程，应使学生初步学会运用祖国语言文字进行交流沟通，吸收古今中外优秀文化，提高思想文化修养，促进自身精神成长。在"课程基本理念"部分提到：语文课程应激发和培育学生热爱祖国语文的思想感情，引导学生丰富语言积累，培养语感，发展思维，初步掌握学习语文的基本方法，养成良好的学习习惯，具有适应实际生活需要的识字写字能力、阅读能力、写作能力、口语交际能力，正确运用祖国语言文字。

北京市朝阳师范学校附属小学是一所语文教学特色学校，"悦文化"是学校的文化特色，其中的"三大"课堂的提出针对的就是学生课堂的表达能力。所谓"三大"即"大声说话、大胆发言、大段表述"。对于"三大"的落实要体现在课堂学习中学生的表现上。这也要求授课教师必须通过课堂教学方式的转变来提升课堂的实效性，从而改变学生的学习方式，进一步提升学生的语文学科素养，而"三大"的落实就是我们教学的切入点。

4. 基于学生的实际需要

语言能力并不是与生俱来的，而是人们通过后天的学习获得的技能，虽然有遗传基因或脑部构造异常而存在着语能优势或语能缺失。在现实生活中，由于每个人的主客观条件、所花费的时间和学习需求的不同，我们获得语商能力的快慢和高低也是不同的，这就表明人的语商能力主要还是于后天的语言训练和语言交流中得到强化和提升。语言是人类分布最广泛、最平均的一种能力，在人的各种智力中，语言智力被列为第一智力。事实表明：语言在人的一生中占有重要的地位，是人们发展智力和社交能力的核心因素。而小学阶段是培养口语表达能力的重要时期。儿童在成长过程当中，在不同的年龄段，需要设计各种不同类型的教育，在这个过程中逐步形成了适应个人终生发展和社会发展所需要的必备品格和关键能力，这就是我们讲的儿童核心素养。而表达能力就是儿童为了适应个人终生发展和社会发展所需要的必备品格和关键能力之一。

教育学家把 4~12 岁称为语言关键期，这一时期习得的语言将成为母语，未来可以灵活运用。笔者所从事的基本是低年级语文教学，这一年龄段的学生正处于这一语言关键期中。刚刚入学的小学生在口语表达能力方面还非常有待提高。

表 1 是笔者对于本班 40 名学生一年级入学第一周所做的调研结果。

表1 40名学生一年级入学第一周调研结果

调查项目	结果	人数	比率
1. 你喜欢上语文课吗	a. 喜欢	32人	80%
	b. 有点儿喜欢	4人	10%
	c. 不太喜欢	4人	10%
2. 对于老师课上提出的问题，你的做法是什么	a. 主动举手爱思考	8人	20%
	b. 会思考，有时举手	12人	30%
	c. 被动等待答案	20人	50%
3. 你不爱表达的原因是什么	a. 怕说错不敢说	28人	70%
	b. 紧张了说不好	7人	17.5%
	c. 知道答案不想说	5人	12.5%
4. 你对自己表达能力的评价是什么	a. 表达能力好，对自己有信心	8人	20%
	b. 口语表达能力一般，但是想继续提升自己	26人	65%
	c. 对于自己表达能力好不好无所谓	6人	15%
5. 老师的问题及课堂气氛对你的课堂表达有影响吗	a. 影响大	19人	47.5%
	b. 一般	7人	17.5%
	c. 没有影响	14人	35%
6. 影响你口语表达能力提高的最主要原因是什么（可多选）	a. 不自信	22人	55%
	b. 不知道怎么思考，不会说	6人	15%
	c. 老师的指导	35人	87.5%
	d. 态度不积极	6人	15%
	e. 课堂的气氛	15人	37.5%

作为一名语文学科教师，如何借助语文课堂让低年级的小学生能轻松、愉快地进行表达，表达内容具体、内容丰富有条理，为学生后续的学习和发展打好基础就成了研究的内容。基于此，笔者提出"在小学语文课堂中提升低年级学生口语表达能力的研究"的课题。

二、归因分析

说话声音小是一种不自信的表现。在学生入学后的第一次调研中就出现了 80% 的学生表达声音小的现象。学生对于老师提出的问题没有把握，不知道该怎样回答，或者是担心自己回答得不正确，万一说错了会让大家笑话。在这个过程中，学生更多地考虑了与答案无关的方面，对于问题的本身根本没有专心地思考，越紧张越不知道怎样回答，即使说出来的话也可能被自己认为是有可能不对的。这种没有自信的表现导致了说话的时候声音小，说话含糊。

说话声音小，不够积极大方，在于学生对于所处的环境还没有完全适应。由于班级的学生是刚刚进入小学校园的一年级小学生，他们的入学时间短，生生关系、师生关系比较疏远，学生在集体中伴有紧张、羞怯的心理。面对陌生的环境、陌生的老师和同学，还不能完全适应新环境。因此，在与同学老师的交往中放不开，更别说在课堂学习中当众表达。在这一阶段真正能够做到自如表达的学生不超过班级人数的 20%。

学生在表达中还存在表达不完整，意思不够连贯、不准确的情况。学生存在的这方面问题与学生年龄小、词汇积累不足有很大关系。他们在表达中不能充分运用口头语言将自己的意思表达清楚，在表达不清楚的地方，小学生往往会借助肢体语言或面部表情加以配合进行说明。这些情况说明学生的语言积累不够丰富从而影响了表达的连贯性与准确性。

学生存在的表达不完整，意思不连贯、不准确问题还与学生得到的相关的表达训练少有关系。一年级的小学生虽然在学前教育阶段也涉及表达的相关活动，但是由于学生的年龄小，参与表达训练的系统性和针对性还不强，涉及的内容有限，学生的相关能力的提升欠缺，因此造成大部分学生的表达主动性和条理性不强，课堂更多的表现是被动的。

三、解决问题的过程与方法

（一）课程实施的过程

1. 准备阶段（2016.9—2017.1）

在实际教学中通过观察、访谈以及问卷调查，了解学生在口语表达方面存在的问题，并针对问题进行数据分析，寻找学生产生问题的原因，为后续的研究做好准备。

2. 实施阶段（2017.3—2017.6）

结合语文教学内容进行系统分析，围绕研究主题进行表达内容的筛选，并在教学中加以实施，同时收集研究实施过程中的相关资料。

3. 改进阶段（2017.9—2018.6）

在行动研究中对实验情况总结提炼，梳理研究方法。

4. 推广阶段（2018.8—2019.1）

成果推广。

（二）课程遵循的原则

1. 理论联系实际原则

《全日制义务教育语文课程标准》在课程性质中提到：语文课程是一门学习语言文字运用的综合性、实践性课程。义务教育阶段的语文课程，应使学生初步学会运用祖国语言文字进行交流沟通，吸收古今中外优秀文化，提高思想文化修养，促进自身精神成长。工具性与人文性的统一，是语文课程的基本特点。因此在研究实践中，必须将理论知识与实际运用相结合，帮助学生从理论与实际的联系上去理解知识，学以致用，领悟知识的价值。

2. 探究性原则

教师要在研究实践中激发学生的学习主体性，引导他们经过积极思考与探究自觉地掌握科学知识，引导学生主动探究，尊重学生的领悟、融会贯通与觉醒，让学生能动地创造性地获得知识，提升学生的口语表达能力。

3. 循序渐进原则

学生的学习过程本身就是一个从简单到复杂的螺旋式上升的过程，因此，循序渐进地学习就是每一位学习者必须要经历的一个过程，在这个过程中，教师要帮助学习者在知识上和能力上不断进步。

（三）课程的实施

（1）激发兴趣，建立融洽的师生关系，促使学生敢说。通过教师正向的鼓励和引导，调动学生学习的主动性与积极性，从而使学生获得快乐的学习体验，树立学习的自信心，帮助他们建立起喜爱语文学习的情感。

（2）指导说好一句话。结合语文教材中的典型句式，在课堂上有意识地指导学生说好一句完整话。

（3）借助表达框架，学会正确地评价别人，在评价中提升表达能力。

（4）学会朗读。能够正确、流利地读好每一篇课文，在读好的基础上能够读出感情，在读书中积累语言、学习表达。

（5）实际运用，自由表达。在学生初步进行表达练习的基础上创编故事进行讲解，进一步挖掘表达素材，将课外的生活体验与课内学习相联系，让学生说得更加充分、更加有趣。

四、研究的主要成果

（一）课堂上学生的表达能力得到提升

一年级第一学期期末，学校行政对于班级内的学生进行了常规习惯的验收，现就验收中学生表达方面的情况进行梳理：

表2 学生表达情况梳理表

	一	二	三	四	五	六	七
1	1	0	2	1	1	2	3
2	2	3	1	2	1	1	2
3	1	1	3	2	1	1	4
4	0	1	4	1	2	2	1
5	2	0	1	1	2	1	
6	3	2	1	1	1		

总人数：40人
发言人数：37人
大声发言：36人
大段表述人数：22人
发言形式：
个人（√）
小组（√）
其他

80%学生参与不同形式的发言，其中大段表述、大声发言的学生占40%以上

（二）初步形成了低年级学生的表达指导框架

1. 课堂评价表达框架

优点+不足+理由（理由要具体，有针对性）。

2. 语文识字写字学习中表达框架

识字教学中的表达：字音+字形+字义（进行组词或说话，在口语中加以运用）。

举例：

人，独体字，共两笔，撇、捺。组词：人口。

们，左右结构，左边单人旁，右边是"大门"的"门"，合起来还读"mén"。造句：我们在操场上跑步。

姓，左右结构，"学生"的"生"加上"女字旁"就是"姓"，"姓名"的"姓"。

写字教学中的表达：字音+字形+关键笔画说明（关键笔画主要指压在横中线或竖中线上的笔画，或者指汉字中起重要作用的笔画）。

举例：

一，独体字，共一笔，横。关键笔画是横，写横时要压在横中线上，右边稍稍向上倾斜一点。

中，独体字，共四笔，竖、横折、横、竖。其中的关键笔画是"横"和"竖"。"横"要压着横中线写，不要写太长。"竖"要压着竖中线写。

（三）学生的表达内容得到丰富，积极性极大增强

在课堂教学中有意识地将适于学生进行表达的内容进行了梳理，体现在教案中，落实在课堂上，学生在提高积极性的同时也提高了表达的连贯性和完整性。班级内开展了多种形式的语文实践活动，阅读积累成为主旋律，极大地激发了学生表达的积极性。

总而言之，口语能力的培养是教师对学生未来发展的一项重要的"工程"，对学生口语交际能力的培养，是当前进行课改的一项重要内容。因此，要在教学中，通过各种渠道，采取不同方式，遵循语文课程标准的要求，全面对学生口语交际能力进行培养。

五、效果与反思

（1）低年级学生表达能力的培养的活动化、实践化研究是行之有效的，改善了学生在学校课内开口难的情况。表达的内容和方式方法是比较轻松的，对于学生来说，可以借鉴一定的生活经验，可以调动许多已有的能力知识，学生比较愿意投入到这样的活动中来。教师可以借这样的训练，诱导学生大胆开口说话，说他们感兴趣的。在这样的训练中，学生确实愿意开口说话。学生具有文明和谐地进行表达的素养，培养了良好的语言习惯，提高了学生的表达能力和语文综合学习能力。

（2）在这个课题的研究过程中，我们越来越体会到：在我们的日常生活中，每个人都要经常地跟别人交流，而交流最主要的手段是口语，那么，表达能力的强弱就直接关系到交流的效果，因此，表达能力的培养就显得尤为重要。又因为小学阶段是一个人发展语言的黄金时期，那么，尽快培养学生清楚、准确地运用语言，培养表达能力，是小学教师不容忽视的任务。

（3）从我们开展的口语交际训练的研究课题看，小学低年级的表达训练总体的情况还是比较容易被人忽视的。很多时候，我们教师是为了完成书上设置的这样一次训练而已。而现在无论是考试也好，还是其他方面的要求，都把表达训练提到了一个高度，虽然它还是不能同阅读和作文相比，但仍让我们感到重视它是必要的。那如何能保证实践性表达训练有序长效地开展就必须引起我们的重视。

交互式白板在小学英语课堂中运用策略的实践研究

北京市朝阳师范学校附属小学

濮雪峰

一、问题的提出

（一）空置资源，应用效率低

在 2010 年我校就已经为每一个教室配齐了白板设备，但是多数老师仅仅把电子白板充当 PPT 的显示器去呈现教学内容。电子白板的交互性的诸多功能，教师们没有实际运用起来，造成设备、设施配置的浪费。通过课题推进研究，加强技术培训，推进老师们对电子白板的运用，提高设备资源的应用。

（二）教学实施拘束，互动效益低

每个学生都参与教学活动是实施有效教学的前提，白板的应用改变了以往上课时教师受教案课件的束缚，"先讲什么、再讲什么"一成不变的模式。教师在交互式电子白板上设计的教学活动，在课堂教学中可以根据教学的进程随意改变预设的课件，使得课堂教学更为流畅。学生通过亲手操作，增强了切身体验，从而也对所学的知识产生了一种感悟，学生在"做"中学，加深了对知识的理解，从而提高了学习的成效。

（三）结合教材，运用策略少

2000 年，北京市已经对大部分学校进行了交互式电子白板的安装，2015 年开始，北京市各区教委正在全面推进统一地方英语教材，即北京版

英语教材，基于北京版教材交互式电子白板在小学英语课堂中的运用，策略实践研究存在研究迫切性。

基于以上分析，通过研究依托北京版教材，研讨交互式白板在小学英语课堂中的运用策略，并带动多学科应用，为交互式电子白板学科教学提供有效的应用策略借鉴与指导。

二、归因分析

针对以上的问题，归因分析如下。

问题一归因于教师对设备设施的学习与利用率低下，未能主动学习新技术改善教学环境。《新课程改革纲要》指出：大力推进信息技术在教学过程中的普遍应用，为学生的学习和发展提供丰富多彩的教育环境和有利的学习工具。

问题二归因于教师安于原有的 PPT 实施教学，教学流程单一，互动效率低。对电子白板的教学设计能力弱，创造性应用不足。2011 版《英语课程标准》中指出：合理开发和积极利用课程资源是有效实施英语课程的重要保证。英语课程资源包括教材以及有利于发展综合语言应用能力的其他教学材料，如多媒体设备等。

课堂教学是围绕教学目标设计的教学活动，从教学需要出发，从学生实际出发，是使用电子白板的又一重要原则。引入交互式电子白板后，与以往通过多媒体播放 PPT 课件相比，学生将由传统的"旁观者"变成参与者，通过让学生在白板上操作，达到自主学习的目的，这样更有利于激发学生主动参与，体会学习的快乐，进而促进学生的认知发展。课堂结构也不再是"教师讲，学生听；教师演示，学生看；教师提问，学生回答"的单一形式了。

问题三归因于教师在教学中对电子白板的应用欠缺，因此结合地方教材的运用策略更加少。因此，以白板技术在英语课堂的应用作为课题研究来推进我校信息技术与英语学科的深层次整合，研究如何运用电子白板交互性功能与小学英语学科特点相结合，探索互动和体验式的英语课堂教学、过程性评价模式，改变传统的教学结构，切实转变教与学的方式，并将通过模仿、体验、参与、实践以及探究等，研究出交互电子白板技术在英语课堂中应用的途径及策略，使课堂活动富有互动性与趣味性，课堂的教学实效不断提升。

三、解决问题的过程与方法

（一）理论学习，明晰方向

（1）在研究初期，召集了课题成员进行商讨，通过文献学习，对立项进行了可行性论证，并确定了研究内容和方向，填写课题开题报告。

（2）课题组成员进行了分工，明确了责任，制订了研究方案、学习并收集有关资料。

（二）专家引领，教学实践

（1）课题小组成员以不同形式学习交互式电子白板的使用功能，邀请北师大教育学部朱京羲教授定期到校进行理论与教师实践的指导，贯穿了本课题研究的始终。

（2）定期开展交互式电子白板在小学英语学科教学中的以课题研究为主要内容的研讨活动。

（3）"课堂是教育的主战场，课堂不变，教育就不变，教育不变，学生即不变，课堂是教育发展的核心地带。"课堂的教学是检验教师能力的标准。课题成员积极上好研究课、汇报课，向课题组提交研究课例等，积累典型教学案例，并进行分析、研讨，撰写相关的教育随笔和论文。研究过程中共有8篇基于电子白板的论文发表或获奖，14节课堂教学获奖。

（4）边研究边实践，同时借鉴他人经验，探讨有效的途径、方法。

（三）初步构建电子白板课堂实施模式

通过课堂教学的不断实践，电子白板的应用策略逐渐形成。教师纵观一节课以互动导入、互动新授、互动操练、互动拓展、互动评价五个维度构建电子白板的应用策略，打造互动课堂。

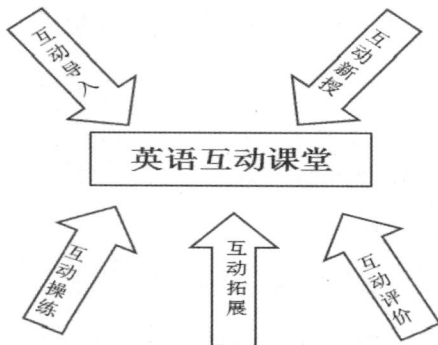

图 1　五维度英语互动课堂

（四）注重有效落实，推进评价量规

形成初步的白板课堂实施的基本框架后，教师有序开展更多的教学实践，不断探索白板运用的恰当性，从而更好地服务课堂教学。经过对教学大量观察制订了课堂观察量表，覆盖教学目标、教学内容、教学过程、学生活动、教学效果、教学建议多个维度，促进教学实效的提升。

四、成果主要内容

1. 教师的信息素养及专业化水平不断提升

教师使用现代教育技术的素质不够，会成为实施白板教学的重大障碍，因而我们在课题研究的过程中对教师们进行了一系列提高信息素养的培训。教师们在掌握了现代教育技术之后，自身素质得到了很大的提高，更重要的是一种教育观念的更新。让教师们不仅能运用现代教育技术，还能按现代教育思想和理念组织教学活动。

2. 学生的综合素质不断提高

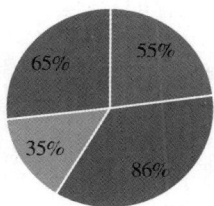

■ 学生趣味前 ■ 学生趣味后 ■ 学生参与前 ■ 学生参与后

图 2 学生趣味与参与度前后对比

白板具有强大的交互功能、丰富的学习资源以及便利的使用操作，有其他教育媒体不具备的独特优势。通过课题的开展，学生的信息化素养大大提高。在白板的课堂教学中，教师不再把学生当作知识的容器，也不再把分数当作唯一的学习结果，而是更加注重学习的过程，注重引导学生发现问题、提出问题，利用网络庞大的信息资源进行开放学习和协作学习，从不同领域、不同层面、不同角度获取信息，筛选出有效的可利用的信息来解决问题，并从中得到启示，进一步联想拓展，构建新的知识框架。由此促进学生终身学习能力的形成。

3. 初步形成基于白板的课堂教学策略

在英语教学中，我们可以利用交互式电子白板完成激趣导入、新知呈现、互动交流、展示合作，拓展教学资源，优化教学过程，激发学生学习兴趣，提高课堂教学效率。同时我们发现，一些教师在利用电子白板上课时过于追求形式，电子白板成了"花拳绣腿"，学生成了观众。其实，教师才是课堂的主导，电子白板只是辅助工具，只有教师自身教学艺术提高了，课堂才会更加精彩。即，以互动为核心，基于交互式电子白板贯穿课堂教学始终，经由互动导入、互动新授、互动操练、互动拓展、互动评价的设计构建小学英语互动课堂。

4. 应用策略归纳的导入环节

（1）视频播放。以北京版二年级上册 19 课《I have long arms》为例，设计了歌曲动画导入活动，学生看、听、唱、表演歌曲，观察出现的动物的身体特征，回答老师问题。目的是进入学习情境、激发学习兴趣，达到了全体参与的效果。

（2）聚光灯。以北京版三年级上册17课《Do you have a lot of snow in winter》为例，设计了寻找细节猜测地点及天气情况的活动，学生通过聚光灯的聚焦功能，寻找图片中的细节，判断出主人公所在的地点是 Russia（俄罗斯），天气情况是 snowy（下雪天）。目的是创设学习情境，为课文学习做铺垫，达到了激趣的效果。

（3）神奇墨水。以北京版二年级下册19课《Does he come by taxi》为例，设计了复习单词导入环节，学生通过使用神奇墨水，擦除隐藏的出行方式，并说出有哪些出行方式。目的是复习巩固单词，为之后活动做铺垫。

（4）拖拽副本。以北京版五年级下册6课《What do flowers do》为例，设计了学生拖拽图片完成植物各部分的拼接，并说出各部位名称。目的是复习巩固植物各部位名称，为本节课学习各部位的功能做铺垫。

（5）画笔。以北京版三年级下册5课《How many stars are there》为例，设计了学生画中国国旗并描述国旗图案和颜色的活动，目的是通过已知的熟悉的知识引入新知，为学习形状做铺垫。

5. 应用策略归纳的新授环节

（1）拖拽副本。以三年级下册《I like the shape》为例，设计了利用各种形状拼成不同物品的活动。教师示范利用拖拽副本功能用各种形状进行物品的拼图。

学生可以利用拖拽副本的功能练习口语表达。教师在示范的过程中有效地吸引了学生的注意力，同时为学生操作和拓展的环节打下了很好的基础。

（2）聚光灯。以四年级下册《What's wrong with you》为例，设计了认识疾病名称的活动。学生通过教师演示认识各种疾病的名称并可以通过图片进行词汇的朗读。

（3）神奇墨水。以五年级上册《Plants》为例，设计了猜学校景色的活动，学生刮开图片感受校园的自然景色。学生在英语课上以个体操作带动全体关注，达到了以个体带全体的效果。

（4）透镜。以四年级上册《What would you like》为例，设计了猜食物的活动。学生在白板上操作，通过透镜功能看到盖子下面是什么食物，达到激发思维、调动词汇库、认读食品类词汇的目的。激发了学生的思维，使他们将英语认读时的注意力集中在图片下呈现出的词汇上，达到了激发好奇心、调动和活跃思维的作用。

（5）播放视频。以四年级下册《See the doctor》为例，设计了观看视频学习的活动。因为视频为学生在社区医院里录制的内容，主角就是班里的学生，所以给学生亲近感。利用白板的视频播放功能可以有效地在插入和播放视频的同时把该视频保存在课件中不会像PPT那样需要拷贝源文件。

（6）隐藏功能。以三年级下册《Spring is here》为例，设计了Spring的演讲活动。学生利用这个功能进行重点的突破。利用隐藏环节点一下出现图片就说该图片的内容。最后完成一个小演讲。

6. 应用策略归纳的操练环节

（1）拖拽副本。以北京版五年级上册《What's your favourite sport》为例，在功能句的操练过程中，设计了功能句填空活动。学生通过拖拽副本进行功能句填空，在此过程中不断反复巩固重点词汇以及本课的功能句型，学生体验了自己动手操作白板的乐趣，同时巩固了功能句型。

（2）容器。以北京版四年级上册《May I take your order》为例，设计了设计菜单活动，菜单两侧分别为food（食物）和drink（饮料），让学生自行设计菜单内容，将相应图片拖动到菜单中的正确区域，并且进行点菜练习。此活动的目的在于帮助学生进一步区分food和drink。一旦出现分类错误，容器功能会自行进行筛选，利用神奇的效果加深学生印象，并且伴随着点单练习操练句型。

（3）涂色功能。以北京版六年级上册《What is he wearing》为例，设计了听录音，为服装进行涂色的教学活动。此环节将听力与实际操作相结合，听力内容描述一个人的穿着，学生根据听力内容在白板上进行涂色。在涂色的过程中，学生不仅要了解颜色词汇，也需要掌握服装类词汇。学生乐于参与活动，在兴趣中练习听力，真正达到了寓教于乐。

（4）容器。以北京版四年级下册《Do you like music》为例，设计了听音乐辨析类型活动。播放音频后让学生进行音乐类型辨析。在听的过程中，真切地感受到不同音乐类型带来的艺术之美，在音乐类型的辨析过程中进一步理解巩固词汇，辨析后让学生简单谈谈感想，锻炼学生的语言表达能力。

（5）书写功能。以四年级下册《Can you tell me the way》为例，设计了设计路线活动。出示地图，在地图中标明 hospital（医院）、supermarket（超市）、school（学校）等地点类词汇，让学生进行对话练习，让学生利用书写功能在白板中设计出合理路线，并用英文进行表达。在活动过程中操练问路句型，也帮助学生能够在日常生活中灵活运用问路句型。

7. 应用策略归纳的应用环节

（1）拖拽。以北京版四年级上册 18 课《Shopping》为例，设计了将图片打乱随机摆放，学生按照故事的发展拖拽图片进行排序并阐述图片的内容和自己改编的故事结尾，可以检测出学生是否真正掌握故事的发展脉络，将排序练习换个形式，不再是单纯地做练习，寓教于乐。

（2）聚光灯。以北京版四年级上册 19 课《May I take your order》为例，设计了通过用聚光灯聚焦参照各个餐具的摆放位置，让学生猜测这个位置应该放置哪个餐具，吸引学生的注意力，提升课堂效率。

（3）神奇墨水。以北京版四年级上册 23 课《It's snowing in Beijing》为例，设计了通过神奇墨水将天气图片和地点随机进行擦除，学生看到什么图片立刻说出这个地方的天气情况，提高学生的参与积极性和学习兴趣。

（4）容器。以北京版三年级下册 15 课《Weather》为例，设计了通过容器功能让学生将天气和温度进行搭配，引发学生思考不同的天气应该有什么样的温度，或者不同的温度可以有什么样的天气。

（5）画笔。以北京版三年级下册 6 课《I have a rectangle》为例，设计了让学生自己设计一个国家的国旗并描述国旗图案和颜色的活动，在白板画完直接进行交流展示，为学生提供了一个交流展示的平台。

（6）照相机。以北京版三年级下册 23 课《Merry Christmas》为例，设计了让学生观看每个国家是如何过节日的一段视频，然后将重点信息用照相机拍下来，汇集到一起，让学生讲解每幅图的内容，考查学生对视频内容的理解。

应用策略归纳的评价环节

（1）拖拽副本。以北京版三年级上册《Christmas》为例，设计了装扮圣诞树的活动，学生通过回答问题获得拖拽小饰品装扮自己组圣诞树的机会，活动目的是激励学生大胆地运用所学内容进行表达，利用学生的好胜心理，调动学生积极参与，大胆表达。同时培养了学生的团队意识。

（2）隐藏功能。以北京版四年级下《Safe and Dangerous》为例，设计助力美德树开满小花的活动。学生通过设计警示语、美德标语获得为美德树增添小花的机会。将德育教育渗透于英语课堂，使学生通过集体的努力让美德树开满小花。培养了学生遵纪守法的意识，增强了学生的团队意识。

（3）拖拽副本。以北京版五年级第九册《Travel in London》为例，设计了积攒英镑硬币的活动。学生通过回答问题获得英镑硬币。活动的目的是帮助学生复习较难的词汇。学生的自然组以伦敦著名景物命名。在主体活动后，学生告知自己的组名。到台前拖拽硬币。学生反复重复较难的词汇，在评价中，对所学的词汇加深了记忆。

（4）隐藏功能。以北京版五年级下册《Plants》为例，设计了为植物浇水的活动。学生通过回答问题，获得浇水的机会，从种子到幼苗，从小树再到参天大树。激发了学生主动学习的兴趣，同时培养了学生小组协作的能力，树苗在共同努力下长成参天大树，培养了学生的集体观念，同时大大提高了学生学习的主动性。

（5）拖拽副本。以北京版四年级第七册《Food》为例，设计了为食物分类的活动，学生通过回答问题，获得拖拽自己所爱食物的机会，并要将食物拖进正确的分类框中。活动的目的是使学生清楚每种食物的类别：如快餐、蔬菜、水果、甜食。并在最后总结时，为学生梳理哪些食物有益于身心健康，哪些食物少吃为妙。这样，不但激发了学生的兴趣，同时还使学生进一步了解这些食物的类别。

（6）涂色功能。以北京版一年级第二册《Color》为例，设计了为气球填色的活动。学生通过回答问题，获得为气球涂颜色的机会，是使学生学会表达不同的颜色名称，同时激发了学生的学习热情，调动了积极性，提高了时效性。

五、效果

（1）精品教学设计、教学反思与课堂实录各 21 份，记录教师的研究轨迹，同时为他人的学习借鉴提供支撑。

（2）电子白板的教学观察量表 30 多份，记录教师自主课堂教研与同组教师听课，对于电子白板应用的反思与建议。

（3）基于电子白板教学论文获国家、市、区级奖项 20 多人次。科研意识突显。

（4）基于电子白板课堂教学获国家级奖项 20 多人次，教师实践教师能力卓越。

（5）区域内基于电子白板的讲学不断促进教师自主专业发展，辐射区域同人。两人次走进北师大为山东骨干教师讲授白板教学实践。六人次为北师大国培班的外省骨干教师进行电子白板应用教学分享。

六、反思

电子白板的应用取得了显著的成果，但也存在问题。

1. 继续推进电子白板对全学科的教学支撑需求

电子白板在英语学科的应用中已经取得良好的成果，促进教师多媒体技术的课堂教学中深入思考，但泛化在其他学科的应用有限。

2. 电子白板在教学中效益分析需求

电子白板的应用中教师可以熟练地应用，推动课堂的互动效果提升，但对活动设计的实效性分析还是比较感性，需要数据支撑下的更多理性思考。

"两图一参"博物馆里的美术课教学模式研究

北京市朝阳师范学校附属小学西坝河校区

王 革

一、问题的提出

2016 年 9 月，《中国学生发展核心素养》正式发布。中国的基础教育课程改革进入到"素养时期"。人的素养不可能离开文化空间，人类生存的第二空间。第一空间指由阳光、空气、土壤空间。我们不能脱离自然空间生存，同样也不能脱离文化空间而生存。文化具有塑造和改变人的作用。一个人具有什么样的文化人格，在很大程度上取决于他所处的文化空间。

中国有着五千年的文明史，中华传统文化博大精深。中华文明在漫长的发展过程中，形成了独具特色的文化传统。中国传统文化的作用之大是我们难以想象的，与中国的未来息息相关。中国的发展需要以文化为动力，它的重要性是任何东西都不能代替的。中国传统文化在 21 世纪的今天发展状况如何呢？大量的事实告诉我们，情况不容乐观。

众所周知，博物馆主要是陈列展览实物为主，给我们一种最为真实和直观的印象。这种感受是不同于我们的教科书、文字或者插图等其他的教育方式或者艺术创作等形式，而是以最符合历史原貌的形式，以无声的语言表现历史和传递历史。在博物馆中，学生与展品近距离接触，能够有效地促进核心素养中的"文化理解"的进一步形成，博物馆是美术学习重要的"第二课堂"。

笔者对目前我校"博物馆里的美术课"方面的教学需求、发展方向、课程建构等关键要素进行深入的思考与分析。

1. 优势

（1）国家教育改革的推进，普遍认识到博物馆是美术学习重要的"第二课堂"。

（2）北京博物馆资源丰富，国有、非国有、行业、高校各种类型的博物馆相对比较准确的数据是 160 家左右。

2. 劣势

（1）博物馆分布在北京各个角落，对于在校上课学生的出行安全、时间、内容等不容易规划安排。

（2）没有太多的参考教材和案例。

3. 机遇

（1）《国务院关于基础教育改革与发展的决定》等文件明确提出鼓励教师依据自身发展特色构建符合学生需求的特色课程。

（2）《北京市课程计划》等文件中明确提出要优化课程结构，构建开放、综合的课程。

4. 问题

基于以上分析，我们发现在学校课程建构与实施中，还存在以下几个问题：

（1）国家美术课程教材内容在传统文化教育中重普式教育，轻个性发展。

（2）学校美术课堂的传统文化教育形式不够丰富与深入。

二、归因分析

针对以上问题，归因分析如下。

问题一归因于：课堂教学是主阵地，也是学生发展个性的主要渠道，但教师往往难突破以"课本为中心"的陈旧教学模式，不能满足学生的个性发展的需求。

学校教育的最高宗旨归于学生的发展。课程作为学校教育的核心，其建设也必须以满足学生成长需求为第一原则。而国家教材主要是进行普式教育，不能充分满足部分学生的个性发展需求。

问题二归因于：教师难突破以"教师为中心""课堂为中心"的陈旧教学模式，课堂模式长久不变，不能激发学生对传统文化深入的了解和持久的喜爱。

学习方式的转变，是新一轮基础教育课程改革的显著特征和核心任务。传统的课堂模式压抑了学生的主体性、能动性、创造性，越来越不适应当前课程改革的要求。因此，教师要勇于创新，根据不同学习内容，积极实践"自主、合作、探究"的教学模式，使学习成为在教师指导下的主动的、富有个性的过程。

三、解决问题的过程与方法

第一阶段：基于国家教材内容，结合目前北京博物馆特点，构建"博物馆里的美术课"基本教学思路。

挖掘北京博物馆与美术教育浸润之处，建立博物馆与美术的联系。

孩子、家长、老师、博物馆，来自各个方面的人群对作为美术学习重要的"第二课堂"的博物馆，又是如何对待的呢？

经常听到孩子郁闷地说："博物馆是个很好的学习场所，但是有的博物馆太沉闷。很多内容都看不懂。互动项目太少啦，展品介绍很是枯燥，甚至很简单粗暴。尤其是美术馆，好多就是作品介绍。视角也是问题。夹在大人中看展览，很多时候看的是前面人的背影。"

家长抱怨地说："我们也知道孩子应该多去博物馆，我们又搭工夫又费力的，可孩子对博物馆兴趣就是不高。"

老师激动地说："博物馆主要是陈列展览实物为主，给我们一种最为真实和直观的印象。这种感受是不同于我们的教科书、文字或者插图等其他的教育方式或者艺术创作等形式，而是以最符合历史原貌的形式，以无声的语言表现历史和传递历史。在博物馆中，学生与展品近距离接触，促进学生素养的进一步形成，博物馆是学习重要的'第二课堂'。"

博物馆肯定地说："作为学校教育的补充，在青少年教育方面，博物馆也应该发挥重要作用。单纯的课本学习毕竟形式单一，如果能将课堂搬到博物馆，结合丰富多彩的展陈，特别注重引领学生对传统文化的广泛关注和深入认识，自觉地接受民族传统文化的教育与人文气息的熏陶，那么效果无疑是事半功倍的。"

大家的共识：博物馆是学习的重要场所。

通过认真考察梳理分析，以及参观学习，发现马未都先生的私人博物馆"观复博物馆"及"韩美林艺术馆"非常符合笔者的课程实施要求。这两个馆，不论是在馆的设计、馆内藏品等方面，还是这两个人物，都是特点鲜明、影响力颇高，对孩子在了解"文化理解"方面起到积极而深远的作用。

挖掘北京众多博物馆中可以与美术学科中传统文化内容相联系部分。

通过美术教材，看中国优秀的传统文化在教学中的实际表现。目前我校使用的人民美术出版社出版的美术教材，虽然领域设定的目标各有侧重，但在内容的选择上，特别重视优秀的中国传统美术和民族、民间美术，以达到弘扬优秀民族文化、体现中国特色的目的。

（1）"造型·表现"领域，设置国画系列课，注重对传统技法的学习，尝试中国画的表现方法，体验笔墨趣味。

（2）"设计·应用"领域，设置民间美术系列课，了解中国传统工艺的思想、制作手段与方法，以及其中的特点或寓意。

（3）"欣赏·评述"领域，设置博物馆系列课、中国美术家及美术流派系列课，知道重要的博物馆及其藏品，以及中国美术家和美术作品，了解美术作品的题材、主题、形式、风格与流派，初步形成审美判断能力。

（4）"综合·探索"领域，设置中华民族文化遗产系列课，结合其他学科的知识、技能，用多种美术媒材、方法和形式进行记录、规划、创作、表演与展示，了解美术与人类生存环境、传统文化、多元文化之间的关系，珍视和保护人类文化遗产。

虽然教材安排全面、巧妙，但是具有一定的局限性。由于课时所限，很多内容也只能是蜻蜓点水、一带而过，在深入性方面有待提高。

"观复博物馆"，该馆设有：瓷器馆、家具馆、油画馆、工艺馆、影像馆、门窗馆和多功能厅。展览侧重开放形式，强调人与历史的沟通，突出传统文化的亲和力。

北京韩美林艺术馆坐落在京郊大运河畔，主体建筑面积近万平方米，馆藏绘画、书法、雕塑、民间工艺等作品 2000 件，另有近 3000 件作品将在此轮换展出，是我国目前展出作品最多、艺术门类最丰富的个人艺术馆。

第二阶段：结合博物馆特点，构建"博物馆里的美术课"主题式教学。

以学生发展为中心，基于学生在教育中的独立价值来确立课程设计的组织逻辑，在设计"博物馆里的美术课"课程时，考虑学生课程权利；满足学生的现实与未来的需求：将前人的知识与学生现实生活相结合。通过根据博物馆特点设计主题课程模式，改变蜻蜓点水式课程现状。把"博物馆里的美术课"教学定位为满足部分想进一步提升传统文化需求的学生。

"吾以观复"出自老子《道德经》。原句如下："致虚极，守静笃，万物并作，吾以观其复。夫物芸芸，各复归其根。归根曰静，是谓复命。""观"即看，"复"即一遍又一遍。世间万物你只有静下心来一遍又一遍反复仔细观察，才能认清它的本质。意思是说，达到虚空的极点，安住于甚深的禅定之中；宇宙万物相互运作生长，我们得以观察到它们的本根源头。不

论万物如何变化多端，终会回归根本。回归根本称作静，就是所谓的回归其本来自性。博物馆由此得名。

为了避免"走马观花"而让学生真正做到"观复"，本次课程设计紧紧围绕观复博物馆的展品中的家具、冷兵器、漆器和瓷器展开（见下表）。

课程设计表

观复博物馆第一季			
内容分类	课时安排	授课内容	上课地点
1. 家具	第1课	古人的起居文化（上）	观复博物馆
	第2课	古人的起居文化（下）	观复博物馆
	第3课	喵星人与中国古代文化	观复博物馆
2. 冷兵器	第4课	古代兵器小知识	观复博物馆
3. 漆器	第5课	千年不朽的漆器	观复博物馆
4. 瓷器	第6课	五彩缤纷瓷之色	观复博物馆
	第7课	梅兰竹菊瓷之纹	观复博物馆
	第8课	小鲤鱼跃龙门	观复博物馆
	第9课	品茗论茶话茶具	朝师附小
	第10课	文明之道瓷知道	朝师附小
观复博物馆第二季			
5.《六艺》	第11课	礼	观复博物馆
	第12课	乐	观复博物馆
	第13课	射	观复博物馆
	第14课	御	观复博物馆
	第15课	书	观复博物馆
	第16课	数	观复博物馆
观复博物馆第三季			
6. 特展（综合）	第17课	相看两不厌"萌"宠展	观复博物馆

韩美林艺术馆		
1	韩美林大师的雕塑	韩美林艺术馆
2	韩美林大师的绘画	韩美林艺术馆
3	端午节特刊体验——版画制作	韩美林艺术馆
4	美林的世界——韩美林八十大展	国家博物馆
中国美术馆		
1	中国美术馆典藏作品赏析	中国美术馆藏宝阁

第三阶段：注重落实课程实施，推进多元评价机制。

在课程整体实施过程中，坚持以改革推动发展，推进以课程为核心的教育教学改革。借助"541自主教学模式的研究"等课题研究推动课堂教学方式变革，通过教师素养提升培训等途径，保证课程实施效果。同时，研究多元评价机制，学生评价采取形成性评价和总结性评价结合、定性评价和定量评价结合、教师家长评价和生生互评结合的形式。教师评价采取过程性与结果性结合、自评与他评结合等形式。课程评价从课程价值取向、目标、内容等方面进行。

四、成果的主要内容

经过笔者的不断摸索反思改进，最终形成了"两图一参"博物馆美术课程的教学模式。

"两图"是指"思维导图"和"绘画日记"（或者绘画手账）。"思维导图"主要是完成预习任务而设计的。很多时候学生去博物馆是盲目参观，收效不佳。利用"思维导图"进行自主的相关知识的学习，做到有备而去，提高学习时效。"绘画日记"（或者手账）主要是针对学生参观后的提升部分，利用此环节整理、加深参观学习的内容。"一参"是博物馆美术课程的核心部分，学生与展品近距离接触，加深展品带来的历史感。本环节笔者精心设计，通过学习空间、课程成员、学习内容、课堂结构等课堂多维度的改变，学生悦在体验。笔者根据博物馆实际展品情况设计丰富的课堂内容，学生悦在感受。

每次课的基本环节由"课前预习、专题讲座、参观学习、温故知新、互动交流、美术写生（或者创作）、课后总结、博物馆和学校作品展示"8个环节组成。在去博物馆前，教师给孩子们上了"博物馆礼仪课"，并把学生分成三个活动小组，组长的职责也一一明晰。学生不仅对传统文化加深了了解，美术实践能力也随之提高。

五、成果的主要内容

（1）笔者撰写的文章《文化—核心素养—博物馆课程》发表在国内美术教育核心期刊《中国中小学美术》上。

（2）2018年5月8日笔者在中国美术馆上了一节"美术馆的珍藏作品赏析"现场课。此活动是由中国美术馆公教部、北京教育学院体育与艺术教育学院共同举办的"美与美育"馆校合作教学研讨及展示活动。受到广泛好评，此次现场课北京教育学院作为馆校合作的成功课例多次使用。

（3）持续推进的博物馆课程活动，在教师、学生、家长及社会引起强烈的反响。近一个学期以来，每次活动完，观复博物馆都会利用微信平台推送活动信息，观复博物馆海内外的"粉丝"们都赞不绝口，纷纷表示这样的课程太棒了！

（4）区教研员车老师让笔者梳理课程建设的思路，写了文章，在朝阳教研中心的网站上进行了报道。区里的美术老师，看到活动后纷纷表示超赞。不少学校与笔者联系，咨询了观复学堂上课的相关事宜，并有的学校也开始去观复上美术课。

（5）"博物馆里的美术课"这个课程受到了孩子、家长的极大欢迎。例如这个班中的四年级（6）班的王子张同学的妈妈在微信中写道："这周没见孩子回来写观复博物馆上课的感受，也没见他画画。我觉得这事是要靠他自己自觉，也就没提醒他。刚刚放学回来的路上随口跟他说了一句，同学画的观复猫做成奖级卡了。结果人家告诉我说他的感想已经交了。我问他啥时候写的。他说昨天做梦想起来没写，半夜偷偷爬起来打开台灯写的。啥时对待其他课程也能有这么个认真劲儿就好啦！"

四年级（5）班的刘欣媛的妈妈在微信群里写道："孩子很兴奋，回家叽叽喳喳地给我们讲解几种兵器。让孩子参与活动中，和平时自己去参观博物馆的感觉太不同了。这样的活动太好了，再次给您点赞！"

四年级（8）班的刘柔希的妈妈在微信群里写道："眼界决定境界。业余时间我一直很注意给孩子寻找丰富多彩的体验机会，润物细无声，期待孩子在不知不觉中博闻广识。有一天女儿回来说：'妈妈、妈妈，我好幸运，终于可以参加王老师的观复学堂了！'先生和我都非常热爱传统文化，于是托女儿的福，我们一家三口走进了观复学堂。"

四年级（8）班的刘子印的妈妈在微信群里写道："当一步入观复博物馆，就被马未都先生名目繁多的藏品吸引住了。私人博物馆里珍藏着如此精美的瓷器、玉器文玩、漆器、明清家具门窗等，工艺精湛，令人赞叹！对博物馆里的六艺美术课更是充满期待。以往我也会带着孩子去大小各种博物馆参观，大都是走马观花，孩子偶尔也会对讲解员讲的展品感兴趣，但是大部分都是印象不深。美术王老师的教学方法，艺术与文史的巧妙融合，使博物馆里的展品都鲜活起来！通过对展品的深入讲解，结合史学相关诗词赏析，绘画写生的多维度、多感官刺激，趣味性和互动性加强，积极引导孩子探寻思考，仔细观察，发现展品的功能和美学，把自己所听、所看、所想、所理解的实物通过绘画的形式表现出来，加深了主题印象，巩固了史学知识，达到吸收的最大化。课后的拓展学习更是亮点，课上老师充分调动孩子们的好奇心和求知欲，回家后孩子们会主动查阅相关知识，无形中又加深固化和沉淀。相信通过一段时间的系统学习，孩子们不

但拓展了知识面，艺术鉴赏力及绘画技能都会得到提升，将会受益终生！"

二年级（4）班的刘浩桐同学，变化也是非常明显，他本身造型能力跟他同龄的孩子比一般偏弱，可经过这三次的写生训练，他不仅可以大方地在外人面前认真写生，造型能力也大大提升，现在每天一放学见到爸爸就开始不停地问有关兵器、瓷器等问题。妈妈说他开启了"十万个为什么的模式"！

（6）还有很多家长通过各种渠道知道了这个课程，纷纷表示非常认可这个课程的开设，不停地在咨询如何才能进入这个课程学习。课程收到了意想不到的良好效果。

（7）此课程也得到了马未都先生和齐振军校长的重视。在第一季的第2课中，马先生出现在观复学堂上与孩子们进行了亲切的交流，并就此课题与齐校长进行了深入的探讨。观复学堂我们不停留在"走出去"，我们还"请进来"。5月23日，我们的朝师附小观复学堂正式开讲。马先生还特意请副馆长李萱带来了马先生写的书籍送给孩子们。孩子们的作业马先生每一份都认真阅读，并签上了大名留念。活动受到了各界的好评。

"博物馆里的美术课"已经成为我校学生传承传统文化的有效载体，师生们从中汲取营养和力量，为学校开辟社会实践活动更广阔的视野和舞台打下坚实的基础。

小学阶段 STEM 教育主题设计的研究

北京市朝阳师范学校附属小学

吴英莎

一、问题的提出

2014 年 4 月 24 日，教育部在《关于全面深化课程改革落实立德树人根本任务的意见》中第一次提出"核心素养"的概念。2016 年 9 月 13 日，发布的《中国学生发展核心素养》明确了我国学生发展核心素养的内涵。到 2018 年 1 月 16 日，凝练了学科学生发展核心素养的《普通高中课程方案和语文等学科课程标准（2017 年版）》颁布。历时 4 年，核心素养已然成为我国深化教育改革的方向。

学生应该具备哪些核心素养？进入 21 世纪以后，全球进入了以创新力为基础的经济竞争时代，也就是科技人才的竞争时代。要想在这场竞争中获得胜利，就要大力培育具有实践创新素养的人才，也就是说实践创新素养成为学生应该具备的核心素养之一。

怎么发展学生的实践创新素养呢？美国最先尝试了通过 STEM（即科学、技术、工程和数学）教育来培养具有实践创新的科技人才，且通过 30 多年的实践证明，STEM 教学促进了美国学生的实践创新能力，培养出了大批科技人才。随后，我国如火如荼地开展了对 STEM 教育的研究。STEM 教育被直接从美国移植到中国，或者以往国内存在的一些教育形式摇身一变，成为 STEM 教育。国内一线老师尝试进行了 STEM 教育的设计和实践，但是这些尝试是零散的，没有从理论层面形成可供人们参考的经验或者策略。

二、存在的问题和归因分析

通过分析，我发现目前 STEM 教育在开展中存在以下几个问题。

1. STEM 教育主题选择依据不清晰，出现照搬现象

因为国内对 STEM 教育的研究处于刚起步的阶段，在主题设计方面更多地依赖于国外已有的教育主题。当大量的 STEM 教育主题进入国内时，人们往往因为缺乏认识，直接将该教育主题运用到实践中。但在实施过程中，还是按照"老一套"的做法来完成。因此出现了"两张皮""挂羊头卖狗肉"的现象。

2. STEM 教育主题设计原则混乱，出现乱扣帽子的现象

STEM 教育自引入国内，就出现了"万人疯抢"的局面，人们错误地把 STEM 教育当作了发展人的"灵丹妙药"。只要挂上"STEM 教育"的名头，这节课就是好课，各类培训班就成了"高大上"的培训班。这一系列的做法，让我们距离 STEM 教育越来越远。

3. STEM 教育主题设计模式空白，出现老师难以入手设计的现象

人们专注于对 STEM 教育实施模式的研究，将工程设计周期烂熟于心，忽视了对 STEM 教育主题设计的研究，一些好的 STEM 教育主题就只停留在个案推广的层面，缺少上位的思考，导致在设计 STEM 教育主题时一线教师或者设计者无从下手的现状。

4. STEM 教育主题本身的评价方式缺失，出现"一锅炖"的现象

当国内出现本土化的 STEM 教育主题的设计时，很多老师对它是否符合 STEM 教育的评价方式是模糊的。我们可以说出它不符合 STEM 教育，但是说不清楚它为什么不是 STEM 教育，原因就在于人们对 STEM 教育主题本身的评价方式缺乏系统的认识。似乎只要这个教育主题涉及设计、动手，那它就是 STEM 教育。这就让很多以往的常规教学摇身一变成了"STEM 教育"。

三、解决问题的过程与方法

（一）文献研究，"打牢基础"

第一阶段：通过文献研究法，明确相关概念，了解国内外有关 STEM 教育的研究现状，对本项目的研究起到夯实研究基础的作用。

1. 概念界定

（1）STEM 教育。STEM 代表科学（Science）、技术（Technology）、工程（Engineering）、数学（Mathematics）的缩写。STEM 教育，该概念最初由美国国家科学委员会于 1986 年提出，至今没有形成一个统一的认识。目前主要有两种不同的认识，一种认为 STEM 教育是一种课程，即 STEM 教育是通过整合不同学科、有目的地融合以解决真实世界中问题的课程。一种认为 STEM 教育是一种教育策略。例如把问题解决的教学策略应用于强化学生对复杂概念的理解。但无论是将 STEM 教育作为课程还是作为策略，其目的都在于通过学科的整合培养学生的实践创新素养。

对它的内涵及价值也出现了各种不同的解读：有的把 STEM 理解为一种跨学科课程，有的把它理解为一种整合性的教学策略，有的认为它是指向 STEM 综合素养的课程培养目标，还有学者干脆提出 STEM 教育的核心精神就应该包括以上各种认识的综合。这些不同的理解直接影响了 STEM 教育的实施方式和效果。

因此，本研究中将 STEM 教育强调以项目或问题为驱动，通过学生合作探究与自主学习相结合的方式完成项目或解决问题，旨在培养学生的创新意识、创新能力及问题解决能力。STEM 强调"做中学"，注重学生体验学习任务或作品的完成过程，促进问题解决能力的发展。

（2）主题设计。袁顶国认为，主题教学是以主题为中轴，"在系统论、学习理论与教学论指导下，以教学主题为枢纽，在系统内诸要素之间彼此联系、相互作用与协调运行中，驱动师生双适应双发展，促进教学主体心理结构的完善与自我实现的整体性设计"。该定义指出，主题设计要能将

涉及的各要素相互联系，同时可以将教学过程分成系列步骤和阶段。

对于 STEM 教育来说，主题设计也是同样重要的。主题的选定决定了 STEM 教育所选用问题的大致方向和所采用的教学方式。因此，在本研究中，我认为主题设计是以真实问题情境和项目学习形式为主轴，通过小组合作，运用不同学科的知识，在做中解决问题的设计。

2. 国外 STEM 教育的现状

STEM 教育是美国培养科技创新人才的关键，受到各级政府的高度重视。STEM 提出后，STEM 教育逐步成为全美教育体系的中流砥柱，从本科教育延伸到 K12 教育。受美国 STEM 教育的影响以及面对全球科技竞争压力的加剧，世界各国开始积极推动 STEM 教育。

目前国外 STEM 教育实践的模式可以分为两类：第一类模式，将每一个学科作为独立的课程教授，学科之间存在一点融合或者没有融合。S—T—E—M。第二类模式，各学科进行整合的模式。依据 STEM 学科结合类型、重点学科、持续时间、大小和复杂程度可以将第二类模式分为以下几种：

（1）教授 STEM 学科中的每一门，同时更强调四门中的一门或两门学科。STEM 即强调技术和工程学科学习的课程形式。STEM 即教授四门学科，但其最终是为提高科学教育质量服务的课程形式。

（2）将一门学科融入另外三门学科展开教学。例如工程学科能融入科学、技术和数学学科。就像是 E—S，E—T，E—M。

（3）四门学科相互融合。将四门学科作为一个融合学科整体彼此融合。比如科学学科中有技术、工程和数学的内容，因此科学教师将 T、E 和 M 融入 S。

从美国提出开展 STEM 教育开始，政府部门投入大量精力和人力进行了 STEM 教育主题的设计，形成了大量的 STEM 教育教材，以及 STEM 教育设计书籍。如美国佛罗里达州 STEM 实验教材《STEM——神奇的家庭科学实验室》。不光是美国,许多西方国家也非常重视 STEM 教育的普及,而且在多年的教育实践中编辑出版了很多书籍。

通过文献梳理,发现国外关于 STEM 教育的研究已经取得了较多成果。

3. 国内 STEM 教育实践的现状

但目前 STEM 在国内仍处于引入介绍阶段,其应用还存在实施方案匮乏、教育资源短缺、专业师资及培养机制欠缺、硬件设备及资金不足等问题。

目前关于 STEM 教学实践主要有两种类型。

第一种:照搬模式。照搬美国模式,一些学校聘请国外教师,使用国外教材开展 STEM 教育教学实践活动。这种照搬模式,不适合我国本土教育。

第二种:本土化模式。在文本层面上,一些学校提出了以 STEM 教育中的 STEM 课程为框架构建初中科学课程。这些案例没有在实践中进行效果验证,且操作性不强。在实践层面上,一些学校效仿了国外模式,设计了课程外的 STEM 教育教学实践。这些实践活动,独立于我校现有课程之外,等于增加了学生的课时,且这种教育实践不具有常态性。同时,本土化模式开展较多的是中学阶段,小学阶段 STEM 教育与综合实践活动、劳技课等混淆。

目前国内有关 STEM 教育主题设计的书籍也分为两类。

第一类是直接翻译国外的书籍,在国内实施;第二类是国内出版的一些 STEM 教育主题的书籍,这些书籍中有集合式的,也就是将多种案例进行打包出版的,也有少量系列化设计的书籍。但是这些书籍都存在一个问题,没有切实地和我们国家的小学教育现状相结合。

因此,通过文献分析,我们发现国内缺少结合小学教育现状对 STEM 教育主题设计的再次思考。适合小学阶段的 STEM 教育主题有哪些,如何挖掘现小学阶段各学科中的资源,如何开发 STEM 教育主题是非常值得研究的。

（二）文本分析，"心中有数"

第二阶段：首先，利用文本分析法，分析 STEM 教育主题设计的有关文献，获得 STEM 教育主题设计的依据、原则、模式和评价，作为在小学阶段设计 STEM 教育主题、开展 STEM 教学实践的指导依据。其次，同时梳理小学阶段各学科中与 STEM 教育有关的内容，为开展 STEM 教育主题设计提供选择方向。

通过梳理已有的文献，关于 STEM 教育主题目前国内有两类，一类是国外的 STEM 教育主题的再开发，一类是本土化 STEM 教育主题。下表中呈现的是部分目前搜集到的 STEM 教育主题设计的题目。

表 1　部分 STEM 教育主题的题目

	研究类	制作类	探究类	设计类
1	我们共呼吸——雾霾的研究	制作投石机	如何提高太阳能热水器的吸热性能	电子控制与单片机
2	对抗塔克拉玛干沙漠恶魔——沙尘暴	木工制造	带上安全	机器人
3	泉水叮咚，泉心泉意——济南泉水科学利用的研究	苹果有源小音箱制作	热与生活	3D设计——理想教室
4	测试海底水样本的污染，设计过滤装置来帮助海地人喝上健康的水	蜡烛制作	索道运输	设计一个装有 1 升牛奶的最好罐子
5	火星教育项目	制作植物模型		气球火箭
6	梅沙小学人工湖湿地探究项目	制作简易小马达		针孔摄像机的设计
7	小小建筑师	生态瓶的制作		设计无土栽培装置培养生菜种子

续表

	研究类	制作类	探究类	设计类
8	探索外星人奥秘	制造果酒、果醋、酸奶、馒头、腐乳灯		设计圣诞树 LED 灯
9		自制小风扇		鸡蛋防火舱
10		自制润唇膏		设计陀螺
11		简易浇花自动化器		意大利面建筑

（三）行动研究，"实践出真知"

第三阶段：通过行动研究，设计 STEM 教育主题。

以科学为抓手，结合小学生特点，设计 STEM 主题活动，在小学开展 STEM 教学实践，结合开展的 STEM 教学实践情况进行反思，并进行改进，完善小学 STEM 教育主题，最终形成 STEM 教育的主题设计研究成果。

（四）扩大范围，"去伪存真"

第四阶段：借助各种平台，验证本研究的真实性，去除研究中不科学的地方，留下本质的、可供参考的部分，从而提高研究的可推广性。

四、成果的主要内容

（一）STEM 教育主题设计的理念

（1）不把 STEM 教育变成各学科的"大拼盘"，也不让各学科都"平均用力"，而是以某一个学科为主，即有一个"主导学科"作为整合的中心，多门学科共同参与的教育。STEM 教育不能取代独立学科的地位，而是两者相互协同互补，共同促进学生发展。

（2）突出问题意识，利用真实的问题来设计 STEM 教育主题。

（3）能充分利用学生已有的知识和积累的经验。我国的教育为分科教育，学生在各学科中学到的知识、积累的经验，将作为 STEM 教育主题设计的一大依据。因为我们所倡导的 STEM 教育是培养学生运用知识来解决问题，从而发展实践创新素养的一种课程。

（二）STEM 教育主题设计的依据

（1）立足学生，贴近真实需要。本研究的 STEM 教育主题是针对小学阶段的学生进行设计的，其年龄段在 6 ~ 12 岁。针对不同年龄段的学生，其认知情况和动手操作方面存在较大的差异，因此要能结合学生的情况分析，设计适合学生的主题。

（2）以小学阶段各学科的内容为基础，促进知识或技能的发展。本研究的 STEM 教育主题来源主要是小学阶段各学科中的内容，这样符合我国分科教学的现状，不会给学生现有学习造成多余负担，还能促进学生已有知识或技能的发展。

（3）关注社会发展，培养未来学生。在设计 STEM 教育主题时，需要关注社会发展的趋势，比如信息技术、AI、3D 等，这样能帮助学生适应未来社会的发展需要。

（三）STEM 教育主题设计的原则

1. 真实性

STEM 教育主题的设计是基于问题来开展的，因此在 STEM 教育主题设计时，强调问题的真实性，但不是将现实问题照搬到课堂中来，那样就不适合学生的特点，这种问题可以是仿真的问题，适合小学生的"真"问题。

2. 实践性

STEM 教育强调学生是学习的主体。在主题设计时，要考虑该主题能激发学生的学习兴趣，促使他们主动探索，动手去解决问题。在 STEM 课程中，讲授法仅限于少数内容的讲授，多数教学内容需要在学生实践、教师表演、学生讨论、调查、搜集信息、展示等活动中获得。

3. 合作性

合作学习是 STEM 教育的重要内容。在小组合作过程中，不同水平的学生能展示出不同的观点和经验，这有利于团队的发展。因此，问题的设计要有利于学生以小组的形式来开展进行。因为 STEM 教育除了培养学生实践创新素养以外，也要有利于学生小组合作能力的培训，未来的人才是会合作的人。

4. 整合性

解决问题所需的内容为"跨学科"。学生需要将跨学科的知识运用到真实的情境中，并从多样的，甚至是矛盾的观点考虑问题。问题设计解决所需要的知识和经验，是学生在其相应年龄段所能具备的，这种知识和经验可以是初步掌握的，没有上升到技能阶段，可以通过 STEM 教育，让学生对其知识和经验的理解更加深入，或者将其直接转化为程序性知识。

5. 开放性

问题解决呈现的结果是开放性的，也就是说学生最后的成果是没有失败和成功的划分的，只是由是否解决问题来判断就可以。这样能让每一名学生在 STEM 教育中获得发展，同时也鼓励学生创造性地解决问题。

（四）STEM 教育主题设计的模式

依据本研究，我们认为 STEM 教育是一种由一门核心学科主导的，多门学科参与的整合式课程。按照主导学科的不同，可以分为四种不同的类型：基于科学的 STEM 教育、基于技术的 STEM 教育、基于工程的 STEM 教育、基于数学的 STEM 教育（见下图）。

无论主导学科是什么，它们的共同目标都是为学生提供综合运用各种学科知识来解决现实问题的机会，从而促进学生建构新知识的能力，发展学生解决问题的能力。

```
┌─────────────────────┐      ┌──────────────────────────────┐
│ 分析各学科中相关联的内容 │─────▶│ 数学：二上《量一量，比一比》      │
└─────────────────────┘      │      三上《周长》              │
          │                  │ 科学：三上《科学在我们身边》      │
          ▼                  └──────────────────────────────┘
┌─────────────────────┐      ┌──────────────────────────────┐
│ 整合内容，确定学习内容   │─────▶│ 1. 测量物体的长宽高、周长        │
└─────────────────────┘      │ 2. 历经科学研究                │
          │                  │ 3. 设计并制作杯子              │
          ▼                  └──────────────────────────────┘
┌─────────────────────┐      ┌──────────────────────────────┐
│ 制定STEM教育的目标      │─────▶│ S（科学）：学生历经一个完整的研究过程，│
└─────────────────────┘      │ 了解人体结构和物体设计之间的关系    │
          │                  │ T（技术）：能利用工具设计并制作一个适合│
          │                  │ 自己手握的杯子                 │
          │                  │ E（工程）：学生能够根据自己手的结构特点│
          │                  │ 完成杯子的制作及设计方案          │
          │                  │ M（数学）：在实际测量与交流中，加深对测│
          │                  │ 量单位的认识，掌握测量方法的式样性，以及│
          │                  │ 科学记录的方法；通过比较物体和人体之间的│
          │                  │ 数字，发现物体的设计和人体结构之间的关系│
          │                  └──────────────────────────────┘
          │
          │                  ┌──────────────────────────────┐
          │                  │ 问题：杯子的大小和使用者有什么关系？ │
          │                  └──────────────────────────────┘
          │                                ▼
          │                  ┌──────────────────────────────┐
          │                  │ 提出假设：杯子的大小和手的大小有关系 │
          ▼                  └──────────────────────────────┘
┌─────────────────────┐                    ▼
│ 进行STEM教学设计        │─────▶  ┌──────────────────┐
└─────────────────────┘         │   制订研究方案      │
                                └──────────────────┘
                                          ▼
                                ┌──────────────────┐
                                │   测量、统计和比较    │
                                └──────────────────┘
                                          ▼
                                ┌──────────────────┐
                                │   得出研究结论      │
                                └──────────────────┘
                                          ▼
                                ┌──────────────────────┐
                                │ 应用研究结论进行设计制作  │
                                └──────────────────────┘
```

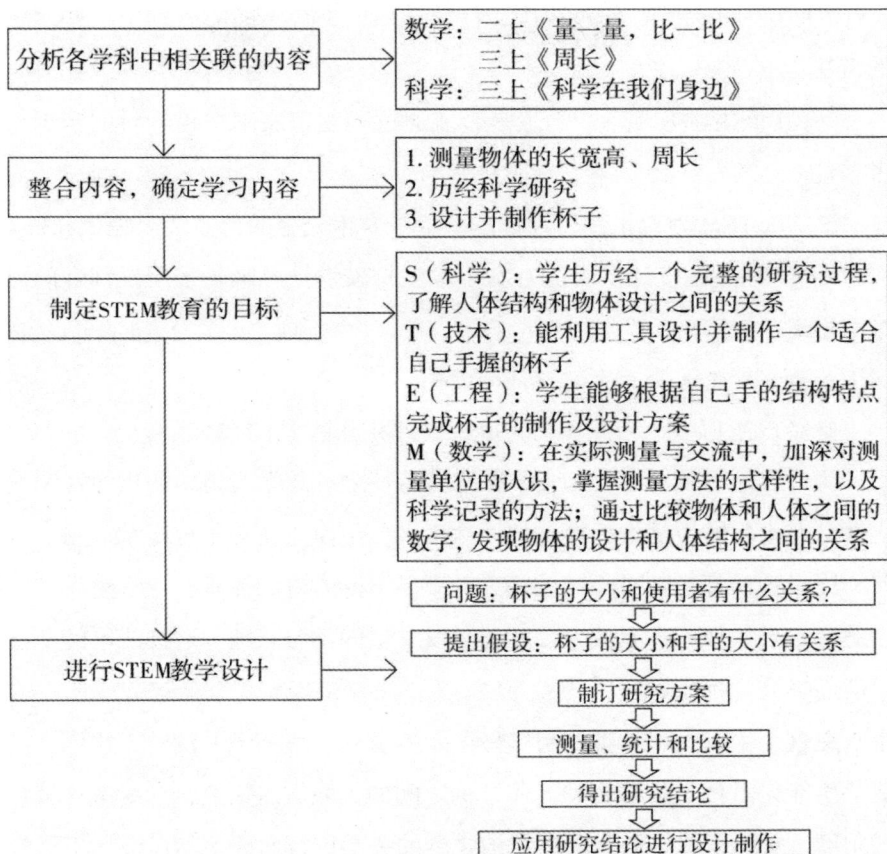

STEM 教育主题设计的模式图

（五）STEM 教育主题设计的评价

课程评价是促使课程改革良性发展、提升课程整体品质的重要保证，STEM 教育主题的设计是否真的符合小学阶段的学生，是否真的能达到学生发展的目标，我们需要有相关的评价。按照其他课程的评价标准，我认为 STEM 教育主题设计的评价可以从以下几个方面来进行。

（1）STEM 教育主题设计是否能将不同学科的知识联合起来，支持学生解决问题，简单来看就是，STEM 教育主题制订的学习目标是否涉及不同学科。

（2）在解决问题的过程中，各学科知识是否真的能有助于这些问题的解决。

（3）该主题实施后，学生是否能通过问题解决掌握跨学科的知识或者技能。

（4）STEM 教育主题的设计是否给予学生充分的自主性来完成任务。

（5）该主题设计是否能有利于学生打破惯性思维，采用批判性的思维来思考。

（六）STEM 教育主题设计的案例

笔者以制作一个手握杯子为例，设计并开展了 STEM 教育。

为什么选择做杯子？STEM 课程的特征之一是学习情境的生活性和真实性。在人们的生活中，杯子的用途很多，市面上的杯子也琳琅满目。这些不同设计的杯子具有不同的用途，满足不同人群的需求。让学生设计一个适合自己的杯子，能最大限度地激发学生的学习兴趣，这种浓厚的学习兴趣能提高学生在课堂中的参与度。

在这个主题中，学生要制作杯子就需要先了解杯子的设计，这样就需要学生能先对杯子的结构和人体结构之间的关系进行研究。从 STEM 教育的角度，对杯子的结构和人体结构之间的关系进行研究，不仅包括了科学研究过程，还涉及测量和数据统计、比较分析等数学方法。在设计并完成杯子的制作过程中涉及了工程技术，也就是人体工学。人体工学是一门根据人体自然形态的特点来研究物体造型设计的学科。因此，这是一节整合了四大领域的 STEM 教学。

怎么做杯子？确定做杯子的主题后，为了提供具有挑战性且与学习者相关的 STEM 学习内容，教师设计了多元化的学习情境和交互式的活动流程。课堂中，教师要求学生以小组为单位，完成人体结构和杯子结构关系的研究，以及杯子的设计；再以个人的形式完成杯子的制作。

STEM 课程的培养目标中包含了科学素养、技术素养、工程素养和数学素养等方面。制订教学目标时，为了体现 STEM 课程涉及的四个维度，分别制订了各个领域具体且有针对性的教学目标。

S（科学）：学生历经一个完整的研究过程，了解人体结构和物体设计之间的关系。

T（技术）：能利用工具设计并制作一个适合自己手握的杯子。

E（工程）：学生能够根据自己手的结构特点完成杯子的制作及设计方案。

M（数学）：在实际测量与交流中，加深对测量单位的认识，掌握测量方法的多样性，以及科学记录的方法；通过比较物体和人体之间的数字，发现物体的设计和人体结构之间的关系。

STEM 领域建立在与其他学科融合的基础上。本次 STEM 教育主题的设计是以科学为主，整合数学内容的一次尝试。所跨学科为数学、科学（具体整合内容见下表），所跨学段为低学段和中学段。

表2 整合内容的前后比较

科目	数学		科学
课题	量一量，比一比	周长	科学在我们身边
内容	本课属于人教版二年级上册实践活动课,本课教学内容主要是量一量和估计物体的长度	本课属于人教版三年级上册第七单元第三课的内容,本课教学内容是结合实例认识周长,并能测量简单图形的周长	本课属于首师版三年级上册第一单元的内容,本课教学内容主要是通过测量手、脚的长宽,以及拳一周,探究三者关系、初步体验科学研究
整合后的教学内容	1. 测量物体的长宽高、周长 2. 历经科学研究 3. 设计并制作杯子		
开展学段	中学段		
建议课时	2 课时		

1. 案例描述

（1）情境导入：展示三个大小不同的手握杯子，提出问题：这些大小不同的手握杯子都是小明一家用来喝水的杯子，你们能猜一猜这三个杯子分别是谁的吗？

学生通过观察，会提出：最大的杯子可能是爸爸使用的，因为爸爸的手最大；中间大小的杯子可能是妈妈使用的，因为妈妈的手比爸爸小，比小明的大；最小的杯子可能是小明使用过的，因为小明的手最小。

（2）活动探究：

①猜想。

教师提出问题：你们认为杯子的大小和手的大小有什么关系？人们手的大小是由什么决定的？杯子的大小又是由什么决定的？

学生会根据生活经验指出：手小的人使用小的杯子，手大的人使用大的杯子。

同时引导学生根据二年级和三年级学习过的数学知识，明确：手的大小是由手指的长、手掌的长和宽决定的。杯子的大小是由杯子的高和周长决定的。

教师出示示意图讲解：手的长和宽，杯子的高和周长。

教师提出问题：杯子的高和周长，与手的长、宽是什么关系？引导学生进行讨论。

②设计研究方案。

教师提出问题：你们打算怎么研究这个问题？学生会提出用尺子测量。

教师出示直尺，追问：手的长宽怎么测量？杯子的高和周长怎么测量？学生回答并使用直尺演示。

教师通过问题，用什么样的尺子来测量杯子的周长，引导学生想到用卷尺来测量周长。

教师出示卷尺，一边演示一边讲解测量方法。

教师请学生拿出自己平时用的杯子，以小组为单位，测量手的长度、宽度，杯子的高和周长，并介绍记录单填写要求。

表3　测量活动记录单

测量内容 组员	手的长度	手的宽度	杯子的高	杯子的周长

通过比较，我们发现：_____

_____

③开展研究。

四个人为一个小组，小组内完成测量和记录的活动，教师进行分组指导。

④比较、分析，得出结论。

小组进行记录单的汇报，教师引导小组分析手大小和杯子高、杯子周长的关系，其他小组倾听，巩固学生对科学记录的认识。

通过比较数据，引导学生发现：杯子的高大于手的宽，杯子的周长大于手的长。

教师为每个小组出示一个杯子周长大于手长两倍的杯子，让学生感受手握杯子的周长不适宜太大。

⑤解决问题。

⑥总结问题。

教师引导学生回顾课前问题，验证学生的猜想是否正确，从而巩固研究结论。

（3）设计和制作：教师提出杯子设计和制作要求，请四个同学为一组，完成每个同学的设计方案。然后学生根据设计方案使用硬纸板、剪刀、胶条等来设计并完成一个大小适合自己使用的手握杯子。

（4）拓展：出示不同的椅子、各种工具的图片，请学生解释为什么这些物品要这样设计。

2. 教学反思

（1）本次教育体现了 STEM 教育理念。STEM 教育理念中，数学素养指学生在发现、表达、解释和解决多种情境下的数学问题时进行分析、推断和有效交流思想的能力。在本次教育中，数学作为一种辅助工具，体现在学生记录测试数据、分析数据、设计方案等过程中。不仅培养了学生的数学素养，还加深了学生对科学概念和科学探究的理解，促进了工程问题的解决。在教育的最后环节中，学生尝试对身边工具的设计和人体结构进行解释，对人体工学有了初步的认识。

（2）本次教育遵循了 STEM 教育的基本原则——解决真实的、有意义的问题。学习任务是整个 STEM 教育的核心和立足点。STEM 教育是基于现实情境的，需要学习者置身于真实的学习任务中。学生学习的过程就是解决实际问题和完成实际项目的过程，问题构成了驱动学习的核心。学习任务一定要放在特定情境中呈现，需要将设计的问题在特定情境中具体化。在教育中，以常见的杯子为切入点，开展了如何设计出适合自己手握的杯子的研究，进行了多学科、跨学段的整合，并实现了多学科的整合。同时，在 STEM 教育中，科学、技术、工程和数学的整合不是知识的堆积，而是互相交叉和促进。在本次教育中，并非将每一个学科独立出来进行知识点的教育，而是每一个学科都为其他学科服务，如为了研究技术的问题："如何设计并制作出适合自己手握的杯子？"需要以科学、数学为基础，辅之以工程，最终完成问题的解决。

（3）本次教育反映了 STEM 教育的操作性。STEM 教育不仅主张通过自学或教师讲授习得抽象知识，更强调学生动手、动脑，参与学习过程。STEM 教育提供了学生动手做的学习体验，学生应用所学的数学和科学知

识应对现实世界问题，创造、设计、建构、发现、合作并解决问题。因此，STEM 教育具有体验性特征，学生在参与、体验与获得知识的过程中，不仅获得结果性知识，还习得蕴含在项目问题解决过程中的过程性知识。这种在参与、体验中习得知识的方式对学生今后的工作和生活的长远发展会产生深刻影响。

在本次教育中，学生通过设计制作适合自己手握的杯子，不仅可以了解到科学研究的过程，认识了人体工学的简单知识，同时还在工程设计体验中感受到这些知识的重要作用，将所学的知识与实际生活连接起来。

（4）不足之处。本次教育设计作为 STEM 教育的一次尝试，也存在着不足，如教育设计还可以更加开放和整合。一方面，在本次教育中，只要求学生设计出直径相同的杯子即可。但是在实际教育中，学生提出了多种设计杯子的方式，如杯子上部分设计为手握大小的，下部分设计则较小或较大的情况。另外一方面，在教育设计中，学生只需要制作完成手握的杯子模型即可，但是在教育实际中，学生积极地对杯子的外观进行设计。可见，按照原有的教育设计来说稍有局限，没有为学生提供一个更加开放的空间，让学生尽情地去发挥他们的想象力和创造性，因此后续还可以对教育设计进一步修改和完善。

五、效果与反思

STEM 教育主题设计的研究，取得了较好的影响和效果，具体如下。

（一）研究成果取得的效益

1. 学生实践创新素养得到提升

STEM 教育课程的实施，学生非常喜欢，借助学习内容，我校学生进行了小课题研究，参加了市区级比赛。在 2017 年之前，我校独立开展课题研究的学生只有 9 名；在 2018 年，独立开展课题研究的学生达到了 62 名。其中有 8 名学生的研究在市级创新大赛中喜获佳绩。值得一提的是，在尝试开展 STEM 教育的班级中，六年级（6）班共有 32 名学生，其中独立完成课题研究的有 26 名，获奖学生达到 20 名。

2. 参与课题研究的教师专业显著

自开展 STEM 教育主题设计的研究以来，笔者借助本研究，带领青年教师参加朝阳区"十三五"第二批课题规划的研究工作，顺利通过开题答辩，进行区管课题研究范畴，使得本项目研究的范围不再局限于本校学生，还上升到区级层面。同时参与本课题研究的青年教师，借助本项课题的研究，提升了教师对教育教学的研究能力。

3. 效益突出，成果有一定影响

一方面，借助报纸杂志，发表论文，和学者分享研究成果。另一方面，借助学校搭建的平台，将本研究成果进行分享。

（二）思考与展望

对 STEM 教育主题设计的探索与实践成果显著，但也存在问题，引发了笔者对课程建设进一步完善的思考。

1. 完善 STEM 教育课程

本次研究因为时间周期不长，加上 STEM 教育本身的研究在不断深化，所以本次研究的 STEM 教育设计的案例不多，后续研究可以在此研究的基础上设计出更多 STEM 教育主题，把研究结果运用到实践中，进行进一步的反思和修正。

2. 在实践中验证该研究成果的有效性

本研究对 STEM 教育主题的设计的关键要素进行了研究，形成了 STEM 教育设计的模式，在实践中也设计了多个 STEM 教育主题，这些主题虽然在学校内进行了实施，取得的效果也良好，但是本次研究的成果只是在小范围内检验了其合理性和科学性，究竟在大范围内它是否还能保持有效性，还有待检验。

小学家校合作有效途径研究

长沙麓山国际实验小学

沈　毅

家校合作的真谛在于更好地提高广大家长教育子女水平，构建学校、家庭、社会教育一体化体系。实施家校合作教育互动策略旨在利用现有学校资源，开发家庭教育资源，形成家庭、学校、社会真正意义上的教育合力，实现学校、家庭在教育观念、教育思想、教育内容、教育途径和教育方法等方面的一致性与和谐性。

长沙麓山国际实验小学在 2016 年向湖南省教科研工作者协会申报并立项了省级课题"小学家校合作有效途径研究"，一年来，我们从互联网环境下的家校合作、家校面对面的合作途径，以及其他有效途径三个维度，进行了现有经验的总结，为接下来的课题开展提供了丰富的一线实践素材，奠定了一定的研究基础。

一、互联网平台：拓展家校合作有效途径的全域视域

学校适应信息化社会新形势的变化，调整家校沟通的方法、方式和途径，利用学校良好的网络基础，运用现代化信息手段，打造互联网背景下的家校合作有效途径。

家校通信平台能及时将学校的一些重要通知和每次学习检测成绩迅速发送到家长手机中。特别是检测成绩的发布，既做到了信息发布的及时性，又保护了学生的隐私。家长 QQ 群的建立，既架起了家校沟通的桥梁，使学校、老师与家长互动，解答家长的教育疑问和引导家长正确地开展家

庭教育，提高家庭教育水平，还大大提高了交互多向度，让家长们在家长群里互相探讨家庭教育的经验和方法，同时便于学校了解家长的意见和建议，有利于学校工作的进一步改进与提高。小学部的亲子运动会，教学开放日，让家长走进学校、课堂，参与亲子活动，极大地提高了家长对学校工作的了解和认可。

1. 家校互联

学校前身是一所窗口式的寄宿制学校，家校互联是我们的品牌德育项目。学校家校互联呈现以下几个特色：

第一，约定时间。每周五下午以班为单位在校园网发布家校互联。

第二，情况小结。每周各班将一周孩子本人、团队、班级的学习和生活情况，比较详细地反馈给家长，让家长对孩子在校情况有比较详细的了解。

第三，教育引领。家校互联成为学校家校沟通的一个重要窗口。班主任寄语成为引领家长、提高家庭教育水平的重要手段，有针对性地给家长的教育进行指导。

第四，评价规范。为了加强对家校互联的指导和规范，每周五下班之前，学生处会从以下几个方面对家校互联进行检查和评比：按时上传、价值引领、团队评价、个人评价、图文呈现、班级特色，详见下表。

麓山国际实验小学家校互联评价表（第 10 周）

评价指标　　　　　　　班级	一年级 X0901	一年级 X0902	一年级 X0903
年级统一周报表名称			
班主任对学生或家长有指导和引领			
组建合作小组，全体学生获得评价，小组获得评价			
版面美观，呈现清晰			

评价指标＼班级	一年级 X0901	一年级 X0902	一年级 X0903
年级共性与班级个性相结合，具有班级特色			
信息条数			
评价结果			

在即时通信软件盛行的当下，校园网上的家校互联有利于保存、查询，便于系统性地对一周工作进行总结等优势，我们将继续坚持并不断探索改进我校的特色——家校互联。

2. QQ 群

主要是用于作业的布置和反馈、班级信息通知、学习资料的上传、活动照片的展示（家长把孩子在家完成作业的照片传到群里，如拼音）、各种小视频的发布（家务）、各科难题讲解等。

3. 微信群

我们分别建立了年级组微信群和班级微信群。我们将微信作为家长与家长之间的沟通平台，也是为家委会开展工作搭建一个桥梁。而学校和老师就是这个桥梁的搭建人。

4. 公众号

随着生活节奏的加快，人们开始在互联网上寻求新型的家校合作模式，学校也积极推广学校公众号与班级公众号。

其中，班级微信公众号针对性地设置板块和内容，让家长及时了解班级的相关活动，更好地配合学校的教育教学工作。班级公众号的板块做到"少而精"，主要是为班级服务，不注重宣传和推广，一般设置以下五个主要板块：

板块一：树洞。树洞用于家长之间的悄悄话——把自己孩子比较隐私的问题或者自己在教育过程当中存在的疑难杂症，用匿名的方式提出来。其他有经验或有专业知识的家长可以提供自己的建议和分享自己的经验。答疑和分享的，不一定是老师，而作为老师更多的是充当桥梁，让家长之间交流传经送宝。

板块二：美在身边。一本工整的作业、一个端正的坐姿、一个标准的队礼、干净整洁的着装等。具体操作：老师和家长在日常收集孩子们"美"的照片，分类后一周更新一次。

板块三：好书荐读。阅读，阅读，再阅读！读书板块必不可少。具体操作：家长或老师每周推荐一本好书，孩子们阅读后，在下一周的阅读课中进行交流。这其中还可以将读书和各学科整合起来，如语文的故事改编和续写故事、美术的插画和书签设计以及高年级的形体操和音乐课本剧。

板块四：班级秀场。班级秀场的形式多样，内容丰富，用来进行班级活动、各学科亲子互动的展示及班级新闻的发布。

板块五：晒课。晒课不仅仅属于教师，我们要让它也走进家庭，走近孩子，走近家长。晒什么？可以根据学生年龄特点和家长资源，罗列一些可以晒的内容。比如，低年级学生可以教同学做家务，还可以教同学做手工。到了高年级知识量大大提高，根据自己的兴趣爱好和学校知识相整合，可以晒一晒奥数题讲解、历史知识、文学常识等一些知识。还可以充分使用家长资源，进行安全知识、卫生保健、美食制作等方面的晒课。

如何晒课？学生或家长录制 5 分钟以内的小视频，上传到班级 QQ 群，再由班主任发布群公告帮助推广。孩子之间晒课，家长之间晒课，是给孩子一个展示的平台，学生教学生效果更显著，同时家长资源得到充分利用，让孩子学到课本以外的知识，使学生核心素养得到发展，让学生具备能够适应终生发展和社会发展需要的必备品格和关键能力。

5. 微博、直播、聊天室

我们充分运用微博深度教育的力量，还有紧跟潮流的直播、聊天室，特别是直播网络教学，对家长和学生的影响较大，反响很好。这些互联网视域下的家校合作有效途径，能有效地拉近家庭和学校距离，极大地方便家长、教师之间的交流，使家校协同发展形成教育合力。

6. 智慧校园系统

目前，我校正在进行智慧校园系统建设，通过这套系统，在加强家校合作方面有了以下突破：

（1）视频、直播、录播、点播系统更便捷：有电子公告及查询，学生、家长可以直接通过 App 查询实时信息，促进学生主动了解校园动态。目前，我校的各项大型活动，如升旗仪式、专家讲座、各种演出、大课间等都已实现在线直播，家长只需登录 App，就可以全方位地了解学校的动态，从根本上解决了以前只有每学期一次的家长会或开放日才能走进校园、实地了解的问题。

（2）校园数据中心建设更完善：建立公共云服务及数据备份、私有云系统，通过公共云服务，学校建立自己的数据中心，作为校园管理的数字依据。

（3）平安校园更放心：安全防范系统、摄像头、电子围栏都与学校大数据进行连通，一旦发现特殊情况，App 就会及时发出响应，节省人力资源，建立平安校园。

（4）数字教学更贴心：建立校园作业题库，学生只需通过手机下载老师布置的作业，完成后提交，作业通过大数据直接发送到老师的作业后台，供老师批阅和反馈，节省了学校的纸资源。充分利用大数据的优势，打造数字校园。

二、面对面交流：拓展家校合作有效途径的高度与深度

基于网络环境的改善，我们对一些传统家校合作的途径方式不断创新改进。

1. 家长会形式创新

家长会是家校面对面沟通中常见的途径，家长会的形式和内涵也可以多样。

第一，班级座谈会的优化创新。每个学期中，各个年级都会以班级为单位召开不同主题的家长会。会上学校领导、班主任、任课老师、优秀家长代表、优秀学生代表、亲子教育专家以及学习规划专家和心理辅导员等多元主体积极参与，指导家长们如何帮助孩子求学。由于前期基于网络的家校交流活动已经深入，在学校的家长会就不再把时间花在细枝末节的通报上，而是更多地让家长进行角色体验和角色互换活动，如开展家长小组合作，让家长深刻理解孩子学习的过程、意义和方式。这种家校面对面沟通方式，使得家长与老师之间可以根据本班级的实际情况，有针对性地进行沟通。

第二，家长委员会的优化创新。家长委员会是班级建设和发展的坚强后盾，是班级各项工作的有力保障，是孩子们健康快乐成长的重要机构。创新完善后的家委会分为班级家委会、年级家委会、校级家委会三个层级，营造了一个良好的由学校、家庭、社会三位一体的学生整体教育网络，组成了一个交流共享、增进了解、凝聚力量、挖掘资源的教育联盟。

当然，我们也在思考，比如说以家长为主的经验交流会、教育主题研讨会，再比如说让老师、家长、学生三者共同参与的家长会，更多的家长会内涵和外延等待我们以后工作中的不断探索。

2. 亲子活动创新

开展多种家校合作的双向互动活动也成为教师教育计划中的一个重要部分，而亲子活动是做好家校面对面沟通交流共建工作的一种有效途径。我们以家委会为桥梁，不断创新完善亲子主题系列教育活动，建立家校之间的联系。

下面列举几项我校亲子活动的特色项目内容：

（1）家庭才艺秀。2016年国庆期间，我校2016级600多名大小朋友

开始了第一次"约会"：在户外，孩子和家长一同制作贴画，你剪我贴；玩游戏，两人三足，齐心协力；秀厨艺，你翻炒，我调料，美味食物齐分享，其乐融融！

（2）班级阅读角。书柜的款式选择、购买、安装以及放置都由家长和孩子共同讨论合作完成，家长们为孩子着想，在书柜的最后一层放置了一个小小医药箱。而孩子们希望书柜更漂亮，教室更温馨，提议在书柜上摆放一盆美丽的鲜花。整个过程下来，孩子们的责任心更强了，开始有了自己的思考，同时家长们也更好地融入这个集体当中，全心全意地为孩子服务，为集体服务。

（3）教室绿化展。教室是孩子们学习的乐园，也是孩子们遮风挡雨的温暖港湾。为了让教室更加美丽，让孩子能够缓解视觉疲劳，一年级各班家长学生一起构思，一起行动，八仙过海，各显神通，用各种绿色植物装扮教室。亲子合作采购盆栽绿色植物摆放在窗台、讲台上，达到了营造温馨、和谐氛围的效果。

（4）亲子运动会。每年 9—10 月是我校的体育文化节，学校邀请家长朋友们来校和孩子一起参加运动项目的比拼，种类繁多的运动项目能够让大家充分享受运动的乐趣。运动会前为开幕式所做的准备，如购买服装、鸡蛋花，亲子合作制作小帽，思考口号、标语，制作班级横幅……这些都极大地促进了学校与家庭的沟通，为形成家校教育合力做出了推进。

（5）户外研学周。结合教育部门研学旅行的新政策和学校寒暑假的"五彩麓山枫"社会实践品牌活动，我们创设了"户外研学周"活动。每年寒暑假，少先队员们在中队辅导员、家委会的共同组织下，在湖南全省甚至全国各地开展形式多样、丰富多彩的社会实践和户外研学活动。他们走进福利院、敬老院、贫困村，包饺子、送爱心物资、帮助脑瘫儿童；走进山区、薄弱学校，开展大手拉小手活动；走上街头，清扫道路、文明劝导、发放安全宣传单、当起小交警，等等。"五彩麓山枫"社会实践和户外研学活动先后获得省市级领导的肯定，并获长沙青基会希望工程表彰。仅 2017 年暑假，我校分班组织的暑假社会实践户外研学互动就有 70 余次。以上形式多样的主题活动，教师、家长、学生共同参与，使班级的凝聚力得以增强，增进了亲子之间的亲密关系，也促进了家校共育。

3. 家访工作创新

对于家访这种家校面对面的沟通方式，我们完善了操作流程。

首先，家访老师必须先确定家访内容，制订好计划。要提前了解家长基本情况，如家长的学历情况、职业情况；学生家庭的基本情况，包括居住条件、家庭成员构成、学生父母感情情况、家长对学生的要求等；学生在家的情况，诸如学习环境、学习时间、看电视时间、交往情况、家务劳动情况等。

其次，要确定家访的名单或顺序。一般可以按学号进行排序。班主任、副班主任、任课老师分组进行。这样做的好处是可以同时进行，走入学生家庭，了解他们的生活，帮助他们更好地学习。家访后老师们再互相交流，这样一来，家访的范围广、时间短、效率高。还可以按学情排序。根据学生在学校的情况，和家长进行联系，走入家庭，分析学生学习情况的原因。这种方式可以及时有效地帮助孩子解决问题，帮助家长了解更适合自己孩子的教育方式。

三、协作共同体：拓展家校合作有效途径的资源优势

教育的根本任务是立德树人，学校努力打造社会协作的立体育人机制。

1. 学校社区协作共同体

我们积极打造立足家校合作资源整合的学校社区协作机制。由于牵扯到三方力量，也就是社区、家庭与学校之间的合作，因此，采用网络合作，将更加方便和富有效率。

措施一：网络连接，资源共享。学校借助社区网站进行自我宣传，使

学校教育能够在一定程度上走进社区，并通过社区这个中介延伸到更多的家庭；社区也可以通过多种网络方式向学校、家庭和学生提供社区有关健康、文化、学习、娱乐以及社会实践活动等方面的服务和信息，并鼓励学校、家庭以及学生能够积极参与各种社区活动。

措施二：深度合作，强化服务。在彼此了解的基础上，学校、社区和家庭进一步开展网络合作。比如，共同拟定合作项目，组织学生深入社区参加各种社区服务，以丰富学生的社会实践活动和促进学生的社会化发展，等等。又如，我校双休日和寒暑假都会免费向学生和学区居民开放体育场馆，学生凭学生证进出，而对于学区的家长，就必须先到社区登记，再到学校办理专门的出入证。通过这种方式，使学校、家庭、社区的联系更紧密，沟通更顺畅。

2. 家长协作共同体

学校加强家长学校的建设。开办家长学校的目的是希望帮助家长获得一定的养育技能，提高交流技巧，增强孩子的认知技能，促进家长的自我发展。每年我们都会邀请本校老师以及校外专家为我校老师、家长、学生进行心理健康和德育方面的讲座，家长对这项活动反映良好。我们还会组织麓山共同体学校及其他兄弟学校的家长联谊会和座谈会，开展更广泛的亲子教育论坛。

以上就是我校"小学家校合作有效途径研究"课题组一年来的实践、思考、总结成果。我们将继续深入实践、探索，促进小学家校沟通交流，让家庭、学校达成教育共识，从而对家校教育合作的有效途径进行积极探索，并在实践中不断发展创新，逐步形成独具特色的小学家校合作的有效途径模式，整理出相关经验。

希望广大教育工作者能通过本课题研究，把研究成果运用在教育教学实践中，从而提升小学家校教育合力，提高教育教学效率。

小学生应对方式与学校适应性的关系及其干预研究

唐县第三小学

汪建新　赵克红

一、问题提出

近年来，农村家长刮起了"择"校风。家长为了不让孩子输在起跑线上，住在农村的家长到县城租房甚至买房，为的是让孩子享有更优质的教育资源。这样一批批学生进城上学，使得很多县市为满足人们对教育的迫切需要，也为了促进教育均衡和城镇化进程而兴办学校。多种因素的合力下，很多地方新建了不同阶段的学校：幼儿园、小学、初中、高中。

唐县第三小学应运而生。我校成为生源复杂、高标准、高要求、高压力、高关注度的一所学校。这对于学校是一种探索，对于学生更是一种挑战。学生处在新学校、新班级、新同学、新教师的教育方式和管理下，能否很好地适应，关系到接下来的学习生活之路，也关系到学校的未来发展，因此学校非常重视学生的适应性问题，并对此进行了深入的思考与分析。

其实问题本身不是问题，如何应对才是问题。在对前人的研究进行分析时，发现有大量篇目研究学生的学习适应性，如一年级新生入学适应、寄宿生适应等方面的研究，而对于新建学校所有这些"新生"的研究较少。但一些适应性的提高方法可以借鉴，从而探索出适合本校的方法。而我们在对学生的观察中发现，同样的环境，不同的孩子适应能力不同。

二、归因分析

（一）师生关系与学校适应性

师生关系是在学校环境中学生与老师之间所建立的认知、情感、行为等方面的联系。师生关系也会直接影响儿童的学校适应性。良好的师生关系有利于小学生形成对学校的积极态度，积极参与班级、学校活动，与同学形成积极的同伴关系，发展较高的社会适应能力；不良的师生关系可能使学生在学校环境中表现退缩、疏远老师和同学甚至出现攻击性行为等，从而影响其学业，进而造成辍学、心理障碍等现象。老师和学生之间互相尊重、互相信任、互相理解和认同会提高学生学校适应性，从而促进学生的心理健康发展。

（二）同伴关系与学校适应性

同伴对儿童成长有很大影响，学生在与同伴交往中，互相模仿、认同和内化，影响他们的学校适应性，促使心理健康发展。已有研究表明，同伴关系对儿童的社会能力、认知、情感、自我概念和人格的健康发展与社会适应有重要影响。良好的同伴关系有利于小学生对学习生活产生积极态度，如积极参与班级、学校活动，同时反映出良好的学业表现和更高的学校适应能力。

（三）自我关系与学校适应性

相关研究表明，学生的成就动机与学校适应性存在着显著的相关；学生的自尊对学校适应性起着预测作用，对学校适应性的贡献显著；学生的自律对学校适应性和早期良好习惯的培养具有重要的意义。这说明学生的自我管理、自我评价也影响学生的学校适应性。

（四）环境关系与学校适应性

研究发现，小学生的生活适应性水平存在生活环境间的差异，而环境产生的差异体现在父母教养方式上，似乎与生活水平、学校间的差异关系不是很大。因此，是否需要不惜人力财力进行"择校""择班"，值得家长思考。从家长的角度提高学生适应性，对其学校适应性有很重要的影响。有研究还显示，文化环境对学生的生活适应性有重要影响。

三、解决问题的过程与方法

（一）研究问题之前的思考

通过对前人成果的研究和教学实践的观察整理，提出以下两个假设：假设一，应对方式与小学四、五年级学生学校适应性存在相关关系；假设二，团体辅导可以提高学生的适应性。

1. 研究对象选择原因

在日常的生活和学习中，小学生也和成人一样面临着各种问题和挑战。比如，学业中的困难、同伴之间的矛盾、师生之间的关系等。那么，小学生采取哪种应对方式？我们通过观察发现，大多数四、五年级学生更多地使用有利于问题解决的积极应对方式，他们会想办法，然后去行动，向老师、同伴寻求帮助。同时也能看到有一些学生选择逃避的方式来面对压力和挑战，还有的学生转移注意力，不接受现实，沉浸在幻想中。这些消极的应对方式，老师和家长应该给予注意。应对方式的成熟度不仅影响学生的心理与生理健康的发展，而且还决定着他们对未来的生存能力和社会适应性。而小学四、五年级处于过渡期，他们在对自我的评价上，开始不再完全依赖他人的评价，开始独立地对自己评价，且开始对内心品质的评价。独立性增强，但意志力有下降趋势。由于其生活经验不足，自我调控能力差，难以释放压力，情绪不稳定，易冲动，但他们具有主观的判断，可以进行逻辑推理，能够更好地从认知角度调整自己的想法与行为，是进行积极应对方式和积极适应干预的关键时期。

2. 研究方法选择原因

有研究已经将团体干预的方式运用到小学生的心理问题研究中，并取得一定效果。目前，需要心理帮助的小学生数量较多，师资队伍薄弱，所以只选取四年级一部分学生为干预对象。团体活动这种形式能为更多有心理辅导需求的学生服务，很多学生意识不到要做心理辅导，采取这种团体干预的方式，使他们在活动中解决问题，有助于小学生更好地学习和生活。

（二）解决问题的过程与方法

1. 第一阶段：对四、五年级学生进行问卷调查并做数据统计

（1）研究工具。主要有以下三个工具：

①一般情况调查表。老师整理出一般情况调查表，调查内容包括：被试的性别、年级、是否独生子女、是否单亲家庭、是否留守儿童、父母是否离异。

②应对方式问卷。老师编制的应对方式量表中，包括：儿童自陈式问卷，主要包含逃避攻击、问题解决、忍耐自责、幻想分心和寻求帮助 5 个维度。问卷为 5 点量表，从"从不"到"总是"（内部一致性信度为 0.849，再测效度为 0.756，分半信度为 0.775）。

③小学生学校适应性量表。由 K. W. Merrell 编制的小学生学校适应性量表有 65 题、两大维度，即社会能力和行为问题。社会能力包含人际技能、自我管理技能、学业技能；行为问题包括敌意、攻击、破坏。评分标准分五级。量表的信度：各维度的系数为人际技能 0.96、自我管理 0.94、学业技能 0.95、敌意 0.96、攻击 0.94、破坏 0.94。

（2）小学四、五年级应对方式和适应性的特征调查和分析。

本研究采取方便取样的方法，选取唐县第三小学四、五年级学生为研究对象，共发放问卷 382 份，回收 364 份，回收率为 95.3%；最终筛选无效问卷后得到有效问卷 336 份，有效率为 92.3%。用 SPSS 软件进行相关分析。

在应对方式与适应性进行相关研究时发现，社会能力总分及子维度与问题解决、寻求帮助呈显著正相关，问题解决和寻求帮助因子分越高，其适应性水平越强。具体如图 1、图 2、图 3、图 4、图 5 所示。

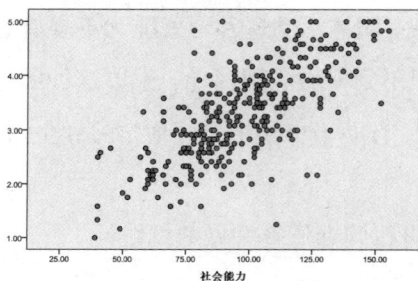

图 1　问题解决与社会能力的相关

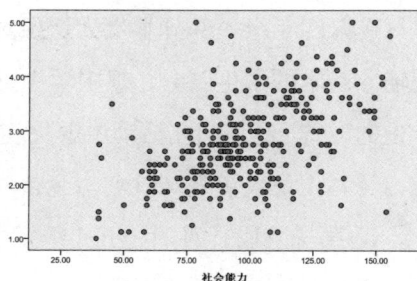

图 2　寻求帮助与社会能力的相关

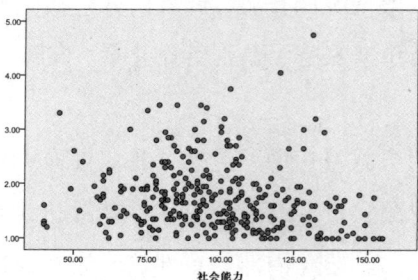

图 3　逃避攻击与社会能力的相关

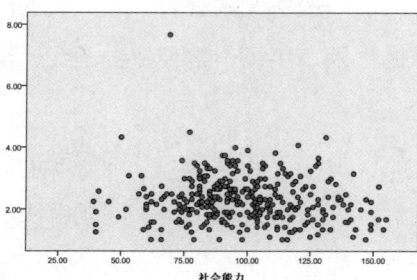

图 4　忍耐自责与社会能力的相关

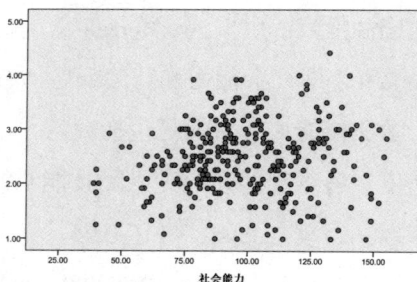

图 5　幻想分心与社会能力的相关

　　行为问题子维度与幻想分心、逃避攻击、忍耐自责呈显著正相关，与问题解决呈显著负相关，问题解决的应对方式会降低行为问题产生，而幻想分心、逃避攻击、忍耐自责应对方式会增加行为问题的产生。具体如图6、图7、图8、图9、图10所示。

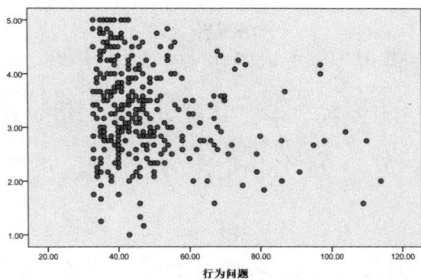

图 6　问题解决与行为问题的相关　图 7　寻求帮助与行为问题的相关

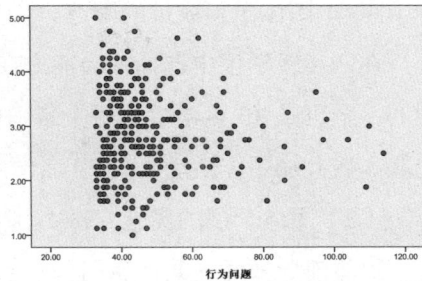

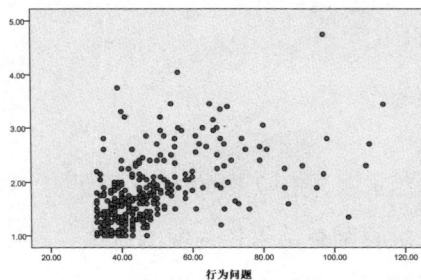

图 8　逃避攻击与行为问题的相关　图 9　忍耐自责与行为问题的相关

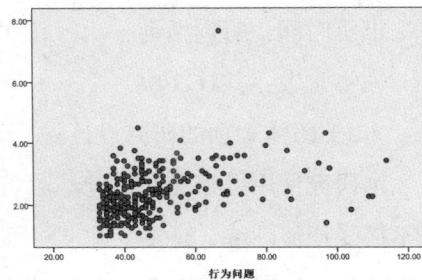

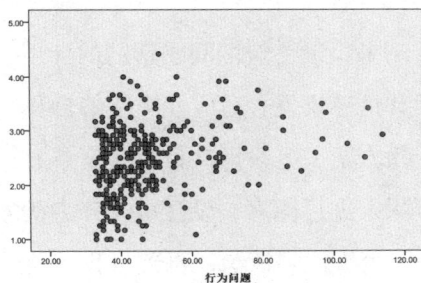

图 10　幻想分心与行为问题的相关

由此统计结果我们可以看出，学生更多地使用问题解决，而少用幻想分心、逃避攻击、忍耐自责这些方式处理问题时，学生的行为问题就会减少。

2. 第二阶段：对四年级 24 名学生进行团体干预并进行干预效果检验

针对以上的调查结果，本研究拟用团体干预的方式，对学生的积极应对方式进行训练与强化，并对干预效果作出分析。

163

（1）团体干预成员的筛选。

在四年级学生中选择社会能力在危险水平 65~86 的 70 名学生中，最少的一个班是 13 名学生，每个班筛选出 12 名学生，共计 48 名。每个班选取 6 名参加团体活动，共 24 名学生，其余 24 名学生作为对照组。

（2）团体干预的实施安排。

团体辅导教师：共计 3 名。1 名心理教师为带领者，另外 2 名教师需要有一定心理知识基础（对注意事项协助内容进行培训）。

训练时间：每周活动一次，每次 60 分钟。

训练次数：共计 7 次。

（3）团体干预的研究设计。

本研究使用等组实验设计。对实验组成员进行 7 次的团体干预，对照组不接受任何训练，正常上课。将第一次的调查结果作为前测数据，团体干预结束后，对实验组和对照组进行后测，然后进行统计分析。

（4）团体干预方案设计。

针对前期的调查结果，最终选取问题帮助的计划、思考、努力行动；寻求帮助中直接求助和情感支持；适应性中接纳自我、自我约束和人际交往几方面设计了本干预方案。本设计共设置 7 个单元，以游戏形式切入，从外在到自我，步步深入进行探索。设计单元分为我的困惑、我的情绪、我的特点、我的未来，由事件到情绪，再到自我，最后展望未来。从积极的角度出发，通过学习、练习、巩固积极模式，觉察固有模式，并进行作业布置，让学生将学到的技能运用到生活中。

（5）团体干预定量评估。

通过 T 检验，对实验组和对照组的应对方式和适应性各因子前测和后测进行组间比较，检验团体干预的效果。

四、研究成果

（一）形成应对方式和适应性的现状调查资源

通过"应对方式"和"小学生学校适应性"两个量表，分别测出学生的应对方式和适应性的现状。

1. 应对方式的现状调查启示

表1　小学四、五年级学生的应对方式现状的描述统计（N=336）

变量	学校困难	学习困难	同学矛盾	老师误解	题项数	题项平均数
问题解决	3.40	3.47	3.16	3.21	12	3.31
寻求帮助	2.97	3.01	2.46	2.84	8	2.82
幻想分心	2.62	2.43	2.66	2.14	12	2.47
逃避攻击	1.95	1.76	1.78	1.52	20	1.76
忍耐自责	2.19	2.07	2.59	2.49	12	2.34

由表1中的数据可知，其中问题解决这种应对方式使用最多，逃避攻击使用最少。由此可看出，小学四、五年级学生在学校中较多地使用问题解决、寻求帮助这些积极的应对方式，而使用幻想分心、忍耐自责、逃避攻击这些消极的应对方式相对较少，但也不容忽视。在现实生活中，有时几次的消极应对就会引起一些不良结果，有时甚至是一次就会给人留下不好的印象，在今后的生活和学习中的影响更是不可估量。

我们可以根据本量表测量本校的、本班或是某一名学生的应对方式，从而为积极引导学生提供有力的支撑。

2. 适应性的现状调查启示

由图11可以看出，小学四、五年级学生的社会能力子维度适应水平。

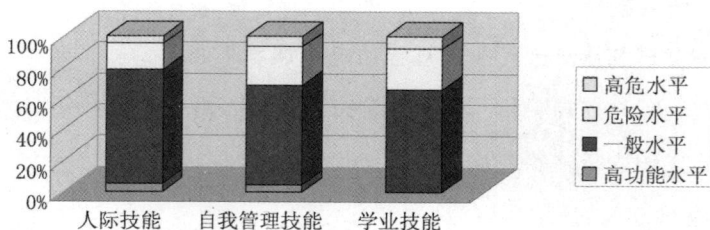

图 11　小学四、五年级学生的社会能力子维度适应水平（N=336）

由图 11 可知，人际技能有 16.7% 处于危险水平，5.4% 处于高危水平；自我管理技能有 24.6% 处于危险水平，6.9% 处于高危水平；学业技能有 25.8% 处于危险水平，8% 处于高危水平；50% 以上的学生处于一般水平，处于高功能水平的很少。

由图 12 可以看出，小学四、五年级学生的"行为问题"子维度适应水平。

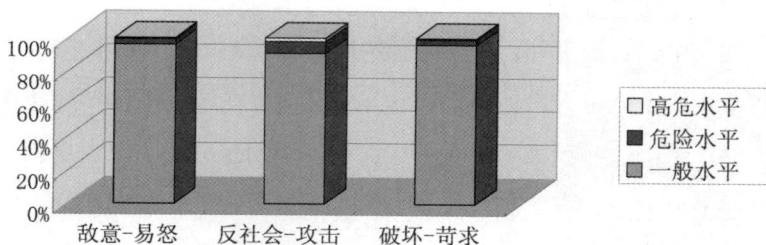

图 12　小学四、五年级学生的行为问题子维度适应水平（N=336）

由图 12 可知，敌意-易怒有 3.3% 处于危险水平，0.3% 处于高危水平；反社会-攻击有 7.4% 处于危险水平，1.8% 处于高危水平；破坏-苛求有 3.6% 处于危险水平，0.3% 处于高危水平；90% 以上的学生处于一般水平。

由图 13 可以看出，小学四、五年级学生的社会能力有 3.1% 达到高功能水平，65.1% 处于一般水平，有 24.1% 处于危险水平，有 7.7% 处于高危水平；小学四、五年级学生的行为问题有 95.2% 处于一般水平。

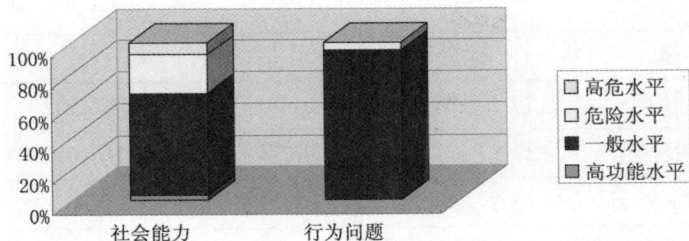

图 13　小学四、五年级学生社会能力和行为问题适应水平（N=336）

通过数据的展示，能够一目了然地看出学生的适应性现状。很多时候教师认为他们所观察到的学生不爱学习，是学生不够努力，其实不然。萨提亚理论有这样一个观点："每一个人，做每一件事都尽了全力。"学生也是一样。因为人的精力是有限的，比如，学生在人际关系方面花费了大量的精力，那就只有较少的精力留给学习，所以要想提高成绩，就要解决学生的"后顾之忧"——帮他提高人际技能，其他亦然。

（二）开发团体干预维度，增强团体干预的效果

通过表 2 可以看出：人际技能、学业技能和敌意-易怒在前后测上有显著差异。人际技能实验后得分高于实验前；学业技能后测高于前测；敌意-易怒因子后测低于前测。这说明团体干预对学生适应性是有作用的。

表 2　小学四年级学生实验组应对方式和适应性各因子前测

和后测比较（M±SD）

变量	前测	后测	T	P
问题解决	2.82 ± 0.80	2.81 ± 0.92	0.027	0.979
寻求帮助	2.26 ± 0.60	2.58 ± 0.64	−1.739	0.096
幻想分心	2.30 ± 0.58	2.50 ± 0.69	−1.034	0.312
逃避攻击	1.78 ± 0.47	2.04 ± 0.62	−1.666	0.110
忍耐自责	2.23 ± 0.75	2.46 ± 0.84	−1.005	0.326
人际技能	31.13 ± 5.55	37.95 ± 10.74	−2.573	0.017
自我管理技能	24.36 ± 4.66	27.64 ± 7.71	−1.614	0.122

续表

变量	前测	后测	T	P
学业技能	17.22 ± 4.78	20.96 ± 5.43	−2.502	0.020
敌意-易怒	21.83 ± 7.77	20.78 ± 5.76	0.478	0.027
反社会-攻击	14.57 ± 6.53	14.09 ± 6.37	0.261	0.796
破坏-苛求	13.56 ± 5.07	12.65 ± 4.16	0.625	0.538
社会能力	73.00 ± 11.55	86.91 ± 22.99	−2.384	0.637
行为问题	49.96 ± 18.00	47.52 ± 14.85	0.484	0.633

由表 3 得知，对照组应对方式各因子的前测和后测没有显著差异。适应性各因子的前测和后测也没有显著差异。

表 3　小学四年级学生对照组应对方式和适应性前测

和后测比较（M±SD）

变量	前测	后测	T	P
问题解决	2.50 ± 0.68	2.79 ± 0.97	−1.028	0.315
寻求帮助	2.38 ± 0.80	2.31 ± 0.78	0.337	0.739
幻想分心	2.38 ± 0.45	2.20 ± 0.53	1.014	0.321
逃避攻击	1.89 ± 0.68	1.65 ± 0.56	1.367	0.185
忍耐自责	2.62 ± 1.27	2.22 ± 0.58	1.285	0.212
人际技能	30.17 ± 5.43	31.52 ± 10.99	−0.523	0.606
自我管理技能	24.39 ± 5.24	26.52 ± 7.82	−0.896	0.380
学业技能	18.09 ± 3.62	19.43 ± 5.82	−0.822	0.420
敌意-易怒	21.26 ± 7.88	21.17 ± 6.59	0.043	0.966
反社会-攻击	15.73 ± 7.00	13.96 ± 5.59	1.090	0.228
破坏-苛求	13.39 ± 4.67	14.04 ± 4.77	−0.466	0.645
社会能力	72.65 ± 11.07	77.47 ± 23.20	−0.788	0.439
行为问题	50.39 ± 18.62	49.17 ± 16.06	−0.253	0.803

实验组成员在接受团体干预后，其适应性中人际技能、学业技能和敌意–易怒三个因子在前后测上有显著差异，而且参加团体干预的成员的积极应对方式各因子发生了变化，适应性中各因子的得分也发生了改变。对照组应对方式和适应性各因子的前测和后测没有显著差异。这说明团体干预对县市小学高年级学生的适应性是有作用的。

（三）提升中小学生应对方式及适应能力的思考及策略

（1）从本研究的结果可以看出，我校学生使用积极的应对方式与消极的应对方式相差不是很大。幻想、忍耐相对敌意攻击使用得更多，我们平时较关注敌意攻击这种方式，但对幻想、忍耐关注较少，所以需要引起注意。

（2）调查显示，我校四、五年级学生的社会能力子维度适应水平处于危险及高危险水平占近三分之一，行为问题子维度适应水平处于危险和高危险较少，学生的适应性问题不容忽视。我们平时观察到的很多有行为问题的学生并非是真的品质问题，而是他没有学会更好地运用问题解决，所以我们工作的重点是教给学生遇到事情该如何处理，而不只是批评或惩罚。其实批评和惩罚从心理学来讲，是负强化。

（3）本研究对应对方式与适应性进行相关分析。发现个体的应对方式越积极，社会能力越强，学校适应性水平越高。培养学生在遇到问题时多采用问题解决和寻求帮助的积极的应对方式。比如，解决问题方面，训练学生在面对压力时，努力行动，积极思考和计划，在日常学习和生活中采取实际行动，提高认知一个问题多种解决方法；寻求帮助方面，多主动寻求情感支持，来自家长、教师、同伴的鼓励和支持等，有助于提高学生适应性。

（4）团体干预效果检测表明，团体干预可以提高中高年级学生的适应性。研究中心通过对学生的自我独特性、重要性的认识，提高成员自我认识和觉察意识，更客观、积极地评价自己，认识自身的独特性，肯定自我，从而增强成员处理问题的自信心。通过成员间的交流，从其他成员的表达中，汲取更多正能量，更积极地看待自己，更客观地看待他人，从而更好地接纳自己与他人。通过情绪雕塑，认识到很多不良情绪是由于认知偏差导致的。通过情绪雕塑，让成员体会此情此景的内心感受，觉察自己日常生活中的情绪烦恼事件，引导成员有更一致性的表达；认识到很多事情也许是沟通不顺畅导致，应学会沟通，促进人际关系的和谐。通过对同伴这一支持系统的体验，了解困扰自己当前的一些问题，并尝试找出解决的办法，通过同伴互助，提供积极的应对方式，促使学生掌握一些处理问题的方法，即使方法无效，也能感受到来自他人的关怀、支持，更有信心继续努力。采用绘画的形式让学生对自己的未来进行畅想，让成员对过去的我、现在的我和未来的我，对自己有更清晰的认识，有更积极的评价，认识到自己是在不断变化和成长的。要用目标引领学生向上，增加生活的意义和信心。相关团体干预单元的具体设计如表4所示。

表4 团体干预单元的具体设计

阶段	训练单元	名称	活动内容	适应性目标	应对方式目标
初始阶段	一	你我相会	1. 有缘相识 2. 微笑握手 3. 制订团体规则 4. 成员分享感受及领导者总结	1. 人际技能——参与合作 2. 自我管理——共同定契约，自我约束力提高	1. 问题解决——面对压力，努力行动 2. 减少逃避——小组形式，多机会表达和被关注
过渡阶段	二	重要的我	1. 两小组并一大组 2. 千千结 3. 成员分享感受及领导者总结	1. 人际技能——群力群策、信任他人、交流互动、同伴接纳 2. 主动出谋划策，体会自我重要性	寻求帮助——情感支持，同伴间鼓励
工作阶段	三	后援团	1. 冥想困境 2. 绘画 3. 成员分享感受及领导者总结	行为问题——反思处理问题的行为方式，认识到暴力、发怒消极处理不能真正解决问题	1. 问题解决——一问题多方法 2. 寻求帮助——自己解决和他人帮助

阶段	训练单元	名称	活动内容	适应性目标	应对方式目标
工作阶段	四	我的情绪	1. 情绪雕塑 2. 成员分享感受及领导者总结	学会觉察、管理情绪,尽快走出情绪旋涡,约束自己,与他人建立良好关系	不良应对方式主要是认知导致,分析情绪,合理归因
	五	独特的我	1. 自画像 2. 成员分享感受及领导者总结	1. 学业技能 2. 自我管理技能 ——知己达己	去忍耐、幻想分心,了解自己,欣赏自己,减少自己否定
	六	生命树	1. 冥想 2. 绘制生命树 3. 成员分享感受及领导者总结	1. 自我管理——自我约束、组织 2. 学业技能——有计划更好地完成学业目标	解决问题——积极思考和计划,在日常学习和生活中,采取实际行动
结束阶段	七	我的祝福	送祝福	人际技能——学会表达感谢和感恩,增进感情流动	问题解决——离别情绪处理

（5）团体干预过程中，活动的设置、团体氛围和成员关系都会影响目标的达成。对氛围感到满意，使得成员能更好地开放自己，并积极参与，学习到积极地处理问题的方式。每位成员训练后，变化最明显的就是认知层面。他们认识到自己的有些解决问题的方式是无效的；在自己解决不了时，还有自己的支持系统，向他们求助，不是什么丢人的事；出现问题要多从自身找问题，不要一味埋怨，也无须自责。成员掌握了很多应对问题的技能：换位思考、绘画、冥想放松等，在今后的生活中可以直接运用。

五、效果与反思

本研究通过抽样调查问卷等形式，了解我校中高年级学生的应对方式及对学校适应性的现状，对进行有效干预提供了实践基础。

（一）学生方面

通过团体干预等方式进一步了解学生在适应性应对方式中的问题，寻求问题的症结所在，有效地提高学生的积极应对水平和适应能力。但学生固有的消极应对方式的松动、改变到自动化使用是一个过程。这一过程需要多长时间更有效、能内化并模式化地应用到生活中，短期的效果是有限的，长期干预效果是否更明显，有待进一步验证。

（二）教师方面

通过研究教师发现，个体的应对方式越积极，社会能力越强，学校适应性水平越高。在教学以及交流中，教师通过谈话、评价、激励等方式，努力营造积极的氛围，让学生敢于表达，积极交往。深挖学生消极应对的心理原因，不盲目地进行批评与惩戒。

（三）学校方面

在新学校环境、新班级环境、新同学关系、新教师教育方式和管理方式下，学生能否很好地适应，关系到他们接下来的学习生活之路，也关系到学校的未来发展，因此学校要非常重视学生的适应性问题，并对此进行深入性的思考与分析。

（1）本研究的地域选择较单一且样本的容量有限。因此，在以后的研究中尽量扩大样本数量及地域范围，以便研究结果的推广性。

（2）研究可以加入观察法、访谈法或个案研究法，使研究更具有针对性，干预更为有效。

（3）本研究时间太短，效果有限，长期效果还待验证。

小学数学课堂中友善用脑教学范式及策略研究

北京市朝阳师范学校附属小学

孙一娜

一、问题的提出

《中国学生发展核心素养》确立了六大学生核心素养，十八个基本要点，其中"学会学习"是学生在学习意识形成、学习方式方法选择、学习进程评估调控等方面的综合表现，具体包括乐学善学、勤于反思等基本要点。学习者的能力是多方面的，每个学习者都有各自优势。同质异构，团队合作，有利于学生参与学习过程，尝试成功的喜悦，能培养团队的合作精神和竞争意识，有利于提高学生解决数学问题的能力，激发学生的学习兴趣，提高数学教学效果。学生在活动过程中，表现出来的能力不是单一维度的数值反映，而是多维度、综合能力的体现，因此对学生学习评价也应该是多方面的。

朝师附小的课堂是以"三动"为核心、"三大"为表现、"三境"为基础、"三互"为关键的"悦"课堂。"三动"指的是学生有足够的时间动起来，有足够的内容动起来，有足够的渠道动起来。"三大"是指学生能够大胆发言，大声说话，大段表述。大胆发言体现了和谐的师生关系，大声说话体现了学生充满自信，大段表述体现了学生思维的深入。"三境"就是创设有利于学生对知识需求的意境，有利于学生探求知识的情境，有利于学生实践知识的环境。意境的创设激发学生学习兴趣，情境的创设促进学生主动学习，而环境的创设则引领学生深入学习。"三互"指的是师生之间与生生之间互动、互融及互换的关系。

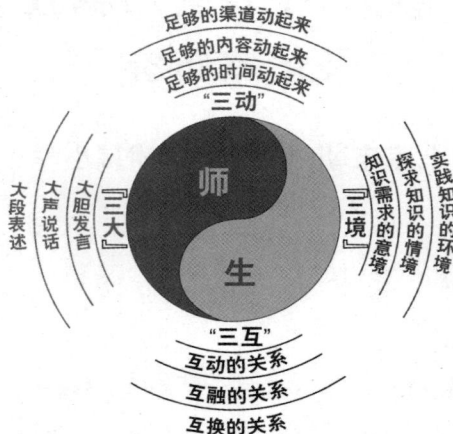

图1　朝阳师范学校附属小学的"三动"、"三大"、"三境"与"三互"的关系图

（一）课堂教学基本问题

基于《中国学生发展核心素养》与朝师附小课堂文化，我们确立了以下三个问题为基本问题：

（1）怎样才能在课堂上建立一种新型的师生关系——教师的角色由传统课堂的主宰者转变为学习的引导者，学生的角色由学习的被动者转变为主动者。

（2）怎样培养学生学会学习——学生能够乐学、会学、活学并能做到勤于反思。

（3）怎样进行高效的课堂评价——形成师生评价、生生评价与自我评价的多元评价体系，在这样的评价体系中提升认识。

（二）友善用脑核心概念

友善用脑是以人本主义思想为基础，以神经学、心理学研究成果为依据，以学会学习为理念，强调教师、学生、家长三方互动、积极学习的新

方法。它的本质是让学生学会学习、学会发展。友善用脑的核心理念是以学生为本,友善用脑提出"所有的学生都是天生的学习者",从根本上相信每一个学生都具有无限的学习潜能,如果学生不能适应老师的教学,老师就要教会学生以他们自己的方式学会学习,让每个学生都能轻松、快乐地学习。

学习科学是以神经生物学(脑科学)、心理学的研究成果为基础,综合了教育学、信息学、人类学、社会学、设计学等多门学科,形成的以研究"教"和"学"为重点的新型的、跨学科的交叉领域。学习科学研究在各种情境下的学习,包括学校课堂里的正式学习和发生在家庭、工作岗位、生活情境之中的非正式学习。学习科学研究的目的是更好地理解和掌握人类在认知过程和社会化过程中学习的规律和技巧,以达到最有效学习的目的,同时用学习科学的方法重新设计课堂和其他学习环境,如图 2 所示。

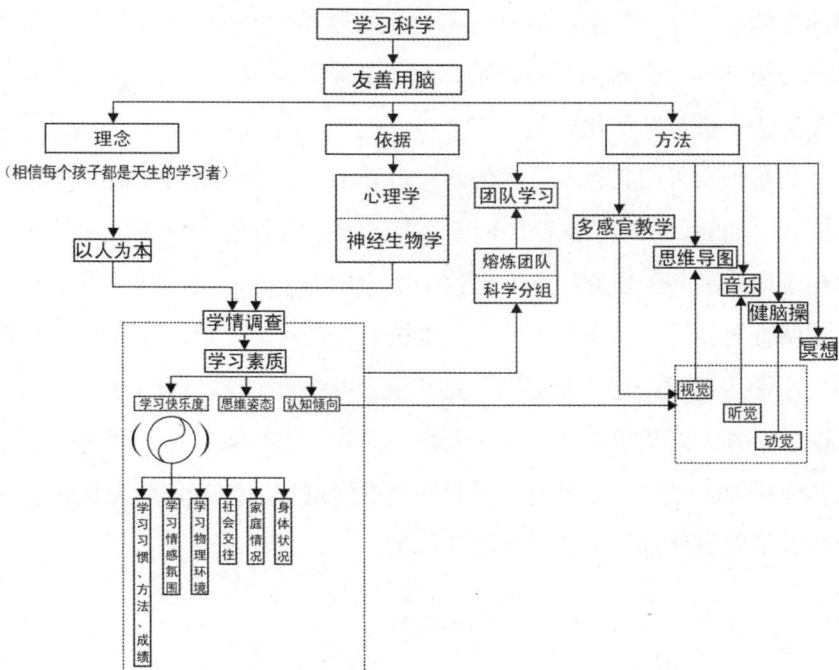

图 2　学习科学的方法设计

教育的主体是人，而每个人都是独特的，每一个独特的人都有一个独特而奇妙的大脑。因此，友善用脑遵循"以人为本"的理念，提出"所有的学生都是天生的学习者"，在实践中把学生这个教育的主体置于教育活动的中心，使学生成为积极主动的学习者。在教育过程中，教育者应该充分注意学生的个体差异，注意学生大脑的独特性，用多种方法激发每一个学生的思考，让他们积极主动地思维，轻松快乐地认知，这样才能使教育教学活动收到实效。

通过分析不难发现，友善用脑的理论，为教师推动课堂教学的改革，落实学科素养培养，提供了较为有力的理论支撑和可借鉴的操作系统。

二、解决问题的过程与方法

我们将"友善用脑"的理念融入数学教学中，以符合学生身心发展规律的课堂教学激发学生的学习兴趣，以促进学生思维发展的教学方法创设知识与情感互动交融的学习环境，赋予数学课堂以"友善"和"灵动"，并在实践中进步和优化。

在整个友善用脑教学范式的研究过程中，我们先采用文献研究法，通过资料、期刊、图书、互联网网站文献及电子文献检索收集有关资料，了解与本课题的相关研究情况及理论上的应用等。在确定了教学设计之后，采用调查对比法，在同年级的各个班级中进行对比教学，成绩优异的班级仍采用常规教学，对于稍微落后的班级及学生尝试"友善用脑"，最后通过综合评判上课举手人数、发言人数、团队合作效果、完成课堂任务情况及学业成绩来进行数据分析，进而评判教学过程的变革是否为有效变革。课堂教学效果评价指标分布如图3所示。

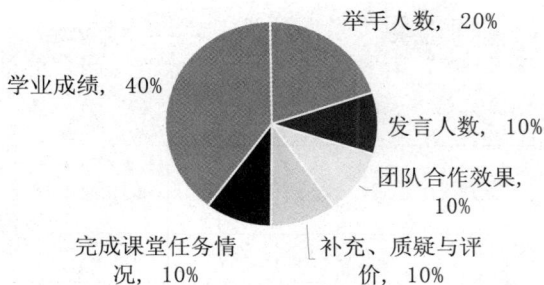

举手人数，20%

发言人数，10%

团队合作效果，10%

学业成绩，40%

补充、质疑与评价，10%

完成课堂任务情况，10%

图 3　课堂教学效果评价分布图

三、成果的主要内容

（一）友善用脑课堂教学范式

在长期的友善用脑课堂教学实践过程中，依据学习科学理论，总结形成了"一个原则"（"创设场景、诱发思考、引导结论"的友善用脑课堂教学原则）、"三讲"（教师课堂上利用 3～5 分钟讲目标、讲活动、讲规则，之后把时间交与学生自主探究学习）、"八步骤"（"舒缓情绪、明确目标、布置活动、宣示规则、学生探究、团队展示、质疑辨析、师生评价"的课堂教学流程）的友善用脑"138"课堂教学范式。

友善用脑课堂教学范式，在科学分析学生学情的基础上，运用"T+6M+C"（团队学习+多感官教学、思维导图、音乐、冥想、健脑操、适应学生自己的学习方法+穿越）友善用脑课堂教学策略，极大地改变了传统的课堂教学模式，使学生真正成为课堂学习的主体和中心。

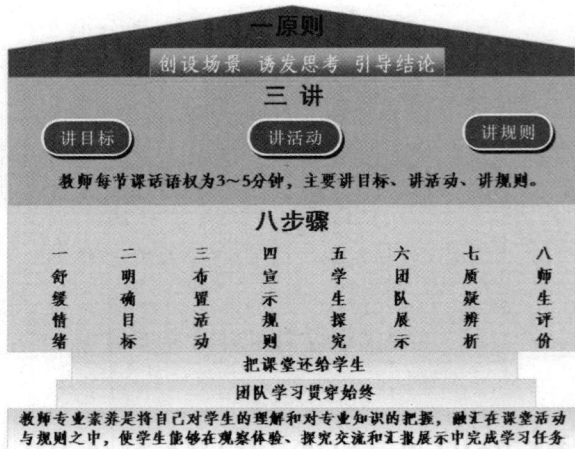

图4 友善用脑"138"课堂教学范式

1. 一个原则

一个原则指的是友善用脑课堂要通过创设场景、诱发思考、引导结论让学生自主完成学习任务。

创设场景是教师为学生自主学习搭设的"脚手架"。好的场景一定能够诱发学生的思考，而这个思考升华的过程，就是学生正向迁移形成新的知识的过程。我们可以从"任务"中诱发，也可以从"错误"中诱发。从"任务"中诱发是在完成任务的活动中捕捉学生思考的生长点，鼓励学生大胆表达，以实现正迁移，形成新的知识；从"错误"中诱发是将学生的错误视为资源并有效利用，给学生留下敢于公开表达自己"错误"的机会，以及纠错的空间。

2. 三讲

三讲指的是讲目标、讲活动、讲规则。

（1）讲清楚学习目标。学习目标是学生能够在一定情境中，通过掌握知识生成的学科能力和素养，每节课的学习目标，就是这节课对课标、对学科核心素养的落实。学习目标应当结合课堂教学重点难点和学生的现实生活，从学生的实际出发来制订，相应地我们的课堂活动和评价规则应该能够帮助学生完成学习目标。

（2）讲清楚课堂活动。课堂活动以学科知识、学生特点为依据，在设定活动内容的时候要把握以下三个原则：①清晰明了，言简意赅；②帮助学生完成学习目标；③突破教学重点、难点。

课堂活动内容的呈现形式主要有陈述式和问题式两种。

陈述式，用最简单的数学语言描述出学生的任务。

例1：寻找在 A4 纸上剪洞的多种方法，并挑选出能保证两个同学钻过去的方法。

例2：按 2：1 画出长方形放大后的图形，按 1：4 画出正方形缩小后的图形。

问题式，可以是填空、表格，也可以以解决问题的形式让小组完成。

例3：运用规律，解决问题。

①$1+3+5+7+9+11=$（　　）$^2=$（　　）

②$1+3+5+7+9+11+13=$（　　）$^2=$（　　）

③$1+3+5+7+9+11+13+15=$（　　）$^2=$（　　）

④$1+3+5+7+9+11+13+15+17=$（　　）$^2=$（　　）

⑤$1+3+5+7+\cdots+95+97+99=$（　　）$^2=$（　　）

例4：数一数，填一填。

边长	三面涂色的块数	两面涂色的块数	一面涂色的块数	没有涂色的块数
2				
3				
4				
5				

例5：团队合作，解决问题。

①学校有 20 个足球，篮球比足球多 25%，篮球有多少个？

②学校有 20 个足球，篮球比足球少 20%，篮球有多少个？

③学校有 20 个篮球，比足球多 25%，足球有多少个？

④学校有 20 个篮球，比足球少 25%，足球有多少个？

在活动内容的设置上也是有技巧的，设置不少于团队人数的小问题，或者找到解决问题的多种方法，就可以让团队所有成员都能说、能练起来。而适时地少设置一些主问题，则可以培养学生追根究底、大段表述的能力。比如说团队有 4 个人，但活动内容中只设定两个问题，学生在汇报的时候除了关注结果外，就会更关注过程的讲解、易错点的挖掘、题目的对比，甚至一题多解等等，保证每个学生的发言都有亮点。

"以人为本"不应是一句空话。在教育过程中，教师应该充分注意学生的个体差异，注意学生大脑的独特性，用多种方法激发每一个学生的思考，让他们积极主动地思维，轻松快乐地认知，这样才能使教育教学活动收到实效。

（3）讲清楚活动规则。活动规则是对学生完成活动任务的要求，同时也是评价学生的依据。

设定活动规则时要把握以下几个原则：要关注学科知识和能力培养，关注学生学习习惯的培养，以及小学数学核心素养。学习习惯包括学生审题画批的习惯、利用数学工具的习惯，以及大声说话、大胆发言、大段表述的习惯；除此之外，还要培养学生合作、欣赏、质疑的学科素养，帮助学生学会倾听、学会表达、学会合作。

总之，规则的制订要"让学生带着问号来，捧着问号走"的课堂，变成"带着问号来，伴着逗号、顿号、省略号一起走"的学生自我探究的乐园。

表1 数学课堂上常用的加分项目与相应分值

	加分项目	分值
学科知识	算式合理,结果正确	1~2
	说清方法,分享经验	1~2
	方法多样	2~3
	对比题组,分享经验,总结方法	1~3
	讲解清晰,叙述完整,规范表达发现的规律	1~2
	解决问题过程中遇到的问题及解决方案	2
团队合作	分工明确	1
	配合默契	1
倾听	补充	1~2
	质疑	3

表1是数学课堂上常用的加分项目和相应的分值。并不是每节课都要用到所有的加分项目,选取哪些加分项是以帮助学生更好地完成学习目标为前提的。这里的分值也不是固定不变的,比如说学科知识的"方法多样"这一项,如果想要学生用两种方法解答,分值可以设成2分,但如果想让学生利用3种方法,就可以将分值相应地调成3分,学生会根据分值的大小判断此项学习任务的重要性来合理地分配自己的时间。

总之,教师要将自己对学生的理解和对专业知识的把握,融汇到课堂活动与规则之中,使学生能够在观察体验、探究交流和汇报展示中完成学习任务,提升认识。

3. 八步骤

友善用脑课堂教学"138"范式的"8"指的是八步骤,也就是课堂基本流程的八个步骤:舒缓情绪、明确目标、布置活动、宣示规则、学生探究、团队展示、质疑辨析、师生评价。

课前2分钟:调节学生状态。教师提前进入教室,观察学生,为学生进行心理减压，并重点关注与调控精神状态不佳的学生，创设有利于学生学习的物理环境、情感氛围。

上课前 5 分钟：教师提出学习目标、课堂活动及规则要求。可将学习目标或者课堂进程的关键词展示在黑板的左上角，这样学生就能非常明确本节课教师要"干什么"，而活动内容和规则就是引导他们"怎么干""为什么这么干"的"脚手架"。

课上到第 5～35 分钟：学生主体活动，以学定教。该环节一般设计 2～3 个课堂学习活动单元，每个单元大概 10～15 分钟，以团队学习的方式组织进行。活动以学生为主体，这时教师的角色应该是活动的设计者、参与者、激励者、调控者。

下课前 5 分钟：自主反思，总结回顾。教师可以通过冥想的方式，回顾整节课的知识结构、方法体系、重点难点等，也可以组织学生表达出本节课的反思和收获。

八步骤贯穿于整节课，一节课几乎所有的时间都给了学生，那教师如何监控学生是否进行了有效学习呢？这就得靠辨析与评价了。

为了培养学生大段表述、补充质疑的好习惯，我建立了多元评价体系，既有学生组内自评、组间互评的生生评价，也有教师的引导性评价。汇报小组展示过程中，不仅呈现最终结果，还会针对团队在活动过程中遇到的问题进行分析，剖析问题并指出解决问题的方法，汇报完成之后还会根据需要给出自评，说出本团队的亮点以及希望与其他小组研究或进一步探讨的问题。其他小组认真倾听，根据需要做好记录，进行补充、质疑，或者提供更有效的方法。通过这样的"多元评价"培养学生会欣赏、敢质疑、有见解、会思辨的数学学科素养。

友善用脑课堂教学范式注重课堂评价的实施。课堂上教师只有 3～5 分钟的话语权，当教师讲完课堂学习目标、课堂活动内容和活动的基本规则后，课堂的话语权已经完全交给了学生。这时，教师把控课堂的唯一手

段就是评价。在长期的友善用脑课堂教学实践中，我们认为，"倾听、规则、合作"能够兼容品德与能力、知识与素养，能够基本包容和概括课堂教学中的主要问题，因此把这三个方面确定为友善用脑课堂教学评价的主要方向。教师应将友善用脑课堂评价表展示在黑板右侧，评价表（见表2）包括组名与倾听、规则、合作三项内容。教师根据课前制订的规则和学生的课堂表现，在下课前与学生一起为各组打分。严谨周密的规则、及时公正的评判，有助于学生之间形成相互竞争又彼此合作的自主学习环境，共同生成课堂学习结论。

表2　友善用脑课堂教学评价表

组名	倾听	规则	合作

倾听包括两个方面：一是对教师的倾听，一是对同伴的倾听。教师是课堂教学的主导者，这种主导在很大程度上是通过课堂教学评价实现的。倾听教师，既体现了学生对老师的尊重，也是教师调控课堂、把握节奏、实施教学的根本保障。

规则是课堂教学评价中的重要依据。规则包括两个方面：一方面是保证课堂教学秩序的各种规定、纪律和班级守则；另一方面是教师设计的教学活动的相关规则。课堂上的活动和游戏，是为实现学习目标而设计的，"玩"的目的是为了"学"，为了生成知识，严密、周全、简明、清晰的规则，是学生自主学习、完成学习任务的基本保证。班级守则需要大家遵守，因此依靠大家共同制定；教学活动规则反映学科特点，因此依靠教师认真思索，根据学生特点和学科知识要求制订。

对合作的评价也要从两个方面考察。一是学生在探讨交流过程中的合作表现：学生彼此之间是否密切协调、互帮互助，既发挥个体的潜能，又能形成团队的合力，生成团队内在运作机制。评价是教师在课堂上把"小组"熔炼成"团队"的重要手段，小组中的合作表现反映了团队熔炼的状况，团队的内在运作机制就是在学生的自我评价、学生间的互相评价和老师对学生的评价中逐渐形成的。二是学生探究交流的合作成果，也就是要评价学生通过各种交流研讨、活动探究，是否达到了教学目标的要求。这种合作成果的显现既是团队学习能力的展示，也记录了每个学生学习能力提高的过程。

（二）友善用脑教学策略

1. 团队学习

团队学习是友善用脑课堂教学的基本形式。开展团队学习首先要依据学情调查结果，按照"同质异构"原则进行科学分组。"同质"即好学生与好学生组合，中等学生和中等学生组合，学科基础薄弱的学生和学科基础薄弱的学生组合。"异构"则是将不同思维类型和认知倾向的学生进行合理调配，避免思维类型与认知倾向相同的学生扎堆。

团队学习应以"团团坐"形式码放桌椅，每个团队由 3～4 人组成，人数多的班级可以一组 6～8 人，再把 6～8 人的大组分成 3～4 人的两个小组，讨论时先小组交流，然后再大组交换意见、统一思想。所有团队面对黑板形成马蹄形分布，以利于团队成员之间、团队之间的交流探讨。

团队学习是个人优势充分发挥，团队成员默契配合，共同完成学习任务的过程。

2. 思维导图

思维导图是英国心理学家托尼·巴赞（Tony Buzan）在学习中发现的一种"打开大脑潜能的强有力的图解工具"。

友善用脑思维导图是在友善用脑理念的指导下，根据人的认知规律，以某一主题为中心运用颜色从中心散发出来自然结构，用线条、符号、词汇和图像帮助人们思维或记忆，同时它是反映人们思维过程的工具和媒介。思维导图具有概括性、有序性、形象性的特点。

友善用脑思维导图是在友善用脑理念的指导下产生的。它强调"每个人都是天生的学习者"，在认同巴赞思维导图定义的同时，提倡"人脑有异，图不同一"，鼓励学生"画自己的思维导图"，根据自己的理解和认识，把握事物的根本，再用形象的方法表示出来。就像"有一千个读者，就有一千个哈姆雷特"一样，对待同一个事物、同一个知识，有一千个人，就不可能只有一种把握、理解和表达的途径。

3. 多感官教学

"听"和"看"，刺激大脑的皮层很有限，而把眼、耳、鼻、舌、口、躯体和双手都动员起来，刺激大脑皮层的区域会加大很多。"静听"模式不符合人的大脑工作原理，只有多感官教学才利于人的思维和记忆。友善用脑提倡根据学生的生理、心理特点开展教学，鼓励教师"如果学生不能适应我的教学方法，就让我教会他用他的方法轻松学习"。

多感官教学是友善用脑课堂教学中的一个基本元素。有试验表明：一个人靠"听"能记住的知识只有10%，靠"看"能记住的知识为30%～50%，而如果亲身参与，在"动感"中学习和体验，能轻松记住70%以上的知识。学情调查结果也表明，学生中听觉型、视觉型的人只占少数，而亲身参与，在"动感"中学习和体验，有助于更多更快地掌握知识。因此，友善用脑课堂教学要求教师在设计课堂活动时要根据学生的特点，注重调动学生的眼、耳、鼻、舌、口和其他感官投入到学习之中；教师在教学中采用多种教学手段，用丰富多彩的形式激发学生的学习探究热情，积极创设诱发学生思考的学习场景，引导学生在体悟中自主获得学习结论。

多感官教学的形式是多样的，包括交流、讨论、辩论、质疑、课堂剧、小游戏、角色扮演、亲身体验等不同形式。多感官教学采用不同形式刺激学生不同的大脑皮层，让学生在各种活动中领略到学习的快乐，有助于减轻学生在学习中的心理压力，增强学习效果。

4. 学习型功能音乐

功能性的音乐能够打通人的神经通路，提高学习效率。因为音乐能够刺激大脑皮质的活动，并对大脑边缘系统和脑干网状结构产生直接影响，调节大脑功能，促进大脑和感觉器官的发育，提高人的思维能力和想象能力，增强和恢复记忆力，促进智力的发展和提高。选取有利身心健康，使人感到舒适平缓的音乐；根据人在一天中会出现不同的生理曲线的特点，选取与人生理节奏接近的曲目；采用高低起伏、抑扬顿挫、松弛结合、长短搭配的方法，让音乐产生特定功效，提高人们学习和思考的效率。

音乐是友善用脑课堂教学中的重要元素。音乐能够刺激大脑皮质的活动，调节大脑功能，促进大脑和感觉器官的发育，提高人的思维能力、想象能力和记忆力；音乐还可以用于审美、移情、激发活力、锻炼、交流、认知、沉思、医疗等方面。不同的音乐对人产生不同的功用。友善用脑学习型功能音乐，根据人一天中不同的生理和心理周期，采用不同的音乐调节学生学习状态，促进学生思考和记忆，提高学习成绩。

5. 健脑操

BrainGym（R）于 1969 年通过研究教育学、心理学、脑功能学、肌肉运动学、运动机制学的多个学科与东方医学、瑜伽、神经语言程式学等结合成为三组共二十六式。健脑操的科学原理是通过身体动作，有系统地刺激大脑不同部分的连接及整合，使脑部活动更加积极，从而提升大脑的运作水平和个人的学习能力。常做健脑操，可达到开启智慧，增加神经网络功能的效果。

6. 冥想

冥想是一种改变意识的形式，通过冥想帮助学生回顾学习内容，梳理学习方法和学习收获。它通过获得深度的宁静状态而增强思维品质。

教师讲的知识再精彩，没有学生的领悟，也不能落实到学生的头脑中。冥想是课堂教学的重要手段，教师在课堂上实施冥想，要烘托氛围、保证质量、外化成果，让学生通过获得深度的宁静状态提高思维品质。冥想是教学中总结和调节情绪的好方法，课前冥想可以用来调整情绪，课中冥想可以用来促进思维，下课冥想可以用来总结内容。

7. 城市穿越

穿越是指起点与终点不重合，在具有神秘特色或复杂情况的地域或场馆里，以团队为单位采用徒步或借助交通工具进行的、为了完成特定智力任务的活动。友善用脑穿越是把定向越野、课堂教学和品德意志培养等元素融为一体形成的一种以户外运动的形式实现教育教学目标的新的、受学生喜爱的、能够收到极佳效果的学习方式。穿越竞智、竞速、竞准、竞耐力、竞协作、竞能力。友善用脑城市穿越是非正式学习的一种方式，符合学习科学的基本原理，对于课堂教学改革有十分重要的借鉴意义，为学生自主学习、高效学习、协作学习提供了新的探索路径。

友善用脑提倡"让学生用自己的方式学习"。所有的学生都是天生的学习者。他们有着结构复杂、功能奇妙的大脑。大脑能把经验转化成知识和记忆。这些经验要么是通过感觉器官得来的，要么是直接通过想象进入大脑。因为每个大脑都是不一样的，所以每个学生建立知识体系和记忆的方式也不一样。因此，教师需要引导学生学会怎样去学习，而不仅仅是教会学生知识。只要教学方法得当，所有的学生都能轻松地学习。"如果学生无法适应我的教学方法，那就让我教会他们以他们自己的方式学习。"

四、教学效果与学生成果

经过近几年的教学实践，友善用脑教学范式得以启用，学生的学习能力和综合素质得到提高。学生乐学、会学、活学并能做到勤于反思，课业负担大大减轻，教师素质也得到进一步提高。

（一）学生学业知识水平提高

本次实验在六年级三个班做了数据调研，其中六（1）班和六（2）班进行了友善用脑范式的教学实践，六（3）班继续采用常规教学，具体分析如下：

1. 实验班级前后综合知识考评对比

分别在友善用脑教学范式前后进行了阶段性检测，通过成绩分析，实验班测试成绩总体水平有较大提高（优秀率和良好率都在逐步增长），说明通过教学模式的改变，学生的学业知识水平得到提高。

表3　实验前后综合知识考评对比

项目　　班级		人数	优	良	合格	待合格	优秀率	良好率
六（1）班	前	30	9	14	7	0	30%	76.67%
	后	30	13	15	2	0	43.33%	93.30%
六（2）班	前	31	8	16	6	1	26%	77%
	后	31	15	14	2	0	48.38%	93.55%

2. 实验班级与普通班级综合知识考评对比

六（1）班和六（3）班人数相同，在友善用脑教学实践前六（3）班的优秀率与良好率均高于六（1）班，而经过一学年的教学实践，六（1）班的各项指标均反超，尤其是优秀率，反超了10个百分点。

表4　实验班级与非实验班级综合知识考评对比

项目　　班级		人数	优	良	合格	待合格	优秀率	良好率
实验前	六（1）班（实验）	30	9	14	7	0	30.00%	76.67%
	六（3）班（非）	30	11	15	4	0	36.67%	86.67%
实验后	六（1）班（实验）	30	13	15	2	0	43.33%	93.30%
	六（3）班（非）	30	10	17	2	1	33.33%	90.00%

（二）学生自主学习能力提高

学生在友善用脑教学范式课堂参与度高，主动发现问题、分析问题、解决问题，能够自主学习，满足了学生的求知欲望。学生在这种开放式的教学环境中学习，获取了知识，培养了能力，发展了思维，学生的自主学习能力和综合素质得到大幅提高。

1. 学生课堂参与度调查与分析

经调查研究，参与数学课堂的人数大幅增多（结合课堂举手人数、发言人数、完成学习任务的人数综合评判其课堂参与度）。

学生课堂参与情况统计图（实验前）　　学生课堂参与情况统计图（实验后）

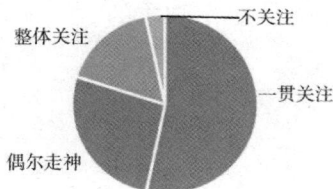

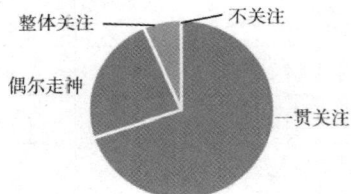

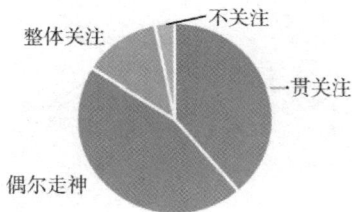

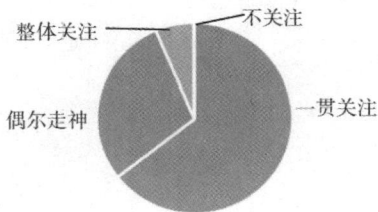

图 5　六（1）班学生课堂参与情况

学生课堂参与情况统计图（实验前）　　学生课堂参与情况统计图（实验后）

图 6　六（2）班学生课堂参与情况

2. 学生数学课外阅读情况分析

调查得知，学生主动阅读数学课外书刊的人数有所提高。经常自觉阅读数学课外书刊和基本上能自觉阅读数学课外书刊的达到总人数的72.13%，比非实验班级高出38.8%。

实验前后六（1）班学生阅读数学课外书刊情况

实验前后六（2）班学生阅读数学课外书刊情况

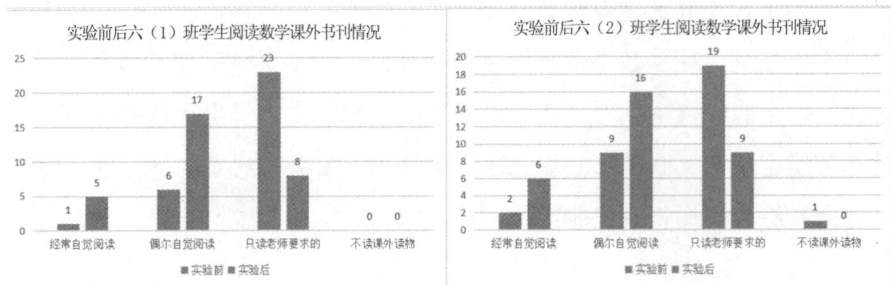

图7　实验班级学生阅读数学课外书刊人数统计图

表5　实验班级与非实验班级阅读数学课外书刊对比情况

项目 班级		总人数	经常自觉 阅读	偶尔自觉 阅读	只读老师 要求的	不读课外 读物
实验 班级	人数/个	61	11	33	17	0
	百分比/%	100	18.03	54.10	27.87	0
普通 班级	人数/个	30	3	7	20	0
	百分比/%	100	10	23.33	66.67	0

实验班级自主阅读数学书刊百分比

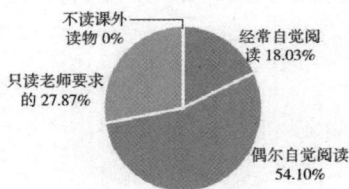

普通班级自主阅读数学书刊百分比

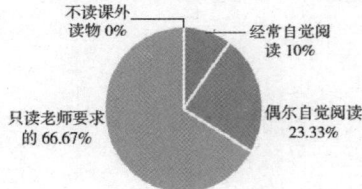

图8　实验班级与普通班级自主阅读数学书刊百分比

五、反思

（一）"互联网+"时代助力学生问题解决能力的培养

随着信息技术的不断发展，白板技术、几何画板、微视频、电子书包等资源纷纷呈现，我们抓住此契机，试点信息技术融入友善用脑的数学课堂，取得了初步成果。但只是在个别班级授课，没有覆盖全体学生。此

外，在信息技术与友善用脑教学范式的有机融合上，我们仅仅停留在某些具体做法上，有待于进一步优化，提高效率。如何以信息技术为手段，以友善用脑范式为载体，培养学生发现问题、提出问题、分析问题与解决问题的能力，提升学生自主学习、主动学习、及时反思的素养等，还需要继续探索。

（二）多元评价全面评估，促进学生认识提升

每个学生各有所长，在当前的教育大背景下，如何真正促进每一个层面的学生都能有所发展，如何合理地检验、评价学生的发展状态，仍是需要教师不断探索和解决的问题。

小学语文深度阅读的实践研究

河北唐县第三小学

邸保杰   孙桂霞

一、问题的提出

苏霍姆林斯基曾说过："让学生变聪明的方法，不是补课，不是增加作业量，而是阅读，阅读，再阅读。"朱永新在《改变，从阅读开始》一书中指出：一个人的精神发育史就是他的阅读史；教育的改造应该从校园阅读开始；一个没有阅读的学校永远不可能有真正的教育。

《小学语文新课程标准》也指出："阅读是获取信息、认识世界、发展思维、获得审美体验的重要途径。阅读教学是学生、教师、教科书编者、文本之间对话的过程。"

从这我们可以看出，国家对学生的阅读非常重视，对教师的阅读教学也非常重视。

河北唐县第三小学是一所新建学校，建校几年来，在各方面取得了辉煌的成就。老师们兢兢业业，为学生付出了辛勤的汗水，取得了可喜的成绩。但有一方面，老师们比较头痛：学生的语文成绩不是很好，尤其是阅读方面不知道如何进行。学校在这方面也多次要求，让教师采用多种方法进行阅读教学改革和开展海量阅读活动，学生的阅读兴趣有所提高。下表是学校在进行"小学生学习状况"调研中有关阅读方面的调查统计表。

学生阅读情况调查统计表

选项（阅读）	低年级		中年级		高年级	
A 能坚持阅读	445	71.20%	386	61.96%	142	52.21%
B 不能坚持阅读	180	28.8%	237	38.04%	130	47.79%
A 15 分钟以内	200	32.00%	265	42.54%	102	37.50%
B 15～30 分钟	328	52.48%	283	45.43%	115	42.28%
C 30～60 分钟	92	14.72%	62	9.95%	44	16.18%
D 60 分钟以上	5	0.80%	13	2.09%	11	4.04%

从表1中可以看出，坚持阅读活动的学生比例随着年级的升高而减少，在低年级有近30%的学生不能坚持阅读，到了中年级又多了10%，而到了高年级能坚持阅读的学生只剩一半了。在坚持阅读学生中阅读时间普遍在30分钟以内，说明在老师的要求下学生阅读不尽如人意，全面开展阅读学习活动有一定的难度。

为什么随着年级的升高学生阅读的情况会越来越糟糕呢？是什么原因导致这种现象的产生呢？

《小学语文新课程标准》中要求小学生："具有独立阅读的能力，学会运用多种阅读方法。""要重视培养学生广泛的阅读兴趣，扩大阅读面，增加阅读量，提高阅读品位。"

所以小学生的阅读学习要发挥教师的主导作用，指导学生开展阅读学习。

基于以上的分析，阅读教学还存有以下几个问题：

（1）阅读学习还停留在"浅"层次的范畴，没有真正进行深度的阅读学习。

（2）阅读学习没有形成有层次的阅读内容，没有行之有效的阅读模式。

（3）阅读教学还是以成绩为主要目标，以课内阅读为主，教师没有处理好课内阅读与课外阅读的关系。

二、归因分析

针对以上三个问题，归因分析如下：

（1）教师对阅读学习没有进行理论方面的深入学习，对深度阅读有认识上的缺陷。

根据王晓平先生在《小学阅读理解策略教学研究》中的调查显示："字词学习和朗读、背诵课文是阅读教学中的首要内容，占据语文课堂教学时间的 52%。"教师常常将教材中的概念性知识当作教材的全部知识，教师虽然教给了学生知识，但学生仍停留于复制教师思维的"浅"层学习层面。

学校虽然认识到了我校在阅读方面存在的问题，对老师也进行了要求，但效果仍不好。老师们没有深入地思考问题到底在哪里，没有深入地学习相关的理论知识，对学生阅读学习的表面化现象没有切实可行的方法，学校的主题教研中也没有得出行之有效的方案。

（2）我校大部分老师都是从乡村中小学选调来的，又遇语文教材的改版，对语文阅读教学目标缺乏整体性的把握。

小学语文教材的改版，从 2016 年秋季一年级陆续开始，并未全面铺开。教育部通知，从 2019 年秋季新学期开始，全国所有中小学生的语文、历史、道德与法治都使用统一教材。随之带来的问题是，教师对新教材的教学内容不熟悉，对阅读教学的整体目标、每个学段的阅读目标不清晰，阅读教学的内容把握不准。由于阅读教学经验不足，没有现成的阅读模式，往往是这学期使用这种，再过一学期使用另一种，没有成熟的方法与模式。

（3）现实情况阻碍了深度阅读的开展，有些家长不配合，对学校的课外阅读产生一定的负面影响。

在信息技术迅猛发展的 21 世纪，浅层阅读显然难以满足高素质人才培养的需要，终身学习能力、知识创新能力及自主学习能力的培养都必须建立在深度学习的基础上。

但现实中教学成绩对老师来说至关重要，关系到学校、家庭和个人的切身利益，所以推进深度阅读存在难度。家长认识不到阅读的重要性，对学生的阅读有抵触情绪。目前一些学生的阅读水平只是浅层学习的认知水平，知识学习、思维培养和情感内化升华并未有机统一，阅读阻力不小。

三、解决问题的过程与方法

第一阶段，学习有关阅读教学理论与方法，提升教师的理论素养。

广泛开展理论学习，区别"浅"层阅读和"深度"阅读，解决老师认知上的误区，深入学习新课标，整体把握阅读教学的层次及各学段、各年级的目标要求。

小学语文教学的根本目的在于培养学生的基本素养，使他们具有实际需要的阅读能力、写作能力、口语交际能力等，这里的阅读能力就是指适度的"深度"阅读。教师的工作就是引导学生参与到阅读中来，让学生通过对文章的"深度"学习，学习语言文字知识，体会作者的深切情感。

"深度"阅读有以下重要作用：深度阅读重知识建构，可以促进知识内容和学习过程的整合，从而引起对新的知识信息的理解，长期保持及迁移应用，将其内化为个人知识体系；深度阅读重迁移应用和问题解决，将认知结构中已有的知识迁移到现实困境中，创造性地处理新难题，旨在阅读的问题意识的培养和高阶思维的养成。

第二阶段，进行阅读教学方法的实践与探索，提高学生的阅读兴趣，结合不同年级设计不同的"深度"阅读训练。

探索阅读教学策略，针对各学段的不同特点，探索不同的教学方式和教学模式。通过一系列深度学习活动，创设学习情境，以灵活运用知识为目标。制作阅读卡片，体会人物形象、写作的脉络、精彩的片段和人生的思考。

课内与课外相结合，运用学到的方法指导课外阅读，积累阅读方法与经验。

广泛地开展课外阅读训练，以年级为单位开展多种形式的阅读活动，提高学生的阅读兴趣，巩固阅读的方法，拓展阅读的知识面，让学生爱上阅读，从而促进学生思维的发展、能力的提升、情感的升华，实现真正的"深度"阅读。

第三阶段，制订多元的综合评价机制。在进行阅读的同时，要以多元的评价方式促进阅读学习的提升。学生评价采取形成性评价和总结性评价结合、定性评价和定量评价结合，教师、家长评价和生生互评结合的形式。学校每学期定期开展阅读活动，教师、学生、家长分别对学生的阅读进行评价，使学生保持阅读的兴趣，形成阅读的能力。

四、成果的主要内容

（一）通过开展课内阅读实践，建立课内阅读的策略机制

1. 开展探究式阅读，让学生学会自主的阅读方法

剖析文本留白是文章表现手法的一种，通过对文章某些内容的简写或不写，给读者留下一个想象的空间，起到"此时无声胜有声""不着一字却形神俱备"的作用。

教学小学语文六年级上册《慈母情深》一课，讲道："那一天我第一次发现，母亲原来是那么瘦小！那一天我第一次觉得自己长大了，应该是个大人了。"

"我鼻子一酸，攥着钱跑了出去……"

此处就是作家的精彩留白处，无声胜有声，一切尽在不言中。作者强烈的愧疚感和对母亲的热爱之情，完完全全融汇到这一个看似简单实则意蕴丰富的省略号中。抓住这个省略号，也就抓住了作者的留白精华。课上我让学生一遍又一遍地读这两段话。在心与心的碰撞、情与情的交融中，读着读着，慢慢地，愧疚、难受哽咽了学生的喉头，直到学生读得眼含热泪，直到有些同学读得两眼热泪盈眶。

看到时机成熟，我压低声音缓缓地、深情地说："同学们，如果你就

是作家，就请用人类最美的语言形式——诗歌，来表达此刻你撕心裂肺的心灵倾诉吧！请看大屏幕——"

《泪光母亲》

母亲，泪光中我看到了——您佝偻的背影

（仿照此句写）泪光中我看到了——（预设：龟裂的双手）

泪光中我看到了——（预设：眼神疲惫的眼睛）

母亲，泪光中我看到了——

泪光中我看到了——

泪光中我看到了——

泪光中我看到了您给的那一元五角钱，不，那不是钱，那是您对子女的爱

（仿照此句写）那是——

那是——

那是——

那是——谁言寸草心，报得三春晖

提高探究性阅读的效率，更是为了培养学生良好的深度阅读的意识、习惯和能力。因为对于深度阅读来说，过程往往比结果更重要，学生的探究能力是在具体的探究过程中逐步形成的。

在重点词句的探究中放手让学生自主探究，把课堂还给学生，让他们自主学习，凭自己的知识积累、思维方式和学习习惯去发现问题，提出问题，并尝试自己解决问题，学生学习积极性高涨，读思结合，在研究中获得了成功。通过实践，我们发现，学生在和谐友爱的教学氛围中，乐于参与学习，充分体现了他们是课堂上真正的学习主人。学生的自主想象，充分发挥他们的潜力，就会创造出无限的惊喜，让阅读走向作者的文本，走进学生的心灵，实现语文阅读的"深度"。

2. 对比式阅读，体会文学作品的深意

阅读的一个主要目的是引导学生学会如何遣词造句，在阅读过程中，细细品味学习文章中每个句子、每个字词甚至每个标点的巧妙用法。教育家乌申斯基曾这样说过："比较是一切理解和思维的基础，通过比较能使我们正确地了解世界上的一切。"对比阅读在教学中是一种很好的教学方式，通过运用对比阅读学习，能让学生准确了解、掌握文章遣词用句的精妙，深刻体会文本的深意所在。

例如，在教学《唯一的听众》一课时，我挑了一段文中的描写给同学们对比讲解。首先在黑板上写出这段话：每当拿起小提琴，我眼前就浮现出那位"耳聋"的老人，每天清晨里我唯一的听众……

师：这里的耳聋为什么要加上引号呢？

生：因为作者从妹妹那里已经知道老人不是真的耳聋。

师：这里的浮现可不可以用其他词语代替，例如"出现""显现"？

生1：我觉得不能，"出现""显现"对比"浮现"，要显得一般很多，同时也表现不出作者对老人的感激敬佩之情。

生2：我觉得不能，因为老人没有出现，她只是在作者的心里，是作者对老人深刻的怀念。而且这个词的表达是最美的、最妙的。

师：为什么作者说老人是他"每天清晨里我唯一的听众"？

生：因为老人对"我"无私的帮助与鼓励，不仅让我在音乐上有了很大的进步，还让我在做人方面受到了极大的影响，所以老人是我生命中无人能比的"唯一"。

……

在教师的指引下，学生们通过对比阅读，不断地发现作者在遣词用句上的精妙之处。通过对这些精妙之处的细细品味，学生们慢慢地走进了作者的情感之中，理解了作者的创作深意，享受了一顿真真正正的阅读大餐。可见深度阅读让师生共同感觉到了作品的美妙。

最好的阅读材料是同题文章，即表现的主题相同或所写的题材一致，这样既能丰富课内知识，又能激起学生的阅读兴趣，而且便于开展有针对性的比较阅读。

3. 学生反复品读，感悟文学作品的情感

古人云："古人学不厌，读书辄百遍。心与眼与口，三到不可欠。熟则能生巧，其义自可现。"在阅读中，要想体会文章的精髓所在，反复的吟诵、揣摩是必不可少的。学生阅读时要求学生自主反复阅读揣摩，教师在此基础上适度加以释疑和指引，培养学生在阅读中细品慢酌的习惯。

在小学阶段，教师一定要重视学生的反复诵读。小学一、二年级的学生对学习的作品要读熟、读烂，达到背诵的程度；三、四年级的学生阅读能力大幅度提高，在训练学生快速阅读的基础上，加强品读，对作品的大致内容、故事情节、人物形象要初步地了解；五、六年级在快速默读的基础上，一定要加强整体性的阅读，对作品中的某一形象，在整体性阅读的基础上进行深入的品读，分析人物形象、联系上下文、写作背景等进行高效的阅读。

4. 体验式阅读，学生亲身经历或利用多媒体展示作品和作品的创作过程，感受人物的形象

借助情境进行阅读教学非常重要，在实际教学中创设情境的方式非常多，其中最符合小学生学习特点的方式主要有两种：第一种是以人、事为主的情境创设。以写人记事为主的记叙文在情境创设过程中最为重要的便是情境本身与生活实际的关联性，要将课堂教学和学生的实际生活关联起来进行教学，教师通过讲述学生生活相关并且满足教学目标的故事，将学生带入情境当中，促使学生借助通俗的语言和熟悉的故事进入情境中，从而调动学生的积极性与主动性。

如《桥》一课，教师可以用"一个老汉，在面对洪水时以自身的沉稳、威信、高风亮节，帮助村民们逃过了灾难，却献出了自己的生命，用自己

的血肉搭建了一座生命桥"创设情境导入，在学生表现出浓厚的兴趣想要了解内容时，教师再进行课文教学，必然会事半功倍。教学中，教师可以用问题引导学生抓住课文中"泼""倒"等词语的理解，感受老汉的动作与表情、村民行为的表现。在写人叙事的记叙文情境中，必须保障情境本身贯穿在整个故事主线当中，同时应用在朗读中，促使情境逐渐成为教学的工具与平台。

第二种是以写景状物为主的情境创设。其重点在于突出表现具体的景物，促使学生形成感知的效果，结合课文创设情境，理解文中所描述的对象。例如，在《秋天》一课的教学中，教师可通过多媒体播放秋天画面，让学生简单了解秋天的特点，为后续的情境教学做铺垫。之后，借助反复的课文品读，让学生感受秋天的美景，丰收的喜悦。

5. 思维拓展性阅读，体会文学作品的真意

这种阅读可以分成三步：第一步，课前学生自由阅读。有些文章的内容背景性很强，学生课前通过书籍或上网查阅有关的背景资料，有助于对课文的理解。这样，学生既进行了课外阅读，又理解了课文内容。第二步，课中教师指导阅读。阅读教学过程中，学生往往会遇到难点、疑点，这时利用拓展材料就能够很好地帮助学生自主学习，做到"无师自通"。如《狼牙山五壮士》一文，第二段主要讲了五位壮士在狼牙山上与敌人进行战斗的场面，课文写得比较简略。教学过程中，我为学生提供了电影《狼牙山五壮士》片段，里面具体描写了五壮士英勇斗敌的壮烈场面。两部分内容对照朗读，使学生进一步体会到了五位壮士的英雄气概。第三步，课后引申阅读。在下课前向学生推荐与本次阅读相关的书籍，激发学生的阅读兴趣，既加深学生对课文的理解，又能够扩大学生的视野。如学了《草船借箭》之后，向学生推荐《三国演义》，让学生了解更多的历史人物，拓展学生思维，养成一种"追根溯源"的思维方法。

（二）探索多种形式的课外阅读活动，形成课内与课外相衔接、拓展与延伸相统一的阅读学习模式

1. 预习——展示阅读成果，推动阅读活动的长期开展

为提高学生的阅读能力，2018 届六年级（1）班学生开展了"我爱读书，快乐成长"争做小小演说家演讲比赛。利用每天 7：00—7：15 这段早读时间，让学生把每周阅读的课外书的精彩内容进行分享，老师与学生共同评价，每天两三位学生，第一轮进行了三个星期，学生从胆小到逐步放开，到大胆交流，学生各方面的能力都得到了大幅度提高。接着又进行第二轮，时间两星期，历经五个星期，圆满完成这次阅读交流活动。

本次活动充分让学生在阅读的基础上，也就是先预设要阅读的内容，在课外进行阅读，课内进行展示。

2. 和家长一起读

阅读学习需要家长的参与，家长的支持是学生阅读取得良好效果的坚实基础。一、二年级学生年龄小，一开始就进行独立朗读不利于学生的阅读学习，于是就发动家长陪孩子一起读。亲子阅读活动取得非常好的效果，许多孩子争着要读，学生的阅读兴趣非常高，家长也非常支持，现在低年级的亲子阅读成为学校开展阅读的重要阵地。

3. 制作绘本

绘本阅读进入我校的时间不长，但也取得了不错的效果。二年级在阅读绘本的基础上，尝试让孩子制作绘本，经过反馈，部分学生绘制的绘本质量很高。绘本制作既锻炼了学生的绘画能力，又能促进学生的思维发展，对学生思维品质的发展具有很大的价值。

4. 整本书阅读

课外阅读一定要谈一下整本书的阅读：整本书阅读第一次以正式课程的形态进入语文课程内容系统，已经成为语文课程的"正规军"，课外阅读从"自由化"走上了"课程化"的道路。小学新增了"和大人一起读"

"快乐读书吧"等栏目，一、二年级的教材，注重整本书阅读的兴趣、方法的指导，到三年级以后就具体到某本书了，借助这些童谣、故事、儿歌等浅显易懂的文字来学习阅读，这一过程主要是培养学生了解阅读的途径，学习阅读封面、目录等。教学的目的在于激发整本书阅读的兴趣、培养习惯，进行阅读方法的指导等。从三年级开始具体指向某本书，开始了用阅读来学习的阶段。

从学习阅读到用阅读来学习是儿童阅读发展的规律，在教材的整本书阅读编排序列里，我们要利用这样的规律，厘清统编教材下的整本书阅读的教学方向，做好整体的把控。

下面以《大头儿子和小头爸爸》为例进行说明。

这本书讲了大头儿子和小头爸爸、围裙妈妈、胖胖的外婆、隔壁大叔的故事，每个章节前都有一次阅读提示，共有四次阅读提示。

第一次阅读提示，要求快速阅读，运用到的阅读技巧是：剧透内容、借助目录找故事、寻找阅读同伴。

第二次阅读提示，要通过剧透内容、从书中走进生活等方式，培养学生理解故事、进行同类比较的能力。

第三次阅读提示，通过题目质疑、分角色读一读来提升学生的表达能力。

第四次阅读提示，说一说你最喜欢的人，评一评最受欢迎的人，在说出感受和评价角色中完成整本书的阅读。

如果把梳理出来的内容用三节课来呈现，教什么就很清晰了。

（三）研究多元评价机制，建构单一评价与综合评价相结合的评价体系

阅读评价形成"三位一体"体系，"三位"即学校、教师、家长，"一体"指以学生为主体。为共同促进学生阅读能力的提高，教师利用各种形式开展活动，在活动中对其参与程度、阅读质量、成果展示等方面进行评比，在班级内部评选"阅读小明星""阅读小达人"等。家长在家陪伴、监督孩子进行阅读，对阅读的情况定期与教师沟通，教师也会找"问题阅

读"的家长进行交流，找原因，找差距，提高孩子的阅读兴趣。学校层面要组织大型的阅读活动，评选校级的阅读达人、优秀绘本创作人，并颁发奖状进行表彰。

五、效果与反思

经过两三年的努力，我校的深度阅读取得了一定的成效。

（一）研究成果取得的效益

1. 阅读兴校，阅读教学成为学校的一个发展点

在学校的大力要求下，我校各个年级在开展阅读方面取得了不错的成果，学生的阅读水平比三年前有了大幅度的提高，阅读的氛围越来越好，越来越浓。各班组建了班级阅读群，利用"乐教乐学"促进阅读的延伸，从学校到家庭，形成良好的阅读氛围。

亲子阅读增进了孩子与家长的联系，是培养学生良好阅读习惯的重要形式。通过开展亲子阅读，学生读书的积极性特别高，他们总说："老师，老师，我下一次什么时间再读呀？"学生的阅读愿望非常强烈，这正是阅读带来的良好效果，是阅读学习的良好开端。

2. 低年级学生的绘本作品成为亮点，中高年级的深度阅读得以推进

阅读不仅要在读上下功夫，也要以读促写，以读促画，以读促情。图1为低年级学生的绘本，创作生动有趣，内容积极，联想丰富。而中高年级的读后感（见图2），形式多样，内容翔实，感想深刻。

（a） （b）

图1 二年级学生创作的绘本作品与读后感

图 2　五年级学生创作的读书笔记

一本本沉甸甸的作品，印证着阅读取得的成绩。这是学生的心血，也是老师辛勤的成果。当翻开学生的绘本，不由得发出感叹：孩子的潜力真大呀！

3. 促进学生的全面发展，留校的教学质量节节攀升

从建校伊始到现在连续三年获得"教育教学优胜单位"，而且一年比一年成绩好，在 2018 年统考中获得了全县第一的好成绩。社会好评不断，招生一年比一年好，2019 年由 2015 年的每年级一两个教学班到现在的一年级 10 个教学班，规模越来越大。同时教师也取得了好成绩，语文教师邸欣会获得省级优课，孙桂霞老师获市级语文优质课、市级朗读比赛一等奖，申会卿老师获县语文优质课，等等。

（二）思考与展望

深度阅读教学与课外阅读实践虽取得了一定的成绩，但也存在着以下一些问题：

（1）阅读虽然在大部分班级已开展起来，但有的班级效果还有待提高，教师的教研水平还亟待提升，这是制约唐县第三小学研究水平的最重要因素。在教研中贯彻"阅读"这一教学思想，得阅读者得语文。

（2）深度阅读教学进行的时间还比较短，教师变动比较大，所以在教师培训与衔接上还要进行"传帮带"，让教师、学生、家庭的"阅读"之风在唐县第三小学吹暖、吹响。

（3）阅读评价还是弱项，在有效开展深度阅读的同时还要进行阅读评价的研究。

小学语文综合性学习教学研究

河北唐县第三小学

史云峰　　邸欣会

一、问题的提出

《义务教育语文课程标准（2011 年版）》把语文综合性学习同识字与写字、阅读、写作、口语交际四项放到了同等地位，成为语文课程一个重要的组成部分。目的就是为了打破传统语文教学相对封闭、死抠课本的状态，改变课本是唯一课程资源的状况，克服偏重接受性学习的弊端，树立全新的、灵活的、开放的"大语文"观。它有利于学生应用能力、创新能力等多项能力的培养。但是，通过调查研究，发现教师在落实语文综合性学习这一重要板块的时候，还存在以下几个问题：

（1）观念陈旧，态度漠然；

（2）纸上谈兵，敷衍了事；

（3）课堂作秀，华而不实。

二、归因分析

针对以上三个问题，归因分析如下：

问题一归因于：当对语文老师提出对综合性学习教学的认识时，受传统教学观念的长期影响，一些语文老师依然还是肤浅地认为语文教学的最终目的就是为了语文考试，只要学生能做题、会考试，就达到了语文教学的课堂要求，基本上置培养学生能力于不顾。所以，他们认为教材中编排的综合性学习是可有可无的，教学到这个环节的时候，要么敷衍了事，要么干脆跳过，全不当回事。因此，在考试中出现了这样的题目，那也是靠学生碰运气或是临场发挥而已。尽管存在这样观念的老师已为数不多，总体认识比过去也有所好转，但是有些笔者的此类观念依然陈旧，探求正确教学方法的积极性依然不高。这显然已经大大阻碍了新课改的顺利推进，影响了学生的成长和发展。

问题二归因于：自新课改实验在全国推广以来，语文综合性学习活动的考查也随之进入了中考试卷，分值一般是 4~6 分。因此，绝大多数语文教师已经意识到了这项教学的重要性。但是，由于受急功近利思想的影响和该项内容教学技巧滞后的影响，有些教师不是有计划、有针对性、有目标地开展实在而有效的活动，真正培养学生的实践和创新能力，而是一切为考试服务，煞费苦心地"探索钻研"出一套应考策略，硬生生地把原本生动有趣的实践活动变成了空洞干巴的程式化讲解。比如，在教学《莲文化的魅力》这一内容时，一些教师既不让学生上网查询相关资料，又不组织学生实地观察采访，也不让学生请教相关专业人士，而是关上门来，直接教给学生写活动方案的方法：活动方式、活动目的、活动步骤云云，架空分析，闭门造车。甚至有些老师还沾沾自喜地认为这一方法简单省事，效果突出。殊不知这样的做法完全背离了新课程标准中"语文是实践性很强的课程，应着重培养学生的语文实践能力，而培养这种能力的主要途径是语文实践"的指导思想，更剥夺了学生在学习和探究过程中进行个性化体验的权利。

问题三归因于：在调查中发现，一些语文老师进行综合性活动教学时，受认识和技能的约束，只追求外在形式的热闹，而忽略了对课堂的调控和对学生必要的指导，以致流于形式，如同作秀，光有热闹的场面而无实在的收获。比如，有老师教学《黄河，母亲河》这一内容时，一堂课上既朗诵关于黄河的诗歌，又讲故事，还歌声四起，看起来热热闹闹，课一讲完却一无所得。诚然，综合性活动主旨是还给学生学习的主动权，体现学生

自主的特点，让学生在整个学习过程中充满生命和学习的活力。但是，教师的主导地位也不能忽视，教师的正确引导、指导，在整个课堂中必不可少。比如，此次活动的重点是什么，通过哪些途径来体现重点，学生如果在活动过程中出现跑题太远的状况该怎么办等等，这些问题都要老师及时机智地进行引导处理。综合性学习活动并不是放任学生随心所欲地玩闹的游戏，不是看上去美丽的花拳绣腿，而是实实在在能培养学生创新精神，锻炼学生实践能力的教学活动。

三、解决问题的过程与方法

调研的结果是令人担忧的，也是令每个语文教师心情沉重的。如何改变这种状况，探究一套适合小学语文综合性学习的教学方法，是每个有责任感的语文教师的想法。实践表明，只要我们认真钻研，反复探索，充分利用现有资源，是完全可以让语文综合性学习活动有效地开展起来的。

（一）更新教学观念，明确新课标要求

语文新课标指出："综合性学习主要体现为语文知识的综合运用，把书本学习和实践活动紧密结合。"我们每一位语文教师，首先应该仔细解读新课程标准的精髓，确立正确的教学观念和努力方向，这个方向应该是以学生的终身发展和社会对人才的需求出发的。在正确的指导思想下，坚决做到把每次综合性学习的教学和实践探究有机地结合起来。这样，就能慢慢地在教学中找到成功的乐趣。比如，"寻觅春天的踪迹"活动，我们完全可以有组织有计划地带学生深入大自然中观察、感悟、采访，回来再结合语文知识写成诗歌、感悟、随笔等，既激发了学生兴趣，陶冶了情操，又锻炼了学生的观察能力、思考能力，还提高了学生的写作水平，何乐而不为呢？

（二）挖掘本土资源，让综合性学习走进生活

语文新课标告诉我们："语文是母语教育课程，学习资源和时间机会

无处不在，无时不有。"的确，单单依赖教材的语文教学，是单一的、枯燥的、封闭的、狭隘的。我们就应该开阔我们的视野，树立一种全新的"大语文"观，大胆地让学生走出教室，走进生活，到生活中去寻找、挖掘无穷无尽的语文学习资源。而这些，恰恰是我们一些语文教师所忽略的地方。我们往往是守着金山哭穷，忽略了身边这些丰富的教学资源。比如，在开展"说不尽的桥"这一学习活动时，一些农村的教师就感叹："我们既没有大都市雄伟的立交桥，又没有苏杭随处可见的古典小石桥，到哪儿让学生参观实践去？"于是他们就把这个单元的综合性学习跳过了，结果学生一无所获。其实我们忘记了那关闭了多少历史的老宅门，忘记了尘封几代人记忆的老辘轳，忘记了那孤独关注世人的石壁老佛像，也忘记了那些沉淀在几代人记忆中的美丽传说。当笔者和同伴将话题改为"发现家乡古迹"，带学生走进农家小巷和山水河畔时，学生们的视听一下子敏锐了起来。他们不仅关注到了五家角的老宅门、老辘轳，王支的老龙潭、石佛爷、神龟像，还找到了倒马关虽残破却依然雄伟的古城墙，搜集了"狮子红眼冲军城"的古老传说和"窦王坟""晒书台""猪山"等地的名称由来。当我们回来总结时，学生们有说不完的话题、讲不完的故事。不用老师指导，个个讲得形象生动，写得真挚感人。我们几个老师开始感慨，过去，我们哪一节课曾让学生有过如此多的感想和收获？答案显然是否定的。

（三）立足学校实际，开展丰富多彩的语文活动

建构主义认为，学习总是与一定的社会文化背景即"情境"相联系的，在实际情境下进行学习，可以使学习者能利用自己原有认知结构中的有关经验去同化和索引当前学习到的新知识，从而赋予新知识以某种意义；如果原有经验不能同化新知识，则要引起"顺应"过程，即对原有认知结构进行改造与重组。总之，通过"同化"与"顺应"才能达到对新知识意义的建构。因此，我们的语文教学，尤其是综合性学习课堂，更应该打破"教教材"的课堂模式，把语文教学融入多种多样的语文活动中。比如，制作

手抄报、进行演讲或朗诵比赛、作文比赛、听写比赛、课本剧、野外采风、劳动实践等。在实际情境中，让学生构建新的认知结构和知识体系，它的作用可以概括为以下几个方面：

1. 通过语文活动培养学生的文本理解能力

语文教材展示给我们的，只能是文字和简易图画构成的文本样式。但是，它所蕴含的社会层面和知识、个人情感和阅历，是广泛的、丰富的。教师如何指导，才能让学生领会和掌握这些知识和能力，是每一位教师应该积极思索和探究的问题。实践证明，开展丰富的语文活动，可以在很大程度上帮助学生解读文本，加深学生的文本理解能力。比如说，编排课本剧、开展诵读比赛等语文活动，效果非常明显。学生想要演好某个角色，就要认真地去关注、了解故事背景和情节，分析、揣摩人物的性格和心理，推敲、模仿人物的台词和语气等；想要把一篇作品诵读好，就要把作者身世经历、作品写作背景及创作缘由、文本的主题思想等了解透彻。通过这个解读过程，学生对文本的理解能力自然而然地就会得到提升，对文本的理解程度，自然就会加深。

2. 通过语文活动丰富学生的社会阅历

"读万卷书，行万里路。""纸上得来终觉浅，绝知此事要躬行。"其实，古人已经将"学""行"的关系总结得很精辟。随着新课改的不断深入，树立全新的"大语文"观，已不再是一句空洞的口号，它需要我们真正地落实到教学实践中，让学生深入到生活中去，让学生在实际生活中，感悟事理、搜寻素材、积累经验。比如说，开展野外采风活动，体验实践劳动等，学生可以在活动过程中，获得启迪，丰富阅历。试想，如果不让学生亲眼看看那古老的城墙、孤寂的石佛爷、光滑的老辘轳和石井台、久远的老宅门，他们怎能真正地理解先人们的艰辛、智慧和淳朴呢？如果不让学生亲自走一走那些富有神秘色彩的沟岔山脊，亲自听一听当地那些优美古老的神话传说故事，那一位位可歌可泣的英雄人物、一个个凄美伤感的传说、一段段富含生活哲理的语句怎么会跃然出现在学生的作文纸上？

3. 通过语文活动培养学生的审美和创作能力

新课标强调："综合性学习的评价应着重考察学生的探究精神和创新意识。"这就要求我们语文教师在教学时要打破"教教材"的旧习，学会用"教材教"。语文新课标明确提出，语文教学课堂要充分体现学生的主体地位，让学生在"学中做"、在"做中学"，只有这样才能充分调动学生的学习积极性，发挥学生的主动性。比如说，我们设计手抄报，学生会很感兴趣地进行构思、排版、选材，也很乐于跟同学交流合作；我们组织演讲比赛，学生就很兴奋，连最不愿学的同学都积极参加，相互指点、评比，气氛很是融洽。并且，我们往往会发现，那些所谓的"学困生"竟是很不错的"小演讲家"；我们模仿电视台组织了"汉字听写小英雄"活动，本以为很困难，怕学生不愿参加，事实上学生都很用心，连以往的"白字先生"都拿着字典查，追着老师问。通过这些我们发现，改变的不仅仅是学生的积极性，还有学生的学习习惯、探究能力、审美能力和创作能力等。

四、研究成果

在研究的过程中我们发现了综合性学习在教材中的编排规律，并总结出了具体可行的学习体系。

（一）编排规律

（1）编排思路——语文园地、课文习题的综合性学习和单元综合性学习。

（2）综合方式——语文知识与能力的综合、语文课程与其他课程的综合、书本学习与语文实践的综合、单元主题的综合、自主探究合作学习方式的综合。

（二）学习体系

综合性学习活动过程一般包括三个方面：做什么、怎么做、如何展示。

"做什么"其实就是制订活动计划，包括活动的目标、内容、步骤和成果的展示等。"怎么做"就是具体教学的方法，"如何展示"就是交流的过程。

1. 制订活动计划

（1）明确要求是前提。综合性学习都是与课文、习作或阅读内容相衔接的，不但与阅读训练有着紧密的联系，成为该单元语文学习的有机组成部分，而且这是对学生情感、态度、价值观引导的延伸和拓展。同时它又将口语交际、习作和展示有机地集合在一起，为听、说、写创造了必要的条件，提供了有意义的话题，体现了课内外的衔接、语文与生活的联系。应该说这种安排很好地体现了语文学习诸要素、诸方面的有机整合，形成了一个有机的训练和提高语文素养的整体，具有极强的综合性。但正因如此，活动建议中也往往包含了诸多要求与导向，给学生明确学习方向和任务造成一定困难。因此，教师首先应引导学生明确学习要求。例如，三年级上册第五单元《了解生活中的传统文化》的综合性学习，首先应引导学生了解什么是传统文化，一般所指的传统文化有哪些？这就是明确了学习的主题。然后，还要知道可以用哪些方式了解传统文化、可以收集哪些资料、怎样展示活动的成果？这就是明确了学习的任务。如果说制订活动计划是开展综合性学习的前提，那么明确学习要求就是制订活动的前提，它犹如万里长征第一步，为整个活动的开展迈出重要的一步。

（2）有序建构是关键。明确了活动要求使学生对学习任务有了大概的了解，而活动计划是学生对整个活动开展的通盘考虑、全局打算，语文综合性学习活动内容丰富，活动形式多样，虽给学生语文学习提供了广阔的空间，同时也给学生制订活动计划提出了挑战。特别是对于小学生而言，对于多样而具有挑战性的活动方式，他们还没有充分的实践、体验经历。因此，指导学生制订活动计划之前，可以通过例子引导学生去建构活动计划。

例如，"寻找成长的足迹"学习计划。

组长：马思彤

组长任务：分配任务，组织讨论

表1 "寻找成长的足迹"学习计划

了解			展示		
人物	原因	渠道	展示方式	具体分工	
少年周恩来	周恩来少年时代的经历对我们成长的启示和帮助	百度、图书馆、书城	"少年周恩来"手抄报	成员	分工
				马思彤	排版
				常鑫	美工
				游子萱	文字
				韩紫湘	抄写

以上表格中，以了解少年周恩来为例子，梳理"订计划"的方法——引导学生明白，理解周恩来这样的名人，既可以从"伟人和名人"的角度解读，也可以从"亲人和伙伴"的角度趣谈，明确学习内容；进而通过师生对话，引导明白了解不同的人物，就要用不同的方法学习的道理，特别是要用自己最擅长、最拿手的方法去解读、剖析学习内容。这样，学生明确了"不同的人物用不同的、合理的、擅长的方法来展示"的学习方法和策略后，再具体化、形象化地重点进行"手抄报""故事会""编短剧"等学生易接受、易操作的展示方法的指导，确定了学习成果展示的方法和规则。事实上，通过这一例子，学生已经在心中建构起一个比较清晰的活动框架，即了解不同的对象，可以通过哪些不同的渠道，可以选择哪一种最合适的展示方式。所谓"醉翁之意不在酒"，例子只是给学生形象可感的活动展示，跳出例子，浮现在学生脑海里的已经酝酿生成的蓄势待发的活动计划才是那一行撩人心扉的"山水"。

（3）自主实践是落脚点。有了以上两步的铺垫和准备，活动计划的制订应是水到渠成的。当然，这个过程中，应该强调的是学生的亲身经历、

直接体验，不要过分追求结果。所以，在学生分组制订活动计划指导过程中，教师要担任好引导者、评价者、合作者的角色，把握好指导的切入点，从各个环节中给予学生适当的点拨和引导，整个过程可以分为小组合作、交流互评、修改完善几个步骤。

2. 学习方法

善于通过专题学习等方式，沟通课堂内外，沟通听说读写，增加学生语文实践的机会。充分利用学校、家庭和社会等教育资源，开展综合性学习活动，拓宽学生的学习空间。

综合性学习应贴近现实生活。联系生活中的实际问题开展学习活动，在实现语文学习目标的同时，提高对自然、社会现象与问题的认识，追求积极、健康、和谐的生活方式，增强抵御风险和侵害的意识，增强在与自然、社会和他人互动中的应对能力。

综合性学习应强调合作精神，注意培养学生策划、组织、协调和实施的能力。

积极构建网络环境下的学习平台，拓展学生学习和创造的空间，支持和丰富语文综合性学习有效的小组合作，可以在发挥学生自主性的同时让学生学会合作的方法。因此，教学中，我们可以组织学生以四人小组为学习组。由于同一班级中学生能力相差大，在课堂教学时，要引导学生合理组建小组，每个小组以不同兴趣爱好、不同特长的"异质"群体构成，这样就可以取长补短，大多数的课堂问题都要求在小组讨论，由相对能力强的学生主持，形成初步意见后再参与班级讨论。教师此时的角色是帮助者、指导者，指导小组学生如何顺利、高效地合作学习，让智慧击荡智慧，让思想点燃思想。方法举例展示如下：

（1）做好专项练习。制作学习汇总表格（见表2），明确学生在综合性学习类题型中的薄弱项，让学生知道自己的问题所在，从而认准自己的学习方向，增加自己的学习动力。教师也可以有计划地为每一个学生安排测试习题，帮助学生攻克综合性学习的难关。

表 2　第一小组综合性学习汇总

姓　名	信息的提取与概括	标语、宣传语标题	活动统计	观点表达
田紫轩				
贾梦然				
邸艺博				
陈佳祥				

表 2 是根据综合性学习类习题分类制作出来的，在每次训练后，都有针对地对学生进行评价，帮助学生尽快地攻克难关。

（2）做好方法总结。综合性学习题目中设置的障碍往往比较多，如概括总结或仿写的时候会要求字数，甚至是修辞；漫画题最后一问是概括内容还是要求写漫画寓意；抑或是角色替代，你如果是一位导游，请你写一段解说词。总之提问方式非常多，陷阱也非常多，因此，教师不妨和学生们一起建立师生间的纠错机制。

（3）注重学习效果，实行多方位多角度评价。语文新课程标准指出："要尊重和保护学生学习的自主性和积极性，鼓励学生运用多种方法，从不同的角度，进行多样化的探究。这种探究，既有学生个体的独立钻研，也有学生群体的讨论切磋，所以除了教师的评价之外，要多让学生开展自我评价和相互评价。"因此，综合性学习的效果要进行及时有效的评价，并且要多方位、多角度进行。学生积极地参与到实践活动中，他们在活动中有哪些表现，究竟有哪些得与失，这是我们开展任何一项教学活动都应该总结反思的。在总结时，我们教师应该从知识能力、过程方法、情感态度价值观三个维度去给学生作出不同的评价，评价时应充分肯定其成绩，对不足委婉地提出看法；还可以采取学生自评互评的方式进行，让学生不仅有参与活动的体验，更有活动过后的收获，每次能有一点收获，聚沙成塔，学生的能力就逐步得到提高。

3. 展示环节

学习小组上台展示本小组学习成果。可以用表格、图片、PPT 等多种形式进行展示。展示交流的时候由本组大号同学（4 号）开始发言，依次为 3 号、2 号，在组员进行展示的时候，其他学生可以用补充、质疑、提问、挑战等方式进行交流。交流结束后，展示小组的组长根据本次活动进行的各个环节以及组员的表现进行总结、反思。最后，教师对学生在本次活动中的表现进行各维度量化评价。

五、反思与展望

综合实践课程主张多元评价和综合考察。要求突出评价对学生的发展价值，充分肯定学生活动方式和问题解决策略的多样性，鼓励学生自我评价与同伴间的合作交流和经验分享。提倡多采用质性评价方式，避免将评价简化为分数或等级。在以后的教学中，我们要将学生在综合实践活动中的各种表现和活动成果作为分析考查课程实施状况与学生发展状况的重要依据，对学生的活动过程和结果进行综合评价，注重用评价促提升。

综合实践课程，为素质教育打开了一扇新的大门，开拓了更为广阔的战场。我们把语文综合性学习课上好了，那么学生的语言表达能力、探究能力、合作精神、竞争意识等都会有不同程度的提高，同时也为学生的写作积累了素材。在今后的教学中，我们一定会再接再厉，热情指导，积极参与，恰当评价，让学生在快乐中学习，在学习中提升学生的语文素养。

全新起航　创新发展

——长沙麓山国际实验小学校园文化建设的实践与探索

长沙麓山国际实验小学

聂　琴　王春光

一、问题的提出

2015 年 6 月，为推进教育均衡发展，发挥优质教育资源示范引领作用，长沙市人民政府决定由长沙麓山国际实验学校小学部组建成立独立法人单位，定名为长沙麓山国际实验小学。学校全新起航，站在了传承与发展，创新与开拓的历史节点。

麓山国际实验学校是 1993 年 9 月开始小学招生，后发展成集小学、初中、高中于一体的十二年一贯制寄宿学校。麓山国际实验小学全新起航后，将不再是寄宿制，而是长沙市教育局直属公办小学。新的校址、新的招生范围等，学校办学即将开启崭新篇章，如何将麓山精神传承好发扬好，如何打造自己的校园文化，是新的问题与课题。中国著名学者梁漱溟曾说过："文化就是一个社会过日子的方式。"学校文化，就是一个学校过日子的方式，师生是这个大舞台过日子的成员。学校文化的根本和最终归宿是师生代代相传的整体生活方式，它包含优良的学风、师风和校风，积极向上的、极具教育教学内涵的精神环境等。

二、解决问题的过程与方法

（一）物质文化，滋养师生成长的环境氛围

学校环境是校园文化的重要组成部分，始终渗透着育人的目的，承载

着校园文化的精神内核和理想追求。搬迁新址以后，学校开始在物质方面打造学校文化气息。

要让学校的一草一木、一楼一景都向学生展示着真善美，蕴含着学校的精神和共同价值观。如以敏学楼、博学楼、勤学楼等"学"字系列命名的楼栋传递着学习的真谛；开放式文化大厅的中央，人人皆可登台的钢琴吧，是为学生提供展示才艺的平台；"岳麓书院"的牌匾，让学生感受湖湘文化的古韵今风；各具特色的中队角、温馨舒适的图书角触手可及；走廊上摆放的书柜与木椅，让教室空间自然外延；学校楼宇的屋顶建成学生实践农场和生物园地；敏学楼和博学楼建有心理咨询室、创客空间、英语有声阅览室、形体房、民乐排练厅以及各类艺体专业教室，满足了学生个性成长的需求；教师书吧、录播教室、母婴室、全天开放的健身房以及温馨的教工之家，为全校教师提供各种学习、交流的舞台。

（二）行为文化，搭建师生绽放的活动平台

学校行为文化是指学校师生在教育实践过程中产生的活动文化，是学校精神、价值观的折射。学校加强礼仪教育，注重开学典礼、毕业典礼、升旗仪式、颁奖仪式、值周仪式等，在教育教学中，将仪式感贯穿始终，使师生在不同的舞台上获得尊严或喜悦，形成持久行动力。

同时，将学生常规活动主题化，特色活动精品化。设置了六大文化活动月，让学生在活动中获得真实的体验，获得对自我、对他人、对生活的认识和理解。"爱心里程碑"系列活动曾获得长沙青基会的肯定与表彰；"五彩麓山枫"实践活动形成社会品牌；"麓山大讲堂"立足文化传承，弘扬文化精髓，开阔视野、乐观自信的同时，传递出时代的担当。

学校十分重视教师的队伍建设，让教师站在舞台的中央，知识的前沿。"青蓝工程"为年轻教师的成长搭建了桥梁，同时借助长郡教育集团小学课程中心、麓山国际实验小学协同发展平台，让众多优秀教师脱颖而出。

（三）制度文化，促进师生提升的有效保障

《长沙麓山国际实验小学"十三五"发展规划》明确提出："把学生培养成为有自信、自理、自主能力和爱心、责任、合作素养，有全球胸怀和独立人格的世界公民。""让教师成为有包容情怀、反思意识和责任担当、合作精神，有职业幸福感和专业知识技能的研究型教师。"

为建立决策科学、执行有力、监督到位、反馈矫正及时的科学管理运行机制，核准颁发了《长沙麓山国际实验小学章程》，明晰了师生的权利与义务，形成学校依法办学、自主管理、民主监督、社会参与的运行机制。以学校章程为统领，坚持以人为本、民主集中的原则，形成了《长沙麓山国际实验小学制度汇编》，使学校文化建设有法可依，有章可循。

（四）精神文化，坚定师生发展的理想信念

校园精神文化是校园文化的核心，是学校的灵魂。学校坚持"面向世界，博采众长，发展个性，奠基人生"的办学理念，秉承"学会生存，学会关心"校训和"做豪迈的中国人"誓词，发扬"追求卓越，永不满足"精神。用先进的办学理念引领学校发展，不断深化教育改革，优化管理服务，全面实施素质教育。努力把学校办成管理规范、师资雄厚、特色鲜明、质量一流、设施完备的具有实验性、示范性的现代化窗口学校。2018年，学校办学思路进行优化调整，由"传承麓山文化，创新内涵发展，说好麓小故事"提升为"创新改革实验，引领发展示范，办好一流教育"；由"张扬特色，注重宣传"到"提升内涵，示范推广"。同时明确学校发展方向为"创新改革实验、构建育人体系、引领发展示范、办好一流教育"。坚持推进现代学校治理，推进课程体系建设，推进评价体系优化。学校将创建文明校园、创建国家中心城市实现基本现代化暨绩效考核作为提高学校管理层次，体现学校办学特色，推动学校不断向更高层次迈进的有效载体，让师生在主动参与中得到锻炼，提升知识品位、文化修养及价值观念，实现师生和学校共同发展，共同提高。努力成为一个具有自我更新、自我发

展的有机体，成为一个具有较强适应能力的教育生态系统，增强了创新活力，进一步实践着麓山的教育理想。

三、成果的主要内容

（一）围绕核心文化推出实践成果

学校继承和发扬麓山文化，坚持"面向世界，博采众长，发展个性，奠基人生"的办学理念，秉承"学会生存，学会关心"的校训和"做豪迈的中国人"的誓词，发扬"追求卓越，永不满足"的精神，提出"培育具有中国根基的世界公民"的育人目标。将学校已有文化进行梳理、发掘，推出系列具有学校文化特质的成果。

（1）设计校徽（英伦版）、吉祥物，完善学校标识。英伦风格校徽是在原校徽的基础上，结合麓山、书籍、光芒、绶带等元素设计而成，表达学校的办学理念。

校徽（英伦版）

吉祥物以小鹿为原型，创作两个可爱的麓娃形象，寓意学校追求卓越，永不满足，拥抱世界，拥抱未来。

吉祥物

219

（2）制作形象片、宣传片、宣传画册，提升学校宣传品质。学校形象片《我在舞台中央》，宣传片《根深中国，花开世界》和宣传画册《做豪迈的中国人》，立体生动、全方位地展现了学校的办学理念、培养方向、课程体系、教师队伍等，为树立学校优质形象，打造多维宣传视角打下了基石。

宣传画册

《我在舞台中央》形象片在学校微信公众号发布

（3）原创国学操《千字文》《廉洁三字经》《麓小儿童礼》，规范言行，提高素养，营造校园文化氛围。学校将《千字文》与大课间完美结合，原创国学操，深受学生们的喜爱。原创《廉洁三字经》《麓小儿童礼》，将道德规范、文明礼仪融入儿歌之中，符合儿童的认知规律和特点，既起到教书育人的作用，又营造了积极向上、和谐美好的校园文化氛围。

国学操在学校微信公众号发布《廉洁三字经》的宣传海报

（二）学生全面发展平台搭建完备

学校在整合国家课程，学生适合的校本课程，逐步形成了一套基于国家课程、符合麓小学生多元发展需要的课程体系。开设了 20 多门校本选修课程，开展科学文化等主题活动课程，为学生搭建全面发展与彰显个性的平台。学生们在这个平台上展现自我，拥有自由的灵魂、独立的意志和理性的自主，成为印有麓小文化标签的中华少年。

（1）自我管理，践行"学会生存，学会关心"的校训。

学校为了将"学会生存，学会关心"的培养目标转化为具体的教育行为，实施了班级轮流值周制度，将学生的事情交给学生自己做，将学生中最难的事情交给学生做，目的是让学生在服务他人中锻炼能力，感受责任，学会关心。

（2）主题活动，落实"面向世界，博采众长，发展个性，奠基人生"的办学理念。

为了丰富校园文化建设，让分散的各种活动规范化、系统化，得到文化层面的提升，学校设置了六大主题文化活动月，科学创新文化节、人文与阅读节、校园艺术节、生命健康节、体育文化节、国际文化节。把各项主题活动纳入其中，用同一个平台，构建不同主体。

（三）教师专业成长培养模式形成

在"追求卓越，永不满足"的精神引领下，学校形成了勇于担当、乐于奉献的教师队伍文化。教师们用"品质与专业、情怀与担当"，在各项教育教学竞赛与评比中，屡创佳绩。近20名教师分别荣获"省特级教师""市级名校长""市级首席名师""市级卓越教师"等荣誉。

（1）梯队构建培养模式。

第一层级：导师团队（特级教师、市级首席名师、首批市级卓越教师）；第二层级：骨干型种子教师、校级名师工作室首席名师；第三层级：青年教师成长团队（教师新秀）。根据梯队建设，打造"青蓝工程"体系，签署师徒合同，建立评价体系。

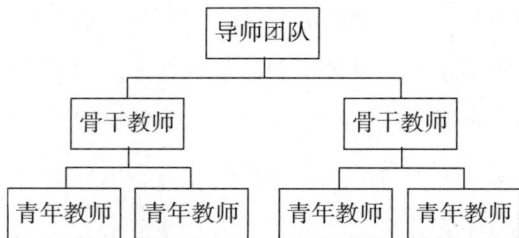

梯队构建培养模式

（2）"教师发展学校"促进专业成长。

"教师发展学校"，对40岁以下青年教师进行培训，开设有书法班、健身班、读书会、摄影班、信息技术运用等培训班，加强基本功训练，促进专业素养提升，追求卓越，永不满足。

（3）青年教师成长迅速，硕果盈枝。

青年教师投身教学改革，开拓创新，屡获佳绩，每年有近 10 人次在各级各类赛事上崭露锋芒。他们不忘初心，坚守信念，追求卓越，砥砺前行。这是学校文化对他们的浸染与陶冶，让一批又一批麓小之师迅速成长。

四、效果与反思

（一）研究成果取得的效益

1. 两任教育部长来校考察，给予学校充分肯定

2018 年 4 月 23 日，全国政协副主席陈晓光，全国政协教科卫体委员会主任、教育部部长袁贵仁在校考察时说："我相信这个学校是好学校！我觉得如果我们湖南的，乃至全国的，都能像这个学校，基本上这个问题解决差不多了！"

2018 年 9 月 20 日，教育部党组书记、部长陈宝生一行视察我校对教育现代化进行深入了解，并对学校工作给予充分肯定。教育部副部长杜占元，湖南省人民政府副省长吴桂英陪同视察。陈宝生在座谈会上总结说："关键是做得好！时间虽短，看的都是精华，不虚此行！"

2018 年两任教育部长先后来校考察，他们的到来，是对学校工作的肯定与鼓励，更是学校独立成校后，传承麓山精神，深化内涵发展，文化建设卓有成效的重要体现。

2. 学校各项工作齐头并进，受到社会广泛赞誉

文化建设带动学校各项工作取得新进展，获得新提升。学校荣获"全国青年文明号""全国五四红旗团支部""全国优秀少先队集体""湖南省青年文明号""湖南省五一劳动奖状""湖南省职工职业道德建设标兵单位""湖南省五四红旗团支部""湖南省五星级红领巾示范学校"等多项荣誉称号，是全国少工委"少先队改革直接联系示范单位"，获教育部命名"全国中小学中华优秀文化艺术传承学校""全国青少年校园足球特色学校""全国青少年校园篮球特色学校"等。

3. 实现引领辐射接轨国际，推进教育均衡发展

学校积极推进区域内城乡教育均衡发展，通过名师工作室、名师工作站、大数据云课堂、网络联校、送教下乡等平台与渠道，广泛实现教育教学引领辐射。同时，通过建立国际姊妹学校、开展国际研学等方式，接轨国际。目前，学校与 3 所农村小学联点开展"网络联校"授课，与 10 所学校签订国际姊妹学校合作协议、师生互访，托管新建学校和帮扶薄弱学校共 14 所。

（二）思考与展望

学校搬迁新址已 3 年多的时间，各项工作稳步推进，但是校园走廊、空旷之地还有待进一步设计与规划，营造出浓郁的文化氛围。当前，教学楼的走廊文化设计正在进行中，在不久的将来，将搭建起更多为学生服务的平台，让学生成为校园的主角。

校园文化建设是一个需要时间沉淀的大课题，未来充满无限可能，学校、教师、学生都是这个大课题下的成员，彼此携手，不断以积极向上的态度和热情，以追求美好的心态和努力，定能建设一座让师生彼此滋养的精神家园。

新时代中小学教师精神文化建设研究

长沙麓山国际实验小学

黄　斌　黎　雁

一、问题的提出

教师成长的核心是重视教师的精神处境，促进教师精神世界的丰富。教师的专业发展不能仅仅简单地理解为接受新知识、掌握新技能、运用新教学方法的过程，而应该关注教师"精神存在"的提升，激发教师的意识觉醒，使之回归自由的家园，赋予教师充分的自主权，才能帮助教师真正走上精神成长之路。

新时代中小学教师精神文化建设研究是遵循党和国家法规政策的内在要求。从《中华人民共和国教师法》到《小学教师专业标准（试行）》和《中学教师专业标准（试行）》等法律法规和政策文件，都为课题提供了强有力的法律和政策支持。《国家中长期教育改革和发展规划纲要（2010—2020）》明确提出："坚持教育优先发展战略。建设一支德才兼备的高素质专业化教师队伍。"这种建设、这种肯定、这种激发，都离不开中小学教师精神文化的内在成长和积极性、能动性和创造性的自我建构与发挥。

新时代中小学教师精神文化建设研究是新时代写好教育奋进之笔的大势所趋。写好新时代的教育大文章，教师是关键，教师精神文化建设是重要保障。习近平总书记强调全国广大教师要做"有理想信念、有道德情操、有扎实知识、有仁爱之心"的四有好老师；在 2018 年 10 月全国教育大会上，习近平总书记提出，"人民教师无上光荣"，教师是人类灵魂的工程师。全党全社会要弘扬尊师重教的社会风尚，努力提高教师政治地位、社会地位、职业地位。实现高质量发展，关键还是靠教师。党的十九大报告从师德、专业化发展和尊师重教三个方面，对加强教师队伍建设进行了系统部署。

新时代中小学教师精神文化建设研究是夯实队伍建设提升学校品质的校本诉求。要不断夯实教师品格建设，高尚的师德和良好的师风是教师这个特殊职业的内在要求。教师的理想信念、道德情操、人格魅力直接影响到学生的思想素质、道德品质、行为习惯和最终成长。学校要努力构建教师成长的精神家园，提升教师教育教学的独特魅力，丰富教师深刻内涵的精神世界。

教师专业发展和教师精神文化建设是当今世界教育改革、教育可持续发展的前沿课题。

（一）国外研究综述

西方学校和教师发展文化研究兴起主要有两个原因：一是组织文化研究的兴起；二是西方学者对影响学校效能因素研究的深入。随着研究的深入，学者们力图打开学校这个"黑箱"，揭示学校内部运作的机制。这突出地表现在研究者积极寻找学校特征因素，例如师生互动、领导风格、组织结构等与学生发展、学校管理绩效等学校产出的内在关联。

20世纪80年代前，临床指导和教师评价一直是提高教师专业素质的主要方式，是实施被动专业化的措施。临床指导（教研员、学校领导及其他教学管理人员）指帮助教师改进教学行为的一种现场管理策略。注重强调技能、不注意区分不同经验水平的教师以及教师所处的不同的发展阶段，它除了对教师外在行为的记录之外，并没有提供任何有关教师是如何思维、设计等信息，教师在这些方面也无从改进。

埃里奥特（Elliot J.）认为，教师所做的只是验证专业性的假设，没有彻底解决促进教师专业自主的问题，提出了"行动研究者"，主张教师从

自己的教学实际中，提出问题，着手解决问题，提出假设、验证假设、进行评价。凯米斯（Kemmis S.）在此基础上又提出了"解放性行动研究者"，他认为教师应该摆脱专家的束缚，在自己的共同体下进行研究。

从美国来看，教师的专业化发展已经经历了一个探索的过程。美国自20世纪初《明天的教师》和《国家为培养21世纪的教师做准备》等代表性报告起，提出了一系列关于教师队伍专业化发展的设想并付诸实践。

新世纪以来，教师的专业化发展成为教师文化建设研究的焦点。国外研究越来越注重教师精神文化的个性化发展与团队文化的融合。对教师群体而言，由于其职业的相对独立性，教师群体文化的理想、社会意义越是被拔得很高，其实践效果越是难以显现；即使教师群体文化表面上看来显而易见，也不见得深入人心。

（二）国内研究综述

我们通过检索中国期刊网和中国知网，找到了与我们的研究主题一致的一些论文。其中，对"教师精神文化建设"的内涵、表现和建构途径有不同理解。研究方法也不尽统一，过程还不够详细，缺乏特殊有效的策略。总体而言，对"教师精神文化建设"的研究，还需要更全面而深刻的认识。

研究发现：教师精神文化建设的核心在于加深教师对教育实践活动体验的深度，促使教师行为逐步趋向于合目的性与合规律性的高度统一。

二、归因分析

（一）理论意义

1. 充实教师精神文化建设理论

包括精神文化建设的内涵与特质研究。联动学校领导及各责任部门，构建研究共同体，从理论和应用两方面开展研究，进一步充实相关理论。

2. 创新教师精神文化建设途径与策略研究

重点在教师队伍建设方法与策略、教师专业成长方法与策略研究、教师专业精神培养的方法与策略等方面开展研究和设计，构建中小学教师精神文化建设体系。课题注重弘扬优秀传统，增强教师职业意识；倡导学习文化，提升教师育人魅力；培养理性精神，构建校本教研文化；探索建设规律，寻求科学可行理论。

3. 教师精神文化建设的实践创新

依托本课题，在长沙麓山国际实验小学开展研究和设计，并进行实践，将实践期间与实践以前的状况、将学校与集团其他校教师精神文化建设状况进行比较，通过问卷测试、访谈对其实践效果进行评估，并最终实现对中小学教师精神文化建设方法与策略体系的改进和完善。

（二）实践价值

本课题从理论研究入手，并涉及如何进行教师文化建设的方法、途径与完善的操作体系，将以构建发展平台、精选案例汇编、形成评价体系等方式为同行提供可行性较强的方法与策略，具有一定的实践价值。

1. 促进教师精神文化自觉，提升教师综合素养

一是为教师提供精神动力，用新的教育理念和教育思想，让我们的教师在心理和精神层面得以充实与提高。

二是指导教师调适心理压力。

三是提升教师的人文底蕴。

四是可以完善教师精神文化评价机制。

2. 促进教师职业文化自觉，提升教育教学效能

教师精神文化建设的深入有利于营造和谐环境，提升教师"以校为家"的团队意识和文化凝聚力；有利于教师民主参与学校决策管理，提升教师"主人翁"意识和文化活力；有利于多元研讨交流，促进教师文化自觉与专业化发展的文化可持续力；有利于促进教师在教学行为中转

变教学观念，促进教师规划教育人生，改变教育教学职业行为，提升教育教学效果。

3. 构建教师精神成长家园，提升学校内涵品质

教师精神文化建设是校园文化建设中重要的组成部分，加强教师精神文化建设，在学校营造温馨、和谐、富有激情、进取的教师主流文化，能促进教师师德的提升和专业素质的提高，而教师师德的提升和专业素质的提高，能促进学校教育教学质量的提高，使学校步入良性循环的轨道，促进学校的优质发展。

基于此，我们决定开展"新时代中小学教师精神文化建设"研究，该课题将理论与实践相结合，将为教育教学管理者、工作者提供一些可以借鉴的具体方法和操作策略。

三、解决问题的过程与方法

在厘清教师精神文化内涵的基础上，梳理中小学教师精神文化建设现状问题，进一步探讨教师精神文化的价值取向，探究中小学教师精神文化建设基本规律，探索中小学教师精神文化建设的方法、途径与策略，以期建设具有个体性、合作性、生命性与发展性的教师精神文化，并在实践中不断检验、完善，以期指导同类学校同行专业的教师精神文化建设。

（一）课题研究的基本思路

（1）通过理论研讨深入探索教师精神文化的基本内涵与理论。

（2）与此同时，找准教师精神文化建设管理的基本机制要求。

（3）在教育教学的实践过程中寻找学校的特色与教师精神文化建设管理的契合点。

（4）在实践探索基础上有针对性地探寻教师精神文化建设长效机制的内在规律性要求和优化策略，并加以实践检验和反思完善，使课题研究进入实质性阶段。

（5）在充分论证和实践的同时，完成相应的调查报告、实验报告、案例汇编、教案集和制度集等过程性研究材料汇总工作，并进一步提炼升华，形成更多的物化研究成果，如论文和研究报告。

（6）在局部范围内进一步运用和实践相关研究成果。

（二）课题研究的方法

将理论研究与实践研究紧密结合，借助理论研讨班、讲座、经验交流会等各种研究平台，借助 QQ 群、微信群、信息平台等技术，采用以下研究方法：

（1）行动研究法：课题研究注重"问题—方案—行动—反思"四个环节。针对问题制订方案，通过反思发现新问题，制订新方案，开展新行动，在研究中行动，在行动中研究。

（2）案例研究法：对教师精神文化建设长效机制实验进行案例研究，分析总结相关经验，推出教师精神文化建构的典型个人和团队。

（3）调查研究法：采用问卷、访谈调查、个体访谈、电子邮件等多种形式，了解教师精神文化建设长效机制建设的现状、存在的主要问题及其原因，以及新的教育模式带来的变化。

（4）文献研究法：对国内外有关教师精神文化建设的资料进行搜集、整理和研究，为本课题的研究提供理论支持和可借鉴的经验。

（三）课题研究的技术路线

（1）组建研究团队：组成教师精神文化建设实验团队，理论与实践结合。

（2）收集相关资料：进行成员分工，收集校本研训方面的相关资料。

（3）组织学习研训：进行校内和校外交流，采用座谈会、辅导报告、经验交流会等形式，进行交流研讨。

（4）分类实施研究：综合运用调查法、经验总结、行动研究等多种研究方法，对教师精神文化建设进行分类研究和系统梳理。

（5）编制管理文本：针对教师精神文化建设长效机制建设，制订相应的管理制度和案例集，巩固和物化相关研究成果。

（6）完成结题报告：在充分的实验、总结、实践、再实验、再总结和再实践的基础上，形成结题报告、论文等研究成果。

（四）课题研究的创新点

（1）创新观点：培养豪迈的中国教师。

课题研究提出了"培养豪迈的中国教师"的核心理念以及"专业尊严""课堂精神状态""育人精神气度""职业自信""科研精神品质"等一系列与中小学教师精神文化建构相关的创新观点。

（2）梳理了教师精神文化建设的核心要素。

深度解读"培养豪迈的中国教师"并提出了"教育理想""职业道德""专业尊严""学科思想"和"育人情结"等教师精神文化建设的核心要素。

（3）创新研究视角，实施分类研究。

强化教师主体精神建构的分类研究：一方面，重视个体精神文化建构；另一方面，重视团队精神文化建构，如教研组、年级组、青年教师、骨干教师、名师团队的精神文化建设等。

四、成果的主要内容

本课题研究成果主要内容体现在宏观层面、中观层面、微观层面三个方面。

（一）宏观层面

认同教师精神文化建设是学校发展的重要任务。孙春福等学者认为，理想的教师文化是开放的、合作的，充满情感的、积极进取的文化。上进的教师文化不仅会影响到教师自己，还会影响到我们的学生。

认同教师精神文化具有一定的潜隐性、弥散性、持久性和发展性。一是教师文化往往摸不到、看不着，但是又实实在在地存在；二是教师文化在时间和空间上具有延展性和弥散性，能够做到无时不在、无处不在；三是教师文化具有持久性特征，一种教师文化不会轻易地生成，也不会轻易地消失，它具有很强的生命力；四是教师文化虽然潜隐无形、无处不在、生命顽强，但是它也是发展和可塑造的，科学的培育、引导有助于健康的教师文化的发展。

认同教师文化包括四个部分：价值取向、教育理念、职业操守、行为方式。

（二）中观层面

强调教师精神文化与社会文化和谐统一。学者普遍认为，教师精神文化是一个复杂的系统，从理念的形成到理论的提升，从过程的完善到目标的实现，从单一标准的建立到系统文化的设计必然要经历非常艰难的过程。

强调教师群体精神文化的制度化保障。越来越多的学者关注到教师文化共同体或者文化团体协作的重要性。李伟胜教授认为，教师群体本身对其文化要义的认知是零碎甚至缺乏的，教师文化群体认知一直处于弱化的边缘，应当通过制度建设，创设教师群体文化发展环境，保障教师群体职业特性和尊严，引领教师追寻职业幸福。

强调教师个体精神文化的创造性生成。教师个体文化的创造性生成，对于教师文化建设具有特别重要的意义。教师个体文化是社会文化和教师群体文化影响教师发展的最终落脚点。

（三）微观层面

学者和专家普遍认为，教师文化建设是一个系统工程。在教师文化建设中应该处理好几个关系：一是处理好远期目标与近期目标的关系；二是处理好物质文化和精神文化的关系；三是处理好显性文化和隐性文化的关系；四是处理好集体文化与个人发展的关系。

五、效果与反思

近年来，长沙麓山国际实验小学致力于教师精神文化建设，重点打造师资。2018 年，两任教育部部长先后视察学校，并对学校的各项工作给予高度评价和充分肯定。

关于教师精神文化建设方面的研究我们还存在如下不足：

（1）理论性太强，太空泛，实践性不够；

（2）缺乏对教师自身"人格魅力"的研究；

（3）缺乏实践与应用的可行性、操作性的指导；

（4）现处于研究中期，尚未形成很有效可以推广的成果。

巧借网络提升学生核心素养

北京市朝阳师范学校附属小学

杨　欣

一、问题的提出

下一个五年，我国信息化重点是全面促进信息技术的融合，引导教育改革。教育的重点改革：围绕培养学生核心素养，实现四个中心：以学生为中心，以能力为中心，以培养为中心，以过程评价为中心。在互联网时代，教师要成为学生学习的帮助者，甚至是与学生共同学习的好伙伴。主体应该是学生，教师仅仅是帮助者与好伙伴。

关于核心素养代表性的说法有两种。2002 年欧盟委员会"工作组 B"的界定是："核心素养代表了一系列知识、技能和态度的集合，它们是可迁移的、多功能的，这些素养是每个人发展自我、融入社会及胜任工作所必需的；在完成义务教育时这些素养应得以具备，并为终身学习奠定基础。"此界定强调了三要素的集合、可迁移、多功能、全体性、时限性等特征。经济合作与发展组织的界定是："（核心素养）是在现代民主的社会中，儿童和成人过上有责任感和成功的生活所需要的，同时也是社会应对当前和未来的技术变革和全球化的挑战所需要的。"此界定从生活、时间、社会发展、身份四个维度进行了概括，在对象和时限两方面区别于欧盟委员会的定义，视野更宽广。

现在处于素养时期，我们数学课堂教学形态和学生学习的方式都在发生着改变。发展核心素养就是以科学性、时代性和民族性为基本原则，以培养"全面发展的人"为核心，分别从文化基础、自主发展、社会参与三个方面去实施，综合表现为人文底蕴、科学精神、学会学习、健康生活、责任担当、实践创新六大素养，具体细化为国家认同等十八个基本要点。

根据国际经验和我国现有课程体系的特点，在我国建立基于核心素养的现代课程体系，从下图不难看出核心素养的培养途径。

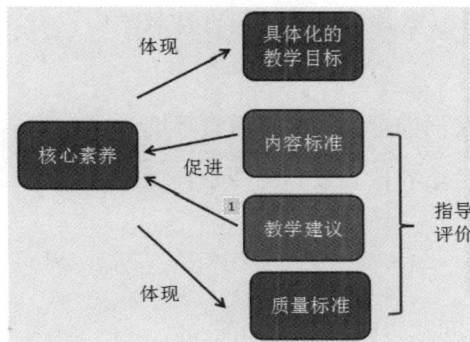

图 1 核心素养的培养途径

具体来看，首先，具体化的教学目标一定是体现学生发展核心素养的教学目标。每一个学科需要根据本学段学生核心素养的主要内容与表现形式，结合本学科的学科内容与特点，提出该学科实现本学段核心素养的具体目标，要体现本学科特色。其次，内容标准和机会标准是促进学生形成核心素养的保证。各学科需要结合本学科、本学段的学生核心素养要求来安排学科知识，并且要根据素养培养目标和学科内容特点提出有针对性的教学建议，以促进学生核心素养的形成。最后，表现标准是学生核心素养在学业上的具体体现。学生核心素养可以为衡量学生全面发展状况提供评判依据，通过将核心素养与学业表现标准的紧密结合，不仅可以更加有效地指导教育教学实践，结合了内容标准后，还可以用来指导教育评价，监测学生核心素养达到的程度，并最终促进学生核心素养的形成和发展。其中教学建议也称"机会标准"，即为保障教育者的学习质量所提供的。教育经验和教育资源，包括课堂讲授内容的结构、组织安排、重点处理及传授方式，以及学校的公平性、教育资源的分配、学校环境的创设等。

基于核心素养培养的课堂理想的状态为占有优质师资，占有课堂教师辅导均等的机会，占有同样的实践机会……然而我们目前的现实是骨干教师数量有限；上课为保证进度老师往往以一个同学的回答代替全班的思考；实验机会有限，教师往往以演示代替学生的动手操作……

基于以上分析，笔者发现在我们日常教学中，有以下两个问题亟待解决：

（1）如何营造面向全体的公平教育环境；

（2）如何营造培养核心素养的课堂环境。

二、归因分析

针对以上两个问题，归因分析如下：

问题一归因于：传统的教学模式下学校骨干教师数量有限；上课为保证进度老师往往以一个同学的回答代替全班的思考；实验机会有限，教师往往以演示代替学生的动手操作。

问题二归因于：培养核心素养的课堂需要做哪些事情，我们还不是很明确，对于具体的操作就更有难度了。

三、解决问题的过程与方法

第一阶段：转变学习方式，打破课堂的壁垒，拓展课堂的宽度。

具体的做法是创设面向全体的教育环境，实现教育的公平，达到培养学生核心素养的目标。主要在三个方面下功夫：

（1）上课发言机会的均等；

（2）动手操作实践机会的均等；

（3）接受教师指导机会的均等。

这些均等我们是如何做到的呢？在传统的教学根本无法实现时，我首先想到了互联网，我们借助网络得以实现以上三个均等。

第二阶段：营造培养核心素养的课堂环境。

在我们的课堂中，培养核心素养的重要途径就是创设学生主动运用知识解决实际问题的情境。

第三阶段：探索探究性作业。

拓宽作业的内容，创新优化孩子的数学作业。学习评价的主要目的是为了全面了解学生数学学习的过程和结果。评价既要关注学生学习的结果，也要重视其学习的过程。进行口语报告（说解题思路、说计算过程，进行必要的操作）。结合思维导图，梳理零碎知识点，将其形成串—链—网。

四、成果的主要内容

（一）转变学习方式，打破课堂的壁垒，拓展课堂的宽度

互联网提供的网络平台是怎样实现三个均等的呢？我们先来看孩子们传统的学习模式。

教师提问，指名回答 → 学生发言，教师评价或指名评价 → 课堂的过程随着下课铃响没有记录 → 只有开放课家长才能走进课堂 → 教师辅导以大多数学生为准

图 2 传统学习模式

互联网下孩子们的学习模式：

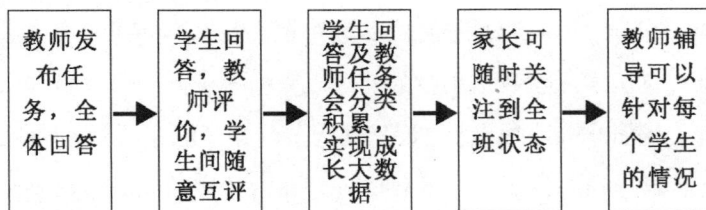

教师发布任务，全体回答 → 学生回答，教师评价，学生间随意互评 → 学生回答及教师任务会分类积累，实现大数据成长 → 家长可随时关注到全班状态 → 教师辅导可以针对每个学生的情况

图 3 互联网下学生学习模式

"上课发言机会的均等"借助网络在这里可以理解为学生的第二课堂。以学习小数除法前出的一道前测题"12.6÷0.28=？"为例，教师发布

任务后孩子们尝试做题并展开讨论，此时人人都有机会发言，不受时间的限制。老师在这里没有直接告知答案，而是在引发孩子的思考，其他孩子是很好的学习资源。第二天的课堂上教师让学生说做这道题有什么要提醒大家时，同学们高高举起了小手，把他们昨天晚上做题的过程与大家分享，当教师看到其他孩子频频点头时，教师发现利用网络带来的意外收获。

在学习完《七巧板的认识》后，教师借助网络平台发布了一个拼角活动，任务中教师说道："PPT 我没有设定自动播放，我把播放权限给同学们。今天我会把用时最少、表达熟练、正确的同学置顶供大家学习。"这样简短的说明大大激发了学生参与的积极性，学生争先恐后地发言，最后被置顶供大家学习的同学感到了极大的荣誉感。以上案例说明我们在第二课堂不仅很好地实现了上课发言机会的均等，还激发了学生的学习兴趣。

由于我们在课堂上受时间空间等限制，我们往往不能保证所有的学生都有实验操作的机会，但是操作对于学生积累活动经验，拥有空间观念来说又十分重要，因此教师借助网络平台发布了一个拼角活动，任务中第二课堂为学生创造了均等的动手操作机会。

"接受教师指导机会的均等"在这里重点强调我们不仅关注了孩子们的学习结果，还实现思维过程与学习习惯的监控。《数学课程标准》明确指出学习评价的主要目的是为了全面了解学生数学学习的过程和结果，评价既要关注学生学习的结果，也要重视学习的过程。

例如：在学习"除数是小数的除法"期间教师发布了这样一项任务：各位家长，自从学习除数是小数的除法以来，孩子们的错题量骤增，您所看到的都是孩子忘点小数点。也许您认为这是孩子的粗心，没有什么大事。但实际上，这恰恰是孩子学习的软肋，是非常关键的问题。孩子做题出现错误是因为他们不熟练，没有良好的做题习惯。而良好的做题习惯是贯彻整个做题过程的，也是老师最难以监控的。为了能监控这个最关键的学习环节，我建议家长能坚持 10 个工作日（2 周）每天让孩子说一道题。如果

为未来而来

您愿意以及条件允许, 请将孩子说题的过程录制下来上传, 我会进行监控。由于平时在学校我没有时间对孩子一对一的辅导, 因此我愿意把这个机会留给愿意接受监控的学生。只要您传我就会看, 他们的问题我会在学校和孩子进一步沟通。通过这样的形式达到对孩子学习过程的监控。在这里, 孩子得到了接受教师指导的均等机会。

同样在三年级上学期学习三位数加减三位数的竖式, 学生通过每天一道题的录制, 掌握算法理解算理。针对有问题的学生教师及时进行了指导。教师将学生的口语报告收集起来建立成资源库, 供以后学生们学习。

此外我们还发布了错因分析的任务, 关注学生的思维过程, 帮助学生养成回顾与反思的习惯。例如, 学生们自主检测后教师就结合自主检测布置:"题目出错不要紧, 我来分析错误原因! 在本次自主检测中, 大部分同学都取得了的进步, 今天请你们把错题的正确思路与同学们分享, 满分的同学要作为小老师对别人的解题思路进行点评哦!"目前已经形成错题库, 学生们也在相互学习中明确了分析错因的方向。

(二)创设学生主动运用知识解决实际问题的情境, 确定最终研究路径

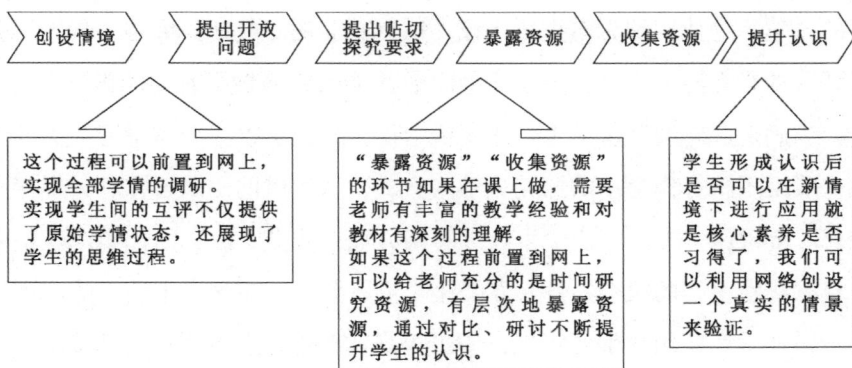

图 4 研究路径

网络在课堂教学中的辅助作用可以体现在:

第一:创设真实情境为每个学生提供实践的平台。

第二：收集资源为教师更有针对性的教学设计提供保障。

第三：展现全部资源，为生生互动提供了可能。

（三）从研究课提炼出的策略

1. 连环型任务——清晰反映学生能力提升的增量

适用课型——数学实践活动课

"长方形周长计算实践活动"设置了开放性实践活动任务：如果想知道你卧室周长大约是多少米，你可以怎么量，试着制定一个方案。

学生的资源：用手、用庹、用米尺、步测等。学生资源中有描述得清楚的、不清楚的，还有求成面积的等。

教师将这些资源进行了分类，在课上通过层层资源的展示、资源的对比让学生明确方案制定要有明确的目标、清晰的思路、完善的步骤、可操作的方法。在资源对比中，学生发现"一步到底多大"成为研究实践的焦点，此时教师巧妙植入"一步的概念"，使知识基于学生需求而开展。

通过本节课的学习，学生明确了方案制定的基本步骤以及好的方案应具备的特点。

此时，教师再次下发任务：根据今天的学习，再去评价一下同学们上传的方案，为他们的方案提出建议。这突破了我们前期研究中"学生不会互评"的难点问题。在提升学生数学表达能力方面做了有益的尝试。

"确定起跑线"这个主题式实践活动，改变了以往个体学习为主的方式，采用团队合作为主的探究式学习方式，学生借助团队合作、分享探究成果。希望通过本课程使学生在以下两方面有收获，一方面让学生获得审视自己实践过程的机会；另一方面让学生体会数学在日常生活中的应用价值，增强学生应用数学的意识，不断提高实践能力和解决问题的能力。

（1）课程设计

表 1　课程设计

教学目标	1. 了解田径场环形跑道的基本结构，学会综合运用圆的周长等知识来计算并确定环形跑道的起跑线。 2. 学生借助团队合作、分享探究成果，培养学生的自我反思能力，提高学生实践能力和解决问题的能力。 3. 体会数学在日常生活中的应用价值，增强学生应用数学的意识，提高学习数学的积极性。
目标解读	了解：知道田径环形跑道由两个弯道两个直道组成的。 学会：在学生的交流启发中发现起跑线的确定与两条跑道间的距离（道宽）有关，并能够找到 2 道、3 道、4 道的起跑线位置。 培养：学生在参与回顾本组探究过程以及倾听其他小组分享探究成果的过程中不断进行自我反思。
呈现课堂变革之处	1. "确定起跑线"这个主题式实践活动，改变了以往个体学习为主的方式，采用团队合作为主的探究式学习方式，学生借助团队合作、分享探究成果。 2. 将一节课变成了一个主题式实践活动课，分四课时完成任务，不断提高学生发现、提出、分析和解决问题的能力。
教学重点	学生借助团队合作、分享探究成果，培养学生的自我反思能力，提高实践能力和解决问题的能力。
教学难点	综合运用圆的知识解答生活中遇到的实际问题
教学准备	学生探究成果、视频等

（2）课程描述

表 2　课程描述

教学过程	1. 视频播放回顾前期内容，引入新课 师：同学们，欢迎大家继续研究如何确定起跑线。首先我们来回顾一下我们的研究历程（播放视频）。上节课我们每个小组都实施了本组的方案，现在和大家分享一下我们的初步成果吧。

教学过程	2. 汇报实践方案 汇报通过计算确定第二条起跑线位置 预设: （1）通过观察跑道图以及实际测量跑道我们发现, 每条跑道一圈的长度不相等, 为了让比赛更公平我们组想到要去测量第 1、2 条跑道线的长度, 找出两条跑道差, 在确定了第一条跑道起跑线位置的基础上加上跑道线长度差就能够确定第二条跑道起跑线的位置了。 量弯道+直道, 算出第一条跑道的长度 量弯道+直道, 算出第二条跑道的长度 算出跑道长度差? 数据, 我们的结论 评价: 刚刚 1 组汇报了他们确定第二条跑道起跑线的位置, 你们有什么想说的吗? 评价预设: 测量方法上的, 测量工具选择上的、小组合作方面的 数据记录方面。 过渡有没有不一样的想法, 哪个组愿意汇报。 （2）通过观察跑道图以及实际测量跑道我们发现, 每条跑道一圈的长度不相等, 为了让比赛更公平我们组想到去测量第 1、2 条跑道线的长度。我们结合跑道的特点进行分析, 我们发现跑道一圈长度等于两条直道长度加上一个圆的周长, 我们还发现两条直道的长相同, 因此我们测量一个直道和第一条跑道的直径的长度。 数据如下: 我们本来想着再去测量第二条跑道线直径的长度时, 我们组××同学提醒我们只需要再测量跑道的宽度, 一计算就行了。这样, 我们快速得到了第二条起跑线的长度, 确定了第二条起跑线的位置。 过渡: 听了刚刚这组的汇报, 在收集数据方面对你有什么启发吗? （3）调整方案

教学过程	如果再让你们重新测量一次,你将怎样收集数据呢?请回到你们的组里重新调整方案。(小组合作) 展示调整后的方案: 第一条与第二条跑道的长度不一样是因为圆的周长不一样,所以不用研究直道的长,直接测量两弯道所形成圆的直径即可(说明理由)。 (4)出示正确数据,算出前移的真实距离 老师和刚刚你们组的想法不谋而合,这是老师测量的数据,请你们算算第二条跑道前移的距离吧。 (5)解决起跑线的画法 出示收集材料,规范画法。 (6)发现规律,确定第三条起跑线 第三条起跑线与第二条比,又该前移多少呢?老师也测量了相关数据,请你们算一算。 预设:算的这么快为什么? 你们有什么发现吗? (相邻跑道起跑线相差都是"跑道宽×2×π"。) 教师提问:从这里可以看出,起跑线的确定与什么关系最为密切? 预设:与跑道的宽度关系最为密切 小结:同学们经过分享成果、小组合作探究调整方案、计算等方法,终于找到了确定起跑线的秘密!其实只要知道了跑道的宽度,就能确定起跑线的位置。 3. 回顾小结,体验收获 谈一谈这节课你有什么收获。
板书设计	确定起跑线 内外跑道差:"跑道宽×2×π"

(3)教学反思

数学实践活动是一类以问题为载体、以学生自主参与为主的学习活动,数学实践活动成为学生自主学习的载体。

《数学课程标准》中也明确指出:积累数学活动经验、展现思考过程、呈现实践成果，体会数学应用价值。这是数学课程的重要目标，在学习方式上动手实践、自主探索、合作交流是数学课程的基本理念。

"确定起跑线"是学习圆的有关知识后，结合跑道结构与起跑位置关系这个具体情节所进行的一节实践活动课，目的在于提高学生综合运用所学的知识来发现生活现象中所蕴涵的数学问题以及分析问题、解决问题的能力，同时还要让学生感受到数学应用的广泛性。怎样才能达到这样的学习目标？教师进行了深入的思考，并做了大胆的尝试，将一节课变成了一个主题式实践活动课，分四课时完成任务，不断提高学生发现、提出、分析和解决问题的能力。本主题式实践活动课包括第一课时的"确定研究主题"，目的是要培养学生的问题意识，让学生学会思考。第二课时的"设计实施方案"、第三课时的"实施设计活动方案"以及本节第四课时的"分享探究成果"。

数学实践活动有利于激发学生学习的兴趣，培养学生的问题意识。

"学习的最好刺激乃是对所学的内容的兴趣。"兴趣是最好的老师，让学生动手操作是提高数学学习效率和获取知识的有效途径之一。例如在第一课时，教师带领学生来到操场，邀请学生赛跑，路程是一圈。学生们准备好后，教师发号口令："预备，跑！"此时，学生们互相对视，站在第三道的学生反应最快，喊道："老师，这样跑不公平！""不公平，那怎样就公平了呢？"此时学生们围了上来，你一言我一语支起着来："老师，第二、三、四道的同学都要往前移！""那你说往前移多少呢？"另一个学生追问道。学生们的问题意识在不知不觉中萌生，作为教师的我一节课和孩子们以对话交流的方式围绕着"为什么不公平"展开讨论。教师忽然发现平时课堂上不那么爱发言的学生也带着饱满的热情开始了讨论，学生们在讨论中确定了研究主题"第二名同学的起跑线到底前移多少米呢"。

数学实践活动有利于学生获得审视自己实践过程的机会，增加实践活动经验。

中国的基础教育课程改革已经进入到"素养时期"。数学课堂教学的形态和学生学习的方式也在发生改变。《中国学生发展核心素养》确立了六大学生核心素养，十八个基本要点，其中学会学习主要是学生在学习意识形成、学习方式方法选择、学习进程评估调控等方面的综合表现，具体包括乐学善学、勤于反思等基本要点。《数学课程标准》中也明确指出：积累数学活动经验是数学课程的重要目标。例如在本主题式实践活动课的第四课时，教师将学生们整个实践过程的图片视频等制作成短片让学生们回顾实践活动的过程，课堂上学生们睁着大大的眼睛，看着自己参加实践活动的情形，学生们发现了合作的重要性，有的学生谈到，如果再让他们重新实践他们将采用更好的方法进行测量，这是受到了某某小组的启发。除去知识方面的收获，学生们还谈了如何成为小组长，更好地安排本组工作，这样才能节省更多的时间。一个实践活动，学生们综合素养得到提升。

数学实践活动有利于学生分享探究成果，提高表达能力。

数学是思维的体操，语言是思维的外壳。实践证明，绝大多数学生交流表达能力的高低与思维能力的强弱相关。培养学生的数学语言表达能力，是解决数学问题的前提，有利于拓宽学生的思维能力，有助于小学生非智力因素的培养。

例如在学习本主题式实践活动的第四课时，教师为学生提供了大量交流分享时间，通过计算确定第二条起跑线位置，学生们汇报了稍复杂的方式（大部分组是这样操作的），即方案一：去测量第 1、2 条跑道线的长度，找出两条跑道差，在确定了第一条跑道起跑线位置的基础上加上跑道线长度差就能够确定第二条跑道起跑线的位置了。方案二：测量第 1、2 条跑道线的长度，怎样测量长度我们结合跑道的特点进行分析，我们发现跑道一圈长度等于两条直道长度加上一个圆的周长，我们还发现两条直道的长相同，因此我们测量一个直道和第一条跑道的直径的长度，再计算，得到结论。方案三：得到第一条跑道弯道的长度后接下来只需要再测量跑道的宽度，一计算就行了，这样我们快速得到了第二条起跑线的长度。确定了第二条起跑线的位置。学生们在每一次汇报后都能够去对其他组的方案进行评价，学习别人的优点。当听到第三个方案后学生，之前使用第一、二个方案的同学，快速调整，向别人学习了新的方法。"确定起跑线"这个主题式实践活动，改变了以往个体学习为主的方式，采用团队合作为主的探究式学习方式，学生借助团队合作分享探究成果。

学生们在大量实践经验基础上，大胆交流展示自己的实践方案，受到启发后调整实践活动方案，孩子们的表达能力得到了一定的提升。

数学实践活动有利于学生体会数学在日常生活中的应用价值，增强学生解决问题的能力。

本实践活动第四课时，孩子们在汇报过程中谈到发现左右的半圆是一个圆，孩子们利用学具演示将左右的弯道合成一个圆，从而找出问题的结果：弯道之差其实就是大小两个圆的周长之差。数学源于生活，也只有让数学植根于生活的土壤，数学教学才能生根发芽开花结果。在数学课堂教学活动中，充分利用生活原型，让学生感受到我们就生活在数学当中，生活无处不数学，教学活动事半功倍，学生对探究数学生发出浓厚的兴趣。数学一旦回归到生活之中，学生就会尽情地畅游其中。

目前我们很重视对学生数学实践能力的考察，下图是我们六年级学生期末考试中的一道题。

两名同学要在学校的操场上赛跑一圈，不许串道。为了公平，2号同学的起跑线应该比1号同学的起跑线前移一段距离。几位同学分别选取了不同的项目进行测量，根据他们测量的项目，不能计算出2号同学前移距离的是（　　　）。

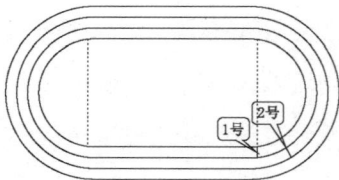

[A]分别测量1号同学和2号同学所在跑道的总长度。
[B]分别测量1号同学和2号同学所在跑道的弯道长度。
[C]只测量一条跑道的宽道。
[D]只测量1号同学所在跑道的弯道直径。

图5　六年级期末试题

总之，开展数学实践活动，目的是为了将数学与生活实际联系起来，让学生在实践活动中学数学，在现实生活中学数学，把学习的主动权交给学生，为学生提供动手操作的机会，让学生主动参与到学习之中，主动探索，真正成为学习活动的主体。

2. 延展课堂的宽度——给每个孩子动手操作的机会

适用课型——数学实验课

"不规则图形体积的计算"设置了开放性的问题：你能用你家现有的工具测测土豆的体积吗？请你将操作过程录制成小视频边操作边说给同学听。

学生的表现：蒸土豆后将其捏成长方体；土豆放进容器后倒水，然后拿出土豆，看水面下降多少；先放水，再放进土豆看水面升高多少；灌满水放进土豆看水溢出，等等。

这在传统课堂只能是老师演示学生观看，但通过网络，我们实现了每个学生都操作。同时开放的任务，激活了学生各种思路。教师可根据学生的表现，抓住共同点、不同点，将资源分类，引导学生归纳知识点的同时明确方案的写法。

学生们学习完人教版五年级数学《长方体和正方体表面积》后，教师尝试让学生们做了一个小练习，题目是这样的：丽丽将一块长方体的豆腐沿着与上下面、前后面、左右面平行各切一刀，发现表面积分别增加 60 平方厘米、48 平方厘米、40 平方厘米，请问这个长方体的表面积是多少平方厘米？全班 38 位同学，能够正确解答的只有 8 个，正确率为 21.05%。教师选取了班中不同层次的学生进行了访谈，学生 1：这道题缺少信息，没有办法完成。学生 2：我觉得将长方体的豆腐与上下面平行切一刀，增加了一个上面或下面的面积，与前后面平行切一刀，增加了一个前面或后面的面积，与左右面平行切一刀，增加了一个左面或右面的面积，因此原图形的表面积就是（60+48+40）×2。学生 3：画了个简图，指图说明，将长方体的豆腐与上下面平行切一刀，增加了一个上面和下面的面积，与前后面平行切一刀，增加了一个前面和后面的面积，与左右面平行切一刀，增加了一个左面和右面的面积，因此原图形的表面积就是60+48+40。学生4：我在外边上数学课时老师教过，就是60+48+40。

　　通过此题的正确率分析和个别访谈，教师发现学生虽然已经学会了如何计算长方体的表面积，也充分了解长方体的特征，但是由于学生缺少生活实践经验，对于这样的问题，大部分学生还不具备良好的空间想象能力，总是搞不准确。因此教师决定在教学《长方体和正方体表面积》第二课前在优学平台上发布一个小任务。为了让孩子们有足够的兴趣参与，教师给这个小任务取了一个孩子们愿意参与的名字"数学小游戏——切萝卜"，具体要求是这样的：①请准备切好的长方体萝卜（或其他长方体物品，可切割）至少四块。②分别与上下、前后、左右面平行切萝卜，并说一说每次切割后表面积增加了多少。③最后将一块萝卜沿着上下、前后、左右面平行切三刀，说一说切好后的8个小长方体与原来比表面积增加了多少，增加在哪。

　　实践小任务放到优学网上后，教师就看到学生们陆续开始行动，最先上传视频的学生准备了长方体的胡萝卜作为切割对象，按照任务要求分别将原来修整好的长方体萝卜上下面、前后面、左右面平行切，然而这个学生只注重了动手操作，在描述每次切割后萝卜的表面积增加了哪部分时描述不够清晰，于是教师及时对这个学生进行评价，指出学生的问题，教师对学生的评价是"切得不错，增加哪个面的面积的描述欠清晰"，用这样的评语对学生进行个性化的指导，由于教师的评语全班的学生都可以看到，实际上这也是对其他学生的提醒，要将增加了哪个面的面积描述清楚。

　　在接下来上传的任务中，很明显地看出来不管学生们的操作水平还是语言表达能力都有所提升。学生：边切边描述，第一块左右切，这样增加了两个面，这两个面和长方体萝卜的左右面大小一样；第二块前后切，这样增加了相当于前后两个面的面积；第三块上下切，这样增加了相当于上下两个面的面积；第四块切三刀，这样就增加了相当于前后、上下、左右这六个面的面积，也就是增加了原来这个长方体的表面积。

第二天课前再做这个题：丽丽将一块长方体的豆腐沿着上下面、前后面、左右面平行各切一刀，发现表面积分别增加 60 平方厘米，48 平方厘米，40 平方厘米，请问这个长方体的表面积是多少平方厘米？全班有 38 人，有 36 人回答正确，正确率达到了 94.7%。

课前教师跟班中一个学生聊了两句，学生说他在切萝卜游戏开始前，想到了与前后面平行切一刀，应该增加的是一个前面的表面积，在游戏中真正操作时，他发现增加的是前后两个面的面积，学生还及时地进行了反思，学生说："看来我想的有对的地方，只是数量上不对。"那天的数学课堂，教师展示了优学小任务，当学生们看到自己的作品在班级展示时很兴奋。一节课下来学生们轻松而愉悦，课堂效率高，那个课间与教师聊天的学生更是侃侃而谈，收获满满，教师将学生们的课堂表现拍照传给家长们，得到了家长们的认可。游戏的操作，更加直观，对于培养学生的空间观念起到了加速器的作用。

基于课堂 40 分钟有限，这种动手操作不能保证人人都能有机会参与，更不能保证人人都有机会分享操作过程，因此教师将此活动放到课前，让学生充分操作，描述操作过程，分享操作成果。

第一，借力优学，积累活动经验，让学生的学习在不知不觉中发生。

学生对于"小游戏——切萝卜"充满了兴趣，常言道兴趣是最好的老师，这个实践小任务使学生们能够积极主动去完成。游戏的吸引，问题的驱动，让学生的学习在不知不觉中发生。优学的个性化评价框，实现了教师对学生个体指导、整体提示的效果，让人人都在学习适合自己的数学。

第二，"想象""验证""思考"三结合，帮助学生建立空间观念。

小学生的思维处在形象思维向抽象思维过渡阶段。因此，操作在学生形成几何概念中有着极其重要的作用。空间观念是由长度、高度、宽度表现出来的客观事物在人脑中留下的概括的形象，心理学研究表明：空间观念的建立一般是通过多种感觉器官协同活动的结果。可以说空间想象有了实践操作的支撑，就变得具体、可感知。学生们在操作的过程中很容易发现每次切割后增加的表面积。结合教师布置小任务中的要求，学生们操作后进行思考，更重要的是将自己思考的结果用语言描述出来，这是传统课堂所不能达到的，从学生们上传的小任务中教师欣喜地发现，部分学生在操作最后一个切三刀的萝卜时，有了重大的发现，从学生们表述的神态中教师看出了学生的自信。这样的活动，让学生们在解决相关实际问题时与操作过程建立联系，使得复杂的问题简单化，积累了实践活动的经验，发展了学生们的空间观念，同时让学生们的思维更深刻。

3. 知识拓展实践——营造一个保底不封顶的学习环境

适用课型——数学知识拓展课

"三角形内角和拓展"设置了调研性任务：一组平行线被一条直线所截，你能找到几组相等的角，你是怎么证明他们相等的？

学生呈现的：第一类：只按书中陈述的方法叙述，第二类：能够找到不同的相等的角但找不全还说不清，第三类：能找到相等的角并能表达清楚。

教师在此学情下，通过暴露不同学生的资源，通过生生互动让不同类的学生都有所提升，营造一个课内分层的氛围，做到保底而不封顶的效果。

此类型的课属于在课内学习的基础上进行资源的再创造，使之成为新的课程资源，需要教师对教材的深刻理解，以及对课程资源的敏感性，因此也是几类中最难的，也是我们今后研究的难点。

4. 搭建应用平台——体现新情境下知识的运用

适用课型——数学知识应用课

"统计应用实践课"的任务发布：8道计算题，计算后上传。同学先判断其他人计算的对错，然后通过统计表将错误进行分类。

这是一个真实的情境，同学们的角色由"学生"转变为"教师"，开始主动思考为什么错，怎么避免错误。由于网络的开放性，每个学生都可以看到其他同学的答案，因此实现了数据的全覆盖。

课堂上教师引导学生应用所学的统计知识，在新情境下主动地运用，解决自己在学习中的问题，其实就是培养学生"迁移与应用"的能力，也是数学中重要的核心能力。

5. 面向全体 暴露资源——实现全过程学习状况监控

适用课型——数学常态课

"复式折线统计图"是一节新授课，如果用常规上法，教师要创设一个真实的统计环境，让学生进行统计实践，由于时间限制，这个环境往往流于形式，教师会很快找一个好学生的结果一带而过，然后切入正题。这是传统课堂中一个很难解决的"瓶颈问题"，就是用一个学生的叙述代替全班的思考。如果利用网络将实践情境前置，课堂上教师就可以面向所有学生将学生各类资源分类研讨，针对学生的现状开展有针对性的教学。

五、效果与反思

（一）取得效果

学生方面：有了作品集，思维更灵活，课堂上更爱发言了，在数学上有了不同方向的学习榜样，能够在不同的层面展示自己。

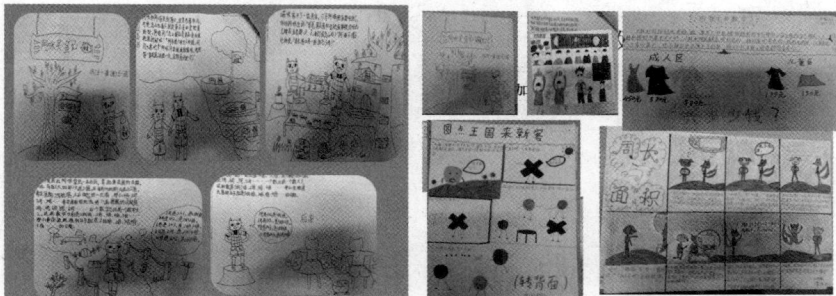

图 6　学生的绘本创作

图7　学生为数学知识代言　　　图8　学生进行数学游戏发散思维

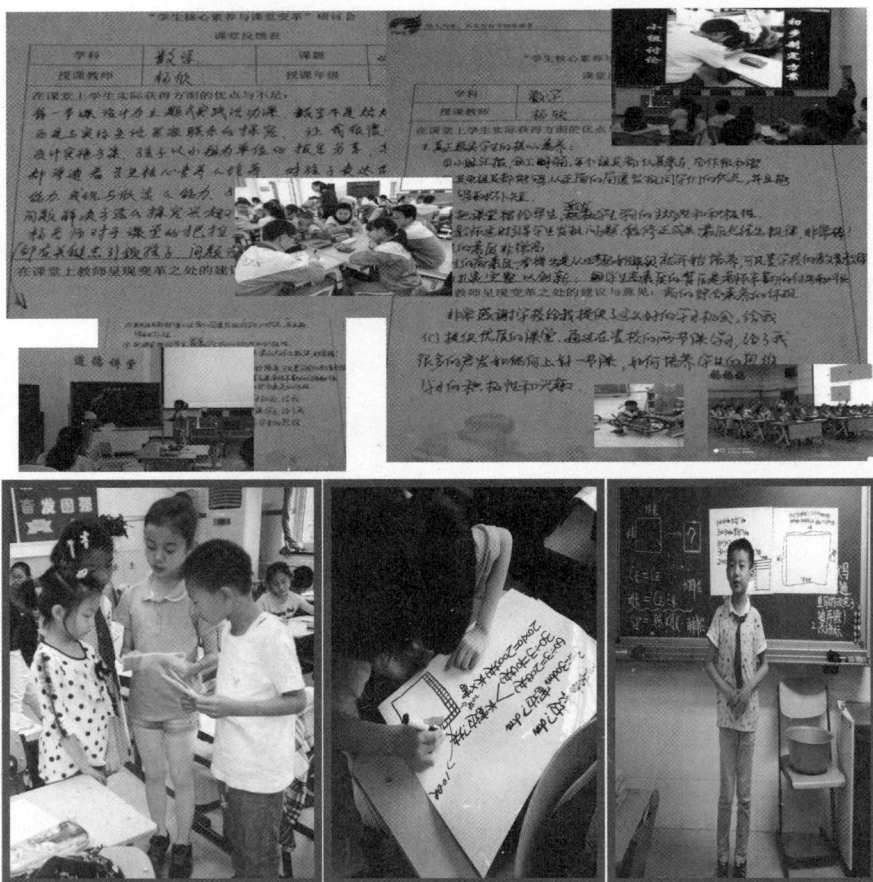

图9　以孩子们学为中心的课堂

家长方面：看到孩子们学习数学更主动了更加配合老师工作。

图10　家长微信圈　　　图11　家长谈口语报告——错因分析

教师方面：形成资源库，得到了学生的喜欢，家长的认可。

图12　教师资源库

学校方面：这样的研究提高了学校的影响力。

（二）思考与展望

网络辅助还可以实现对课后学习效果的监控，对重点知识的理解更多的是靠数学表达，而在常规教学中，我们的数学表达只有书面没有语言。而众所周知语言是思维的外壳，利用网络学生上传视频进行表达，即是对上传学生的监控，又为学生间的互评提供了资源，实现了真正意义上的"面向全体"。

今后的研究方向以培养学生核心素养为目标，借助网络辅助，实现学生学习资源在课堂的有效应用，面向全体学生创设个性化学习环境，从而提升课堂效率。

研究中几个难点问题的处理：

（1）教师批阅学生反馈中工作量增多的问题。

（2）学生间互评的水平差异问题。

小学语文课堂板书艺术探究

云南省昆明市东川区第三小学

赵燕彩　王雅娇

一、问题的提出

板书是语文教学中文章思路、教师思路、学生思路三者凝结而成的艺术结晶，是教学过程中的主旋律不可缺少的一个组成部分。但在小学语文教学活动中，板书的优劣往往不受重视，模棱两可，有时甚至被忽视，认为其可有可无。板书是教师根据课堂需要将文字、图片和符号按自己的设计展示在黑板上来传播教学知识的一种方法。形式工整、内容充实、布局合理、有吸引力的板书是一门影响广泛的艺术。板书是否具有有效性直接影响着一堂课是否成功。匠心独运的板书既有利于传授知识又能活跃学生的思维、激发学生的学习兴趣。这样板书的有效性就影响着学生的学习效果。

同时，学校采取调查法和访谈法面向学生，教师就学生对以下问题进行调研：你对语文课堂上的板书设计印象深刻吗？你认为语文课堂知识的掌握与板书展示有关吗？老师完成板书后，利用板书进行训练了吗？最新调研结果如图 1 所示。

对教师在语文教学中应突出的板书方式的调查分析调研结果如图 2 所示。

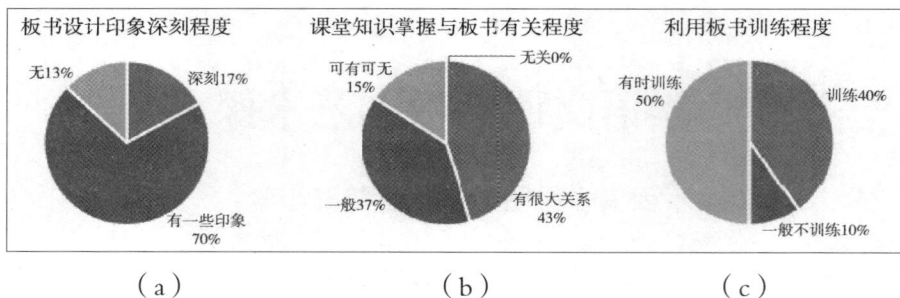

板书设计印象深刻程度	课堂知识掌握与板书有关程度	利用板书训练程度

（a） （b） （c）

图1 学生对老师板书的调研结果

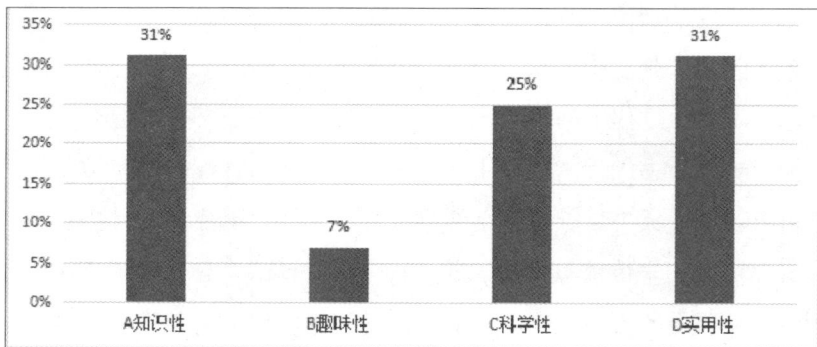

图2 "对于语文学科的教学，您希望板书方式更突出哪一点"

问题的调研结果

在实际的小学语文课堂教学中，虽然板书发挥了很重要的作用，但也存在各种各样的问题，如：

（1）板书形式单一，缺乏趣味性；板书布局不够合理，缺乏美观性。

（2）板书设计不能很好地突出重难点问题。

（3）教师书写不规范，没有起到示范作用。学生不能有效地利用板书复述课文。

二、归因分析

针对以上三个问题，归因分析如下：

问题一归因于：教师对板书的重视程度不够，没有认真研究，来寻求

最佳的板书设计方案。

问题二归因于：教师没有认真研读教材，板书设计草草了事。板书设计没有起到突破教学重难点的作用，只是课文内容的罗列。

问题三归因于：多媒体课件的广泛运用极大地冲击了传统板书的地位，因其操作简单、可重复利用、可复制粘贴等优点受到了很多教师尤其是年轻教师的青睐。因此，对于板书的书写就不加以重视。

三、解决问题的过程与方法

第一阶段：加强集体备课的力度，鼓励老师根据不同的课型设计不同的板书。通过板书设计大赛等形式激发教师对板书进行多种形式的设计。

第二阶段：以昆明市东川区第三小学的"挂牌教师"示范课，新教师考查课、骨干教师考查课、围绕教师的板书设计方式、板书时机、板书内容、产生效果等方面做好观察记录表，做到具体问题具体分析，边行动边研究，不断提高实际操作能力。在一次次的实践中发现了不同问题，不断地进行了调整；结合具体的板书设计，进行自我反思，总结不足和问题，进一步验证及完善。经过实践应用，发现设计的策略越来越合理，越来越有可操作性。

第三阶段：加强教师基本功练习，为教师开设书法培训。把教师的书写示范引领提高到一个新的高度。

四、成果的主要内容

（一）梳理出当前小学课堂语文教学中板书设计的理论内容

1. 板书设计的作用

（1）增强记忆力。板书是用文字表达的语言，只要不随便擦掉，它一直呈现在那里，学生通过视觉在脑子里就能促进学生视觉和思维活动。板书能集中学生的注意力，学生注视板书，思考板书内容，这样就能打上深刻的烙印，加强记忆力。课堂上结合教学完成一个好的板书设计，能体现教师完成教学任务的明确目的性及力求达到这一目的的坚强意志和顽强毅力。这种果断而坚定的品质及严肃认真、孜孜以求的职业精神，将会长期地、不断地教育和感染学生，有助于学生形成良好的意志品质。

（2）发展思维力。板书的基本功能之一在于使教材简约化，字少而信息精，从而激起学生想象，增加对教材的清晰度和整体感。这种以少胜多，以简驭繁的板书，本来就是一种十分有效的思维训练。所以板书的条理性，有利于培养学生思维的连贯性；板书的简练性，有利于培养学生的概括能力；板书的直观性，有利于培养学生的形象思维能力。

（3）提高审美力。培养学生对语文美的鉴赏力，这对发展学生的创造思维将起到重要作用。教学中充满诗情画意的语文中的板书美，可以通过各种优美的线条和几何图形，给学生以美的感受，给学生以美的熏陶。有人描绘，直线表示力量、生气、刚强；曲线表示优美、柔和、运动；折线表示转折升降、前进垂直给人以均衡、庄重之感；水平给人以稳定、整齐感；斜线给人以兴奋、向上感；三角形的稳定、正方形的纵横性、圆的周期性，这些都是板书给人的美感。善导者将通过板书提高学生的审美力。

（4）培养创造力。好的板书由于教师对教材内涵的意会、理解，均物化在板书之中，成为很多潜信息，而当接触这种板书时，必然会激活思维，产生联想，为发展创造思维提供良好的契机。课堂板书在每个层次结束时呈现，可以总结思维成果，突出重点和关键，有引导学生承上启下开展思维活动的作用。每一层次的内容后，引导学生归纳出其中最基本的内容，得出科学的结论，就可以贯通教学内容的内在逻辑，通过板书让学生牢记，并能以此出发过渡到下一教学层次的思维活动，有承上启下的作用，使整堂课的思维活动用一条知识线贯穿起来。在这过程中，学生一边巩固，一边习得，既可形象化地记忆知识，也可不断根据理解再创造，更有利于学生学习知识。

（5）提高理解力。教学内容随着老师的一边讲解，一边板书，一边让学生观察，充分表达了事件的发生发展的过程和显示事件中的时空因素，使学生从静止的知识产生动感，从中看到知识的要点、事物运动的性质，从而有效地启迪思维，达到融会贯通的目的。同样，语文板书是经过老师认真备课，精心设计的，具有简明扼要、重点突出等优点。板书通过关键的字、词、句、图的写、点、描、画，直观而又形象地体现了课文重点词句内容及各类知识间的内在联系，通过视觉形象的板书，学生可以更好地领悟知识的内在联系，从而顺利地完成学习任务，加深印象，提高学生理解力。

2. 板书设计的原则

（1）目的性原则。板书设计要加强目的性，克服盲目性，板书设计符合总的教学目的，体现教学意图，注意教材的特点和学生的实际，板书与讲述既要紧密结合，又必须有明确的目的性，这样才能配合讲述的需要，也才能较好地完成教学任务。板书设计应以准确理解文章的行文思路、教师的教学思路、学生的学习思路为前提，做到用词精练、准确，做到科学性和艺术性的统一。

（2）简练性原则。板书是微型教案，是一种浓缩的"提炼"艺术，在设计过程中，应当抓住最本质最主要的内容，做到少而精，以少胜多，以简驭繁。这里的"少"，不是越少越好，而是要求以"少"代"多"，以"少"胜"多"。这样的"少"，才能使学生清晰地掌握知识，容易记忆和笔录。这里的"精"，是教师理解、钻研教材的水平和程度的表现，"精"要求教师掌握教材精华和表达精确。这样的"精"，才能使学生印象鲜明，重点突出。"少而精"是一个效率与质量的概念，是一个相互作用的不可分割的整体。

（3）直观性原则。在板书设计中，如果配以简单的画，既可增加板书的形体美，又可加强直观性，化抽象为具体。富有直观性的板书有以下三个特点：能再现学生的思维过程和操作过程；能用精练的词句指导学生开展想象或者实际操作；能借用学生日常生活中熟悉的事物，来说明概念和方法。

（4）条理性原则。板书设计要紧扣教材，短小精悍，提纲挈领；切中要害，理清思路，掌握关键；归纳原理，开阔思路，增强灵活。与此同时，反映教与学的全过程；必须系统反映知识间的联系与区别，使学生学到的知识竖成线，横成序，形成网络。同时，因小学高段语文学习内容较繁杂，所以在板书设计中要求条理清晰，思路简捷，化繁为简，条理是课文的脉络，讲述当然需要脉络清晰，有条有理。但声音毕竟是稍纵即逝的，而板书则能在黑板上较长时间停留，而且看得见，能够笔录。所以板书的条理性特别重要，它是教师讲述和引导学生掌握教材的思路。

（5）启发性原则。启发学生思维，帮助学生学到课本上学不到的东西，想到课本没有写出的知识，由此达到知识归类、内容串联、区别对比、发现联想、证明推广、画图设向的作用，并能调动学生探求知识的积极性。好的板书就是要交给学生一串钥匙，使学生用它打开语文的大门，自己去发现知识、获取知识。这就要求教师在设计板书时要具有启发性，板书中的每个字、词、句都应具有启发性，能引起联想，能唤起学生对课文的想象和记忆，帮助学生理解知识，引起思索。富有启发性的板书有以下三个特点：必须揭示旧知与新知之间的内在联系，体现新知的生长点，激起学生探求新知的欲望；必须把特殊典型的事例置于一般规律的形式中，使典型与一般融为一体，为学生从特殊中推出一般扫除障碍；必须寓抽象于具体之中，为学生透过现象看本质创造条件。

（6）实用性原则。板书既要"中看"，更要"中用"。不能像塑料花，好看不实用。板书设计的实用原则包含了多方面的要求。它既有固定性的板书，又有随机性的板书；既有勾勒文章脉络思路的正板书，又有突出重难点的副板书；既有体现教法的改革，又有学法的指导。板书的时效性非常重要，每个字词、每个符号，都要选择最佳时机出现，才能发挥最佳效用。此外，板书的实用性还包含一个最佳时量问题，即用于板书的时间不能超限，板书速度不能过慢，板书内容不能多，否则将事倍功半，事与愿违。

（7）相称性原则。人的心理需要空间，有空间才有生命感。人对空间的需求有一种相适应性，板书也一样，板书过多，密密麻麻一大黑板，给人一种挤压感。因为挤压，人的心理往往失去空间。当然，空间过大，又会造成空空荡荡的感觉。人的感觉，是心理反应的第一阶段。它所依据的是客观事物的可感性与形象性，然后借助于主体的生活经验，因联想而出现记忆的复现，从而以一种完整感去把握客观事物。或者说，形成客观自然物在心理上的完整感觉。这种心理机制的过程，就是审美感觉的过程，所以板书设计要注意板书的匀称和平衡。这样，才能给人以对称美。

（二）研究出小学语文教学中板书设计基本形式

1. 表格式板书

即列表式的形式，以简单图表反映教学内容的一种板书形式。这种板书形式是把一部分教学内容填入特制的表格中，便于学生理解和掌握，提高学生的阅读能力。

苏教版三年级下册《水上飞机》课文中飞机的种类和用途，可以采用表（见表1）的方法简要概括。

表1　《水上飞机》的种类和用途

主要种类	不同用途
水上救护机	救援海上遇难的船只
水上战斗机	随时参加战斗
水上运输机	给船只输送物资
水上灭火机	扑灭森林大火

2. 对比式板书

以反映教学内容中两种事物或两种情况之间的对比关系为主的一种

板书形式。这种板书形式是通过鲜明强烈的新与旧、好与坏、美与丑、善与恶的比较，或是物质性质特点的差异、区别的比较，使学生加深印象。如在上苏教版四年级《九色鹿》一课时，可以这样与《调达》对比板书。

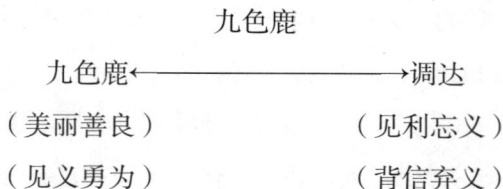

九色鹿

九色鹿 ←————————→ 调达

（美丽善良）　　　　　　　　（见利忘义）

（见义勇为）　　　　　　　　（背信弃义）

3. 总分式板书

一种总体和局部相结合的板书形象。使学生一目了然地看清知识结构，引导学生理解作者的思路，加深对所学知识的理解和记忆。如《泉城》的板书：

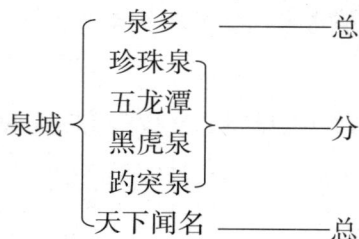

泉城 {
泉多 ————— 总
珍珠泉
五龙潭
黑虎泉 } 分
趵突泉
天下闻名 ————— 总

4. 递进式板书

即按照一定的规则进行排列，位置和次序不宜调换的内容，并一层接一层，向一个方向延伸。如《蚕姑娘》的板书：

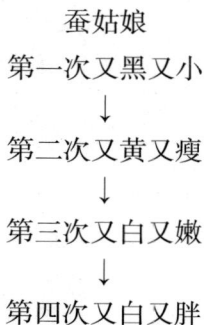

蚕姑娘

第一次又黑又小

↓

第二次又黄又瘦

↓

第三次又白又嫩

↓

第四次又白又胖

5. 并列式板书

即把一些在意义上并列相处，互不从属的教学内容横向地板书出来。这些内容或是事物的不同组成部分、不同侧面、不同属性，或是作者不同的观察角度，不同的叙述角度。并列式板书一般用于新课的总结与复述，以便于同类或不同内容的比较。

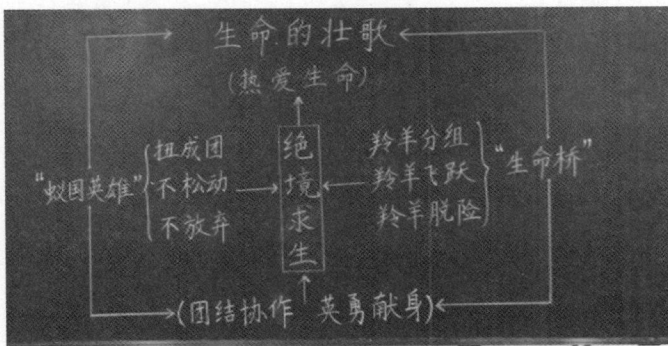

6. 回环式板书

从一点出发，途经各要点，化难为易，显示课文脉络，发展学生布局谋篇的能力。以《爱之链》为例：

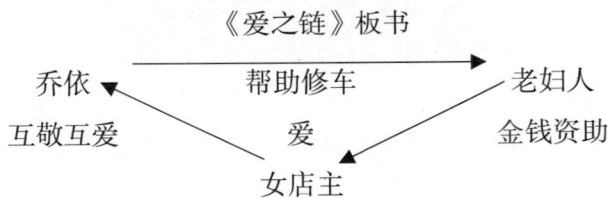

《爱之链》板书

乔依 ←———— 帮助修车 ————→ 老妇人

互敬互爱　　　　　　爱　　　　金钱资助

女店主

7. 条幅式板书

采用条幅显示课文画面，反映文章的结构，丰富学生想象力。以《瀑布》为例：

瀑布

（由远到近）

声音 ——————→ 颜色 ——————→ 形态

↓ ↓ ↓

好像 浪涌 风吹 雄伟	青山 衬着 白云 壮丽	如烟 如雾 如尘 奇特

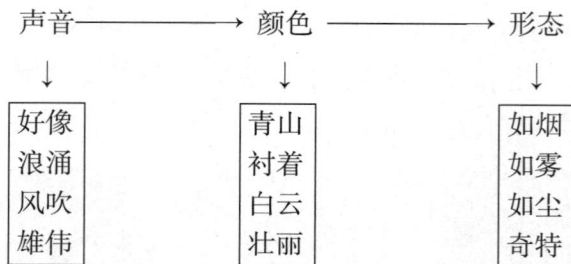

8. 形象图解式板书

大胆创意，有趣味性和艺术感染力，加深印象。以《树和喜鹊》为例：

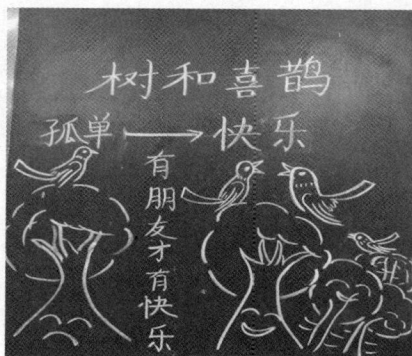

9. 往复式板书

内容清晰，前后呼应，启发思考。以《维生素 C 的故事》为例：

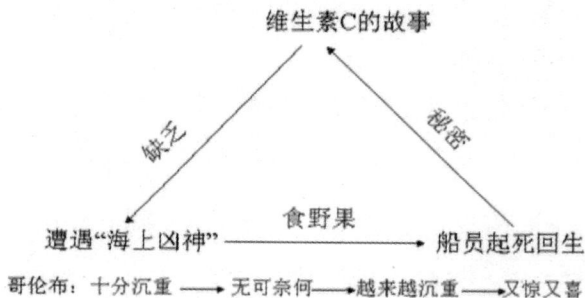

10. 提问式板书

激发兴趣，培养探究能力和解决问题能力。

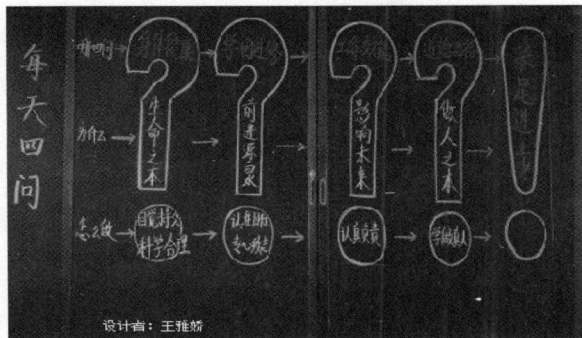

设计者：王雅娇

板书的样式还有很多种，只有教者深研教材，心中有学生，才能设计出符合学生年龄特点，反映课文主题，深受学生喜爱的板书，使课堂教学事半功倍，达到预期效果。

总之，板书设计是每堂课的有机组成部分，它是一门艺术，更是一门值得深思的学问。让我们深入钻研，精心构思，使板书能尺幅容万言，以便更好地服务教学、服务学生，帮助学生更好地学习语文。

（三）探索出小学语文教学中板书设计的策略

1. 加强对板书的多种形式的训练，丰富多样性

通过调查发现，小学语文板书的多样性有所欠缺，在形式上比较单一，不管是什么类型的课，形式总是千篇一律，枯燥乏味。在构件上使用的也是最基本的文字、符号和线条，对于图标和画图运用得较少。因此教师要丰富小学语文板书的多样性。学校具体做法如下：首先，通过书籍、培训等活动让老师们了解板书丰富多彩的形式，对板书有基本的理论基础。其次，再去实践，可以多举办或是参加类似的训练和活动，最好的莫过于"同课异构板书"，同一课可以让同一个老师设计不同形式的板书或是让不同的老师设计不同形式的板书。最后，教师们一起交流学习，相信定会有显著的效果。假以时日，教师们定会有很大的提升，从而更好地服务于课堂教学。

2. 适当为课堂教学板书添加色彩，师生共同参与

小学语文教师课堂教学板书的科学运用能间接地促进学生的学习。通过调查发现，现在小学语文教师使用的几乎都是白色的粉笔，缺乏其他颜色粉笔的使用。彩色粉笔的恰当使用，可以在小学语文课堂教学中起到独特的艺术效果。既可以吸引小学生的注意力，激发学习兴趣，又可以区别、强调以及突出语文教学内容的重点和难点等，帮助学生更好地学习和掌握知识。尤其对小学低年级的学生来说，色彩的充斥不会使小学生对板书的内容感觉到单调乏味。因此小学语文教师在板书时，使用一些其他颜色的粉笔，进行搭配，形成对比，从而使小学生更乐意接受。所以小学语文教师应该学习一些关于色彩方面的知识，了解并掌握一些颜色的情绪表达和象征效应，并适当地为小学语文课堂教学板书增添色彩。

同时新型的教学观要求课堂教学做到以学生为主体，教师为主导，两者互相配合。而这也体现在课堂教学板书的书写上，板书应该是随着学习的逐步深入，师生共同创造出来的成果。小学语文教师要支持并鼓励学生参与，而学生也应积极配合教师，从而共同完成知识的学习。让学生参与板书书写过程，既可以活跃课堂气氛，又可以调动学生的积极性，同时也会增加小学生的存在感和自信心。所以教师应该正确地认识并让学生参与板书的书写，师生完美配合，共同完成教学活动。

3. 增强小学语文教师对教学板书认识与重视程度，确保规范性

规范性对于课堂教学板书是至关重要的，尤其是小学生更是如此。小学语文板书的书写不仅是字迹会影响学生，板书书写的行为也会影响小学生的书写习惯，因此应引起小学语文教师的高度重视。据调查，小学语文教师在课堂教学中的板书缺乏规范性的主要原因是对板书的认识和重视程度缺乏，有的甚至明明可以在黑板上呈现干净工整的板书却偏偏字迹潦草，脏乱难看，连笔现象频繁。因此增强小学语文教师对板书的认识与重视程度迫在眉睫。首先，教师应该多看一些关于黑板板书的书籍和资料，

多学习有关的知识，增加对此的认识与重视程度；其次，教师在写板书时要有较好的自控能力，不能随心所欲，要知道教师的每一笔每一画，学生的眼睛都会像摄像机一样捕捉到并记录下，甚至模仿；最后，教育部门或是学校也应该时刻督促，举办相关的培训和活动，共同呼吁教师对板书有深刻认识和高度重视，从而使小学语文教师慎重书写板书，提高其规范性，更好地为学生服务。

4. 加强练习，积累经验，提升时机性

小学语文课堂教学板书的书写是应该有时机性的，过早或过晚的板书都不能达到板书的最佳效果，因此作为小学语文教师要把握好板书的时机。但通过调查发现，板书的时机性现状却存在着一些问题。小学语文教师在书写板书时很多时候只靠口语讲解，黑板上的字寥寥无几，甚至空空如也；也有的教师课前设计好的板书，却在讲解时由于各种因素的影响，忘记书写板书，当想起来时，再在黑板上补充；也有的教师没有计划性地随写随擦等。因此小学语文教师要注重对板书书写时机性的把握。首先，教师备课时，应该认真仔细地设计教学板书，需要书写什么内容、什么时候书写、书写在哪个位置，大脑中要有清晰的思路，做到了然于心。其次，教师在课堂上要把握好节奏，不能讲解脱节。同时，在此基础上，板书的书写还要做到应对课堂教学的突发事件，根据具体情况灵活修改板书，以适应学生的需要。最后，要多加练习，尤其是新老师，要不断积累经验，而在教学中积累经验最有效而快捷的方式，是反思并记录反思日记。反思首先要做到及时，当一节课结束之后，老师要将板书记录下来，先进行自我评价：哪些方面比较好、哪些方面差些、遇到哪些困难等，并要进行思考，继续发挥优势，弥补不足。其次，老师要及时进行他评。尤其是学生，因为板书是为他们服务的，所以教师在上完课后要随意抽查一些学生对本节课的板书状况进行相关的了解，记录学生的评价并进行反思。当然，如果有条件，也可以将记录的板书拿给同事进行评价，虚心征求对方对自己板书的评价和分析意见。最后，反思一定要认真深刻，要潜心地深入思考，并结合各方的建议进行板书的重新设计，这样可以更好地提高教师课堂教学板书的能力。

五、研究成效

（一）学生复述语文课文的能力得到明显改善

为了有效地区别研究实效，研究者于 2018 年 3 月与 2018 年 12 月，分两个阶段对学校四年级的学生就课文复述情况进行了测试调查，调查结果如表 2、表 3 所示。

表 2　四年级学生语文课文复述情况调查结果一览表（2018 年 3 月）

内容	优	良	中	差
《燕子》	10%	25%	30%	35%
《荷花》	5%	34%	31%	30%

表 3　四年级学生语文课文复述情况调查结果一览表（2018 年 12 月）

内容	优	良	中	差
《燕子》	62%	34%	4%	0
《荷花》	69%	27%	4%	0

（二）学生对教师课堂教学板书满意度明显提升

经过为期一年的研究，也是为了突出研究真实性、完整性，研究每个月都对学生满意度进行了调查统计，并根据调查结果适时调整，改善提升。学生对教师课堂教学中板书设计的满意度也在逐月提升。

（三）教师的板书设计能力有了明显提高

为了进一步验证研究的实效性，研究跨度 10 个月，通过前测与后测比较，以同一批学生为调查对象，从板书设计的实用性、条理性、艺术性三个层面进行了调查统计，如图 3 所示，可知教师板书设计的能力得到了明显提升。

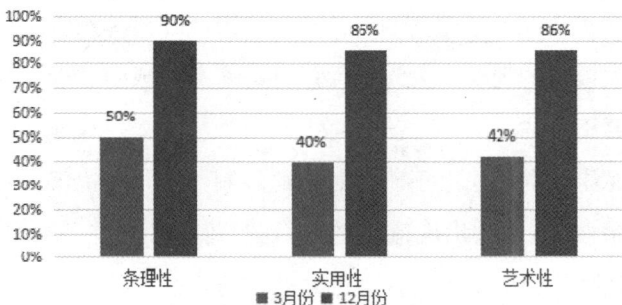

图 3　教师板书设计能力提升的统计图

六、研究结论

（一）结论

（1）通过对小学语文教学中板书设计策略的实践研究，解决了语文教师设计板书过于随意的问题，研究探索出小学高段语文教学中板书设计的有效策略，能保证板书的科学性，保证板书符合课程标准的要求，有助于保证教学质量。

（2）在小学语文课堂教学中，有效板书设计可以帮助学生理清思路、构建知识网络和提供学习支架，有助于提高教学效率，培养小学生良好的语文学习策略，提升小学生的思维能力和语言综合运用能力。

（二）建议

1. 根据教材灵活确定板书内容

小学语文课堂教学板书设计如前文所述，有一定的设计原则和设计要求，总体可以有一定的规律可以遵循。但是因为教学的多样性，实际教学中必须灵活应对，要根据教材内容，结合班级实际，择优设计，多种组合，千万不可仅依据前述基本模式生搬硬套，从而失去了板书设计的真正意义。

2. 明确板书在课堂教学中的辅助地位

虽然板书在课堂教学中必不可少，且意义重大，但是我们必须要明确板书只是课堂教学的重要部分之一，是课堂教学的一个要素，其目的是加强课堂教学的实效性，是教学的有效辅助。因此在具体教学中，教师千万不可过度夸大板书的地位，为设计而设计，避免造成喧宾夺主的现象，忽视了教学的真正目的。

这里需要说明的是，由于研究时间的限制，本研究也仅是对论题做了较为粗浅的探索，难免会出现疏漏之处，还有待将来做进一步的深入研究。此外，本研究因为地域限制，样本的缺乏，使得研究的全面性与系统性还相对不足，希望在不久的将来，能结合更多不同版本的小学语文教材，更系统、更全面地设计出相应策略，从而能为广大小学一线教师提供更直观、更全面、更具体的指导。

七、研究成果

表 4　课题最终研究成果登记表

序号	成果名称	成果形式	发表、获奖出版	完成人
1	《采用艺术手法，浇灌学生心田》	论文	国家级一等奖	蒋俊
2	《浅谈小学语文板书设计的艺术》	论文	国家级二等奖	李兴琼
3	《浅谈板书在小学语文教学中的作用》	论文	省级一等奖	顾琼
4	《优化板书设计提高教学效率》	论文	国家级二等奖	王洪艳
5	《小学语文板书艺术探究》	论文	国家级二等奖	毛红友
6	《小学语文课堂板书设计浅谈》	论文	国家级一等奖	赵燕彩
7	《小学语文板书设计的要求及类型》	论文	国家级二等奖	朱晓玲
8	《板书设计在小学语文教学中的重要作用》	论文	国家级二等奖	杨志
9	《小学语文板书设计浅谈》	论文	国家级二等奖	何艳华
10	《板书在小学语文中的作用》	论文	国家级二等奖	陆丽
11	《小学语文课堂教学板书设计探微》	论文	国家级一等奖	张玉美
12	《图文式板书在小学语文低段教学中的实践》	论文	国家级二等奖	黄东会
13	《精心设计板书，打造优质课堂》	论文	国家级一等奖	李顺米
14	《小学语文教学中要注重发挥板书的重要作用》	论文	国家级二等奖	冯琼

英语学习活动观视角下
小学英语大课堂实践研究

北京市朝阳师范学校附属小学太阳星城校区

张　苹

一、研究的缘由

《中国学生发展核心素养》以"立德树人"为根本任务，以培养"全面发展的人"为核心。在核心素养中的英语学科素养是这样要求的：语言能力、学习能力、思维品质以及文化品格。这就要求教师要转变教育教学观念，变"我教你学"为思考与实施"我怎样教你如何学"。从培养人的角度思考教师的教育教学工作。

《义务教育英语课程标准（2011 年版）》中要求小学阶段英语学科要引导学生通过模仿、体验、参与等活动感知语言、内化语言，发展学生语言技能。注重语言实践，培养学生的语言运用能力。英语作为一门语言，它首先作为一个使用工具出现在人们的生活中，究其本质就是它的交际性和工具性。因此，英语作为一门课程如何突显它的交际性与功能性，让教师"教"与学生"学"可以相得益彰。

小学阶段的学生正处在 6~12 岁，这个年龄段的孩子从心理特点看正处在不断被开发以及逐渐脱离自我中心到融入集体的过程中，在这个过程中他们的大脑飞速发展，对外界的信息需求也不断增加。随着大脑发育的成熟，思维发展水平由具体形象思维向抽象逻辑思维过渡，抽象思维逐渐成为一种重要的思维形式，这是一个由量变到质变的飞跃过程。三、四年级学生随着注意力的目的性增强，其注意力保持的时间更持久，而注意力的稳定性由 15～20 分钟提高到 20～30 分钟，可以胜任更复杂的学习任务。这一时期学生的记忆力、理解能力、思维能力和表达能力快速发展，是培养学生写作和阅读能力的关键时期。到了五、六年级，学生的有意注意逐步发展并占主导地位，注意的集中性、稳定性，注意的广度、注意的分配、转移等方面都较低年级学生有不同程度的发展。在记忆方面，有意记忆逐步发展并占主导地位，抽象记忆有所发展，但具体形象记忆的作用仍非常明显。在思维方面，学生逐步学会分出概念中本质与非本质、主要与次要的内容，学会掌握初步的科学定义，学会独立进行逻辑论证，但他们的思维活动仍然具有很大成分的具体形象色彩。在想象力方面，学生想象力的有意性迅速增长并逐渐符合客观现实，同时创造性成分日益增多。

二、问题的提出

面对国家的教育要求以及学生生理及心理的特点，如何让教师们更好地教，学生更好地学？这就需要教师根据学生的年龄特点结合书本教学内容与学生的实际知识水平及特点相结合设计有层次、开放性的教学活动，提供适合学生的学习方法，并通过这些活动激发学生的内驱力，达到培养学生学习能力，促进学生发展的目的。

但是目前小学英语教学（尤其是中高年级）的现状并不乐观。总结归纳可以分为以下三个方面的问题：

第一，教材编写中知识散落在各个年级的教材中，造成师生碎片化的教与学。

第二，单一的学习形式限制了学生的学习积极性，学生的学习驱动力不够，厌学情况突出。

第三，教师的专业发展受到限制，发展和创新的空间不够。

三、归因分析

以上三方面问题的出现归结于以下几点：

1. 碎片化的英语教与学

在北京版小学英语的教与学中，同一话题散落在学生学习的不同阶段，呈现碎片化状态。例如，节日主题，学生形成节日的学习构建就需要至少一年的时间，不利于学生记忆知识。

北京版教材三年级至六年级有关"节日"的内容为例，其主题分布情况见下表。

北京版小学英语"节日"主题分布情况

上学期	课题	下学期	课题
一上	无	一下	L19 Children's Day
二上	L22 Christmas Day L23 New Year	二下	无
三上	L23 Halloween L24 Christmas L25 Chinese New Year	三下	U5 Children's Day U6 Mother's Day　Father's Day
四上	无	四下	L15 Children's Day L16 May Day L17 Dragon Boat Festival
五上	L9 Mid-autumn Festival L10 Double Ninth Festival L11 Halloween	五下	无
六上	无	六下	U3 World Earth Day

2. 学生的学习效率低下

多年的教学实践观察到有些学生的主动学习英语意识弱，对英语学习兴趣不高，不利于学生英语学科素养的形成。学生课堂学习调研数据如图1所示。

百分比%

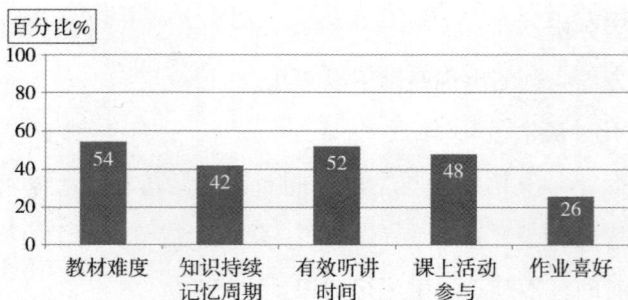

图 1 学生课堂学习调研

3. 个别教师的教学照本宣科

教师也是成长中的人，做一个全面发展的人需要全方位提升。根据教师教学现状调查表明，目前教师处于就教材内容逐一讲授受限于教学时间与发挥空间，为此一些教师易于形成惯式教学思维，从而固化了学生学习路径，不利于学生自主获取知识，同时这样也不利于教师的核心素养的养成。

百分比%

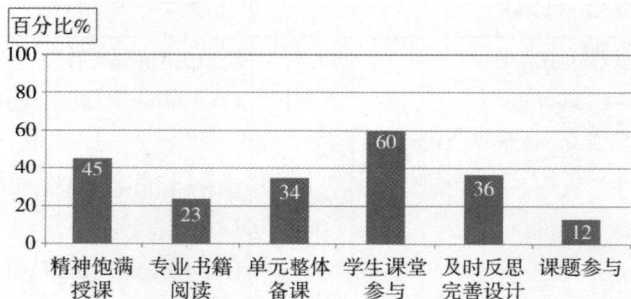

图 2 英语教学现状调研

以上观察调研表明，教材需要系统整合与调整；学生需要增加学习的内驱力，同时还需要掌握学习方法，逐渐形成自己的学习策略以达到积累知识、提高学习能力的目标；教师需要易于掌握与操作的教学方法，打破循规蹈矩的教学程式，达到激活教学思维，使教与学相得益彰。

因此改变还是从教师开始，我们从思考"我怎样教"为"学生该如何学习"，"我该怎样做"开始改变自己的教学理念。由于英语不是学生的母语，这就需要学生不断地坚持进行有意识学习。因此，教师就要树立"大课堂课程"意识,打破校内外学习界限,设计"大课堂"的教学模式,让英语学习成为学生生活的一部分。从而激发学生的内驱力,促使教师寻找学生喜欢的教学活动,促进师生积极主动地完成教与学的过程,在主动寻找方法的过程中形成教与学的策略,提高教与学的质量。

四、过程与方法

为了达到教材、学生、教师三者的需求,从 2015 年 9 月起至今,以学校 3—6 年级学生进行实验教学。梳理 3—6 年级 8 册教材主题。针对教材内容进行主题整合式的英语教学。把英语的主题学习看成一个个主题学习大课堂并在这些主题学习过程中呈现知识锻炼能力。于是,把学生的主题学习时间分为课前预学、课中共学、课后延学三个阶段,每一个阶段赋予不同的任务标准。希望通过大课堂的教学方法的实施,形成独特的主题教与学的实施框架。研究实施过程分为以下几个阶段:

(1)前期准备阶段(2014.9—2015.8):通过观察、访谈以及问卷调查,分析数据梳理英语教学中存在的问题以及学生的学习需求。

(2)第二阶段(2015.9—2016.8):系统分析教材的文本,根据主题进行文本内容重新组合。

(3)实践改进阶段(2016.9—2018.1):通过行动研究不断总结提炼实践经验,逐步形成主题教学的模式。

(4)推广实验阶段(2018.1—2019.8):成果推广。

五、成果的主要内容

贯彻"大课堂"理念,构建《中国学生发展核心素养》中要求的生命课堂,让教师的教与学生的学都成为有意义的教与学。经过几年的不断探索与实践,初步形成了小学英语大课堂构建框架。

（一）小学英语大课堂构建概念界定

小学英语大课堂构建是有效整合与拓展北京版小学英语教材，以单元教学内容为主题，以课前预学、课上共学与课后延学为路径，从文本学习到个性化实践的设计与实施。

（二）小学英语大课堂构建特点

（1）打破校园以及课堂内外界限，整合主题英语学习为主题活动。

（2）结合主题优化碎片内容、呈现主题模块，在深度与广度上对教材进行整合与拓展。

（3）凸显教师主导、学生主体的课堂教学角色定位。

（4）转变被动接受式的学习为自主获取式的学习方式。

（三）主题教学范式框架

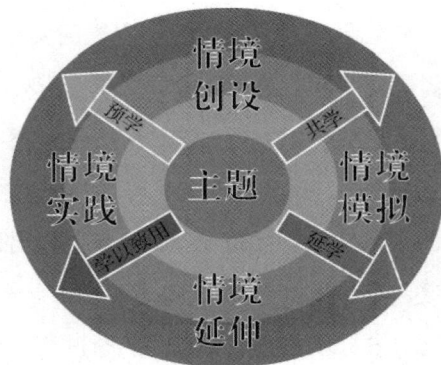

图3 小学英语大课堂实施示意图

小学英语大课堂就是把英语学习内容以主题为划分单位，每一个主题又分为四个模块，即情境创设、情境模拟、情境延伸和情境实践。学生通过课前预学、课上共学、课后延学的途径完成四个模块的学习内容，最后达成一个主题学习从进入情境到实践交际的完整学习过程。

（四）主题教学实施步骤与方法

1. 情境创设：主题词句

（1）课前预学。学生利用字典等工具书进行主题词汇的课前预学。

找到预学过程中不会读或是不理解的词汇并做好标记，作为自己在共学中的学习重点，做到共学时有目的地进行学习。为下一步的课上共学做好准备。

（2）课上共学。在学生预学的基础上，学生在课堂上通过游戏等方式学习主题词汇并在一个简短的小对话中感受这些词汇在主题对话中的使用，从而进入一个主题的学习情境。以三年级数字主题为例，学生在经过了预习后，减轻了教师在课堂上的词汇教学压力，教师只需要针对学生的实际预习和认读词汇情况教授学生不会的内容即可。在语言支撑中则出现主题中的功能句和关键句，以及主题词汇在句型中的运用，学生再根据教师给出的内容进行替换练习，不再进行单句练习而是以对话和语段的形式出现。对主题的印象则是以一个整体语段和对话的形式呈现给学生。加强主题情境感，同时对语言功能呈现也是一段对话或语段的整体内容。加强语言功能性与语言情景感的贴合性，增强学生对英语的主题内容的印象。

（3）课后延学。课后学生根据课上学习的功能语言，模仿老师课堂上呈现的对话内容，创编一个包括主题功能语言的简短对话。复习和巩固课上所学，同时，为情境模拟的学习做好准备。

2. 情境模拟：主题文本

（1）课前预学。学生利用字典、参考书等工具书，进行主题文本的主旨信息的课前预学。找到文本中不会读的词汇以及不理解的语句，明确共学中要学习的重点，做到共学时有目的地进行学习。同时，做好准备，把自己在预学中已经学会的内容，讲给其他不会的同学听。

（2）课上共学。对于文本的学习也是在学生预习的基础上进行的英语课堂学习。在这个基础上，教师就要设计发挥集体学习智慧的学习方式来帮助学生进行知识的学习和掌握。学生以小组学习的形式理解和体验同一主题中不同情景里的功能语言，并进一步把握主题功能语言的使用方式。同时，通过口语交际的形式交流、获取主题文本的有关细节信息并通过班级反馈把它们表述出来，实现口语的实际交际。

这里提供两种不同的文本处理方式：

方式1：按照教材的顺序逐课讲解，每一课时补充学习内容。

方式2：第一课时，按照听说读写的方式学习文本内容。

第二课时，利用jigsaw reading的方法对文本进行学习。

第三课时，在第二个学习方式中学生通过分组以及询问和分享信息的方式进行文本内容的学习，给学生提供了充分的自由交谈以及运用知识和获取信息的机会与时间。同时也提供给他们问题，学生则通过回答问题解决文本中的词汇与句子的理解困难，反馈给教师针对文本的理解情况。这样有助于教师了解学生的学习效果，进行进一步的活动设计。

（3）课后延学。由于共学中的信息量较大，因此，在延学中学生需要针对共学的文本内容梳理主旨和细节信息，构思完成一个本主题的思维导图，强化对主题信息的记忆。

3. 情境延伸：主题阅读

阅读能力在英语教学中占有重要地位，阅读能力的培养成为英语教学的重中之重。英语阅读教学的主要目的是教给学生正确的阅读方法、阅读技巧、培养学生的阅读能力，为继续学习英语和运用英语切实打好基础。《英语新课程标准》明确规定：英语教学要侧重培养学生的阅读能力。阅读是吸收英语语言材料、增加语言知识、扩大词汇量的重要手段，而且阅读能力的提高能为英语口语交际能力和英语写作能力打下良好的基础，也为学生从英语阅读中认识学习英语的真正意义和价值，体验学习英语的乐趣，为学生树立学好英语的自信心打下坚实的基础，使学生根据主题内容进行深入或扩展阅读，并在了解知识的同时获取更加丰富的主题信息，梳理主题的思维方向，完成思维导图、手抄报等。

（1）课前预学。学生以小组为单位，在主题阅读课前就要进行主题阅读的预读工作，小组成员中根据小组成员不同的强项分配预读任务，为课上共学时的阅读内容研讨做好准备。如综合能力比较强的学生，他要负

责阅读内容中词汇的发音、句子意思等的教授工作；表达能力强的组员负责组织大家反馈阅读内容的概括语句；绘画能力强的成员完成道具制作等工作。

（2）课上共学。教师在设计小学英语的主题阅读时要根据学生的实际水平和认知特点，选取学生能够接受的主题阅读内容，帮助学生扩充主题范围，挖掘主题深度，将不同层次的阅读内容传给学生，再次加强他们对主题内容的印象。在预读中，学生已经对主题阅读的内容有了了解，阅读文章是故事形式，学生了解故事的内容并可以简单描述。

课上的阅读内容可以小剧的形式表现。教师把完成小剧朗读的任务交给学习小组完成，他们根据课前预读时的分工进行练习，完成对话朗读，然后进行小剧的排练，最后进行小剧的初步表演，达到延伸主题情境的目的。

在确定主题阅读内容时，教师也要根据学生年龄段的不同，选择适合他们特点的绘本阅读，同时考虑班级学生不同层次进行主题阅读的选择，设计不同类型的阅读活动帮助学生深化主题意义。以三年级的"节日"主题为例，这个主题中先介绍了西方的节日——圣诞节，这个节日学生比较熟悉，课文中也给了相应的信息。因此，在帮助学生进行阅读时，教师加入了一些补充内容呈现给学生，从深度上拓展主题学习内容。

层次1：阅读需要学生自己阅读并找出自己不会的单词填在表格里，同时，通过联系上下文猜测以及查字典的方式解决词汇认读以及理解的问题。通过学生自主学习，教师带领学生完成这个阅读的思维导图。由于学生对内容比较了解，因此跟着教师进行思维梳理时内容比较清晰。

层次2：学生在完成了第一个阅读的思维梳理后，根据这个学习方法完成第二个节日"春节"的阅读。由于学生对这个节日有实际的生活经验，因此，教师可适当加大阅读的难度。教师在设计任务单时，只给出学生很容易理解的信息图片，那些需要学生思考的内容则只给出文字以及图片，需要学生经过自主的学习把相应的图片贴在文字前面的空格里。这样，既考查了学生对文字的理解，同时又督促学生想办法解决自己不理解的内容。

层次 3：在设计"中秋节"的阅读时，教师经过课前调查发现大多数学生对节日文化的细节信息了解不清晰，于是在设计活动时，就把这个寻找信息的任务交给学生自己去完成。只给学生文字不给图片，他们需要在阅读理解文字后获取信息，并把图片贴在相应文字所在的位置。

教师通过不同层次的阅读设计，帮助学生在获取主题信息的同时激发学生的学习动力，运用学习方法掌握学习内容，为形成学习策略打下基础。

由于不同年级学生的认知水平以及培养目标不同，因此，在选择主题阅读的形式和内容时要有所不同。四年级的主题阅读就以语段阅读为主，在深度与广度上针对主题进行扩展，培养学生大段阅读的能力。

（3）课后延学。学生根据前面的文本、阅读中所获取的信息以及需要掌握的功能语言进行自己的自主创作，完成英语小剧、故事、绘本、手抄报演讲等形式的学习反馈。

4. 情境实践：实景交际

情境实践是知识的实践单元，学生所学的主题知识将在这个板块的学习进行运用与复习。分别是主题创作、情境模拟、生活实践三个层次的活动。

（1）课前预学：自主运用知识。在这个活动中学生根据课本中的文本、主题阅读中获取的主题细节信息并融合自己的课外知识，运用主题功能句和主题词汇融合个人生活中的特定情景创作个性化主题作品。学生为了完成主题个性设计需要查找有关的知识信息，从而进行剧本创作。不但要运用新旧以及课内外的知识，还要把它们按照一定的逻辑思考进行排列，形成新的内容。这样不但复习运用了所学知识，还锻炼了思维能力，同时锻炼了写作能力。学生在课前完成创作并针对自己和同学们的创作进行交换阅读，选出最有趣的剧本进行小组共读与练习。

（2）课上共学：情境模拟。在这个环节中，学生需要阅读他人的剧本，以小组为单位挑选出好的剧本，经过背词和排练，在课堂上表演学生

自己创作的英语小剧以及主题演讲内容。这个模块中学生不但要进行自主阅读，还需要针对剧本的内容进行判断并与同学们交流感受，共同寻找出有趣的好剧本。在情境模拟中，学生呈现自己作品的思维导图，制作PPT以及剧本的表演。在这个环节中，着力培养学生运用知识、相互配合以及团队精神，促进学生达到核心素养中"培养全面发展的人"的要求。在课堂的主题情境模拟中，学生展示自己的作品并自主进行评价以及提问的活动，构建自主学习的范本。

（3）课后延学：实景交际。英语的学习就是要实现它的工具性和交际性。本着语言是一个工具和交际性的原则，主题学习就是把实践活动延伸到生活中去"用"，即需要在实际生活中选取符合主题的地点进行实景拍摄或是完成纸质版资料等。

（五）小学英语构建大课堂研究成果

1. 小学英语主题分布的总结

《义务教育英语课程标准（2011年版）》的教学建议中指出：教师要结合实际教学需要，创造性地使用教材。合理利用各种教学资源，提高学生的学习效率。

小学英语大课堂构建根据课标的教学要求，基于北京版小学英语教材，通过课堂教学与课后延伸活动的路径，以单元教学内容为单位有效整合与拓展主题教学内容的设计与实施。梳理了北京版3—6年级英语教材共40个主题。

2. 主题教学设计集（3—6年级共计8册）

《义务教育英语课程标准（2011年版）》对教师的专业要求是：教师应不断加深对课程理念和课程目标的理解与认识，充分吸收和继承各种方法的可取之处，优化教学方式，提高教学的效率和效益。同时要求教师要运用教育学和心理学知识，根据儿童和青少年的认知发展特点和中国学生学习英语的环境，探索学生学习英语的客观规律，并以英语教学理论和方法为指导，确定合理而具有可操作性的教学目标，设计合理连贯清晰的教学步骤，创造性地选择和使用恰当的教学方法，有效地组织和实施课堂教学。

大课堂构建则是根据课标对教师教学的要求进行教学设计。

（1）学情分析保证教学实效。教师的教学实践要在了解学生实际认知情况的基础上进行设计，因此在主题教学的设计中首先设计学情分析，要求教师学习学生心理学等理论知识并利用这些知识分析不同年级甚至班级学生的特点。在教学设计中根据学情制定教学目标，设计教学活动。

（2）教学目标符合学生实际。在教学目标的制定上，教师要根据学情考虑教学内容，同时也要设计符合学生特点的教学活动。

（3）教学重难点结合教学活动。教师根据不同班级的学情确定教学的重难点以及突破重难点的方法，再把这些重难点与教学活动结合起来，设计出符合学生特点的教学活动。

（4）教学过程简单易操作。在教学过程中，分为三个板块：情景化导入、兴趣化学习、生活化拓展。在这些板块中以学生的活动设计为主要内容。

3. 学生主题学习手册（3—6年级共计8册）

《义务教育英语课程标准（2011年版）》中对学生的语言技能是这样要求的：

一级标准：能看图识词；能在指认物体的前提下认读所学词语；能在图片的帮助下读懂简单的小故事。

二级标准：能认读所学词语；能借助图片读懂简单的故事和小短文。北京版小学英语教材更多的是以图片的方式帮助学生理解英文的词汇和句子。因此，在主题教学范式中设计了学生的学习手册。

为了帮助学生巩固主题学习的基础知识，拓展主题学习的深度和广度、丰富主题学习的层次。我们设计了学生的主题学习手册。学生学习手册分为主题词汇、应用句型、关键词应用、主题阅读等不同部分。不同年级的手册内容会在设计上有所区别。

六、效果与反思

（一）研究效果

1. 有效地整合与拓展教材，盘活教学资源

由于大课堂教学实践研究使得教材以主题形式集中呈现学习内容与知识点，解决了学生完成学习构建时间长，不利于学生完整而透彻地了解与记忆知识点。主题式整合教材后学生的记忆由碎片化变为模块化记忆。由于在主题式的学习过程中，学生亲自体验的活动较多因此更加有利于对教材内容的理解及运用，更加有利于对所学知识的深刻记忆。

2. 个性化学习任务，促进学生学习能力全面提升

（1）学生养成良好学习习惯，形成学习策略。

经过几年的"大课堂"学习，学生逐渐养成了自觉预习、同伴互学、自主提升的好习惯，不但获取了知识，还学会了知识运用的方法。逐渐养成自主的学习习惯，促进了个性化学习策略的形成。

（2）思维导图成为主题阅读与创作的助手。

当思维导图成为一种学习策略，学生能够自觉运用它，使它成为一种学习工具，它就会像魔法棒一样在学生的脑子里幻化出无数奇妙的思维之旅。在这样的旅行中，学生不仅仅获得了比书本更多的知识，还获得了获取这些知识的方法。

（3）情境延伸扩大了阅读量（课内外，自主阅读）。

因为要根据活动的主题进行阅读，因此学生要根据自己思维梳理以及设想有目的地进行资源阅读和整理。经过实践，学生不但能养成自觉阅读课本中的语段的习惯，还能就某一主题寻找到自检、阅读天天练，以及到网上去寻找资源，扩大自己的信息源。

（4）剧本创作锻炼写作能力。

由于文本学习、主题阅读不是目的地而是资源库，因此，学生会把自己在阅读中获取的信息，用到剧本的创作中。小组内在讨论剧本的内容时，他们还会根据自己的阅读内容，组织上整合话题以及语言，形成一个个有趣的英语剧本。

（5）英语主题教学外化实际获得。

情境模拟和情境实践搭建平台让英语"用"起来。首先，学生自主创作，然后，在课堂上以组为单位进行情境模拟，学生互动交流，课堂生成的内容又可以在后期的学习中成为新的学习资源。在主题实践模块中，学生们把自主创作的内容运用到自己的生活中，真正实现英语学习的工具性，使学生的英语口语水平得到提高。随着大课堂研究与实践的深入，学生们已经把所学的英语自觉地应用到生活中。

在"大课堂"构建的实践中，学生们的学习水平与能力有了很大提升。同时，通过前后测的数据对比发现，学生对英语学习的态度也有了很大转变。

（二）开放性主题教学设计，促进教师的专业发展

以前一些教师研读教材的能力弱，就教材教教材，没有单元整体备课意识，缺乏创造性使用教材的能力的情况得以改善。如今，这些教师开始主动思考课堂教学方法，为了验证自己的教学方法是否能够被固化在范式里，教师们主动学习教学理论，参与教研活动的积极性也提高了，大家还积极抓住各种层次的平台展示和推广教学实践的成果。老师们还携带这个研究成果，参加了四个省市的教学研讨会，为其他省市的英语教师提供了新的教学方法，受到广泛欢迎与好评。

（三）引领科研方向，丰富校本课程

科研引领教研，教研促进教学变革是我校学术导向。主题教学范式研究作为我校重点科研课题在两年的教学实践中不断探索，初步形成了教学范式的框架，多次为其他课题研究提供了研究的范本，同时获得了

2017—2018学年度朝师附小教育教学成果奖。同时，在探索中逐渐形成的主题教学设计与学习手册，成为学校主题教学实施的主要媒介，丰富了英语学科校本课程。另外，在确保成绩稳定提升，引领学校教学成绩高位发展，在主题教学研究的基础上，发展出了小学英语的"大课堂"构建研究。

（四）研究反思

通过几年的研究与实践，英语主题教学范式已经形成，而这个教学范式还需要进一步完善。

（1）由于课时设置等问题，教师忙于完成教学任务，研究的时间和空间还有待提升。

（2）参与研究的教师的理论水平以及研究能力还有待提高。

（3）下一个阶段"大课堂"还需要在理论层面上不断提升，提高研究水平和能力；在以后的实践中不断积累物化，实践成果不断丰富"大课堂"内涵。

教师应以课程的眼光来看待自己所教的学科，为学生综合素养的提高和发展设计符合他们年龄和心理特点的"学案"。主题教学就是要具有这样一个特点。构建英语学习"大课堂"，让英语学习真正成为学生挥洒个性的天地。让学生的英语学习突破教室和校园的束缚，让他们能够从学英语到用英语再到自信地用英语。总之，在整个"大课堂"的构建过程中，教师设计感知、学习、操练、拓展和实践的学习活动，采取集中呈现知识的方式进行有梯度的英语教学。学生在"大课堂"的学习过程中拓展学习的深度与广度，形成书本知识与实践应用有效结合的知识构建，从而主动形成有效的学习策略，提高学生思维能力、探索能力与学习能力。

构建自主课堂教学模式
促学生有效参与数学教学的研究

北京市朝阳师范学校附属小学

张　媛

一、问题的提出

新课程改革正在按部就班、有条不紊地进行着，而以建构主义学习理论为指导的课程改革的核心任务是学生学习方式的改变，即建立和完善充分发挥学生主体性的多样化学习方式，促进学生在教师指导下主动地、富有个性地学习，使学生的自主性、独立性、能动性和创造性得到真正的张扬和提升，成为学习的主人。近几年来，以下三个问题成为教师们关心的话题：

（1）怎样才能在课堂上建立一种新型的师生关系——教师的角色由传统课堂的主宰者转变为学习的引导者，学生的角色由学习的被动者转变为主动者。

（2）怎样改变教与学的关系——"变教为学"。

（3）怎样落实好三维教学目标——使学生在"情感、态度、价值观"等方面受到良好的教益。

通过不断深入的学习，我们认识到：教学是教师"教"与学生"学"的统一，是师生互动、相互促进的一个过程；课堂的教学模式，直接决定着学生的学习方式，而学习方式的急需改变，也迫切呼唤着现存教学模式的改变；越来越多的教师追求学生能够"爱学、会学、乐学、活学"，可这在传统的教学模式和课堂中很难实现。

2011 年初，我校提出"以促学生有效参与教学"为一切课堂教学的出发点，鼓励教师积极开展教科研活动，恰恰为研究新型的教学模式提供了可能性和可行性。经过朝阳区教科所和相关专家的指导，我校确定了"构建自主课堂教学模式，促学生有效参与数学教学的研究"课题。

二、本课题实验研究的假设

本课题实验研究通过自主课堂教学模式的构建，促进学生主体参与意识和能力的培养，使学生在"情感、态度、价值观"等方面受到良好的教益。

（1）自变量：自主课堂教学模式的构建。

（2）因变量：学生主体参与意识和能力的形成，并在"情感、态度、价值观"等方面受到良好的教益。

（3）朝师附小自主课堂构建教学模式如下：

暴露原认知（5 分钟）、提出问题（3 分钟）、探究解决（10 分钟）、互动交流（10 分钟）、巩固深化（10 分钟）、评价反馈（2 分钟）。

（4）非实验变量的控制。教师的素质，学生的基础是本课题实验的无关变量，采用了以下办法控制无关变量：

①在我校太阳星城校区设立实验班；

②做好宣传和保密工作，不人为地让实验班和非实验班产生由课题引发的竞争。

三、课题实验研究目标

（一）总体目标

（1）完善和构建自主课堂模式，形成全面促进学生有效参与数学课堂教学的模式；

（2）学生主体参与意识和能力的增强，在"情感、态度、价值观"等方面受到良好的教益。

（二）具体目标

（1）认知目标：依据课程标准，分年级制定。

（2）情感目标：依据课程标准，分年级制定。

（3）发展目标：能创设和谐课堂，激发学生的学习兴趣，促学生有效参与，逐步培养学生自主学习的能力。

四、课题研究方法

本课题采用文献研究法、调查研究法、实验研究法等相结合的综合研究法。

在进行课题理论研究时，采用文献研究法，通过资料、期刊、图书、互联网网站文献及电子文献检索收集有关资料，了解与本课题的相关研究情况及理论上的应用等。通过实验研究法，检测所研究的内容是否达到研究目标，为成果论文提供有力的论证。

五、成果的主要内容

在学校领导小组的指导下，我们首先认真学习了朝阳区教科室对重点课题的管理办法，学习有关资料、更新教育观念，用来指导课堂模式的改革实验。在实验过程中，依托朝师附小"541"自主课堂模式课题实验，秉承着学校一贯的办学理念，结合数学课程的教学目标、教材特点，探索适合数学课堂的教学模式，最终确立研究的内容为"构建自主课堂教学模式，促学生有效参与数学教学的研究"。

近三年的实验研究，实验班的学生已经能够运用自主的学习方式去完成学习任务，并养成一定的发现问题、解决问题的能力，培养学生的自主探究能力、创新能力和实践能力。绝大部分学生都能积极主动地自主参与学习，做到课课有"发现"，天天有"闪亮"，从而提高学习效果。

（一）从暴露原认知开始

特级教师高萍的一招儿"暴露资源"，让我们如梦初醒。我们思考，可不可以更进一步，课堂伊始就给学生表达的机会，给学生一种积极探究某种事物或爱好某种活动的倾向，使学生形成强有力的学习动力，引起他们的注意，促使他们自觉地学习。由于是来自学生自己的思考，学生的注意力高度集中，能积极思考问题，更积极主动地参与进来。暴露原认知这一环节能创设一个和谐、活泼的教学氛围，使学习效果更佳。学生在良好的状态下积极地学习，主动地进行探索，激发参与的兴趣和思维活力。

例如，在教学一年级数学"认识图形（一）"课程时，在导入部分为学生创设一个暴露原认知的环节：每个小组都有很多实物，观察它们的特点并自己动手分一分。

学生汇报 1：（分四类）"我把饼干盒和药盒归一类。""我把乒乓球和珠子归一类。""我把魔方和色子归一类。""我把薯片桶、瓶盖归一类。"

学生汇报 2：（分三类）"把饼干盒、药盒、魔方、色子归一类，薯片桶、瓶盖归一类，乒乓球和珠子归一类。"

学生汇报 3：（分两类）"把饼干盒、药盒、魔方、色子归一类；把薯片桶、瓶盖、乒乓球和珠子归一类。"

第一组学生按形状分类，说明学生对这节课要认识的四种立体图形划分得很清楚；第二组学生是发现了长方体、正方体的共同特点，所以将它们归为一类；第三组的学生按照物体是否能滚动的特点来分类。三组学生都充分暴露了对于立体图形不同层次的原认知。

（二）提出真正需要解决的问题

课堂上要让学生学会某种知识、获得技能、培养习惯、进行创新，一个重要前提是学生必须想学、会学。要让学生想学，首先必须了解学生的已知和未知。高效的课堂是充分了解学生原认知的课堂，是学生面对未知、探究热情高涨的课堂，是学生能感受到幸福、教师能体会到成就的课堂。

继续以"认识图形（一）"为例，如何进行第二步"提出问题"。在暴露原认知的基础上，教师设问：你是怎样分的？为什么这样分？然后提出问题，引导学生思考。

（1）左手拿长方体，右手拿正方体，摸一摸、玩一玩，说说它们有什么不同。（目的：学生探讨长方体和正方体的联系与区别，辨析有两个面是正方形的长方体。）

（2）左手拿长方体，右手拿圆柱，放在桌上轻轻地推一推，你发现了什么？（目的：学生探讨长方体和圆柱的区别，找出圆柱的特征。）

（3）左手拿圆柱，右手拿球，放在桌上滚动一下，你发现了什么？（目的：引导学生探讨出圆柱和球的联系与区别。）

以上教师提出的三个问题是在充分了解学生原认知基础上进行的。因为，"人只对自己的东西，或者是自己曾经为之付出时间和精力的东西才会怀有喜爱之情。要让我们的课堂高效，必须让学生参与课堂。学生参与课堂的程度越深，他对课堂的喜欢程度就越大，同时还要让学生意识到课堂是真正属于自己的。"我们非常认同华中师大周彬教授的这个观点。学生往往会对自己提出的问题有探讨的兴趣。实验也进一步表明，学生对课堂的主人翁意识越浓，他们对课堂的热爱程度就越大，就越能促进学生更加有效地参与课堂学习活动。

（三）创设学生自己的探究课堂

学校结合学生实际进行课题研究，注重培养学生的自主学习探究。不拘泥于让学生预习，不规定使用导学案，而是让学生明确问题之后，然后尝试独立解决问题。只要学生一做、一说、一反馈，那么，他会不会、会多少，就完全呈现在全体师生面前了。当问题凸现之时，正是教师展开有效教学的节点，同时也是实现"教"和"学"对接的关键点。

这时候老师再依据学生情况来引导学习活动：对大家都懂的，老师不

讲；对一部分学生不懂的，老师进行启发引导；对绝大多数学生都不懂的，老师进行重点讲解。这样既节约了时间，又能让学生在各自的基础上进步。依据学生的原认知来因需施教，这样才能在课堂上避免教师做无用功，让教师的"教"和学生的"学"实现无缝对接，才能使学生的参与更加有效。

（四）互动交流大家齐闪亮

在学生自主探究的基础上交流有创造性的见解，教师激励学生敢于质疑，勇于表现，乐于表达，善于学习。我们引领学生"互动交流大家齐闪亮"，从而让学习在交流中充实，学生在交流中锻炼，思维在互动中清晰。在策略上关注以下两点：

1. 给"生成"以存活的空间

教学过程并不是完全按照教师的预设完成的，有许多内容是随时生成的。在实现教学目标的过程中，会有许多难以预料的"凝滞"存在，或许是学生频繁地提问，或许是学生之间的碰撞，或许是课堂临时发生的一个小摩擦，这些都可能成为阻止课堂顺利推进的"障碍"。虽然预设于生成已被多数人频频提及，但是在实际课堂中的很多时候却是没有生存空间的。因此，我们将互动交流问题作为课堂的又一大主要环节。

2. 善于抓住交流中信息的价值

高效的数学课堂，时而凝滞，时而流畅，也可以说是动静结合，动中有静，静中有动，动静一体。课堂上的"火"熊熊燃烧，正如海面上 1/8 的冰山，它离不开冰冷海面下那 7/8 的冰山，高效课堂 7/8 的冰山就是教师大量的积累和思考。互动交流活动中，教师努力在众多的信息课堂中捕捉住有价值的信息组织教学，交流互动切实做到"实在"。

"互动交流"环节为课堂教学营造一个互动交流的氛围，把学生的学习自主权真正交给学生，打破常规思维束缚，凭借学生的智慧和能力，积极从不同途径、不同角度去思考问题，主动探索，创造性地解决问题，让每个学生都有智慧闪光。这就如山东省兖州一中校长杜金山所说的那样：

"在高效的课堂中，教师是一个装满茅台酒的坛子，学生手里都有一只杯子，与之前不同的是，这只杯子不是空的，已盛了些酒，有二锅头，有五粮液……"课堂教学中，教师和学生举杯同饮，相互碰撞，这个过程中会有交融，会有争辩，也会有创新。"构建自主课堂教学模式"，真正让好的教学方法实现对课堂教学的帮助。

（五）巩固深化，水到渠成

新六步教学模式的第五步是"巩固深化"。在学生互动交流，对知识有了一定了解的基础上，对照目标总结知识及进行形成性练习，促进学生巩固所学知识或者适时引导，进一步深入引导学习活动。

（六）评价反馈，关注发展

余文森教授提出了衡量课堂效率的三个维度：宽度（教育广度）、深度（学科厚度）、温度（人文温度）。他认为学科知识如果没有经过教师情感和心灵世界的加温，只会让学生变得越来越冷漠。因此他强调要在挖掘并赋予学生学科知识的同时，注重课堂的人性化、情感化、态度化、品格化，从而使学科知识的学习与学生的情感和精神世界联系统一起来，真正促进学生的健康发展。

以上新的六步课堂教学模式在评价反馈这一环节引导学生归纳出知识基础、数学思维、过程与方法，使得学生在情感、态度、价值观等方面有所收获。

六、结果分析与反思

经过三年的实验，新的六步课堂教学模式得以启用，各项实验指标、实验措施得到落实，学生的能力和综合素质得到提高。学生能够自主地去学习，去发展，课业负担大大减轻，实验教师素质也得到进一步提高。

（一）学生自主学习能力得到提高

在本课题实验中，学生在该教学模式下能够自主学习，自由探索，满足了学生的求知欲望。学生在这种现代化的开放式教学环境中学习，获取了知识，培养了能力，发展了思维，形成了良好的学习习惯，学生的自主学习能力和综合素质得到提高。

1. 学生课前原认知情况调查分析

调查得知，学生对数学学习的自觉性增强（一贯关注数学知识和偶尔关注数学知识的占80%，F值为0.67），详见表1。

表1　学生对数学相关知识原认知情况调查表

检查项目	一贯关注	偶尔关注	关注	不关注	F 值
等次	A（+2）	B（+1）	C（0）	D（-1）	
人数	23	9	7	1	0.67
百分比	57.5%	22.5%	17.5%	5%	

2. 学生主动提出问题情况分析

调查得知，学生提问题的兴趣很高（主动提出问题和较主动提出问题的占90%，F值为0.82），详见表2。

表2　学生主动提问调查表

检查项目	主动提问	较主动提问	一般	较差	F 值
等次	A（+2）	B（+1）	C（0）	D（-1）	
人数	31	5	3	1	0.82
百分比	77.5%	12.5%	7.5%	2.5%	

3. 学生数学课外阅读情况分析

经调查，学生阅读数学课外书的人数也有所提高（经常自觉阅读数学课外读物和基本上能自觉阅读数学课外读物的占90%，F值为0.68），详见表3。

表3 学生阅读数学课外书刊调查统计表

检查项目	经常自觉阅读	偶尔自觉阅读	只读老师要求的	不读课外读物	F值
等次	A（+2）	B（+1）	C（0）	D（-1）	
人数	19	17	4	0	0.68
百分比	47.5%	42.5%	10%		

（二）学生解决问题能力得到提高

培养学生解决问题的能力，是本课题实验的目标，通过实验，学生解决问题的能力得到提高。

1. 学生表达能力调查分析

据调查，学生具有较强的发表个人见解的能力（能主动发表独特见解和偶尔发表独特见解的占70%，F值为0.47），详见表4。

表4 学生表达能力调查表

检查项目	主动思维见解独特	主动思维见解一般	启发思维有见解	没有见解	F值
等次	A（+2）	B（+1）	C（0）	D（-1）	
人数	10	18	12		0.47
百分比	25%	45%	30%	47	

2. 学生评判能力调查分析

据调查，学生具有较强的评判能力（对课堂学习活动能正确评判并且有独到之处和能正确评判的占70%，F值为0.38），详见表5。

表5 学生评判能力调查表

检查项目	能正确评判有独到之处	能正确评判无独到之处	评判有见解有的不正确	不能评判	F值
等次	A（+2）	B（+1）	C（0）	D（-1）	
人数	7	21	12	0	0.38
百分比	17.5%	52.5%	30%		

（三）学生综合知识水平得到提高

据实验目标和教学目标的具体要求，在 2011 年 2 月进行了前测，2014年 6 月进行了综合性问卷测试。抽样测试成绩分析见表 6。从表 6 可见，通过实验，实验班测试成绩总体水平有较大提高（优秀率和良好率分别比上学期有了增长），说明通过实验，全体学生都能积极地、主动地、创造性地学习，学生学习能力得到发展。

表 6　实验前后综合知识考评对比

类别	项目	人数	A 等	B 等	C 等	D 等	优秀率
实验前	A1	46	15	25	3	3	32.60%
	B1	49	16	26	3	4	32.65%
实验后	A2	46	28	15	3	0	60%
	B2	49	29	16	4	0	59.2%

注：A1 为实验前六（4）班，B1 为实验前六（5）班，A2 为实验后六（4）班，B2 为实验后六（5）班。

教育让未来
更精彩

最美的唤醒

主编 李万军

中国社会出版社

国家一级出版社·全国百佳图书出版单位

图书在版编目（CIP）数据

最美的唤醒 / 李万军主编 . -- 北京：中国社会出

版社 , 2019.12

（教育让未来更精彩 / 齐振军主编）

ISBN 978-7-5087-6293-7

Ⅰ . ①最… Ⅱ . ①李… Ⅲ . ①课程－教学设计－教案

（教育）－小学 Ⅳ . ① G622.3

中国版本图书馆 CIP 数据核字 (2020) 第 011833 号

书　　名：教育让未来更精彩——最美的唤醒

主　　编：齐振军

本册主编：李万军

出 版 人：浦善新

终 审 人：尤永弘

责任编辑：马潇潇

出版发行：中国社会出版社　　邮政编码：100032

通联方式：北京市西城区二龙路甲33号

电　　话：编辑部：（010）58124868

　　　　　销售部：（010）58124868

网　　址：www.shcbs.com.cn

　　　　　www.mca.gov.cn

投稿邮箱：LLYD2017@163.com

经　　销：各地新华书店

中国社会出版社天猫旗舰店

印刷装订：廊坊市华昌印务有限公司

开　　本：170mm×240mm　1/16

印　　张：6.25

字　　数：100千字

版　　次：2020年4月第1版

印　　次：2020年4月第1次印刷

定　　价：128.00元（全3册）

中国社会出版社微信公众号

《教育让未来更精彩》编委会

主　编：齐振军

成　员：王　阔　　邵学良

　　　　李万军　　沙晓燕

《最美的唤醒》

主　编：李万军

目录

我们办学理念的关键词：温度

　　"温度"是北京市大兴区滨河小学办学理念的关键词，强调的是规律、敬畏感和文化自信与自觉。最好的教育是适合的教育，适合的教育就要有适合的温度。

　　只要有合适的温度，就会催生新的生命并促进其发展，成功的教育就诞生在这样的一个合适的环境中：有适合学生成长的土壤（学校），有适合的温度（环境），能提供给他们充足的营养（课程），有学生自由发展的空间（观念）。这就是适合的教育，这就是适合学生个性化和多样性发展的教育"温度"。

做有温度的教育

北京市大兴区滨河小学

李万军

赞可夫说："课本知识如果没有经过教师情感的加温，那么这种知识传授越多，你的学生将越冷漠。"我想，无论是知识传授还是道德影响，其精髓即在于此。只有把教育与自己的情感无缝联系起来，才能上有温度的课，做有温度的教育，以生命影响生命，以灵魂唤醒灵魂。"做有温度的教育"，滨河小学把"温度"作为学校办学理念的关键词，强调的是规律、敬畏感和文化自信与自觉。最好的教育是适合的教育，适合的教育就要有适合的温度。

一、有温度的教育

世界上没有哪一片叶子是相同的，我就是那唯一的一片；世界上没有哪一所学校是相同的，滨河小学就是那唯一的一所。

我们认为，学校教育在为学生的全面发展打好基础的同时，更应该注重促进学生的个性化发展。因此，我们的教育是以尊重学生发展的多样性和独特性为前提的教育。我们把满足学生多样性发展的需要作为我们追求的目标，力求做到为学生提供一个可以自由发展的空间。办一所适合学生个性化、多样性发展的学校就是我们的目标。

好的教育是适合的教育。只要有合适的温度，就会催生新的生命并促进其发展，成功的教育就诞生在这样的一个合适的环境中：有适合学生成长的土壤（学校），有适合的温度（教育环境），能提供给他们充足的营养（课程），有学生自由发展的空间（观念），这就是适合的教育。

滨河小学把"温度"作为"标签"。土壤、营养、空间不合适都可以换，但是，到哪里对"温度"的要求都是一样的，这就是独特性。

温度，体现的是情感，是我们的态度。任何一次知识技能的传递，都把情感作为传递的媒介。教师带着感情来教、学生带着感情来学，恰当的情感伴随着教学的过程，知识的传递才不会产生障碍，教学才会成功。

我们希望所有教育工作者都是"热咖啡"，因为这杯有"温度的咖啡"，带来的是温暖和信任，可以瞬间拉近人与人之间的距离，使人与人的接触变得顺畅，这就是"共情"。"教会"是一件很难的事情，所以在漫长的教育过程中，需要教师有极大的耐心和宽容心，这更加印证了"教育需要等待"的论断，而宽容和接纳是非常重要的教育信条。

人与人之间通过适宜的温度建立连接，这种"连接"是在彼此信任的基础上实现的。其最重要的意义在于它符合教育的根本要义：亲其师、信其道。因此，我们提出做一名有温度的教师要做到以下四点：

首先，学会尊重。尊重他人才能让我们想去了解他人的情绪情感，才能让我们不总是想着去评价或者批评他人。

其次，学会倾听，学会换位思考。这虽然很难，但教师必须要努力做到。

再次，做教师的一定要不断地增加生活阅历，丰富生活经验，不断地观察生活、观察这个世界，尽最大努力去了解更多的家庭，这样我们才能设身处地地理解他们为什么会有那些情绪情感。

最后，我们要学会接纳，接纳对方并将对方的事情当作我们内心感受的一部分。

只要这样努力去做，才有可能成为一名好教师，因为只有这样我们才能够真正地理解和了解一名学生的内心世界，才能够真正地理解"差异"，才能够真正做到"因材施教"。通过"温度"，使自己变成"那杯热

的咖啡"，师生建立充分的信任，不断地了解彼此、接纳彼此，这样才能够实现真正的"教育"。

滨河的温度，是适合学生个性化和多样性发展的温度，更是我们的态度：我们尊重自然时间变化，尊重生命节律。该冷冷、该热热，符合规律；该快则快、该慢则慢，节奏适中；打牢基础、多样课程、个性发展，这就是我们的教育温度。

我们的情感是冷静的、真实的、适合的。我们教师把追求"不一样的成功"作为自己的目标，"用教育解释自己"是我们广大教师的自觉行动。我们的学生充满了发展的渴望和主动性，只有这样老师和学生才会碰撞出教育的火花。我们坚信，只要我们努力创造条件、不断改革，我们就会取得成功。我们用态度表明温度。

这就是教育的温度。

二、做有温度的教师

"实践性师德"是我们对现代师德的定义，包括以下几个方面：第一，现代教师应该具有广泛和丰富的文化知识；第二，要深信自己的所学所教对学生是有益的，并内化于心外化于行，做到"人课合一"；第三，具有较高的教育情商，这种教育情商表现在教育实践中就是对学生发自内心的"爱"，爱的传递过程就是教育温度的传递过程；第四，教师要具备把自己所学所知所感传递给学生的能力。做有温度的教师，就要具备"实践性师德"的教师标准。

学生日常良好的行为是在不断的模仿中形成的，尤其是学生对成人行为的模仿是潜移默化的。做好有温度的教师，我们强调"行为示范"要比讲道理、提要求更为重要。所以，说有温度的话、做有温度的事，就成为我们最重要的教育行为准则。一是所提要求要用学生听得懂的语言讲明白，并做到边讲边示范，不能"光说不练"。二是教师要处处给学生做示范，引导学生良好行为习惯的养成。用行动告诉学生应该怎样做。要求学生做到的老师要先做到的道理谁都懂，但是能不能做到要看教师是不是身体力行。

三、上有温度的课

我们大力推广"有温度的课"。"课堂是孩子们的"这一理念就是要做到把课堂还给孩子们。

第一，教师要学会"闭着嘴上课"。我们提出教师上课要"适度虚空"。上课前教师要忘掉教案，就如同武林高手一般，心中没有招式就是最高的招式。"处无为之事、行不言之教"，就是说把课堂话语权交给孩子们，耐心倾听学生内心的真实想法，并适时引导，实现"带着孩子走向知识"的课堂教学形态。教师内心不要装着标准答案，教师只有放空自己所有现成的想法，内心才会真正地容下学生的所说所想，才能够真正接受学生的发现与创造，才能准确地给学生以指导。"处无为之事、行不言之教"，不做是为了做得更好更精准；不教是为了引发真正的思维碰撞，教得更清楚。

第二，课堂上我们允许留有解决不了的问题，留下问题的课堂才是具有生命力的课堂。只有教师做到"适度虚空"，认真倾听学生的每一次发言，才会发现真问题，解决真问题。我们不怕课堂上出现的各种奇怪问题，要保护学生思维的活跃性。如果学生没有问题，知识一学就会，我们认为这样的课就没有上的必要了。

第三，我们提倡倾听。有人说，说话晚的孩子，一旦学会说话，其表达会很清晰。这也许就是听得多了的缘故。因此，倾听对每一个人都很重要。首先，教师要做到倾听。我们提出，听学生说话时教师要做到"眼睛盯着眼睛听"；同伴之间学习交流时也要做到"眼睛盯着眼睛听与说"；听的时候要有表情地交流。课上得好不好，我们还有另一条标准就是"两

说一评"，即：学生会了要讲给别人听，目的是学会了立即要进行操练；同时要对别人说的作出评说。评说时"两优点一建议"，既要对别人说的给予两条表扬又要提出一条建议或自己的想法。

第四，课堂上我们提出要有"三声"：热烈的掌声、会心的笑声和响于脑海的默读声。要让学生养成赞美别人的习惯，即掌声和赞美的声音；自然流露自己已掌握所学知识的喜悦心情，即会心的笑声；还有要让学生养成静下心来自读教材寻找答案的习惯。

四、建构有温度的课程

中国人的文化温度来源于五千年的文明传承。中国人浸润在中国文化中，创造了一个又一个人类发展的奇迹。现代中国人和现代中国教育者更应该脚踏中国大地的同时放眼世界，这才是中国人最有温度的成长。因此我们发起了"二十四节气"课程，将其作为学校师生共同成长的依托，托起"有温度的教育"。

"二十四节气"是中国农耕文明的集中体现，中国文化与天地万物之间的交流已经超出农耕，深深地融入了中国人的审美、情感与命运中。节气，更是贯穿中华文明的重要价值体现，"一阴一阳谓之道，继之者善也，成之者性也"，一年又一年，一辈又一辈，我们心中的"道"从没有丢失过，反而更深入我们的灵魂中。我们希望"二十四节气"课程如年轮一样，依据学生于不同年级的发展规律，通过六年的层层浸润，把传统文化和文明习惯根植于学生的内心之中。

联合国教科文组织保护非物质文化遗产政府间委员会第十一届常委会通过决议，将中国申报的"二十四节气——中国人通过观察太阳周年运动而形成的时间知识体系及其实践"列入联合国教科文组织人类非物质文化遗产代表作名录，更加证实了"二十四节气"对人类的贡献。

被誉为"中国的第五大发明"的"二十四节气"，给我们现代人的启示更重要的是规律、敬畏感和人与自然、世界的关系，让我们更多思考的是如何更好生活、如何有序发展、如何自我觉醒。

学校开设"二十四节气"课程具有如下意义。

第一，"二十四节气"是中国特有的，是中国先民的文化创造，是古人在长期自然生活中的经验总结，是宝贵的文化遗产，具有重要的遗产认知与可继承的文化价值。

第二，"二十四节气"是我们把握作物生长时间、观测动物活动规律、认识人的生命节律的一种文化技术，在日常生活中随处可见二十四节气的影响，一些节气和民间文化相结合，已经成为人们的固定节日，这些与学生的生活密切相关。

第三，人类无论有多强的主动性与创造力，最终都逃脱不了自然界的时空限制。现代人应自觉传承二十四节气这一文明财富，顺应自然，尊重自然时间，尊重生命节律，享受色彩斑斓的自然生活，这样才能生活得更加愉快幸福。

在课程实践中，我们的宗旨是让学生过一种有文化的生活，让课程生活化。在特定的节气到来时，我们会按照"一个仪式、一个活动、一个展示"的形式让学生切实参与进来，在亲身实践中感受节气时间，感受有文化的生活，让传统文化浸润到学生的学业中。

五、设计有温度的活动

我们研究并不断丰富学校里仪式教育的内容和形式。

把"礼"寓于仪式之中。重礼，是我们中国人最看重的文化表现和文化活动之一。在特定的仪式中，我们让学生遵守秩序、懂得敬畏、感受氛围、演礼秉德。每日升旗仪式、新生入学仪式、新教师入职仪式、分院仪式、毕业仪式等，我们在不断地完善学校的仪式教育系统，使每一个仪式都成为孩子们终生难忘和热切期盼的节日。我们也非常重视重要节日的仪式感。我们所强调的"仪式",不但强调庄重感和规约性,还强调多样的形式。特定的活动就要有特定的形式,同时我们也强调参与性和实操性。

在确定培养目标时我们提出"学生发展三个一":一手好汉字、一篇好文章、一项好才艺。我们还发现,学生平时很活跃,但真要他们放松参与活动时却很木讷;走上表演台时,学生表情僵硬、眼神空洞。这说明我们对学生的约束多,管教多,儿童天性没有被正确对待。这也是我们提出"温度"这一概念的初衷。

针对这一问题,在提出"学生发展三个一"的时候要实现学生"眼睛亮起来、表情丰富起来"的标准,对孩子的天性发展给予"有温度的支持"。除了要在课堂上作出改变以外,还要大力发展体育与艺术教育,大力开发学生的个性潜能,同时搭建不同的舞台,让学生有充分的学习展示的机会,在活动中、在学习展示中不断地树立自信心。有温度的支持是最贴心的支持。

做有温度的教育,需要更多的教育实践与思考,"滨河的温度:朴实、扎实、踏实"已经逐渐成为学校的标签。滨河小学的温度,是适合学生个性化和多样性发展的温度,更是我们的态度:我们尊重自然时间变化,尊重生命节律,乐见学生发展的色彩斑斓,享受生活,这就是学生童年生活的样子。该冷冷、该热热,符合规律;该快则快、该慢则慢,节奏适中;打牢基础、多样课程、个性发展,这就是我们的教育温度。

不忘初心跟党走

——赴江西井冈山培训启示录

北京市大兴区滨河小学

谷敬梅

井冈山是令我向往的地方。2018 年 4 月我有幸参加了赴江西井冈山等革命老区的红色寻根之旅，接受革命传统教育。

作为革命的发源地——安源，历史厚重。怀着无限的敬仰和期待，我们首先来到安源路矿工人运动纪念馆参观学习，缅怀革命先烈的事迹。纪念馆所陈列内容系统地介绍了 1921 年至 1930 年中国共产党领导安源路矿工人开展罢工斗争、农民运动和武装斗争，反对帝国主义、封建主义的历史。该馆陈列内容共分为三重压迫下的路矿工人组织起来；路矿工人大罢工；"二七"惨案后的坚持和发展；工农联合，支援北伐；秋收起义；武装割据六个部分。除了文字图片和实物，还有《矿工苦》《毛泽东去安源》《大罢工》《工农联盟》《奔向井冈山》等大型雕塑。

在纪念馆中，我们通过纪念馆黄伪书记讲授的《安源路矿工人运动的群众工作与现实启示》党课，了解了安源的革命斗争史，特别是对毛泽东同志如何运用群众工作方法有了更深刻的认识。安源路矿工人运动是马克思主义与中国工人运动初期相结合的范例。安源路矿工人大罢工的胜利是毛泽东成功地运用群众工作的方法的结果。

接着，参观江西省历史文化名村——莲花县路口镇湖塘村和省级水生态文明示范村——田心村。1929 年路口大捷战役的主战场就是在湖塘村下岸山，村中的渭川公祠就是当年的红军临时医院。渭川公祠青砖墙壁上土红色的"优待白军俘虏"等红军标语今日仍然清晰可辨。听村支书介绍，目前，渭川公祠已成为湖塘村史的展览馆，展示着湖塘村的荣耀历史和历史名人。我们也在它厚重的历史、文化中感受到传统建筑风格和非物质文化遗产的魅力。水生态文明建设是生态文明建设的基础和重要保障。良坊镇田心村作为新农村建设点和水生态文明试点村，开展了环境整治、房屋改造、河道疏理、旅游规划、文化展示和道路铺筑等一系列项目建设，呈现出小桥、流水、人家的美丽田园风光。我们在驻足观赏拱桥古树、水车流瀑等美景的同时，赞叹乡村建设和水生态文明的成效。在田心村，我们聆听了《一位老共产党员的遗产》党课，从主讲人的生动讲述中感受到原莲花县委副书记刘奉斌同志几十年如一日不忘初心，保持党性的光荣事迹。

我们到莲花县升坊镇浯二村刘仁堪烈士革命事迹陈列室和烈士故居参观学习，聆听《信仰万岁》党课。刘仁堪是莲花县第一任苏维埃政府主席、第二任县委书记，是井冈山革命斗争时期共产党人的好榜样、苏区县委书记的杰出代表。面对敌人的严刑拷打，刘仁堪坚贞不屈。被敌人割掉舌头的他，拼尽最后的力气，用脚指头蘸着鲜血，在刑台上写下"革命成功万岁"六个鲜红的大字，壮烈牺牲时年仅34岁。刘仁堪"至死不渝的理想信念，人民至上的家国情怀，英勇无畏的铁血担当"，诠释了革命先辈们的革命英雄主义精神，令人肃然起敬。在建党90周年前夕，《人民日报》头版头条刊登了《选择，凝聚在信仰的旗帜下》评论员文章，把刘仁堪和李大钊、瞿秋白、彭湃、方志敏等并列为共产党最优秀、最具典型意义的革命先辈、革命志士。

在莲花县一支枪纪念馆，我们通过革命珍贵史料，了解了第二次国内革命战争时期地方革命武装的斗争经历和贺国庆烈士冒险保存一支枪的光荣事迹。1927年9月，在毛泽东的指示下，党在莲花一支枪基础上成立了赤卫队并逐步扩大武装，发展到220支枪的革命斗争史，证实了毛泽东"星星之火可以燎原"的科学论断。

通过参观甘祖昌、龚全珍事迹纪念馆、甘祖昌故居、坊楼中学龚老阿姨教学点、反修桥、江山水库，在沿背村议事坪重温入党誓词，我们了解了开国将军甘祖昌于中华人民共和国成立后历任新疆军区后勤部副部长兼供给处处长、兼财务处处长、新疆军区后勤部部长。1955年被授予少将军衔，荣获八一勋章、独立自由勋章、解放勋章等。1957年，甘祖昌主动申请回乡做农民，被称为"将军农民"。甘祖昌满腔热情地投入了家乡的建设，他和乡亲们一起挥洒汗水，修起了3座水库、25千米长的渠道、4座水电站、3条公路、12座桥梁。呕心沥血、艰苦奋斗，改变家乡落后面貌。他在长期实践中积累了一定的农林水利建设经验，被江西省农业科学院聘为特约研究员。他的老伴儿龚全珍老阿姨，1957年随甘祖昌回到江西省莲花县，在乡村教师的平凡岗位上几十年如一日，兢兢业业、教书育人。她离休40年，离职不离岗，坚持走基层、走进群众，作革命传统教育报告1000多场；耄耋之年建立"龚全珍工作室"开展红色教育，言传身教，弘扬党的优良传统。她倾力帮助生活困难的群众，坚持每月拿出500元为社区购买书籍，每周到福利院抚恤孤老，经常资助贫困学生。她身为将军夫人，始终保有一颗平常之心，多次婉拒组织上给予的照顾，一直过着简朴的生活，受到当地干部群众的尊敬和爱戴。习近平总书记先后两次亲切接见她，亲切地称她为"老阿姨"。电视剧《初心》就是以甘祖昌和老伴儿龚全珍的先进事迹为原型创作，讲述了他们始终不忘让乡亲们都过上好日子的庄严约定，带领乡亲们艰苦奋斗、改变家乡落后面貌的感人故事。实地参观，我们被一次次地感动。

观看沿背村村民的采茶剧《并蒂莲花》，我们深刻地感受到甘祖昌将军和龚全珍老阿姨一心为民、严格自律的精神。沿背村《薪火相传 信念永恒——沿背红色印记》党课使我们对莲花一支枪和甘将军、龚老阿姨的事迹有了全方位的了解，深深感受到共产党人不忘初心、牢记使命的

执着与坚守，很受鼓舞。我们应以他们为镜，不断反省自己，继续把艰苦奋斗、为民务实精神发扬光大。

来到中国革命的摇篮——井冈山，我们参观了永新三湾改编旧址、三湾改编纪念馆、枫树坪、毛泽东故居、士兵委员会旧址、工农革命军第一军第一团团部旧址，聆听刘老师讲《政治建军 党铸军魂》党课。认识到：三湾改编从政治上与组织上保证了党对军队的绝对领导，是我党建设新型人民军队最早的一次成功探索和实践，标志着毛泽东建设人民军队思想的开始形成。三湾改编初步解决了如何把以农民及旧军人为主要成分的革命军队建设成为一支无产阶级新型人民军队的问题，保证了党对军队的绝对领导，奠定了政治建军的基础。随后参观了人民解放军军政院校的摇篮——龙江书院、井冈山会师纪念馆和井冈山革命博物馆，我们了解到井冈山的革命斗争历史，对井冈山精神有了更深刻的认识，备受鼓舞，更坚定了理想信念和为党工作的决心。习近平总书记指出，井冈山时期留给我们最为宝贵的财富，就是跨越时空的井冈山精神。今天，在新的时代，我们要"坚持坚定执着追理想、实事求是闯新路、艰苦奋斗攻难关、依靠群众求胜利"，让井冈山精神放射出新的时代光芒。

井冈山寻根之旅紧张而又充实，收获满满，是一次难忘的精神洗礼。我将不忘初心、牢记使命，把学习成果转化为工作的动力，将其不断传承和发扬。

打造以人为本的"生态课堂"

北京市大兴区滨河小学

毕海荣

生态课堂的核心理念是尊重、唤醒、激励生命；生态课堂的突出特点是民主平等、自然和谐、自主与合作、探究与生成、开放与选择、多元评价与个性发展。滨河小学以人为本，努力打造生态课堂。

一、转变教师教学理念，领悟"生态课堂"

生态课堂作为一种新的教学模式，有着全新的理念。滨河小学的教师普遍趋于老龄化，对生态课堂的新理念领悟得比较慢。因此，教导处注重抓好校本培训，提高教师对生态课堂理念的认识。

第一，进行"PCK 课堂教学模式理念"培训

我在参加了大兴区教委组织的"'基于中小学 PCK 课堂教学模式理念'境外培训活动"后，对全校教师进行了集中培训。我改变了传统的讲座培训方式，而是让教师们动起来，参与一个个学习体验活动，使教师们深刻感受到了生态课堂这种先进的理念给自己带来的快乐学习体验。教师们学得兴趣盎然，很乐于接受这种理念，并付诸实施。

第二，进行"名师课堂"观摩培训

滨河小学积极创造条件，"请进来、送出去"，一方面邀请教研员、专家来学校对教师进行"名师课堂"等方面的教学培训，另一方面为教师外出培训积极创造条件。例如，派教师参加"深圳数学名家课堂教学培训""陕西师大语文骨干培训"等。

二、转变教学设计思路，预约"生态课堂"

生态课堂强调学生全程参与课堂学习。这就要求教师在课堂教学中要体现以下四个要求：第一，要面向全体学生。无论是"优秀生"还是"学困生"，都应受到关爱。第二，要面向每个学生的全面发展，即关注的不只是学生对"双基"的理解和掌握，还有学生的"情感、态度和价值观"等方面的发展和提升。第三，发展学生的个性。第四，促进学生可持续发展，这种发展与学生以后的成长有着共同的外延，其效果应逐渐在学生以后的成长过程中显现。这就要求教师在进行教学设计时要了解学情，认真备课，精心设计学案，预约"生态课堂"。

学校采用以教研组为单位的集体备课模式，使教师们集思广益，做好教学设计，取得了很好的效果。

例如，我校五年级数学组备课时积极探索在课堂教学中帮助学生积累基本数学活动经验的有效策略，让学生经历动手操作的过程，积累操作性经验；让学生经历联系生活的过程，积累应用性经验；让学生经历小组合作的过程，积累探究性经验；让学生经历观察思考的过程，积累抽象概括性经验。

再如，我校六年级语文组在备课时力求做到"立足于读，着眼于写"。教师们认为读与写是一个不可割裂的整体。语文阅读教学就是既要抓好语言文字的训练，又要使阅读与写作相结合，这样才能使理解与运用相得益彰，使语言的形式和内容紧密联系。研读典型段落学习组句构段，研读篇章结构学习布局谋篇，品读关键词句学习细致表达。

三、转变课堂教学方式，打造"生态课堂"

第一，打造"情境"生态课堂

生态课堂应是"情境"的课堂。课堂是师生活动的生态环境，课堂教学的任务之一就是要创设有利于学生成长的教学情境。课堂上需要教师呈现和利用各种资源构建生成有情境的课堂。

例如，我校数学教师教学时注重从学生已了解的知识点出发，将数学与学生生活经验密切联系，让学生亲身经历将生活经验转化为数学活动经验的过程，使学生充分积累"数学化"的活动经验。

李淑环老师在教授二年级"统计"这一内容时把教材中缺少生活气息的题目改编成学生感兴趣的、活生生的题目，设计了这样的教学过程：1.小记者采访活动，采访本组中的同学生日日期。2.发现并提出问题。3.合作整理制成统计图表。4.展示自己的统计表。这样的设计，对学生来说，采访交流信息、动手收集和呈现数据是一个生活化并且充满挑战和乐趣的过程。学生不仅体验了活动过程，学会了与同伴合作交流，更重要的是学会了统计的方法，学会了从数学角度解决实际问题。学生在真正经历"数学化"的过程中积累了数学活动经验。让学生发现数学就在自己身边，从而促使学生用数学思想来看待实际问题，提高收集、整理信息的能力。

第二，打造"体验"生态课堂

"体验"课堂是一种在全新教育理念指导下的，主要从学习者个体发展的需要和认识规律出发，以感受、经历为指向的，符合时代要求，符合学生心理认知、成长规律的生态课堂。我们认为它是可以涵盖所有学科的，既包括语文课堂中学生对文本情感、态度、价值观的体验，又包括数学课堂上学生动手操作的体现，还包括科学课堂上学生动手实验的体现，等等。

例如，动手操作是学生学习数学的重要途径和方法。动手操作能把抽象的知识变成看得见、讲得清的现象。学生动手、动脑、动口参与获取知识的全过程，获得的体验才会深刻、牢固，从而积累有效的操作经验。因此，在设计数学活动时，老师努力以学生活动为主线，激发学生主动参与、实践、思考和探索，通过各种动手活动，灵活、有效地解决数学问题，从而让学生在活动中学习和感悟数学，帮助学生积累数学活动经

验。在认识长方形对边相等的特征时，我校石妙然老师设计了以下几个活动：1.看一看，摸一摸，你发现了长方形的哪些特征？2.怎样确定长方形上下、左右两条边各是一样长呢？学习过程中，学生在不断的"体验"中获得知识，发展了能力。

第三，打造"合作"生态课堂

课堂中的合作交流应该是最基本的需求，也就当然地应该成为知识探索、情感交流的主要活动形式。我校教师注重打造"合作"生态课堂。主要从以下几方面进行：在预习中合作交流——质疑问题；在新知中合作交流——加深理解；在练习中合作交流——拓宽思路；在评价中合作交流——促进发展。

四、转变教学评价方式，助力"生态课堂"

在"生态课堂"理念的指导下，我们还要转变课堂评价方式。实施评价，应注意教师的评价、学生的自我评价与学生间互相评价相结合。

第一，教师评价三做到

学校要求教师课堂上的评价语言第一要做到多一点赏识与鼓励。教师应以鼓励、表扬等积极性的评价为主，采用激励性的评语，尽量从正面引导。第二要做到机智风趣。机智风趣的评价语言，不仅能让学生感受到教师的赞许，而且能活跃课堂气氛，提升教学效果。并且老师风趣幽默的语言必将使学生受到潜移默化的影响，从中有助于学生良好人文素质的养成。第三要做到宽容和信任。学生是学习的主体，他们的独特体验是一种珍贵的教育资源。作为教师，应该用宽容的眼光去理解孩子，去保护孩子稚嫩纯真的心，教师的评价语言宽容、亲切、真诚，才会让学生感受到老师对他的尊重与赏识，从而增强他们继续超越自我的信心。

第二，相互评价教方法

学生间的相互评价应是多向的、全面的。在评价中，也应当运用鼓励性评价方式，进行多角度、多方位的评价。学校教师注重教给学生评价方法。例如，有的老师在小组合作中，制定互评机制，用符号代替，促进成员积极合作。回答出色："☆"（优）；回答较正确："√"（良）；勇于回答，但回答错误："○"（较积极）；没有参与答题："△"（不认真）。另外，还要对小组的活动情况进行评价，对每个同学在小组的表现也要进行评价，目的是让每个学生了解自己在小组活动中的表现。同时在组与组之间进行评比，看一看哪个小组的活动开展得最好，哪个小组的同学最积极主动、团结友好，尤其是要特别关注那些在学习上有一定困难的学生，看看他们是否积极参与。

第三，自我评价自鞭策

自我评价是自我意识的组成部分，是个人能力结构中的一种非常重要的能力。自我评价能够消除被评者本身的对立情绪和疑虑，调动他们参与评价的积极性。通过评价，学生不仅可以看到自己的成长，进而享受成功的喜悦；同时还可以看到自己的不足，正视自我，从而明确努力的方向，形成对自己的鞭策。教师应重视课堂上学生的自我评价。

第四，学生评师更融洽。

在实际教学中，我们也加强了学生对教师的评价，体现出师生间的平等对话、融洽相处。学生对教师评价的价值在于能够让学生大胆地表达自己的观念和想法，同时还能促使教师不断地规范自身的教学行为，这也是生态课堂必不可少的环节。

通过以上"四个转变"，使我们的课堂更加以人为本，真正成为"生态课堂"。

有效开展校本教研　提升教师专业素养

北京市大兴区滨河小学

刘雁南

随着基础教育课程改革的不断推进和新课程标准的实施，校本教研已是小学进行教研活动的重要形式。究竟如何开展校本教研、提升教师专业素养、增强校本教研的实效性呢？结合自己实际工作的开展，浅淡以下几个观点。

一、加强学习，提升教师专业水平

理论学习是自我发展、自我提升的必备条件，是教师课堂教学过程中运用新概念、新方法的有效保证，也是提升教师专业素养的重要手段。工作中，我采用集中培训与个人学习相结合的方式，让教师及时了解教学理论新动态，获取教学新信息，更新教学方法，提高教学水平。

第一，充实学习内容

在学习方面，首先，我们强化课标学习。课标是教学的方向标，只有认真学习课标，才能更好地用好教材，不断提高教学质量。因此，我要求并组织每位教师认真学习新课标，并开展学习交流活动。在评价课堂教学时，更关注新理念在课堂教学中的落实。其次，为教师们提供了多种学习材料，如《北京市中长期教育改革和发展规划纲要》《北京市教委关于进一步规范义务教育阶段教学行为的意见》《北京市教育委员会关于进一步提高中小学教学质量切实减轻学生课业负担的意见》《中华人民共和国教育法》等。通过学习，不仅要让教师从思想上提高认识，而且应努力促成教师在行为上发生相应的变化。除此以外，我们学校还为教师们订阅了教学方面的书籍和杂志，教师们平时有时间就可以翻开看一看，从中学习教学方面的知识，同时记好学习笔记，并和其他教师交流学习体会，使自己的知识库得到不断充实的同时，教学能力也得以提高。

第二，丰富学习形式

学习的效果不仅来自学习内容，也体现在学习方式上。在校本培训的实践中，我们教师都会抽时间进行自学，并记好学习笔记。同时，我们充分利用学校、教研组集中学习时间引领教师学习，并在组内交流学习心得。教师们在活动中领会到了新课程的思路与举措，并在思维的碰撞中对课改可能遇到的困难进行了比较深入的思考。

网络学习方便、快捷、高效。我们学校鼓励教师利用网络平台进行网络研修。如在国家教育资源公共服务平台上观摩专家名师的优秀课例。专家名师的课堂教学案例是展示其高超的教学艺术、厚重的文化积淀、驾轻就熟的课堂驾驭能力的教学过程，是值得我们学习和借鉴的。教师通过听取、观看名师名家的优秀课例，学习名师名家的做法，借鉴名师名家课堂教学中的教学风格、教学思路、驾驭能力，从而来提高自己的专业素养。

为了提升教师专业水平，我们学校还组织教师参加各级专家名师的专题培训。我们组织语文、数学任课教师及班主任教师去天津参加"中国教育梦教师培训活动"，组织部分数学骨干教师去郑州参加"儿童数学教育思想与实践研讨会"，组织数学老师去朝阳区参加北京魅力教师经典课堂组委会主办的"魅力教师、经典课堂"观摩课活动。教师们从这些培训活动中学到了比较前沿的教育教学理念，并运用于教学实践中，这样不仅提升了教师的专业理论素养，也提高了教师的业务水平。

二、聚焦课堂，促进教师专业成长

学校教育教学的主阵地是课堂，校本教研的根在课堂，我们必须"聚焦课堂"，要把校本教研与课堂教学做成一件事，让教师在课堂中研究、改进和提升。

第一，多种途径，打造优质常态课

我们的教学中常态课是最多的，因此上好常态课是提高教学质量的根本保证。打造优质常态课，我们主要从以下几方面入手。

首先，学校把备课作为校本教研的重要组成部分，改革传统的备课方式，认真组织教师开展集体备课。同年级同学科教师全部参加，明确各自任务，即所承担的备课内容，并形成电子备课教案，最终完成全册教案。每个老师上课前，要认真研读教案，根据自己对教材的理解进行复备，在原教案上用不同颜色的字体进行标注，并针对教学中的难点、疑点问题，大家进行争论、商榷和研讨，以更好地改进自己的课堂教学方法，增强常态课的实效性，提高课堂教学的质量。

其次，学校领导不定期听"推门课"，课堂中发现问题，课后评课，和教师们共同寻找解决办法，教师在反思中突破提高。随着"推门课"的开展，广大教师的教学水平都明显提升了，常态课的效益和质量也明显提高。

最后，让教师进行教学反思。如果教师只注重教学实践，不进行教学反思，那么自己的教学能力就不会提升，甚至会出现滑坡，课堂教学也就会失去生机与活力。

我们学校要求教师要经常剖析自己的课堂教学，反思课堂教学中的不足和失误，针对课堂教学中存在的问题和其他教师探讨、交流，然后形成反思。对教学的不断反思，很大程度上提高了常态课堂的时效性。

第二，师徒结对，展示高质公开课

公开课有很强的观摩性和展示性，可以展示创新教学模式、构建高效课堂的教学研究成果；可以展示教师的思想与理念、素质与水平；可以展示学生的优良学习状况。因此，我们学校每学期都坚持以公开研讨课的教研方式为教师的成长提供舞台，让一位又一位教师在公开课的磨砺中成长起来。

我们注意发挥市、区、校级学科带头人和骨干教师的辐射、帮带和示范作用，结合学校的实际情况成立"1+1"师徒结对小组。每学期师傅都要先上一节"引领课"，然后协助徒弟完成"献优课"，而这一般要经历以下几个公开课磨课的过程：

1. 个体研究，设计教案，然后把自己的教学思路、设计意图在组内进行交流，再请师傅指导，并进行第一次试讲。

2. 试讲后，师傅进行评课，组内集体研究每个教学环节，落实每个细节，提出进一步修改意见。徒弟厘清教学思路，形成新的教案。

3. 徒弟展示献优公开课，同学科教师和学校领导参与听课。

4. 课后，大家一起针对课堂教学存在的问题进行研讨，明确进步的方面，分析还存在的问题，上课教师进行反思并形成教学反思。

实践证明，这种方式对培养青年教师，提高教学技能和水平，帮助他们解决教学中的问题，效果显著。

三、课题引领，促进教研深入开展

我校以科研的方式推进教师的校本培训，鼓励教师参与课题研究，在教育教学实践中勇于开拓，不断创新，超越自我。

第一，课题研究，提升校本教研品位

根据本校的实际情况，我们组织教师们进行了多项小课题研究，每学期进行两次"小课题交流"活动，期末上交研究论文。在此基础上，鼓励教师申报区级、市级课题。目前，我校已承担市级课题一个，区级课题两个。课题负责人定期召开课题组成员会议，会上教师们畅所欲言，共同探讨课题研究过程中出现的问题，提出解决办法，确定今后的工作方向。通过以上举措，学校课改的氛围浓厚了，校本研修也得到不断优化。

第二，组内研讨，提高教师研究意识

教研组是校本教研的基本单位，也是青年教师成长的摇篮，因此我们组织教师积极投身于校本教研中，钻研教材、吃透课标、探讨教法。各教研组组长组织教师集体教研和听、评、说课，鼓励大家畅所欲言，各抒己见，充分发表自己的观点，树立研究意识。

第三，专题献课，教研、科研有机结合

专题献课即上好专题研究课，展示阶段性研究成果。我们注重每一节课的研究过程，把这个过程看成一个学习、研究、提升、锻炼的好机会。为此，我结合课题研究，组织教师开展专题献课活动。我校区级规划课题"基于学生数学问题解决的教师支持策略的研究"，在课题负责人、区级学科带头人毛怀玉老师的带领下，全组成员积极备课、授课、研讨、反思，初步探索出了一条适合我校学生实际情况的教师支持策略和教学模式，研究效果明显。市骨干教师付春萍老师结合课题"依托整本书的阅读进行创意写作的研究"组织教师集体备课，研究中大家畅所欲言，相互启发，相互碰撞。展示课题研究课时，邀请了区科研室主任进行观摩指导。课后，课题组成员与专家进行对话、交流。在这个研究过程中，教师们在学习中反思，在反思中增长了本领。就这样，我们将课题研究落到实处，真正做到教研、科研有机结合。

开展校本教研的主要目的在于促进教师专业成长，全面提高学校教育教学质量。今后，我们学校在校本研修工作上会不断完善、发展、创新，使学校工作再上新的台阶。

根植课堂促提升　细化管理出实效

北京市大兴区滨河小学

吴　爽

学校开展校本教修活动已经有九年多的时间了，通过扎实开展校本教研、科研工作，我们深刻地感受到：教育科研离不开教育教学工作，只有根植于教育教学工作中的研究才能被教师所接受，才具有旺盛的生命力，才能有强大的动力和后劲。为此，学校始终坚持教研、科研深度融合的原则，细化科研管理工作。多年来，我们根植课堂开展多样化的活动：学科骨干教师引领课、青年教师献优课、人人撰写教育叙事研究等，结合学校的同伴研修活动进行区级课题研究工作，将教研、科研深度融合，使教师感受到在工作中研究的快乐，同时也提高了教师的研究及教学水平，促进了教师的专业发展。

一、以"课堂教学"为主阵地，将课题研究根植于课堂，彰显研修实效

"要扎实有效地开展校本研修，必须找准切入点。"通过全体干部一起深入听课、调研、交流，我们发现课堂教学中存在的主要问题，并以"课堂教学"为主阵地，把解决这些问题作为校本研修的切入点。找准切入点后，学校根植课堂开展多样化的研修活动，每学期都以区"新星杯""卓越杯""智慧杯"课堂教学竞赛为契机，为教师搭建共同学习、提高、展示的平台，开展实践研修。通过开展多元化、多样性的研修活动，将教研、科研深度融合，切实提高校本教研活动的实效性。

近几年，学校逐步形成了一支以市区级学科带头人、骨干教师为代表的科研骨干队伍。为了发挥科研骨干的引领作用，学校以"课堂教学"为主阵地，充分结合学校在研的市、区级课题，将课题研究根植于课堂，加强学科教研和年级教研，打造生态课堂。每学期为教师搭建共同学习、提高、展示的平台，积极开展骨干教师引领课和青年教师人人献优课的活动，通过教师自己独立备课—再与结对子教师集体备课—师徒同上展示课—研究课后反思与交流研讨这样一个过程，为所有教师搭建互相学习、展示自我的平台。活动中，学校领导班子和部分骨干教师也组成评审组，积极参与听、评课，并按照《大兴区课堂教学评价标准》进行评课、授分，最终评出优秀教师进行表彰，活动大大增强了所有教师参与研究的积极性，且收到了很好的效果。

二、以"小课题"为抓手，以"教育故事"为载体，将教研、科研深度融合

小课题研究是最适合一线教师开展的一种草根式的课题研究，自2015年起，学校以小课题研究为抓手，依托"教育故事"撰写这个载体，将科研、教研深度融合，有针对性地开展研究。学校教师结合自身教学实际和现状，选择工作需要制订内容具体、研究周期短并切实可行的小课题。同时，学校聘请大兴区教师进修学校教科研室魏希芬主任为全体教师作《教师如何做小课题研究》科研专题讲座，使教师们对如何研究小课题有了更加清晰的认识，提高了教师的科研水平。为了让活动开展得更具实效，学校教师以撰写教育叙事研究来记录研究过程或研究成果，工作满15年的教师每月至少撰写教育故事两篇，工作满25年的教师每月撰写教育故事一篇。多年来，我们积累了丰富的教学案例，共收录教育故事千余篇。为了让教师们能够互相学习、取长补短，每学期科研室定期安排"我的研究故事"交流会，分享成功经验。十一个教研组推荐的教师代表与全校教师分享自己的课题故事，有效地提高了教师撰写教育故事的水平。学期末每位研究教师结合自己一学期以来的研究工作进行总结梳理，深刻反思，形成一篇精品课题研究论文上交，学校进行评比和表彰，并择优选择优秀教师在期末总结会上进行课题经验交流分享。

三、积极搭建展示平台，为每一位教师展示研究成果

有了成功的体验，才能激发教师的研究兴趣。因此，学校为教师创造尽可能多的机会展示研究成果。教师撰写的优秀科研论文和教育故事收入滨河小学编辑的《且行且思》文集一书中。自 2010 年起，科研室一直牵头整理统计教师学年获奖情况，编辑印制《珍藏——滨河小学荣誉册》，至今已坚持开展八年。每当教师们手捧《珍藏——滨河小学荣誉册》，看着自己一年来用辛勤汗水换来的成果，脸上都洋溢着成功的喜悦。

此外，学校科研室还积极组织教师参加各级各类征文活动，通讯员常年坚持每月定期向各级各类刊物投稿，并取得喜人的成绩：学校多位教师在《大兴教育研究》《教学实践与研究》《青年教师》《学校教育研究》等各级各类刊物中发表文章。近年来，有近 300 人在国家、市、区级科研部门及区教委组织的论文评比中荣获一、二、三等奖，近百人获课题研究成果奖。

天道酬勤，付出就会有收获。通过扎实开展校本研修活动，我们深刻地感受到：校本研修永无止境，须伴随着学校教育教学工作的开展持续进行。因为在校本研修进程中，总会不断地出现新的问题和困惑，需要我们发现和研讨，在实践中解决和改进，工作虽然平淡，但却扎实、务实。每学年，学校都制订出详细的研修计划，对目标、内容、时间、地点、参与教师、负责人等都作详细的规定。学期初各部门都先进行沟通协调，避免安排活动时间上的冲突，然后才制订计划，这样，研修活动就有了时间上的保障。不仅如此，我们还对组长进行培训。组长、教

师学习研究的主动性增强了，校本研修才能取得好的效果。校长和班子成员始终全程参与到校本研修的过程中。有了领导的积极参与，教师们就更有积极性了。如今，教师们把主要精力投入课堂教育教学的研究中，校园内形成了浓厚的研究氛围，教师们在工作中快乐地研究，在研究中快乐地工作。今后，我们将积极探索实践，更好地发挥校本教研的作用，在教研的路上，且行且思，且思且进，将工作做得更深入、更扎实、更具特色。

享受运动与快乐　感受激情与亲情

北京市大兴区滨河小学

夏春杰

学校体育运动会是学校教育教学工作、德育工作的一个组成部分，更是师生们关注的一件大事，它为推动学校体育工作的开展作出了巨大贡献。学校运动会，不仅锻炼了学生身心，活跃了校园气氛，而且增强了学生的集体观念，培养了学生团结合作的精神，为学生体育观的形成奠定了基础。

一、传统运动会的弊端

随着时代的发展和教育教学观念的更新，现行的学校体育运动会运行机制的缺陷也越来越明显，有些问题显得越来越突出。这主要体现在：

第一，传统意义上的运动会组织形式单纯，都是体育老师策划、组织、编排，其他科任老师做裁判，班主任担任领队，学生是运动员。

第二，学校运动会项目设置单调，大多采用的是千篇一律的常规项目，缺乏趣味性，因而学校运动会已经成为少数体育优秀生的"专场表演"，多数学生只能充当"观众"，造成了很多学生没有参与热情，更享受不到运动快乐。

二、亲子运动会的实践与发展

随着素质教育的不断深入，"阳光体育"的不断实施，为了让运动会成为大家的运动会，为了让孩子们快乐健康地成长，为了增进家长与孩子、老师与学生之间的感情，对传统的学校运动会进行改革势在必行。我们早在 2004 年就大胆尝试举办亲子运动会，至今已经连续举办了十五届，深受学生与家长的喜爱，同时也收获了很多实践经验。

1. 树立大教育观，利用家校平台，创建亲子运动会。

我校为了加强与社会的联系，大力构建学校、家庭、社会"三结合"教育网络，形成全方位育人的格局，我们深入研究、认真分析，认为开展社区教育关键是要树立大教育观，建立教育一体化运行机制。所以我们通过开展社区教育活动、家校协同教育活动，让学校更多地了解社会，让社会更多地认识学校，消除教育与社会、家长之间的隔阂，真正达到协同教育。为此，我们在与家长委员会协商后决定开展家校互动体育教育活动——亲子运动会。

2. 建立保障机制，推动亲子运动会发展

首先，我们成立了以校长为组长的领导小组和以主任为组长的运动会筹备小组。学校在制订工作计划时把每年的亲子运动会定为春季学校工作的重点之一。学校在每次运动会之前都要专门召开全体教师的动员大会，作出部署，提出要求。其次，两个小组在每届运动会之前都要召集体育教师、级主任商讨有关运动会的组织工作及安全保卫工作，并提出：运动会训练和比赛中要确保师生不受伤，并制订了安全应急预案。

3. 在实践中不断改进、完善

自 2004 年开始，我们已经连续举办了十五届亲子运动会，每一届都有变化，都有提高，同时也是一个成长的过程。

第一届运动会，我们还是以传统运动项目为主，尝试性地添加几项亲子项目，结果这几个亲子项目完全调动起了学生与家长们的热情，反应异常激烈。他们一致认为，这样的运动会很有意义，希望继续举办下去。所以在第二届运动会中我们把亲子项目设置为：抱球跑、托球跑、三人四足、大板鞋竞速、钻圈跑和家长与学生的混合接力。近两届由于社区居委会的参与又增设了跳绳、踢毽和拔河比赛。

运动会的组织形式也有较大的变化。前三届运动会都是体育老师策划、组织、编排，其他科任老师做裁判，班主任担任领队，学生是运动员。整个运动会的组织工作，从报名到编排，从场地安排到裁判工作，几乎由教师包办。一方面一部分学生没有事干；另一方面又压制了学生的主动性、创造性，学生被动参加，积极性不高。后来，我们组织学生参与到运动会工作中来。组织学生参与裁判工作是我们学校运动会的创新之举。跳绳比赛、踢毽子比赛等集体项目在比赛时，由于参加人数众多，所以我们邀请了许多学生当裁判。只不过在运动会之前，要进行纪律教育，进行志愿者培训。这样，开始后一切就能够按部就班地组织实施了。

通过实践发现，学生都非常认真地完成了裁判工作。再有，我们还在检录、检查、广播宣传及每项的比赛场地设了志愿者服务岗，邀请学生们报名参加志愿者工作，为运动会服务。这都极大地激发了学生参与运动会的热情。由于学生们的积极努力，家长们也加入了运动会的活动中来，他们有的帮助班主任老师组织运动员活动、带领检录，有的参与志愿服务做助理裁判，而且每一名家长都参与到班级入场式中来，帮助出创意，准备道具并随行入场。实践证明，学生与家长深度参与的运动会才是真正的亲子运动会，才是教师、学生与家长共同享受"我参与、我运动、我快乐"的盛会。

由于滨河小学的亲子运动会已经成为社区里每年春天的一个欢乐体育节，所以，报名参与的家长人数越来越多。例如：据统计2018年家长参与率：（1~3年级）每班24人次；（4~6年级）每班16人次；学校共19个班，每班都按以上要求安排，参与活动总数约为380人次。按2018年参与情况统计，这些年来家长已经有6000人次参与其中，是学校学生总数的7倍。前年，由于报名的家长数量已经超过了学校现有场地与资源条件的最大限制，为了学生的安全及亲子运动会的正常运作，所以我们制定了轮换参与制度。

由于我们常年与滨河西里北区居委会开展各种教育活动和社区活动，形成了很好的合作共育基础。2008年，我们决定在奥运会倒计时100天之际，召开迎奥运倒计时100天滨河小学第五届亲子运动会。居委会领导知道这一消息后，就到学校联系，想把社区的运动会和我校的亲子运动会合并到一起举行，这一提议得到了学校领导的积极回应，这就促成了"迎奥运倒计时100天滨河小学第五届亲子运动会暨滨河西里北区第一届'睦邻节'"活动的召开。至此，我们学校的亲子运动会已逐渐成为学生、家长及社区的体育"嘉年华"。

三、实践亲子运动会的收获与思考

第一，我校几年来一直举办亲子运动会，到2018年已经是第十五届了。回首十几年来走过的历程，我们收获颇丰

1. 亲子运动会营造了一种和谐的氛围，促进了家长与学校、家长与子女间的亲切感。有的家长在反馈信中写道：亲子运动会特别有亲和力，它增添了家长、孩子与教师的感情交流，让孩子在运动中感受到了家庭的亲情与爱，同时也为孩子自觉锻炼树立了榜样。孩子的教育不仅是学校的责任，也需要家长的配合和社会的关注。

2. 亲子运动会促进了师生和家长的身心健康，由于家长和学生的共同参与，使我们的运动会更加精彩，从而也使运动会的理念得到创新，即享受运动与快乐，感受激情与亲情，最终促进了学生和家长的身心健康。

3. 促进了体育教育的普及。家长和学生共同参加比赛，调动了所有学生及家长的锻炼热情，使人人参与的健康理念得到了真正的落实。

第二，亲子运动会引发的思考

亲子运动会是一种集竞技性、参与性、团队性、关注性、趣味性、亲情性于一体的大型体验教育活动，现在它对学生"育体、育心，增进亲情"的教育目标已经实现，如果亲子运动会的教育理想仅仅停留在此，那么不久的将来它也会失去生命力。亲子运动会要向"育德、育人"的方向纵深发展，同时也要通过孩子带动家庭，影响社区，向更广的范围发挥"育社区、育社会"的积极作用。这样亲子运动会才能不断创新、不断发展，实现其大活动、大教育的目的。

我们的行动标签：温度

做有温度的教育，需要更多的教育实践，实践，再实践。

"我们的温度：朴实、扎实、踏实。"

把"有温度的教育"落实到每一个育人细节、每一个教育环节是我们的行动标签：做有温度的教师，让爱在教育过程中传递，让教师成为学生的"行为示范"；授有温度的课，"处无为之事、行不言之教"，把课堂还给学生；建构有温度的课程，用色彩斑斓的课程描绘学生幸福快乐童年的模样；设计有温度的活动，创新教育内容和形式，把"礼"寓于仪式之中，把"德"融入适合学生的有温度的体验中。

深化传统文化内涵 完善班主任队伍建设
——北京市大兴区滨河小学班主任建设实践创新成果报告

北京市大兴区滨河小学

高海红

实践创新从何而来？一是扎实的专业基础，二是实践创新思维，二者缺一不可。在不断夯实专业知识的基础上，掌握有关学科的前沿信息，运用创造性思维进一步思考，将专业理论与实际相联系，才得以不断吸收养分，形成有生命力的实践创新成果。

一、研究背景

（一）研究目标

美国教育学家海姆·吉诺特曾断言："作为一个教师，我拥有让一个孩子的生活痛苦或幸福的权力。学生心理危机的增加或减缓，孩子长大后是仁慈还是残忍，都是我的言行所致。"教师特别是班主任无疑在学校教育中承担着极其重要的育人工作，班主任不仅是沟通家长和社区的桥梁，更是实施全面素质教育的主导者。

学校的教育教学质量在很大程度上受到班级管理水平的影响，班主任作为一个班级的组织、领导和教育者，其素质水平、工作能力的高低在很大程度上决定着一个班级管理的优劣。因此，加强班主任队伍建设，对于深化我国教育改革、大力推进全面素质教育具有重要意义。

（二）研究基础

1. 理论成果搭建基本框架。

促进团队发展的"五种策略"为班主任建设搭建基本框架。结合学校的工作实际，滨河小学采取了"师德建设重中之重、学习实践提升素养、科研意识打造特色、管理机制人文规范、活动提升幸福指数"五种策略，推动班主任综合素质建设，促进学校教育教学质量稳步提高，学校连续八年获大兴区"教育教学一等奖"，先后被评为大兴区"师德建设先进集体"，北京市"教育科研先进学校"，全国"学校艺术教育工作先进单位"，全国课题研究先进校，首都精神文明单位，北京市节约型学校，全国节约型示范校等诸多荣誉称号。

2. 班队课奠定实践基础。

具有校园特色的班会、少先队活动课等为班主任的内涵建设奠定教育实践基础。每周一次的班队课、定期的班会展示活动成为滨河小学班主任学习实践、相互交流的平台。班主任针对各班的具体问题，多角度多途径地展开教育活动，学生深受教育和启发的同时，班主任的管理能力和素质得到提升。学校被评为"大兴区班主任基本功培训与展示活动"优秀组织奖，北京市首批"千优带队"先进学校。少先队工作和特色工作均得到各级领导、专家的充分肯定及高度赞扬。

3. 特色课程确定建设方向。

大兴区滨河小学自 1995 年建校以来，以弘扬中国传统文化为主线，以《庞中华硬笔书法》为学校特色课程，于每学期定期开展"庞中华硬笔书法"竞赛，荣获大兴区"庞中华硬笔书法实验"先进学校。泱泱中华，文明博大，中华民族在几千年历史中创造和延续的中华优秀传统文化，是中华民族的根和魂，代表着中华民族独特的精神标识。

为了践行教育来源于生活、浸润教育的思想，提高班主任的综合素质能力，在既有的"'五个策略'促团队发展"理论成果、班会活动和少先队队课的教育实践基础上，结合我校的国学文化特色，进一步推进班主任内涵建设，研发以传统文化为主线的《缤纷的节日》德育校本课程。

二、教学科研提高专业素养

（一）校本课程的研发

美国教育学家杜威和我国教育家陶行知分别提出"教育即生活"和"生活即教育"的思想，教育始于社会又归于社会，是生活的过程而不是将来生活的准备，只有源于青少年实际生活的教育才能引发学生内心真实的道德情感。

在已有的科研课题基础上，我校组织班主任深入探究如何将生活资源在课堂教学中充分利用，为了将"学校—家庭—社会"一体化的课程资源加以系统整合，研发综合性强、知识范围广、可操作性强的校本课程，我校建立了校本课程研发小组，聘请了校外的传统文化专家、教师，召集全校班主任、骨干教师及相关学科教师，通过开展基础教育课程改革与校本课程研讨会、名师说课、课后教师互评分享等教学活动，研发出一套充分利用生活资源、满足教育教学需求、激发学生兴趣，以传统节日为主线，其他特殊节日为补充内容的校本课程及教材。以此为契机，将课堂教学知识融入生活，充实学生的生活经验，提高学生的综合能力，加强教师对综合学科知识的整合重组能力，提高开发课程的意识，进而提升班主任的专业素质。

《缤纷的节日》德育校本课程共六册，分为低中高三个学段，依次为《启蒙篇》《蕴育篇》《润泽篇》《绽放篇》《传承篇》《励志篇》，每册根据节日日期的先后顺序进行编排，从学生接受知识的实际能力出发，遵循学生身心发展规律，以学生喜闻乐见的节日教育形式，潜移默化地引导、影响着学生的一言一行，配合教师在节日文化课程中，弘扬传统文化，开展浸润式德育教育，推动班主任内涵建设。

（二）节日教育课

为了有效地利用节日文化中的宝贵教学资源，我校为学生开设了节日教育课程，班主任经过共同培训、独立备课、专家听课、课后组内交流等环节切实提高教育教学能力。

1. 共同培训

校本课程研发小组精心设计了班主任节日教育学习培训计划，定期召开班主任学习工作例会，提高班主任传统文化意识，学习节日文化理论知识，并由学校为教师配发相关的学习材料。持续开展班主任基本培训展示以及"加强专业引领"的校本研修系列课堂教学培训活动，推进我校班主任教学管理方式的转变，更加明确以节日文化作为切入点打造生态课堂的方式方法，多方位、多层次促进班主任水平的提高。

2. 独立备课与集体备课结合

在班主任根据各班教学的实际情况独立完成节日教育校本课程前期备课工作后，进行小组集体备课，全面、恰当、清晰地阐述课程涉及的学生学习水平和教学目标；设计操作性强的课程内容和实践活动安排；明确教学方法、组织形式、课时安排、教学场地及教具设备等，并在不采用书面方式的考试或考查的前提下，设计与校本课程内容相符合的学业成绩评定方式。通过先独立后集体的备课形式，帮助班主任更加全面且细致地了解班级学习情况和素质教育的重难点，提高班主任将管理过程中的实际问题融入课堂教学的能力，以及班主任教学交流共享的有效性。

3. 专家听课

为了引领班主任专业发展，学校特邀学科教研专家为班主任进行一对一教学指导，在班主任独立备课、按计划实施的基础上，采取推门听课的形式，随时测评班主任的教学课程和成果，对教学过程中出现的重点、难点提供及时的帮助和解决方案。以专业的教学理论指导班主任开展校本课堂活动，在实践的过程中加深对生态课堂、体验学习等教学思

想的认识。

4."同伴研修"课后评课

学校自 2009 年以来，坚持每学期至少召开一次校本课程研讨会，分享优秀教学经验，解决存在的问题。本学期活动开展以来，班主任充分利用教研活动时间，深刻分析节日文化课程内容和学情，准确把握重难点，针对确定的主题展开研究，寻求最佳的教学策略和最优化的教学设计。班主任纷纷表示：课后的"同伴研修"活动为教师们搭建了一个交流学习的平台，使专家提供的指导以及实践中出现的问题得到及时的分享和解决，对专业能力的提升起到更加积极有效的促进作用。

三、活动提升教学实践能力

为了深入贯彻生活即教育的理念，真正实现班主任队伍的内涵建设，我校借鉴已有的成功经验和成果，打破课堂教学的空间限制，将教学活动逐步从课堂渗透至班会活动、社区活动及校外活动之中，配合班主任文化展示活动，全方位打造生态课堂，推进班主任内涵建设。

（一）班级文化建设

1.创新班会形式，践行体验教学。

清明节来临之际，为祭奠英烈、弘扬民族精神及传统文化，对学生进行爱国主义教育，各班班主任以"清明时节"为主题开展班会活动，学生就清明节的来历、习俗、相关古诗文进行讨论交流，并在老师的带领下到烈士陵园为英雄献花。学生身着校服，以班级为单位，跟随班主任排着整齐的队伍走进陵园，由学生代表向烈士纪念碑敬献花圈和鲜花后，师生依次绕行烈士墓寄托哀思，并献上鲜花。仪式结束后，同学们感触颇深，有的同学说："真正看到了烈士们的墓碑才能体会到'红领巾是用革命烈士的鲜血染成的'这句话，我不能辜负烈士们抛头颅洒热血为我们换来的幸福生活！"

2. 改善班级环境，营造和谐氛围

创新班会形式的同时，我校十分重视班级文化建设，每学期都会下发班级文化建设的主题和任务。为了在学校教育中渗透人本思想，增强学生的社会责任感，在全国助残日期间，各班班主任组织学生以"让世界充满爱"为主题，进行班级文化环境建设。在班主任的带动下，每个同学都精心制作了一张爱心卡：把自己帮助别人的事情或者自己得到别人帮助的事情及心情写下来，并充分利用教室空间，在教室内建立爱心角，将爱心卡贴到爱心角里。经过师生共同参与，一起布置后，教室内的每个角落、每个侧面都充满了爱的暖意。学生表示，在制作卡片的时候，回忆起帮助别人的点点滴滴，让心中充满了幸福的感觉。班主任不无感慨道："看到我们班的孩子们对这个社会充满了爱与希望，就让我更加热爱我的工作，热爱我的学生！"教师和学生是教学相长的关系，在对学生进行德育教育的同时，通过师生之间的互动，也在潜移默化地对班主任的素养产生积极的影响。

（二）学生活动

1. 红领巾进社区，打造学校特色

在现有少先队工作成果的基础上，学校进一步升级"红领巾进社区"特色少先队工作，将少先队活动和社区活动进行更加密切的结合，持续开展不同主题的"红领巾进社区"活动。以安全教育日、世界环境日、学雷锋日、八一建军节等节日为契机，开展主题为"保护地球母亲""与雷锋相约""寻找身边的爱国英雄"等的主题活动，并由班主任组织学生走进社区展开宣传讲座、学雷锋志愿服务、聆听身边老党员的爱国故事等。

在"与雷锋相约"的活动中，"老党员小天使志愿服务队"也参与其中，和学生们一起分组完成铲除社区小广告、打扫花园垃圾等公益服务工作。不仅增强了学生为社会奉献的意识，提高了教师实践管理能力，同时对于班主任而言也是一次难得的学习机会。有的班主任在活动结束后表示："通

过学生进社区活动的开展，出现了以前不常遇到的教学状况，也看到了学生在课堂未曾有的学习状态，只有在生活实践中将知识加以运用，才能让学生真正有所体悟，我们做班主任的也才能真正了解教学情况和成果。"

2. 实践助成长，社会大课堂

为了培养学生的创新精神和实践能力，理解国际劳动节的深刻内涵，弘扬热爱劳动的传统美德，我校按照北京市"关于开展社会实践大课堂活动的精神"的要求，以及学校综合实践课程的安排，组织四年级学生来到了大皮营劳动教育基地体验一日实践活动。

在基地老师与学校教师的精心组织下，同学们参与了豆塑画、消防与安全、垂钓、菌类栽培、丝网花艺等实践活动。活动中，学生和班主任团结合作、密切配合，看着自己亲手制作的贴画、石膏动物，品尝着亲手制作的美食，深刻感受到劳动的幸福与快乐。

校外实践活动不仅培养了学生动手能力和小组合作精神，使学生感受快乐、获取知识，并且让班主任在实践中汲取了德育工作经验，弥补了在校园和课堂中难以体悟的德育知识，增强了班主任实践组织能力、分析和解决问题的能力，在实践中提高班主任的内涵素养。

（三）教师活动

为激发班主任的工作热情，促进专业发展，提升班主任教育意识和幸福指数，学校从班主任风采展示和为教师送温暖两个方面开展教师活动。

1. "国学之光，女性之美"班主任展示活动

每一位班主任不仅是教师，也扮演了母亲的角色。学校在母亲节来临之际，开展了"国学之光，女性之美"的班主任读书交流活动。活动伴随着各位班主任的自由诵读拉开了序幕，随后我校大队辅导员李秋影老师为大家朗诵了《母仪为先：慈教严于义方》，道出了母亲教育是"根"的理念。诵读之后，参加活动的教师们就诵读内容展开讨论，发表自己的感想，并撰写读后感。

活动结束后，有的教师说："作为班主任，我们和学生相处的时间不比孩子们的父母短，对孩子成长产生的影响和父母一样重要，通过这次活动更加体会到在工作生活中及时调整自己的心态，提高自己的内涵，以自身言行为学生做榜样的重要性。"有的班主任表示："在这么温情的节日，学校为我们搭建了一个展示的平台，让我们真切地感觉到学校如家的温暖。"

2."感谢有你，我的老师"教师节庆祝活动

伴随着徐徐清风、朵朵白云，滨河小学全体师生欢聚一堂，举行了以"感谢有你，我的老师"为主题的庆祝第33个教师节活动。活动伊始，滨河小学校长代表学校，向全体教师致以节日的问候和祝福，并给教师们带来了最幸福的礼物——滨河小学被评为大兴区"师德先进集体"。随后，由学生代表手捧鲜花，缓缓走到教师面前，献上祝福、献上鲜花，表达对教师的感恩之情。在这次活动中，学校特别邀请了残疾人艺术团的演员们为全校师生献上了一台震撼的演出，看着他们精彩的表演，在场所有的人都凝神静气，专心致志，表演结束后，全场爆发出雷鸣般的掌声。

有的教师感动地说道："当我拿到学生为我送上的鲜花，听到他诚挚的感谢时，觉得自己的孩子真的长大了。"有的教师更加激动地说："这是一个意义非凡的教师节，我校师风师德得到肯定是最令我们做教师的值得欣慰与自豪的，我相信在全体教师和学生的努力下一定能创造滨河更加美好的明天。"

唯有推进班主任内涵建设工作，逐步提高其文化底蕴、文化修养、德育教学能力，才能让班主任真正承担起教师传为人之道、授为学之方、解偏蔽之惑的职责，保证学校教育教学质量，形成优秀的校风和学风，帮助学生用全面、整体的眼光认识世界，使他们成为具备批判精神和社会关怀的全面发展的人。在未来的教学管理工作中，我校会带领班主任带动全体教师夯实专业基础，在实践中，不断创新并完善教学模式，形成更加符合学生认知特点、更加行之有效的教育体系。

抓好细节管理　做好学校后勤工作

北京市大兴区滨河小学

安晓东

学校后勤工作在学校整体工作中，占有举足轻重的位置，工作好与差、快与慢直接影响着教育教学。因此，我在工作中时刻要求自己要提高服务意识，工作中树立全局观念，只要教育教学工作需要，都无条件服从。对于各处室、年级组、期中期末测试以及学校各种活动和会议都提前做好准备，使每项工作得以顺利进行。

在财务工作方面力求规范。能够正确执行预算、厉行节约，严格执行会计制度。实行收支项目标准及公示制度。财务人员能够认真搞好财务核算，工作中能严把财务关，克服困难，严控资金支出，资金力求用在刀刃上。严格遵守《滨河小学内部控制制度》。

不断加强内部管理。为了进一步加强学校资产管理，更好地保管、维护公物，使公物损坏程度降到最低。加大公物管理检查力度，做到当面检查、登记，对各班级及办公室的公物损坏状况进行检查登记。学期结束，制订公物损坏维修计划，对全校公物进行维修（操场、教室，办公室的门、窗，课桌椅以及各种设备设施维修）。牢记后勤工作为教育教学服务、为师生服务的宗旨，不断增强服务意识，提高服务质量，维修工作做到及时，确保教育教学工作正常有序地进行。

进一步严格执行外卖送餐管理制度，确保食品安全卫生。在日常水电服务管理上继续深入实行精细化管理。水电维修实行登记制度，做到及时发现及时维修，保证教室及其他场所的水电正常运行。

抓好校园环境卫生，美化育人环境。认真抓好环境卫生工作。各卫生区由班级承包，每一天进行晨扫制度，加大检查力度，采取打分评比并进行通报，将评比结果纳入班级量化考评等措施，使校园环境更加整洁。进一步加强了校园绿化管理，加强对绿化成果的管理，加强养护工作，落实工作职责制度。做好常见病、传染病的排查、宣传及预防，保持健康促进学校的优势，做好各种卫生档案的整理，形成良好的健康教育氛围。主要完成了以下工作：

1.在学校领导和全体教师的大力支持下，认真贯彻执行《学校卫生工作条例》，制订了《学校卫生工作制度》《晨午检工作制度》等各项卫生制度，并在工作中逐步将其加以完善，使学校环境卫生、饮水卫生、传染病防控等工作得到了制度上的保障和制约。

2.学生的健康教育：经常通过"红领巾广播"宣传健康保健知识，树立"健康第一"的理念。

3.传染病防控：根据季节变换和传染病的特点，及时宣传开展预防工作，做好教室、楼道的消毒工作，切断传染源。

4.加强教学卫生监督，做好学生常见病的防治。

5.规范卫生档案，做好健康促进学校工作：对现有档案再次进行逐本逐页的检查，对一些内容进行充实、整理，对缺少的项目进行补充，按照健康促进学校的要求指导工作。

总体讲，经过不懈努力我较好地完成了各项工作任务，在今后的工作中我会带领本部门，为全校师生送去更优质的服务，争取更好的成绩。

携手共建　行以致远
——滨河小学"老党员 小天使"志愿服务队

北京市大兴区滨河小学

李秋影

走进滨河西里小区，人们总会看到这样一支队伍：白发苍苍的爷爷、奶奶和一群"红领巾"在打扫小花园的卫生，在清理楼门口的小广告，在开展拓展训练，在进行垃圾分类的宣传，等等。他们干劲冲天，小区环境也越来越好，这究竟是怎么回事呢？

"少年强，则国强；少年富，则国富。"少年是祖国的希望，民族的未来。因此，加强对青少年各个方面的教育是非常重要的。在滨河小学就有这样一支队伍，"老党员 小天使"一直助力着少先队员的成长。

一、水到渠成，应运而生

滨河西里北区社区内居住着小学生270余人，2004年社区老党员看到小学生放学后在小区内不是踢球把居民玻璃踢坏了，就是在墙上乱涂乱画，几个老党员一商议决定找社区党支部和滨河小学，成立"老党员 小天使"服务队，双方一拍即合，拉开了青少年进社区教育实践活动的序幕。至今活动已经开展了14年，"老党员 小天使"服务队也由最初的9个人发展到现在20余名党员和200多名青少年。

二、携手共建，持续发展

1. 与社区居委会联系，推动活动开展。社区居委会是"老党员 小天使"志愿服务活动的桥梁和纽带，社区是学生活动的主要阵地。于是，学校与滨河西里北区居委会建立了合作模式，老党员们由居委会负责组织，小天使们由学校少先队大队负责组织，每次活动时居委会的负责人和大队辅导员联系好相关事宜，确保志愿活动的顺利开展。

2. 与学生家长联系，得到理解支持。"育人"是教育的出发点和归宿。我们的"老党员 小天使"服务队归根结底也是为了"育人"。开学初，学校利用家长会这个平台，向家长做了"老党员 小天使"的活动动员。通过校长的亲自讲解，家长们都清楚地认识到：参与志愿活动，是孩子们锻炼自己、提高实践能力的有效途径之一。因此，这项活动也得到了家长的重视和支持。

3. 建立相关制度，确保活动顺利开展。为了保证"老党员 小天使"志愿服务活动正常、持续地开展，我校少先队大队在服务队成立之初就制订了相关的制度：即上学期间利用每周的班队会课时间在老党员和中队辅导员的带领下走进社区开展活动。同时为了让更多的队员参与到活动中来，每周参与活动的中队进行轮换。寒暑假，队员们拿着学校印发的"红领巾进社区"评价表到社区报到，居委会工作人员进行登记。同学们按照评价表中的内容进行活动，最后一次活动结束后，由居委会的工作人员、家长进行评价。开学后，孩子们将评价表上交学校少先队大队，学校与社区居委会的成员共同评选"社区文明小使者"。

三、开展活动，丰富多彩

1. 精品项目长期坚持。"老党员 小天使"志愿服务队刚刚成立时，社区老党员志愿者结合学校"本真"的教育理念和社区资源，成立了亲情、环保、宣传小队，引导孩子们做合格的小居民。环保小队在老党员的带领下学习、宣传垃圾分类的相关知识，和社区的清洁工叔叔一起捡拾垃圾并进行分类。走进单元楼，清除楼道里和楼门上的小广告，擦楼梯扶手，打扫社区小花园卫生，清除白色垃圾、宠物粪便等。一系列活动使孩子们真正感受到自己是社区的一分子，要爱社区做社区的小主人。宣传小队顾名思义是要做宣传活动，因此宣传垃圾分类的好处和重要性，宣传交通安全知识、春节期间禁放烟花爆竹的新规、防火重要性，为社区张贴春联，组织公益宣传等就成了他们的主要任务。宣传小队的活动不仅使社区更加和谐了，而且锻炼了小队员们的胆量和表达能力，真是一举两得。亲情小队在老党员的带领下走进社区的"空巢"老人、"鳏寡"老人、残疾人之家进行慰问、聊天；打扫卫生，为社区老人送去温暖。

2. 与时俱进开拓创新。随着"老党员 小天使"服务队伍的不断壮大，学校少先队也积极和社区居委会的负责同志联系、交流，在原有特色小队的基础上又开发了许多新的实践内容。

志愿类：走进社区图书馆，当小小图书管理员。假期里走进居委会，负责接待来居委会报到的小队员们；参加社区的六个一活动（为残疾人和孤寡老人做一件力所能及的事；养护一片绿地；清理一个楼门；组织一次宣传活动；走访一位英模；结一个互帮互学对子）。

体育类：强调集体合作、磨炼意志的拓展练习；具有传统特色的打花棍；锻炼技巧、柔韧性的太极球等。

文化类：参观印刷博物馆，体验活字印刷技术；进行插花体验；DIY手工制作；棋类入门；开设跳蚤市场等。

四、效果显著，砥砺前行

14年来，"老党员 小天使"服务队不断成长，已经从"大手拉小手"转变为"小手拉大手"，这种模式让越来越多的居民来关心社区，参与社区活动，也有更多的学生家长参与到活动中来。学校也先后获得"大兴区社会实践先进集体"、与社区合作的"优秀共建单位"等荣誉称号。北京电视台、大兴电视台、央视网公益频道都对我们的"老党员 小天使"

志愿服务队进行了报道。

通过各项活动的开展，让学生们从小树立"社区是我家，建设靠大家""住社区、爱社区、建社区"的意识，培养了队员们健康的生活观、价值观、社会观，从而提高了孩子们对社会的责任感。这也是滨河小学"本真"课程体系中"行致远"特色课程的具体体现。如何使特色做得更具创新，更有朝气，更加完善，使孩子们更受益，是学校所思考、有待研究的问题。相信在各级领导、专家的引领下，我们的"老党员 小天使"志愿服务队会越来越壮大，我们的孩子会更加自信乐观阳光！

浅谈语文课上阅读表现力的培养

北京市大兴区滨河小学

刘雁南

阅读表现力是一项综合性很强的能力，它是通过学生与作品的对话，经过分析与综合、想象与联想、归纳与概括、判断与推理等反复的、有规律的思维活动，感受语言、分析语言、鉴赏语言、储存语言和运用语言，形成良好阅读习惯的能力。阅读表现力是人们生活、学习和工作中不可缺少的基本能力。怎样才能培养学生的阅读表现力呢？结合自己的理解我在教学中做了如下尝试。

一、激发兴趣，使学生乐于阅读

阅读是件有意义且愉快的事情。阅读时，学生对阅读有兴趣是搞好阅读的前提。他们兴趣高涨，自然会有阅读的激情，而我们教师就要在课堂中激发学生的兴趣，使学生乐于阅读。

在教学《植物妈妈有办法》这一课时，我利用各种手段激发学生了解植物知识、探究大自然奥秘的兴趣。教学苍耳妈妈传播种子时，我拿了一个孩子很少看到的苍耳，让学生用手摸摸谈感觉。然后把苍耳粘在一个学生身上，使他们理解苍耳传播种子的方法。在了解蒲公英妈妈传播种子时，我利用多媒体播放蒲公英的图片，并引导学生谈谈蒲公英传播种子的情况。有的说："蒲公英毛茸茸的，白白的，好像一个个小降落伞。"有的说："蒲公英白白的，轻轻地飘荡，好像一朵朵雪花。"课堂气氛很活跃。我抓住时机，继续引导学生理解豌豆和石榴妈妈传播种子的方法。自始至终，学生们兴趣高昂，课堂上学得很积极。

在《它们怎样睡觉》的教学中，我根据低年级学生的年龄特点，设计了灵活的教学环节，来激发学生阅读的兴趣。课上，我先请学生自由轻声读课文，找一找动物睡觉姿势的句子，然后画下来。接下来，我让学生运用表演的形式到前面来介绍自己喜欢的动物睡觉的姿势。学生的兴趣一下子被调动起来了，纷纷要求介绍。整堂课，学生兴趣盎然，理解文章内容很到位。

因此，在阅读教学中注重激发学生阅读兴趣不仅可以提高他们阅读表现的能力，而且语言也得到了发展。

二、理解感悟，领会阅读方法

培养学生的阅读表现力离不开"积累—感悟—理解—运用"。在阅读教学中，教师既要指导学生感悟课文内容、体会思想感情，也要指导学生感受优美的语言，领会阅读方法，使学生的阅读感悟不断深化。

《城市的标识》这篇课文先用大量的笔墨来介绍"我们的城市和城市，已经变得越来越像多胞胎了"。然后才说明"树已经成为'城市仅存的个性'"，并呼吁我们"用心去爱我们城市的树"。在引导学生理解课文内容产生"用心去爱我们城市的树"的强烈愿望后，我又引导学生领悟文章的表达方法。"同学们，这篇文章的题目是什么？""城市的标识。""那作者为什么要用大量的笔墨去描写'我们的城市和城市，已经变得越来越像多胞胎了'？是不是跑题了？"问题一提出，学生们立刻沉默了，陷入了思考。过了一会儿，一个学生举起了手："我认为这样写不跑题，作者先写城市与城市像多胞胎，再写每个城市都有属于自己城市的树，就更突出了树是城市的标识。比如，我们要描写一个同学保护环境，我们可以先写一些人不注意环保，再写他是怎么爱护环境的。这样就更突出了他注意环保的好品质。"听了他的发言，我马上肯定："说得太精彩了，这种写作方法叫作侧面衬托，作用就是突出主题。你不但自己理解了，而且还通过举例使我们大家都理解了。同学们，你们想一想，在我们的写作中还可以在哪些方面用到这种写作方法？"听了刚才那位同学的发言，学生们的思路开阔了，纷纷发言。这样使学生们既领会了这种写作方法又学会了运用。

《五彩池》这篇课文的第二、三自然段描写了五彩池许许多多奇特的形状和五彩池瑰丽多姿的色彩。教学中，我借助课文内容使学生体会比喻句和排比句的作用，并对学生进行语言训练。如：学生们从第二自然段"五彩池玲珑多姿，有的（　　　），有的（　　　），有的（　　　），还有的（　　　）"。这个排比句感受到了五彩池还有许多奇特的形状后，我便让学生加以想象，模仿课文中的句式进行说话训练。学生们说出了各种不同的形状：弯月、手掌、云朵、扇子……想得既奇又妙。从中，学生们不仅体会到了这种修辞手法的作用，而且知道了如何运用。

三、重视想象，促进阅读表现

想象在阅读中可以促使学生突破眼前读物的局限，扩充已有的生活经验，加深对读物思想感情的理解。我在教学实践中，就充分利用课堂主阵地，因势利导，努力挖掘教材中各种有利因素，调动学生的想象力，来促进学生的阅读表现。

在学习《游子吟》这首古诗，引导学生理解"临行密密缝，意恐迟迟归"这两句诗句时，我让学生结合注释和字典说一说两句诗的意思。在班上汇报时，许多同学都试着说了自己的理解。而一名学生却回答道："我读了这两句诗，仿佛看到了一位白发苍苍的母亲，正在灯下为将要远行的孩子缝补衣服。她害怕自己的孩子会很久不回来。""仿佛"多么好的字眼！她能够结合自己的想象来理解诗句意思。灵机一动，我对学生们说道："展开你们的想象，母亲在微弱的灯光下是怎样为儿子缝衣

服的？她会想些什么？说些什么？"学生们展开了想象的翅膀，用自己
的语言描述着。"母亲把衣服缝得厚厚的、暖暖的，生怕孩子在外面受
冻。""母亲一遍一遍把衣服缝得结结实实，怕孩子把衣服穿坏。""妈妈
在缝的时候还在担心，担心她的孩子在外面很久不回来。""母亲会告诉
她的孩子：'在外面要自己照顾自己，多穿衣服别冻着。'"这时我及时地
给予学生鼓励和指导，学生们在想象中自然而然地体会到了文章的情感。

教学《骆驼和羊》时，在学习完课文之后，我又让学生想象：听了
老牛的话，骆驼和羊和好了，它们之间又会发生哪些事？让学生对课文
进行续编。学生的思维更加活跃了，语言很精彩，创造想象能力也得到
了培养。

总之，在我们的课堂上，我们要热情地为学生铺路搭桥，帮助学生
感受阅读的快乐，使孩子们在课堂上阅读的表现力能够得到培养和提高。

写好"写景作文"的金点子

北京市大兴区滨河小学

付春萍

同学们，你喜欢大自然吗？大自然就像一位魔术师，它的杰作，常常令人惊叹与震撼。峭壁深渊、怪石云海当然神奇，风雨雷电、花鸟虫鱼等平常事物也有令人称奇的地方。有人曾说，世上并不缺少美，而是缺少发现美的眼睛。大自然不仅仅是文学家百写不厌、常写常新的题材，也是孩子们最喜欢描摹的对象。那么怎样才能把景物写好呢？老师就给同学们列举一些金点子，如果你读懂了，用心思考了，下笔实践了，那么比起成人的作品我们是毫不逊色的，因为在我们每个孩子的心灵世界里，都有丰富的想象力，五彩缤纷的描写手法。

一、认真观察，写出景物特点

写作文的第一要素不是技巧，而是生活，生活是作文的根本源泉。大家都知道盖房子要有砖瓦、石灰、水泥；做衣服要有布匹；做饭要有油盐米柴；写作文呢，当然也得有材料。这个材料不是头脑里固有的，也不是从天上掉下来的，它就存在于你丰富多彩的生活中。唐朝有个大诗人李白他能写出那么多好诗句，除了他从小聪明好学以外，更重要的是他游历了名山大川，体验了大自然的美妙与壮阔。

有不少同学，笔端凝于纸半天也想不出东西来写。如果你也有这种情况，那么，你就应该认真地检查回顾一下自己在平时的生活中有没有经常性地、有意识地、细致地观察事物。俗话说：巧妇难为无米之炊。

观察是认知事物的基本方法，只有时时处处对周围的事物不断地观察，才能获取大量的感性材料，为自己的作文提供不尽的源泉，著名作家茅盾曾经反复告诫学习写作的人：技巧方面的问题固然不能不下功夫，但尤其不能不下功夫的，是观察力的养成。观察也是要讲方法的。首先要做一个有心人，比如父母带你去公园游览，有的同学可能会走马观花，过后什么也说不出来；有的同学则善于既全面又有重点地用眼睛看、用耳朵听、用鼻子闻、用手去摸，甚至用嘴去尝。把这些有重点地记录下来，这样我们的作文就有了活生生的材料。如：《观潮》一课，"从远处传来隆隆的响声，好像闷雷滚动"就是用耳朵听到的。"那条白线很快向我们移来，逐渐拉长，变粗，横贯江面。再近些，只见白浪翻滚，形成一堵两米长多高的水墙。浪潮越来越近，犹如千万匹白色战马齐头并进，浩浩荡荡地飞奔而来"就是用眼睛看到的。能不能做观察的有心人，是能不能把作文写生动的关键因素。

二、在描写中加入自己的想象

也许有的同学会说：我平时不是没观察，只是即使观察了，也找不出好写的东西来。可你不要忘了，就观察而观察，不去积极认真地思考，知其一，不知其二，就像一个人没有灵魂。比如你天天看到你家附近的公园，它的地理位置、内部景点、周围景观都印在你的脑袋里，如果要你写一篇和这个公园有关的作文，不善于思考的人也能写上几句，但不会有多少新意，善于思考的人在动笔之前会有许多联想，这样就能写出有思想深度的作文来。

勤于思考，善于想象的人，往往能把大家都知道的、看起来很平常的景观写得很有深度、很生动。如课文《火烧云》，"一会儿，天空出现一匹马，马头向南，马尾向西。马是跪着的，像等人骑上它的背，它才站起来似的。过了两三秒钟，那匹马大起来了，腿伸开了，脖子也长了，

尾巴可不见了。看的人正在寻找马尾巴，那匹马变模糊了。""忽然又来了一条大狗。那条狗十分凶猛，在向前跑，后边似乎还跟着好几条小狗。跑着跑着，小狗不知哪里去了，大狗也不见了。""接着又来了一头大狮子，跟庙门前的石头狮子一模一样，也那么大，也那样蹲着，很威武很镇静地蹲着。可是一转眼就变了，再也找不着了。"这就是通过作者丰富而形象的想象，文章才能牵动着我们的心，让我们享受到火烧云的壮美。

三、在描写中融入自己的感情

景物是客观的，而写景的人则是有情的。没有感情的景物描写只不过是苍白美丽的"躯壳"，难以达到感人的目的。我们在描写景物时，一定要把自己的感情写进去。那么怎样把自己的感情写出来呢？首先我们可以直接抒发自己的感情。如《观潮》一课，"钱塘江大潮，自古以来被称为天下奇观"。开篇直抒胸臆，赞美钱塘江大潮是天下奇观。《鸟的天堂》一课结尾句"'鸟的天堂'的确是鸟的天堂啊"表达了作者对鸟的天堂的赞美之情。其次通过描写人们对景物的喜爱来表达作者自己的感情。如《观潮》一课中"大家昂首东望，等着，盼着"，"顿时人声鼎沸，有人告诉我们，潮来了！我们踮着脚往东望去，江面还是风平浪静，看不出有什么变化"，"过了一会儿，响声越来越大，只见东边水天相接的地方出现了一条白线，人群又沸腾起来"，就是通过描写人们观潮时的期盼和欢快的心情，表达了作者的感情。最后还可以把自己对景物的喜爱融于字里行间。如：《鸟的天堂》一课，"这棵榕树好像在把它的全部生命力展示给我们看。那么多的绿叶，一簇堆在另一簇上面，不留一点缝隙。翠绿的颜色明亮地在我们的眼前闪耀，似乎每一片树叶上都有一个新的生命在颤动，这美丽的南国的树"。我们从字里行间可以读出作者对鸟的天堂的喜爱之情。在描绘客观景物的同时，把自己的感情融入作品中，就能使读者产生共鸣，进而给读者带来愉悦之情，受到美的熏陶，获得美的享受。

四、观察要有一定的顺序

选择好材料，接下来就是对材料的安排问题。这就好比把砖、瓦、水泥等物件按一定顺序、按一定设想放到合理的位置，构成一座房子一样。好的写景文章都是有一定顺序的。如《观潮》一课是按照"潮来前""潮来时""潮来后"的时间推移顺序安排材料的。《鸟的天堂》一课是按照作者两次去鸟的天堂的游览顺序写的，第一次去鸟的天堂时，是按"由远及近"的顺序观察的。《火烧云》一课，是按照火烧云出现、变化、消失的顺序写的。

写景文章一般包括游览顺序、空间顺序、时间推移顺序等。究竟用什么顺序来写，取决于具体文章的内容和形式，也取决于每一名同学的实际情况。顺序本身无所谓好坏，关键是安排恰当，用得得体。有些同学喜欢在动笔前列个提纲，这是一个好习惯。提纲就相当于施工蓝图，列提纲的过程就是构思的过程。我们通过列提纲，把作文的框架搭好了，写起来就不会走样了。

苍茫宇宙、四季轮回，大自然以其多变的姿态，向我们展示着春的妩媚、夏的浓烈、秋的灿烂、冬的凝重。这些奇异的景观，牵引着我们的目光，跃动着我们活泼的身影。愿孩子们认真思考老师给大家的金点子，融入大自然，领略大自然迷人的风光，写出一篇篇流光溢彩的美文。让别人循着你的笔触，可以倾听到你独特的内心感受。

立足于读　着眼于写

北京市大兴区滨河小学

王亚南

阅读教学是语文教学的基本内容，它不但承载着培养学生的阅读能力和良好的阅读习惯的任务，还肩负着培养学生口语交际、写作能力和发展智力，渗透思想教育等任务。因此，如何以文本为载体，引导学生学以致用，在阅读教学中提高学生写作能力，成为我教学中的一项重要目标。

一、借助阅读教学，培养学生的观察能力

要提高学生的写作能力和水平，必须要培养学生良好的观察习惯，提高他们的观察能力，阅读教学是最有效的途径。因为从文章中我们可以了解到作者是怎样观察的，从而受到启发，再在生活中学习、运用，这样就可以提高自己的观察能力，坚持下去就会养成良好的观察习惯。基于以上认识，我结合文本内容，在教学中进行了实践。

第一，学习有序观察

在批改作文时，我发现很多学生在描写景物时，想到什么写什么，缺少条理性。因此，提高学生写作水平，让学生养成有序观察的习惯就显得尤为重要。教材中为我们提供了很多观察事物的顺序，我在教学中注重挖掘这些素材，引导学生养成有序观察的习惯。

如：在教学《记金华的双龙洞》和《天然动物园漫游记》时，我让学生初读文本后，理出游览的路线，之后按照游览路线学习课文，从而

让学生深入体会到作者是按照游览顺序进行观察和写作的。在学习《鸟的天堂》一课时，我引导学生抓住"我们的船渐渐地逼近榕树了"一句，发现作者是在由远及近地进行观察。另外，我还追问学生："在学过的哪篇文章里有由远及近的观察顺序？"学生有的说《瀑布》，还有的说《题西林壁》。有了这样的思考，更利于他们养成有序观察的习惯。

学生在阅读教学中学习到了有序观察后，我通过设计练笔，引导学生到生活中去实践，并将其应用于写作，如今班上大多数学生在描写景物时能够遵循一定的顺序，使表达变得清楚、有条理。

第二，学习调动多种感官进行观察

一提到观察，学生首先想到的是用眼睛看，在习作中描述的景物也都是用眼睛看到的，读起来显得单一、欠具体。针对这一问题，我借助阅读教学，完善学生对观察的认知，让学生懂得除了用眼看，观察还包括耳听、鼻闻、口尝、手摸，同时伴有分析、想象，从而学会调动多种感官进行观察和综合描写。

例如：在教学《瀑布》一课时，我引导学生抓住"听"和"望"这两个关键词，体会作者在描写景物时不仅在用眼看，还在用耳听。在学习《祖国山河寸土不让》一课时，我抓住"朝霞映在阳澄湖上，芦花放稻谷香岸柳成行"一句引导学生品读、思考作者调动了哪些感官描写出了江南的锦绣景色。学生很快感悟到"有眼看、有鼻闻"。此外，每每遇到写景的文章我都让学生找一找，作者对哪些感官的感受进行了描写。就这样，在教学中我紧紧抓住课文提供给我们的资源，启发学生，让学生学会调动多种器官观察事物，使学生更具体、更深刻地去感受和认识周围事物，在这样的观察基础之上，学生的作文才能写得具体、形象、有声有色。

二、借助阅读教学，引导学生合理选材

材料是文章的基础，对于小学生作文来讲，材料选得好，写好文章

就有了基本的保证。所以指导学生选材，提高学生选材的能力，是提高学生写作水平的一项基本功，是作文教学的重要任务之一。要提高学生的选材能力，我们除了在作文指导课上结合具体的作文题目和要求指导学生选择写作的材料之外，大量的工作是在阅读课上完成的。我们指导学生体会作者怎样选择材料，让学生领悟从课文中学习选材的方法和经验。因此，在教学中，我不断尝试以教学文本为载体，引导学生学会合理选材。

如：我从阅读写人的文章入手，引导学生学会抓住突出的、典型的事例，围绕中心，进行选材。以《一个这样的老师》一课的教学为例，在学生深入品读文本，评价出怀特森老师是一名教法独特、对学生产生思想启迪和深远影响的老师之后，我引导学生结合生活实际想象怀特森老师平时与同学相处的画面。有的学生说："老师会和我们和蔼地交谈。"有的说："老师会带着我们做各种各样的科学实验。"有的说："当我们学习中遇到困难时，老师会帮助我们答疑解惑。"正当一个个生活画面逐渐地在学生的脑海中丰富起来的时候，我让学生回顾课文，找一找作者是通过哪些事件来描写怀特森老师的。学生在之前品读文本的基础上，不难发现文章是通过"凯蒂旺普斯"事件和"小轿车"事件，一详一略地展现出怀特森老师与众不同的教学方法和对学生的思想启迪的。我顺势提出疑问："为什么这么多和老师相处的事件中，作者唯独选择了这两件事进行描写？"通过思考、讨论，学生认识到"凯蒂旺普斯"事件使"我们"初识怀特森老师，他用"凯蒂旺普斯"第一次给了"我们"思想上的启迪，让"我们"学会了质疑，令"我"印象深刻。"小轿车"事件，意在举例说明在怀特森老师的教育下，"我们"还学会了探索。两件事都是典型的事件，从不同角度突出了怀特森老师的教育独具一格、对学生产生了深远影响这一中心。

总之，有了学习课文时一次次的选材的指导，学生选材的能力也在逐步提升。学会合理选材，才能让学生写出精彩的文章。

三、借助阅读教学，学习表达方法

写好作文不但要有好的内容，还要有恰当的表达方法，这样才能达到内容和形式的统一。而写作方法的习得，主要是靠阅读。因此，在阅读教学中，我注重结合文本特点，引导学生揣摩、学习不同文体文章的表达方法。

如：在教学写人叙事的文章时，我有意识地引导学生借助课文内容学习描写人物的手法。京版实验教材第十册中《在炮兵阵地上》《木笛》《深山风雪路》《草地夜行》等多篇文章，都刻画了鲜活的人物形象。在教学这些文章时，我引导学生着重画批描写人物语言、动作、神态、心理活动以及外貌的句子。一方面让学生通过这样的学习过程，掌握描写人物的方法；另一方面，通过品读这些关键词句，引导学生对人物的性格、品质等进行评价，表达自己的感受。让学生深入体会到语言、动作、神态等描写方法的运用是如何为突出文章中心服务的。

不仅如此，在学生学习过这些文章之后，我还借助表格把这些文章进行汇总。学生在比较中发现，可以通过一个事件表现人物的某个特点，也可以通过几件事表现人物特点，还可以通过一件事展现人物多个特点。在刻画人物时，还可以在描写方法的选择上各有侧重。如《在炮兵阵地上》主要是借助彭总的语言描写来突出人物品质的。有了归纳、比较，学生对如何运用描写人物的手法来展现人物特点，有了更加深刻的认识，如此更利于他们把这些方法应用于习作之中。

再如：在教学写景的文章时，我注重引导学生体会作者是如何生动形象地展现出所见、所闻、所感的。以《索溪峪的"野"》为例，我先引导学生整体把握文章结构，了解作者分别从山"野"、水"野"、动物"野"、人"野"四个方面写了索溪峪的"野"。之后，我让学生在文中找一找，

作者运用了哪些表达方法来展现索溪峪这"野"的。学生通过品读有了不少收获，有的同学发现了作者在描写山"野"时运用了对比的手法和排比、比喻的修辞方法，生动、形象地展现出了山的野性美；有的同学发现在描写水的时候更是大量运用了拟人的修辞方法，以生动活泼的语言展现了作者的想象，体现了水的野趣十足；还有的同学发现作者在写动物时同样运用了拟人的修辞方法，把猴子调皮、可爱的野性描写得淋漓尽致。我顺势引导学生想象："如果自己置身在这样的景致中会有怎样的感受？"有的同学说："可以特别放松，想尽情地玩耍。"有的说："会感到特别有趣、快乐。"有的说："感觉大自然非常的神奇、美丽。"这样的学习过程，学生不仅学习到了表达方法，还深入体会到这些方法的运用融入了作者的感受，表达着作者的情感。

总之，教材中一篇篇文质兼美的课文，为学生提供了很好的写作范例。从阅读教学入手，把握住文本特点，有针对性地学习、训练，让学生有章可循，有法可依，做到读中学写，这是提高学生的写作能力和水平的有效途径。

创意写作　嚼出语文教学好滋味

北京市大兴区滨河小学

李桂芸

语文老师，当你从冰冷的星子中看出温度，当你从萧瑟的秋风中读懂寂寥，你的语文课堂就有了光彩，你的学生就感受到了语文的好滋味。这是我对语文课堂的追求。

一、深挖教材，找准创意写作切入点

牛顿观察苹果落地发现了地球引力，瓦特观察壶盖跳动发明了蒸汽机，语文老师能不能从文质兼美的文章中找到学生创意写作的源泉呢？课堂教学中，只有充分利用好这些范例，让孩子在阅读中学习表达他们眼中的世界，我们的语文课才充满活力。

第一，在模仿中习法

语文教材中，有很多的语句、段落、篇章结构有着独到之处，这些都是很好的写作模仿的文本资源。通过模仿写作，能让学生在历练中掌握写作的各种技巧与方法。

老舍的《猫》虽然短小，但内容具体、描写生动、构思精巧，是一篇令人百读不厌的优秀范文。猫虽然是一种极其普通的小动物，然而在作者老舍的笔下却显得那么生动活泼，那么惹人喜爱。作者通过对猫的细致观察，用具体事例表现猫的性格特点，字里行间充满着对这小生灵的挚爱，生动的语言激发起读者内心珍爱生灵的美好情愫。在引领学生赏文，把握文章结构，学习把猫的特点写具体的基础上，我带领学生观

察他们身边的小动物，抓特点进行描述，孩子笔下的小动物就鲜活起来。

小狗

（节选）我家的小狗名字叫糖豆，是一只可爱的泰迪犬。它长着一身棕色的毛，有一双乌黑发亮的眼睛，还有一个老是冒着小水珠的鼻子。它可胖了，跑起来像一个小肉球，它的肚皮上没有毛，它的尾巴像一根小木棍儿，我听爸爸说，它的尾巴如果摇动，代表着高兴，如果不动，表示它的心情也不错，如果尾巴非常直，一动也不动，代表它很生气。

龙睛鱼

（节选）你别看它们长得文静、优雅，如果它们看到了美味的食物，就跟发了疯似的，会一起拥上来。

有一次，我来给它们喂食，我拿起鱼食，向鱼缸里撒了一些，鱼食漂浮在水面上。已经饥饿得肚子贴后背的鱼儿们在水里徘徊了半天，都找不到食物，一看见头顶上有食物，就争先恐后地向水面冲来。不一会儿，水面出现了阵阵的波纹，黄豆般大小的鱼食也被它们狼吞虎咽地吃得一干二净。这般景象把我吓了一大跳，本以为它们会慢慢悠悠地游上来，一口一口地吃起鱼食，没想到，它们竟是这样吃食物的。

第二，在续写中拓思

在语文教材中，总有一些课文的结尾处读来让人意犹未尽，给人遐想的空间，我们要充分利用这些训练点，引导学生展开想象的翅膀进行续写，拓展学生的思维，锻炼学生的语言表达能力。

《金色的脚印》是日本儿童文学作家椋鸠十的作品。全文以动物之间的浓浓亲情为一条线索，人与动物之间的情感为另一条线索，语言朴实优美，感情真挚动人。尽管狐狸不会说话，作者却巧妙地把动物对人的感情变化融入了神态和动作之中，读来真实感人。感受作者这一写法的妙处，并进行学习迁移，续写课文结尾，成了本课的创意写点。

引导学生质疑：狡猾的狐狸怎么会对人如此亲热呢？狐狸是一开始

就这么喜欢正太郎的吗？关注"直勾勾地盯""瞪了好一会儿""舔""蹲"，体会狐狸一家对正太郎从仇视到亲昵再到报恩的过程。

指导朗读。出示"第二天，正太郎把小狐狸要了回来，和爸爸一起到山谷里把它放了"。这些天来的朝夕相处，一路走来的点点滴滴，让小狐狸和正太郎已经打破了人与动物之间的戒备和隔阂，成了好朋友。此时，分别在即，小狐狸就要离开正太郎，回家与父母团聚了，它此时的心情会是怎样的？（对正太郎的感激，对一家团聚的期待、喜悦）小狐狸不会说话，它没有办法把自己心中所想告诉正太郎，但它会通过自己的神态和动作表现自己的内心想法。让我们想象一下，此时的小狐狸会表露出什么样的神态，怎样的动作呢？

孩子是纯洁的，孩子纯洁的心灵比大人还容易理解动物的情感。同时，孩子又是善良的，他们有意愿要为不会说话的小动物说说心里话。孩子又是富有丰富的想象和联想能力的，他们能将自己置身于当时的场景下，想象小动物的动作和神态，并有足够的热情写下来。从发现到朗读到续写，符合学生的年龄心理特点，循序渐进，易于被接受。

第三，在补白处练笔

有些课文，作者运用了"空白"的艺术，没有作具体的描写，留给读者自己去体悟，这就给我们的创意写作提供了训练点。在阅读教学时，我们应该充分利用这些训练点，引领学生发挥合理的想象对空白处进行补白，在练笔的同时，也使课文的故事情节更加完整，让学生对课文内容的理解更透彻。

如《小狗与大画家》一课在理解小狗与大画家之间的深厚情感时，韩美林看到小狗为他遮挡拳头与木棒，泪水如涌泉一样淌了出来。我问学生："此时美林眼中的泪是怎样的泪？"有的同学说："这是伤心的泪，因为他看到小狗为他而受苦。"有同学补充说："这是惭愧的泪，因为他看到小狗受苦他却帮不了它。""这是愤怒的泪，因为他看到打人者这样对待小狗。""这是无奈的泪，他看到打人者这样摧残小狗他却无能为力。"这些回答是课前我都没有预想到的，他们的答案比老师的更完全、更丰富。学生思维想象的闸门被打开，内在的潜能是无法估量的。这也是进行读写结合的最佳时机。我问道："此时你有什么感受？把你的感受写下来。"交流的时候学生有的说痛心、有的说伤心，有的说百感交集，他们仿佛有说不完的话，我为他们的深刻感悟和敏捷的思维喝彩。我不仅欣赏到了感情真挚饱满的读后感，还欣赏到了诗情画意般的抒情句、抒情诗和充满激情的排比句，更看到了他们脸上写满了成功和自豪。

第四，在编写中求趣

儿童对童话故事有着浓厚的阅读兴趣。童话故事的语言活泼且富有童趣，故事内容符合儿童的天性，符合儿童的思维特点。在童话的情境里，学生往往表现得思维活跃，能说会道。因此，在教学中教师可以挖掘童话体裁的课文，投其所好，让学生对教材中的童话进行再度创作，充分激发学生的编写兴趣，锻炼写作能力。

在《学弈》一课的教学中，我没有让学生翻译课文，而是引导学生以多种形式理解课文内容，把握课文说明的道理，在此基础上，让学生放飞思绪，展开想象，改写出有趣的故事，学生纵笔挥毫，表达得不亦乐乎。

二、有效指导，提高创意写作效果

叶圣陶先生曾经说过："写作就是说话，为了生活上的种种需要，把自己要说的话说出来；不过不是口头说话，而是笔头说。"在平时的作文教学中，学生一提起作文就胆战心惊，勉强写出来的作文也是千篇一律，落入俗套，毫无新意。究其原因，一是学生缺乏对生活的观察，二是缺乏写作技巧所致。因此，让学生学会观察，掌握一定的写作方法和技巧，是十分必要的。

第一，状物描写

在引导学生写状物文章时，我以苹果为例，引导学生用眼睛观察苹果的外形，用拳头比苹果的大小，用调色盘描述苹果的颜色，一刀刀切下去，学生看到了两个月亮，四个裹着被睡觉的小娃娃，八个妙脆角，弯弯的小船，眨眼睛的月牙……薄薄的苹果片在学生手里传递，他们用心品尝，"咬一口，酸里带着甜，甜里透着酸，美妙的滋味如烟花般，在口腔里绽放，舌面上，唇齿边，清清凉凉，酸甜可口的汁水氤氲、弥散"。然后我们分享和苹果有关的故事。整节课孩子们沉浸在观察、想象、表达的兴奋中，课后，也为我呈上了他们独有的苹果。

（节选）大家好，我是一个苹果，今天，我被老师带进了教室……

我长得扁圆扁圆的，和同学们的拳头一般大。黄里透红，红里透黄，就像个微缩版的小太阳。果柄处凹陷下去，形成小小的旋涡，小手指头伸进去，搅啊搅，不一会儿就搅出来苹果的香甜，连带着果柄的碎屑。花蒂处有一个小坑，这就是我的眼睛，大家都夸我的小眼珠黑亮黑亮的，就像孩子们笑起来时脸上的小酒窝。

（节选）切成一半的苹果很可爱，形状就像一个被床单裹着的婴儿一样，嫩黄嫩黄的。它更像月亮，在天空中哄着无数星星进入梦乡。

（节选）我拿着那片苹果，一点一点吃进嘴里，苹果汁就像绽放的烟花，绽放在我舌头和嘴唇上，清清凉凉，又甜又脆，那味道被我永远记在心里。

第二，细节描写（本案例借鉴了郭学萍老师的《告诉与描述》）

在《老人与海鸥》一课教学中，我指导孩子如何进行细节描写。先出示：

老人喂海鸥

老人把饼干丁很小心地放在湖边的围栏上，退开一步，撮起嘴向鸥群呼唤。立刻便有一群海鸥应声而来，几下就扫得干干净净。老人顺着栏杆边走边放，海鸥依他的节奏起起落落，排成一片翻飞的白色，飞成一篇有声有色的乐谱。

让学生体会细节描写带来的感受，接着出示一系列图片，引导学生运用"四 W+H"进行细节描写：

（Who 谁）（What 做什么）（Where 什么地方）（When 什么时间）（How 怎么样）

在接下来习作《一节××的课》时，孩子们思路一下子就打开了。

（节选）老师有气无力地在黑板上写字，白白的粉笔灰，像雪一样落在老师身上，老师总是咳嗽，时不时就要摔倒似的。我和一位同学赶紧上前扶住老师，老师用颤抖的手指指裤袋，我伸手竟掏出一片退烧药，我惊讶地看着老师……

（节选）"来，先把铜丝绕上。"我们组的一位男生说着，便拿来几根细铜丝神情专注地往连接柱上绕。男生绕到一半，小青着急了："哎，起来起来，线都绕差了，让我来！"男生被挤到一边，闭着嘴双手抱胸生气。

三、形式多样，激发学生创意写作兴趣

语文课堂教学，打破传统的阅读分析，融合进形式多样的创意写作，可以激发起学生的写作欲望，给他们插上思维的翅膀，让他们无拘无束地进行想象、构思，写出自己最想说的话。我们面对的将不再是一段段单纯的文字，而是一道道充满活力的、有血有肉的、情景交融的、各具特色的美丽风景，我们的语文课堂也会神采飞扬，充斥着满满的情趣。

第一，创作诗歌

《乡下人家》是一篇唯美的散文，光读是品不出滋味的。我让学生结合课文内容，写一首表现乡下人家的童诗，孩子们一下子就活跃起来。

第二，诗文配画

当图画遇上文字，图画就有了诗意的悠远，文字就有了图画的清丽，我们的眼前就有了亮丽的风景。

在《一碗水》《爱的奇迹》《乡下人家》等课文教学时，我让孩子们仿照课文的写法，把其他小动物在泉水边活动的情况写下来，把小比利救助小鹿的情形写下来，并配上图画，孩子们眼里亮晶晶的，眼神里分明写着"作文也可以这样玩哦"！呈现的作品当然也是震惊了我的眼球呢！

第三，作品漂流

文章是用来读的，表达能力是在交流中提高的。因此，我带着孩子们做了作品漂流本，将文章像接力棒一样写下去、传递下去，形成了我们的《春苗集》作品系列，受到孩子们的喜爱。

我们还融进了信息技术元素，孩子们可以语音输入，可以通过电脑绘制页面，建立微信公众号。孩子们，有了自己的微博，优秀孩子的粉丝还不少呢。创意写作的多样性，极大地调动了孩子创作的兴趣。

四、读整本书，创意写作走进生活

参与《依托整本书的阅读引导学生创意写作的研究》课题，就要让研究在教学中产生实效。我先带着孩子们从童话开始，我们的孩子是伴着故事长大的。把生活中的事情编成童话写出来，那该有多么神奇？让动物、花草为自己代言，那该多么有趣？孩子们准备了本子，随时写啊写，编啊编，你看看我的，我瞧瞧你的，写作能力就在编编看看中提升了。

（节选）兔皮帽被再次丢到树林里后，在那里一动不动地躺着。

这天，卖火柴的小女孩路过树林时，看到了兔皮帽，白白软软的兔皮帽又漂亮又暖和，她便把兔皮帽捡起来，带回了家。

第二天早上，小女孩出门卖火柴前，戴上了那顶兔皮帽。卖火柴的

小女孩变得高傲了许多，不愿开口乞求别人来买她的火柴，就只提着篮子，站在街边，等着别人主动来买火柴。

终于，来了一位客人，他问小女孩火柴多少钱一盒，女孩说："五块！"客人听了，觉得价格有些贵，便说："小姑娘，可不可以便宜一些呢？""不可以，觉得贵就别买，你不买我也可以赚好多钱！"小女孩也吹起了牛皮。客人听小女孩这么说，很是生气，什么也不说就走了。边走还听见小女孩在身后喊："你不买我也能卖出几十盒火柴！"她在喊的同时，兔皮帽也掉了下来，帽子掉下来后，小女孩很疑惑自己为什么会吹牛，但她顾不得这些，帽子也没捡就去追刚才的那位客人，向他道歉去了。

于是，兔皮帽又被孤零零地扔在了大街上。

本学期我带着孩子们读了《亲爱的汉修先生》，孩子们爱上了写日记。还带着孩子们读了《手斧男孩》，孩子们尝试写自己的历险记。带着孩子们读王宜振、金波的童诗，孩子们开始涂鸦，我也伴着他们，流泻自己的喜怒哀乐。爱读书，会读书，读整本书；想表达，学表达，爱上表达。我带着孩子们从课文走进图书，从回答走向表达，蹒跚着，踏出写作的足迹。

谁说语文枯燥无聊？谁说作文艰涩无味？我已经带着孩子们在语文课堂上享受着语言文字的瑰丽，已经带着孩子们在创意写作的路上撒下了欢乐的珍珠，咀嚼出表达的美滋美味。

利用几何直观培养学生解决问题的能力

北京市大兴区滨河小学

李舒环

几何直观是数学课程标准里提出的核心概念之一。《义务教育数学课程标准》（2011年版）指出："几何直观主要是指利用图形描述和分析问题。借助几何直观可以把复杂的数学问题变得简明、形象，有助于探索解决问题的思路，预测结果。几何直观可以帮助学生直观地理解数学，在整个数学学习过程中发挥着重要作用。"几何直观包含两点：一是几何，即图形；二是直观，这里的直观不仅是指直接看到的东西（直接看到的是一个层次），更重要的是依托现在看到的东西、以前看到的东西进行思考、想象、综合，几何直观就是依托、利用图形进行数学的思考和想象。它在本质上是一种通过图形所展开的想象能力。

几何直观可以帮助学生直观地理解数学，在整个数学学习过程中发挥着重要作用，而且贯穿在整个数学学习过程中。在小学数学教学中，巧妙地运用几何直观处理教学内容，往往会收到事半功倍的效果。华罗庚先生有一首小词："数与形，本是相倚依，焉能分作两边飞。数无形时少直观，形少数时难入微。数形结合百般好，隔离分家万事非；切莫忘，几何代数统一体，永远联系，切莫分离！"这首词形象生动且深刻地指明了"数形结合"思想的价值。东北师大的史宁中教授曾提到，小学阶段培养的重点在于让学生会借形来思考与表达。小学数学学习更多地关注的是实验几何、经验几何和直观几何，让学生感受几何直观的作用，培养学生的几何直观能力。

一、利用几何直观，帮助学生理解数学概念

德国哲学家康德认为："缺乏概念的直观是空虚的，缺乏直观的概念是盲目的。"小学生形象思维占主导地位，对知识的理解应该建立在丰富典型的直观表象基础上。因此，把教材中静止的、较难理解的概念，运用几何直观生动形象地呈现出来，使抽象的概念变成看得见的数学知识，这有助于学生更直观地理解所学习的内容。

例如教学五年级"分数的意义"这一内容时，为了突破单位"1"这一教学难点，事先让学生准备了各种操作材料：一根绳子，4张苹果图，6张熊猫图，一张长方形纸，1米长的线段等，通过对大量直观感性材料的操作、比较，归纳出：一个物体、一个计量单位、一个整体都可以用单位"1"表示。从而突破理解单位"1"这一难点，为理解分数的意义奠定了基础。在此基础上，通过具体的分，使所取的"份数"与分的"份数"建立联系、比较，形成分数的概念，从而深刻理解分数的意义。

又如，学习"倍"的概念时，6是2的几倍？让学生用自己的图形表示出6（可能画6个圆，或画6个三角形，也有可能画6根小棒）和2，然后每2个一组圈起来，学生很直观地看出6里面有3个2，也就是6是2的3倍（见下图）。

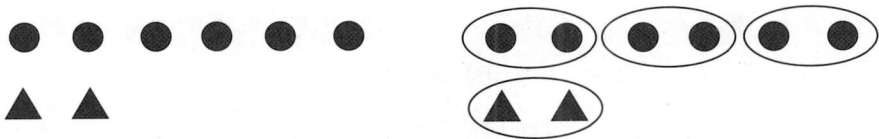

通过几何直观的教学方法，使原本抽象的"倍"的概念变得形象具体，学生理解起来更加容易，而且在今后学习有关倍的其他知识时，学生就会想到利用几何直观的方法来解决问题。

在以后的学习中，随着学生年龄的增长、思维能力的不断提高，数与形的结合就更加广泛与深入。从学生的思维活动过程来看，在这个片段中，学生经历了由具体到抽象的思维过程，经历了由一般到特殊的思维过程；把抽象的数学概念直观地呈现在学生面前，帮助学生理解和掌握数的基本概念。数学家克莱因认为："数学的直观是对概念、证明的直接把握。"几何直观是学生由感性、直观思维到理性、抽象思维过渡的一座桥梁，是学生学习数学概念的有效手段，也是每位数学教师要着力培养学生的一种思维方式。

二、利用几何直观，帮助学生明白算理，掌握算法

在小学数学的计算教学中，教师不仅要让学生明确算理，还要指导学生掌握算法，让学生体会数学计算从直观到抽象的变化，从而更好地对算理有深刻的认识和理解。理解运算的意义往往要经历四个阶段：情境感知、动作表征、语言表征、符号表征。教学时，根据学生的年龄特点和教学内容，通过直观感知，重视数形结合等方法，如此不仅能提高学生计算的熟练程度，更重要的是能让学生理解算理，将计算的方法融会贯通于数学的其他方面，提高学生的数学素养。算理是算法的理论依据，算法是算理的提炼和概括，它们是相辅相成的。在加、减、乘、除等计算教学时我们不妨将几何直观落实到位，发挥几何直观对理解算理的作用。

实物直观演示可以借助实际存在物，也可以借助小棒等辅助的实物直观演示。低年级学生，尤其是一年级学生以具体形象思维为主要形式，较多采用动作表征，教学时常用实物直观演示来感知从而理解算理。例如，一年级教学"20 以内进位加法"时，学生用小棒、圆片等实物操作来感知"凑十"的过程和方法，进而理解"凑十"的算理。如"9 加几"的教学 9+4，出示格子图（见下图）。

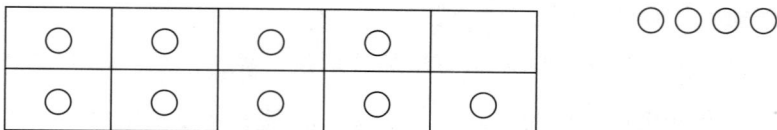

学生两两合作在格子里面摆 9 个圆片，外面放 4 个圆片。学生通过

观察，动手"拿"，从外面拿 1 个放进格子里，这样格子里就"凑"成 10 个圆片，外面还有 3 个，"合"起来就是 13 个圆片。在"拿"的基础上提升，把 4 分成 1 和 3，1 和 9 凑成 10，10 加 3 是 13，最后学生用语言来描述"拿、凑、合"的过程。此时，学生能很好地理解"凑十"的含义，从而掌握"凑十法"。

随着年级的升高，学生的知识和生活经验不断丰富，在计算教学、理解算理时，更多运用的是语言表征和符号表征，结合不同的教学内容，可以不同层次地采用图形直观表示，渗透"数形结合"。例如六年级上册"分数乘分数"一课的教学难点就是让学生理解算理，即为什么分母乘分母，分子乘分子。教学本课时，我设计了折纸、涂色活动，让学生折一折、画一画。

在小学阶段学好计算，并形成一定的计算能力，这是终身有益的事情。所以在计算教学中，我们应注重让学生真正理解算理，掌握具体的计算方法，形成计算技能。只有学生明确了算理和具体的方法，在生活中才能灵活、简便地进行运用。运用几何直观，通过直观感知、数形结合，能使学生对计算原理、方法的科学性感受更深刻。

三、利用几何直观，帮助学生有效地寻求解题策略

《九章算数》中曾描述：析理以辞，解题用图。小学数学教学中，有很多数学问题如果直接利用推理的方法来解决是有一定难度的，而通过几何直观的方法，利用图形演示能够使数学问题的结果清晰地呈现在学生面前。所以，在教学中应积极引导学生利用几何直观的方法分析和解答数学问题，引导学生将数学问题以自己喜欢的方式画下来、用图形摆出来。这样，抽象的数学语言就变得直观形象，化难为易，简便易懂。

例如：五年级下册有一道题，一杯纯牛奶，乐乐喝了半杯后，觉得有些凉，就兑满了热水。他又喝了半杯，就出去玩了。乐乐一共喝了多

少杯纯牛奶？多少杯水？

为了让学生弄清牛奶和水的变化过程，我让学生用一个正方形表示杯子，两种不同的填充阴影分别表示牛奶和水（见下图）。

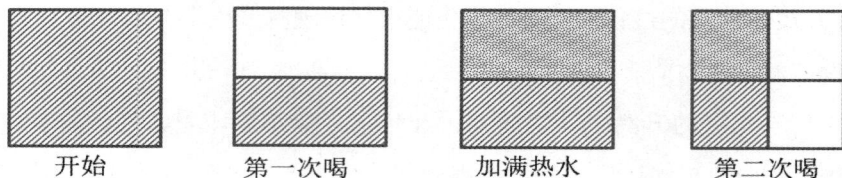

| 开始 | 第一次喝 | 加满热水 | 第二次喝 |

小组合作中学生通过画一画、比一比，化抽象文字为几何直观，运用图表结合的形式，在几何直观中细品文字内涵，发现规律，并能分析异同，其间充满了情趣与智慧。

画图策略就是利用几何直观来帮助学生理解和解决问题的。它是众多的解题策略中最基本的也是一个很重要的策略。它把问题呈现的信息通过图画的方式表示出来，通过直观形象的符号信息展示寻找问题答案的一种基本的解决问题的策略。在教学中可引导学生根据自己的需要，画出不同的图来帮助自己分析、理解数量关系，解决实际问题，使学生切身体验到数学的价值和趣味，激发学生好好学习数学和应用数学的兴趣和愿望。因此，我们会感觉到：当你在解决问题感到山穷水尽的时候，运用画图的方法就会让你柳暗花明。

在画图解决问题的过程中，学生渐渐拨云见日，豁然开朗，不但掌握了解题的策略和方法，思维水平也得到提升。在解决实际问题时，画图的形式是多样的，除了大家熟悉的线段图、平面图、立体图、集合图、统计图，还包括学生运用自己的方式给出的图形表征，如实物图、示意图等。

四、利用几何直观，帮助学生探索数学规律

在小学数学知识系统中，有很多数学规律孕育在丰富的图形中。在

以往的小学数学教学中，教师更多的是将数学规律进行理论性讲解，实际的操作和直观的演示比较少，学生对数学规律的理解不透彻，在实际的应用中达不到理想的效果。因此，在揭示和探索规律时，教师也可以利用几何直观的方法，通过形象、有效的语言，直观的演示，引导学生探索数学规律，更好地促进学生思维的开发。数学知识和规律的形成是通过直观感知就能够揭示出来的。在教学中，教师应尽量让学生自己动手操作，体会数学知识以及规律形成的过程，认识到数学知识不是抽象的，进而促进学生树立数学学习的信心。

例如，学过"三角形内角和为180度"之后，练习中出了以下习题：

先画一画，再算一算，你发现了什么规律？

图形					
名称	三角形	四边形	五边形	六边形	……
边数					
内角和	180 度	180×（　）度			……

在探索这一规律时，学生需要把握两点。其一，三角形的内角和是180度，这是已知的，怎么将四边形的内角和转化为三角形？其二，怎么将五边形、六边形与三角形的内角和建立转化关系？一旦学生能够将三角形的内角和与其成功转化，就能够发现规律所在。这个过程中，我先引导学生从特殊的四边形入手，将长方形和正方形转化为三角形，并猜测其为360度，经过验证后推导得出长方形和正方形的内角和为360度。那么普通的四边形是否如此呢？学生随意画出一个四边形，通过测量四个角，四个角的度数相加得到内角和为360度；也有学生直接将四边形的任意对角线相连，使其变为两个三角形，得到内角和为360度。

显而易见，在这个发现规律的过程中，起到有效作用的就是直观图形，学生通过几何直观的运用，拓展了思维，发现规律所在。

　　总之，几何直观的培养应贯穿整个小学数学教学的全过程。借助几何直观进行教学，可以形象生动地展现问题的本质，有助于促进学生的数学理解，在有机渗透数学思想方法的同时，提高学生的思维能力和解决问题的能力。通过对学生几何直观能力的培养，使学生掌握数学的思考方式和学习方式，以促进学生能力的提升和数学素养的形成，让学生的几何直观能力从简约的图形走向丰富的数学思考。

让问题叩开学生的智慧之门

北京市大兴区滨河小学

毛怀玉

思考是从问题开始的，有问题才有思考。古人云："疑是思之始，学之端。"学有疑，才会学有所思、学有所得，才会产生兴趣，形成动力。可见培养学生的问题意识是创新教育的起点。教学中教师要不断鼓励、引导学生发现问题、提出问题。学生能否从数学的角度观察现实生活和周围事物，从而发现和提出有价值的数学问题是其数学意识强弱的重要标志。正如爱因斯坦说的那样：提出一个问题往往比解决一个问题更重要。

因此，学生没有问题就是教学的最大问题，学生只有具备了发现问题和提出问题的能力，才能真正成为学习的主人，成为一个善于思考、独具个性的学习者，而不是知识的容器和考试的机器。教师作为学生数学学习活动的组织者、引导者与合作者，首先发挥的作用应该是营造和谐的师生关系，努力创设适当的情境：让学生成为数学问题的发现者与解决者。在教学中，不仅要重视指导学生观察的方法、步骤，而且要为学生提供大量的实践活动情境和参与的机会。从现实生活中选取观察的素材，让学生亲身感受到数学问题的真正存在，进而培养学生的数学意识。

一、营造和谐的师生关系，增强提问的勇气

俗话说"亲其师，信其道"。增强学生提问的勇气，首先需要教师营造和建立和谐的课堂气氛和师生关系，教师应以尊重和爱心对待每一位

学生，尤其是对待那些数学成绩稍差一些的学生。其次需要引导学生消除对教师、教材的崇拜和迷信，敢于对教师的讲解及书本上的内容提出质疑。有时，教师还可以故意"犯下"一两个错误，引导学生提出质疑，以培养学生敢于挑战、提出问题的勇气。

二、创设适当的数学情境，引导学生提出问题

教师不仅要营造让学生敢于提出问题的学习氛围，还要善于创设蕴含数学问题的情境，让孩子产生积极提问的兴趣和意识。教师要想方设法激发学生追寻数学问题的欲望和激情，造成其认知冲突，诱发其质疑猜想，唤醒其问题意识，从而诱发学生提出数学问题。因而创设适当的数学情境，对于培养学生提出数学问题的能力至关重要。

第一，挖掘数学知识本身的特点，创设数学情境

在小学数学教学中，教师可以通过挖掘数学知识本身的特点，创设数学情境。如在教学"吨的认识"时，一位教师创设了这样一个情境：一个乒乓球的质量是 8（　　　），一只公鸡的质量是 3（　　　），一头大象的重量是 6（　　　），学生很快便在前面两个括号里分别填上了克、千克，但是在解答第三题时遇到了"障碍"。此时，学生便会思考并提出这样的问题：有没有比千克更大的质量单位呢？6 吨究竟是多重呢？让学生带着这些问题去学习，不仅可以激发学生学习的主动性与积极性，也能帮助学生更好地理解和掌握数学知识。

第二，创设生活化的数学问题情境

学生数学学习的重要目标是从现实生活中"看到"数学，并应用数学去思考和解决问题。因而，教师可以将数学知识还原于现实背景中，将数学知识和儿童的现实生活结合起来，激发学生提出数学问题的兴趣。尤其是低年级的教师应当重点关注孩子是否能积极主动地提出问题，并积极引导、肯定学生提出的和别人不一样的问题，鼓励孩子大胆、尽量

完整地表达自己的想法，树立学习数学的自信心。例如购物情境、乘车情境等都是适合学生接受的问题情境。

三、改进教学方法，创设提问的机会

教师在备课时往往注重分析教材，注重课堂结构设计的环环相扣，无形中把学生提问的时间给挤掉了。许多教师在教学中都要求学生循规蹈矩，要发言先举手，如果没有教师同意，即使有疑问也不能提，因而也就忽视了学生提问能力的培养。

第一，通过多种学习方法，为学生提供提问的沃土

为了培养学生的提问能力，在平时教学中，我们要改变传统的教学方法，给予学生足够的时间和空间，给学生留下提问的余地。要让学生利用合作学习、小组讨论、动手操作等多种方法，通过思考提出问题，从而培养学生的创新精神。如在学习"长方体和正方体的体积"一课时，教师让学生用 1 立方厘米的小正方体摆一个 12 立方厘米的长方体。在摆完之后，许多同学通过小组观察、交流提出：虽然几种摆法体积都相同，但它们形状不同，因而表面积也不相同。由学生的提问，教师自然得出：体积相同的情况下，长、宽、高越接近的长方体表面积就越小，包装也就越节省。这样就促进了课堂教学的展开和深入研究。

第二，设立"提问卡"，提高学生提出问题的能力

教师可以让学生设立"提问卡"，记录自己在学习中遇到的问题。教师课前收集卡片，进行综合、归类，在课堂中有针对性地组织学生展开讨论，让学生自己探索或在教师指导下找到解决问题的办法，提高学生提出问题的能力。如在教学"认识长方体和正方体"时，学生的"提问卡"上就记录了一些很有价值的问题：一张纸是不是长方体？如果是的，它的高是多少？如果不是，那么几十张纸的书为什么就是长方体？为什么有的长方体有 2 个面是正方形？长方体中能不能有 4 个面是正方形？

第三，设计开放性作业，引导学生提出问题

在设计课外作业时，教师要着眼于减轻学生的课业负担，适当设计开放性作业，使学生有更多的时间走向社会、走向生活，参加实践，在实践活动中结合所学知识联系生活实际，提出问题。如在学完了"扇形统计图"知识后，可出示这样的家庭作业：调查自己或家人的作息时间，或者调查食物饮料的营养成分，制作一张扇形统计图，以此让学生在自己调查的过程中提出问题、解决问题，并逐步形成解决问题的策略，学会独立探究的方法。

四、教给学生提出问题的方法，使学生善于提出问题

学生有了提问题的勇气，老师也给了学生提出问题的时间和空间，这并不等于学生就能提出问题了。因为有些学生想向老师提出问题，却不知道如何提出问题，也不知道在什么地方容易产生问题。因此，教师还要教给学生提出问题的方法和途径。

第一，多观察实际生活，从日常生活中提出问题

培养学生的观察能力，目的是让学生在实际生活中养成观察习惯，要培养在观察中发现问题、提出问题、解决问题的科学素养。生活中处处充满了科学未解开的谜团，只有勤于思考，认真观察，才能切身体会到生活的这种科学魅力。如在学习"跑道中的数学问题"时，一些学生观察到：400 米比赛每位运动员都不在同一起跑线上。于是提出："400 米赛跑为什么运动员不在同一起跑线上？400 米赛跑，相邻跑道的运动员起点的距离应该有多远？"这些问题引发了学生钻研数学的热情。

第二，让学生对"解题方法"提出问题

小学数学教学中，从多角度、多方位提出问题、分析问题，是克服思维定式、培养发散性思维能力的重要手段。教师可在学生解决问题时，指导他们按下列的几个层面提问：1.题中所给条件有哪些？2.题中是否

有隐含条件？3.可以从哪几个角度去解决问题？4.能否用不同的方法得出结果？经过这些问题的提出，学生便逐渐学会按这些问题进行思考，既提高了解题能力，又学会了如何提出问题。

第三，鼓励阅读，让学生提出问题

教师应该引导学生在阅读中发现问题。如在教学"通分"时，教师让学生自学课本提出问题。结果一个学生大胆质疑："通分时，为什么一般情况下用几个分母的最小公倍数作公分母？"教师立刻意识到这一问题的重要价值，并顺势将问题抛给其他学生进行讨论，很好地激发了学生的思维。

总之，培养学生会提问题的能力，让问题叩开学生的智慧之门，是促进个体认知发展的重要途径，也是提高学生学习能力的方法之一。在教学中教师应尽可能地激发学生提出问题的动机，营造提出问题的氛围，创设提出问题的情境，指导提出问题的方法，逐步培养学生的问题意识和创新精神，促使他们在问题中发展自我，成长为新世纪的优秀人才。

学生动起来　课堂活起来

北京市大兴区滨河小学

李雪艳

　　在一次调查问卷中，我发现很多学生并不喜欢数学，有的学生认为数学只不过是一些干巴巴的数字符号和枯燥的公式算理，真没意思；有的学生认为数学总是没完没了地做题，实在没劲；还有的学生认为，数学太难了，自己付出了很多的辛苦却很难取得好成绩。面对着调查结果，我这位数学教师陷入了沉思：同学们怎么会有这样的想法呢？怎样才能让学生喜欢数学呢？于是，在数学课堂教学中我千方百计地调动学生的学习积极性，精心设计各种各样的教学活动，让学生在活动中主动地探索新知。这样，学生真正动起来了，唤醒了沉闷的课堂，收到了很好的教学效果。

　　《数学课程标准》中明确指出：学生的学习应该是一个生动活泼、富有个性的过程。孩子的天性是爱玩好动，儿童学习最根本的途径应该是活动，活动是联系主客体的桥梁，是认识发展的直接源泉。因此，在数学课上，教师要让学生充分地动起来，发挥学生的各种感官功能，让全体学生都能自始至终、积极主动地参与探索新知的活动中去，这样数学课堂才会活起来，才能充分调动学生学习的积极性，激发学生的学习兴趣，从而使学生爱上数学。下面，我就谈谈自己在教学实践中的点滴体会。

一、激发兴趣，让学生动心

　　"兴趣是最好的老师。"这是个老生常谈的话题。一位学生如果对数

学产生兴趣，他就会酷爱数学的学习，就可以持久地集中注意力，保持清晰的感知，激发丰富的想象力和创造思维，产生愉悦的情绪体验，从而形成"爱学—会学—学会"这样一个良性循环。因此，在数学课堂教学中，我始终把激发学生的学习兴趣放在首位，从而使学生能积极主动、全身心地投入数学的学习之中，学生激动的心跳动不已，情绪高涨，学习效果将事半功倍。

例如：在教学"2和5的倍数的特征"这一课时，在课的开始部分我设计了一个学生考老师的游戏。让学生们任意说出一个自然数，我都能立刻告诉他们这个数是不是2的倍数，是不是5的倍数。学生一听考老师，兴趣特别浓，都争先恐后地报数，想把老师难倒。学生边说数，我边把数写在黑板上，然后让学生用计算器验证老师的回答是否正确。当他们验证完毕之后，发现老师的答案完全正确，感觉特别神奇，特别想知道这里面的奥秘，从而也就更加激发了他们学习数学的兴趣。

二、激活思维，让学生动脑

著名的教育家叶圣陶先生曾经说过这样的一句话："所谓教师的主导作用，意在善于引导启迪，使学生自食其力，非所谓教师滔滔讲说，学生默默聆听。"可见，在教学中，启发诱导，激活学生的思维是至关重要的。因此，在数学课堂教学中，我特别注重激发学生的思维，充分调动他们的积极性，挖掘每个学生的潜能，使他们能够主动地获取新知。

例如：我在教学"求两个数的最大公因数"这一课时，首先出示如下问题让学生思考："我家书房长36分米，宽30分米，要在地面上铺地砖，问可选哪些规格的方形地砖而不需要切割呢？"当学生想出可选边长1分米、2分米、3分米、6分米的方砖时，又让学生继续思考："用什么规格的方砖最省时省工呢？"学生会很快找到用边长6分米的方砖最省时省工，这时我追问道："边长6分米与书房的长和宽之间有什么关系呢？"

随着问题的层层深入，学生的思路也越来越清晰，离教学目标也越来越近。在此基础上，学生合作交流的热情高涨，思维更加活跃，很快学生就理解了什么是两个数的最大公因数，以及求两个数的最大公因数的方法，收到了很好的教学效果。

三、组织实践，让学生动手

现代教育理论主张让学生动手去做科学，而不是用耳朵听科学。儿童的智慧就在他的手指尖上。学生的思维是从动作开始的，因此，教师要让学生的双手在动作和思维之间弹奏起和谐美妙的旋律。在教学过程中，摆、拼、画、制作、演示、实验、练习等活动都是教师可以提供给学生的动手机会，是学生理解和建构知识体系的过程。实践表明，学生总是对课堂上的各种操作活动有着浓厚的兴趣，教师在教学时如果能满足其心理需求，放手让学生去摆弄、敲击"琴键"，将有利于学生加大接受知识的信息量，学生在操作中会有新的发现，从而使其创造性思维得到发展。

例如，我在教学"三角形的三边关系"这一课时，分别让每个学习小组准备长 2 厘米的小棍三根、4 厘米的小棍两根、6 厘米的小棍两根、8 厘米的小棍两根。课上让学生进行小组活动，从中任意取出三根小棍摆出一些三角形，然后分别记录下能摆成三角形的三根小棍的长度和没有摆成三角形的三根小棍的长度。最后让学生观察并讨论：选择怎样的三根小棍才能摆成功呢？学生通过动手操作很快就发现了规律：三角形的任意两边之和大于第三边。

四、提供机会，让学生动口

当学生的学习热情被调动起来时，他们往往希望无拘无束地充分表现自己。语言是思维的结果，认识活动都是通过语言或文字表达出来的，

这样才能激发学生的思维。因此，课堂教学中，在让学生动脑、动手之后，教师要满足学生表达的欲望，为学生提供畅所欲言的机会，让他们的思维活跃起来，真正成为数学学习的主人。

例如：我在教学"有余数的除法"这节课时，首先我创设了这样一个情景：德芙巧克力生产车间有800粒巧克力豆要装盒，其中每60粒巧克力豆装一盒，一共可以装多少盒？还剩多少粒？学生很快就列出了式子：800÷60。接着我让学生用竖式进行计算，大多数学生都是这样列竖式的：

800÷60=13（盒）……20（粒）

$$
\begin{array}{r}
13 \\
60{\overline{\smash{\big)}\,800}} \\
\underline{60} \\
200 \\
\underline{180} \\
20
\end{array}
$$

只有我们班的刘森虎（化名）同学是这样做的：

800÷60=13（盒）……2（粒）

$$
\begin{array}{r}
13 \\
6\cancel{0}{\overline{\smash{\big)}\,80\cancel{0}}} \\
\underline{6} \\
20 \\
\underline{18} \\
2
\end{array}
$$

我问他："你为什么要把被除数和除数同时削掉一个0呢？"他站起来理直气壮地回答："我应用了商不变的性质，把被除数和除数同时缩小10倍，商不变，这样计算起来比较简便。"他话音未落，很多同学都纷纷举起手说："老师，他的余数不对！余数应该是20粒，而不是2粒。"刘森虎立刻反驳道："不是，我把被除数和除数同时缩小了10倍，就变成了80除以6，当然余数就是2粒了。"这时，教室里可热闹了，有的同学认为余数是20粒，而有的同学认为余数是2粒。此时，我并没有急于站出来指出他们谁对谁错，而是让他们双方进行一场辩论赛，真理越辩越明，最终同学们都明白了：2 是从原被除数的十位上余下来的，因此，表示余数是 20 粒，而不是 2 粒；刘森虎列的竖式是正确的，而横式是错误的，应该写余数是 20 粒。就这样，在学生激烈的辩论声中我轻松地突破了本课的难点，不仅培养了学生的逻辑思维能力和语言表达能力，而且使学生对新知识理解得更加透彻，掌握得更加牢固。

总之，在数学课堂教学中，教师要科学而有质量地让学生动起来，动心、动脑、动手、动口，只有让学生获得多动的机会，课堂才会活起来，才能真正唤醒沉闷的课堂气氛，调动学生的学习积极性，使学生学得有声有色、有滋有味，从而使学生爱上数学。

创设生态英语课堂 奏响有效教学乐章

北京市大兴区滨河小学

吴　爽

新课程改革的实施，核心在课堂。随着课程改革的不断深入，课堂教学观也发生着变化。当今新课程背景下，提倡"生态课程"的构建，生态课堂倡导"快乐、平等、尊重、宽容"的理念，生态课堂更关注"以生为本"，让学生敢于表达、乐于表达，让学生在一个自由、和谐、富有个性、独立自主的课堂学习环境中自然地、和谐地、自主地发展。怎样才能创设生态英语课堂，我经过探索实践，总结出构建生态课堂的"三部曲"。

一、第一部曲——兴趣为先，引导学生快速进入英语课堂

苏霍姆林斯基说过："教师如果不想方设法使学生产生求知的激情，急于传授知识，只能使学生产生厌倦、冷漠的态度，容易产生逆反心理。"教师在教学中要努力激发学生学习英语的兴趣，引导学生快速进入英语课堂。

第一，借助歌曲和歌谣，激发学生参与的热情

歌曲欢快的节奏，让人感到身心愉快。英语课中同学们最喜欢的就是这些朗朗上口的歌曲和歌谣，教师适当借助歌曲和歌谣进行热身活动，可以让学生以最好的状态进入课堂。

例如：在教学小学英语一年级上册：elephant, frog, fish, egg 这些单词和它们的活动状态时，我使用了一首韵律十足的歌谣使同学们至今

难忘：

An elephant can walk, walk, walk, walk.

A frog can jump, jump, jump, jump.

A fish can swim, swim, swim, swim.

An egg can roll, roll, roll, roll.

同学们在明快的节奏中，随着音乐边做边学，兴趣盎然。在学大象（elephant）时，有的同学将双手放在鼻子上，两腿分开；还有的同学将一只胳膊放在头前，另一只胳膊放在后背上，向前弯腰，两腿分开，学着大象走路的样子，边走边说。学青蛙（frog）时，同学们的表现更是形象无比，有的把双手放在头上，五指分开，就像青蛙的前腿和脚，两腿向外屈，向前高高跳起。学习鱼（fish）时，同学们的动作千姿百态，有的用右手的大拇指放在鼻子下，其余的手指不停地动，很像鱼的嘴，左手放在背后，就像鱼的尾巴。就这样，歌谣成了他们的"口头禅"。除了充分利用教材上的歌谣外，我和同学们还会创编歌谣。例如：在学习国家、国旗词汇时，我和同学们共同创编了"国家国旗歌"来巩固记忆：

英国 Britain 米字旗，

美国 America 星条旗，

加拿大 Canada 枫叶旗，

中国 China 五星红旗。

第二，充分利用 Free talk，激发学生表达欲望

Free talk 是英语课一个常态教学活动，是师生间课前 3~5 分钟的自由谈话时间。用好 Free talk，可以使学生快速进入情境，也可以有效地加强对学生英语口语的训练。在这个环节中，教师是引导者，引导着各种语言活动，引导着说话情景，引导着语言的组织，启发学生的思维，然后逐步放手让学生自由交谈。

在日常教学中我坚持每节课给学生一个话题，采取师生示范—小组

交流—小组汇报等多种形式，让学生参与进来，既训练学生的口语能力，又锻炼学生的思维能力，同时也培养了小组合作学习的能力。课间，我提前5分钟进入教室，和学生一起做个小游戏，或是唱首英语歌曲来活跃气氛，感染学生情绪，激发学生求知欲。这个方法看似简单，但要持之以恒却不容易。这就要求教师有高度的责任感，始终为学生创造轻松、快乐的英语学习氛围。

二、第二部曲——寓教于乐，引导学生轻松掌握英语知识

小学生的有意注意时间很短，尤其是低年级学生。如何让同学们在活动中体验学习英语的乐趣尤为重要。日常教学中，我根据儿童心理特点，充分抓住低年级学生好胜、好动、好奇的心理特征。精心设计，挖掘教材的趣味因素，将知识、游戏及活动巧妙结合，充分调动他们的积极性，每节课我都会增添一些贴近生活的内容，寓教于乐，把同学们感兴趣的活动引入课堂，和他们一起玩、唱、跳、演，让他们成为学习的主人。

第一，巧妙设计游戏活动，引导学生轻松掌握所学

游戏是英语课堂上一块磁铁。英语游戏就像法宝，很容易提高学生学习英语的积极性。尤其是低年级的学生，特别喜欢。于是，我常引导学生在游戏中享受学习乐趣。例如：在三年级"How much？"一课中，我巧妙地设计了"快餐厅点餐"游戏，我让学生提前准备好热狗、汉堡、米饭、可乐等快餐模型和美元、美分模型，并制作价目表，让小组成员分别扮演服务生和顾客，在"点餐"过程中，要求学生一定用英语来完成。游戏结束，学生轻松、快乐地完成了学习任务。

第二，利用学生好胜心理，开展小组竞赛，强化所学

小学生好胜心强，且集体荣誉感强，日常教学中我充分利用这一特点，展开小组对抗赛。例如：在教学单词时，进行猜单词比赛。我在黑板上画几种不同的标志（颜色、水果、动物），分别代表每组（例如：用几种颜色代表每组，又可达到巩固复习颜色单词的效果），然后进行比赛猜单词，猜对一个在该组画上一个五角星，或者一面小红旗，经常替换符号会更加促进他们的新颖感和积极性。除单词竞赛外，还经常开展朗读大赛、表演比赛等活动。课后，根据各组的得分评出冠军组。冠军组可获得一棵智慧树，一周一汇总，得智慧树最多的小组可得到教师的喜报奖励。小组竞赛不仅让同学们在轻松愉悦的氛围中掌握了新知识，也培养了他们的竞争意识和团队精神。

三、第三部曲——创造良好英语氛围，让英语走进学生生活

第一，坚持"English only"原则，让英文"充斥"课堂

学习英语最重要的是氛围。为了使学生感觉英语就在身边，教师必须创造良好的英语氛围。日常教学中我坚持"English only"原则，即教师与学生之间、学生与学生之间的沟通尽量用英文进行，它不仅仅能检验英语教师的专业素质，更重要的是能为学生示范语音，创设英语学习环境，使学生完全沉浸在英语环境中。我鼓励学生给自己起一个英文名字，并鼓励学生在课上和课下自觉使用英文名字，这样可以使英语学习的氛围更加浓厚，帮助学生更快地进入角色。日常生活中我还鼓励同学们用英语和老师、同学打招呼，久而久之，用英语表达就成了一种习惯。英语教学需要长期坚持，需要教师具有一定的耐心和恒心，持之以恒才能收到成效。

第二，课外活动拓展，多渠道巩固

语言学习需要语境，教师要想办法让学生沉浸在英语学习环境中，自然而然地习得。为了提高学生的英语水平，我有意识地为同学们创设英语学习环境。例如：在学习禁止语后，我就给同学们布置了一个"我是文明小使者"的任务，在周末放假和爸爸妈妈外出游玩时，认真观察

所到达地点的标识和警示语。例如：影剧院、地铁、公园等公共场所。通过这样一个课外活动让同学们贴近生活，感受英语就在我们身边。这样一来学生能够随时随地活用英语，真正做到从课本延伸到了生活。除此之外，我还努力为同学们创设更多的渠道来巩固所学。

1. 英语角：在各个班级的教室中设置英语角，英语角中的内容可以是教材中的重点和难点的单词和句子，也可以是学生课内抄写、课外摘录的优秀词句，还可以是学生写的英语小作文。

2. 英语墙：在班里设置一些英语标牌，贴在墙上。标牌上的英语可以是一些课堂用语、谚语、格言等。这样，学生出于本能或是在好奇心的驱使下，会不由自主地去朗读墙上的英文。

3. 英语阅读：在学校的第二课堂兴趣小组里安排英语阅读栏目，教师可以指导学生阅读。另外，我们还会定期出版校园的英语小报，分发给学生让他们课外阅读。

总之，"生态课堂"要从学生的学习心理、教师的授课艺术等多方面去体现，只有坚持"以生为本"的理念才能真正促进教师和学生共同成长，向课堂40分钟要质量，要让学生体会到英语学习不是一种负担，而是一种享受！从而实现"双赢"，让教师和同学共同受益，这才是教育的最终目的所在。

小学劳技课融合德育教育

北京市大兴区滨河小学

刘　娴

一、劳技课的德育内涵

通过熟悉劳技课的《课标》，抓住教学目标、教材训练点、抓住情感目标的渗透点，全面了解劳技课的精髓，与时俱进，让劳技课充分融入德育教育。在劳动教学中渗透德育教育，虽说没有一种固定的模式，但是我们也不能采用思行教育中警示与训诫的方式，最好还是要采取能够调动潜意识的最有效手段——暗示，学科教育是德育的主载体，也是对学生进行思想教育的主渠道，在教学的各个环节中渗透德育教育。

二、学生思想品德的形成

在生活与劳动教学中"寓德于教"是一个长期的任务，我将不断加强自身的思想品德修养，提高德育的渗透意识，以身作则，教书育人，发现和及时把握育人的契机，充分了解学生的个性，不断探索，提高育人艺术本领，增强生活与劳动中德育教育的实效性。学生思想品德的形成是多方位的，需要得到社会、家庭和学校的多方配合，在生活与劳动课中渗透德育教育。我们在注重学生行为习惯的培养，关注学生思想情绪，让学生体验成功，培养学生协作精神方面做了一些初步的工作，对学生的品行产生一点影响。

三、注重行为习惯，培养道德情操

人的思想政治素养，从良好的品德行为的养成、基本观点的确立，到世界观、人生观、价值观的形成，是一个长期的过程，不可能一蹴而就，因此，德育教育是一个长期的系统工程，必须从长计议，从小抓起，必须充分利用学校课堂教学的主阵地，注重学生行为习惯养成，从小培养学生道德情操。如在生活与劳动课中，一开始就要进行纪律卫生教育，既要培养学生独立自主能力、发展个性，又要有组织、有秩序地进行，防止违纪现象的发生。劳技课实践操作既要培养胆量，使学生放开手脚大胆实践，又要注意安全，注意操作规则，小心谨慎。既要使学生学会创作和实践；又要进行统筹计划，合理安排，注意对勤俭节约、废物利用的教育。在使用劳动技术工具过程中，要重视培养学生爱护公物的教育，如课桌、垫板、剪刀、刻刀等劳动技术工具都是学校的公共财产，教育学生爱惜学校的公共财产要胜过爱护自己的财物，因为公共财物使用人多，发挥的作用更大，损坏后影响面更大。不能随意刻写涂画，损坏公物。如不小心损坏应主动赔偿，劳动技术工具还要注意保养和及时修理，才能充分保证其使用价值。在实践操作过程中要培养同学之间的配合协作精神，互帮互学，多余资源材料要协作共享，欣赏别人作品时学会尊重别人的劳动成果，借用别人的劳动工具时用恳求的语气，归还工具时说声谢谢。如此，在广泛的劳动和技术活动中，学会做事、学会做人，充分发挥学科的德育功能，提升德育的实效性。

四、注重成功体现，培养劳动观念

德育的一个重要方面是爱劳动，劳动观点、劳动态度、劳动习惯的培养是生活与劳动教育的重要目标。生活与劳动课程是一门立足实践的课程，立足于学生对技术实践的亲历和劳动的积极体验。学生在劳动过程中，直接感受劳动的艰辛和乐趣，逐步形成良好的劳动习惯及正确的劳动价值观。生活与劳动学科的德育渗透是让学生通过社会和生活相关现象的调查，通过积极的劳动体验和广泛的技术活动的亲历，在接受技术知识掌握技能的同时，积极参与和美化生活。

五、关注思绪动态，培养意志品质

生活与劳动课程的实质是通过设计一个项目，完成一件制作，满足一种需求，解决一个问题的实践活动。让学生经历需求调查、方案设计、材料选择、工具使用、作品评估、修改等过程，掌握基本技术学习的方法，提高学生综合应用各方面知识与技能、解决实际问题的能力。因此，在学科中有目的、有计划、持之以恒、循序渐进、不断强化地进行德育渗透，实现德育功能潜移默化的作用。

六、注重协作互助，培养团队精神

生活与劳动课程中涉及项目较多，有实用生活事例、种植养护事例，使用和维修、设计技术、加工技术、应用技术等，内容较系统，知识含量、技术含量较高，与日常生活、发展生产、建设祖国关系密切，学科的综合教育功能明显。所以，劳动与生活课要改变以传统的个体为主的学习模式，要培养学生善于合作的团队意识和不断进取的创新精神，激发振兴中华、服务人类的使命感和责任感，有利于学生全面发展。

教育让未来
更精彩

悦读阅精彩

主编 邵学良

中国社会出版社

国家一级出版社·全国百佳图书出版单位

图书在版编目（CIP）数据

悦读阅精彩 / 邵学良主编 . -- 北京：中国社会出

版社，2019.12

（教育让未来更精彩 / 齐振军主编）

ISBN 978-7-5087-6293-7

Ⅰ．①悦… Ⅱ．①邵… Ⅲ．①阅读课—教学研究—小

学 Ⅳ．① G623.232

中国版本图书馆 CIP 数据核字 (2020) 第 011718 号

书　　　名：	教育让未来更精彩——悦读阅精彩
主　　　编：	齐振军
本册主编：	邵学良

出 版 人：	浦善新
终 审 人：	尤永弘
责任编辑：	马潇潇

出版发行：	中国社会出版社　　邮政编码：100032
通联方式：	北京市西城区二龙路甲33号
电　　话：	编辑部：（010）58124868
	销售部：（010）58124868
网　　址：	www.shcbs.com.cn
	www.mca.gov.cn
投稿邮箱：	LLYD2017@163.com
经　　销：	各地新华书店

中国社会出版社天猫旗舰店

印刷装订：	廊坊市华昌印务有限公司
开　　本：	170mm×240mm　　1/16
印　　张：	14.75
字　　数：	180千字
版　　次：	2020年4月第1版
印　　次：	2020年4月第1次印刷
定　　价：	128.00元（全3册）

中国社会出版社微信公众号

前言

　　人生最惬意的享受，莫过于斜倚在优美的自然风光中，捧上一本心爱的读物，细细地去品读，沉浸在大自然的芬芳和书香中。阅读是一种享受。读上一本好书，便是享用了一次精神大餐。当书中那缜密的逻辑、浓厚的文化簇拥在你周围，你不禁会想象被霞光包裹着的大地。

　　阅读是一次淘金，在阅读中拥有聚沙成塔的积累，获得缪斯赐予的珍贵礼物。阅读是一次相遇，让我们穿越时空与古人和未来对话。阅读是一次次再创造，用自己独立的见解来打造思想的城堡，用个性的诠释去播撒精神的原野。阅读，让我们的人生变得丰富又单纯。

　　校园阅读，是人生发展的起点，是成长智慧的源泉，是校园中最美的姿态和风景。读经典美文，与大师对话；养浩然之气，做谦谦君子。让校园阅读成为师生的一种习惯与情怀，打开师生智慧与力量的大门，为学生的幸福人生奠基。

目录

阅读领航成长 书香浸润人生

北京市顺义区东风小学

陈　静

1995 年，联合国教科文组织宣布 4 月 23 日为世界读书日。在我国，2014 年至 2016 年连续三年在政府工作报告中提出：倡导全民阅读，构建书香社会。随后《北京市中小学语文学科改进意见》和北京新中高考改革同样向我们传递出了新信号：增加各学科考试题目中的阅读量。为此，阅读教学备受社会各界关注，被提到了历史新高度。从国际到国内，从社会到学校，从高考到学科建设，无不渗透着阅读的重要性。在营造书香社会的今天，从小培养学生阅读习惯和兴趣，是摆在我们语文教学面前的重要任务。

一直以来，我校以"阅读领航成长，书香浸润人生"为核心，将阅读提升工程纳入学校整体文化建设中，大力推进阅读项目实践，让阅读成为学生的一种生活常态，让阅读成为学校一道亮丽而永恒的风景线。

一、开放时空——全方位打造立体阅读环境

（一）开辟阅读场所，时时处处营造氛围

楼外"书之语"主题阅读馆，每到课间和放学时间，阅读馆就聚集不少同学自主阅读。此外，学校每个楼层都有这样的图书角，供学生课间、午后进行阅读。在我校推进的"人人有事做，事事有人管"自主管理探索之中，图书资源的管理也有学生负责：管理人员由班级图书管理员、年级图书志愿者、学校社团组成。目前，图书资源学生自主组织、自主

管理，有序、有效地进行，成为学校一道亮丽的风景。

（二）开放阅读时空，静心读书确保时间

定时阅读：启动了"晨读午练"课程，利用早上的时间，开展诵读和口语交际，利用午读的时间，练习快速阅读。

师生共读：每周三下午第三节课为全校师生共读时间，依据学校每学期推荐的阅读书目，展开阅读活动。

交流阅读：每月末的周三时间是各班阅读交流时间，师生共同将一个月的读书感受、读书心得、读书收获等以小组展示、个人交流、全班互动等形式进行阅读分享。

（三）开展阅读评价，互联网＋推进阅读

当今社会，是"互联网＋"的信息时代，各行各业都离不开大数据。为了有效地利用互联网，开展有效阅读，我们引进了"我的阅读我做主"攀登阅读平台。阅读平台上共有适合小学生阅读的图书 9000 余本，全校3000 余名学生以线下阅读、线上进行答题测评、记录读书笔记、话题交流的形式展开网络阅读，并定期进行班级、个人评选活动。这种形式深受老师和学生们的喜爱。

二、课程建设——全面提升学生阅读素养

阅读对于人成长的重要意义不言而喻，培养学生良好的阅读习惯必须从小开始。对此，我校将语文阅读课程的构建与实施放在了重要地位，探索构建小学语文"单元主题阅读教学"引领下的"经典阅读课程"体系，提升学生的阅读水平。

（一）关注整体规划，构建阅读课程体系

在学校课程总目标的统领下，学校确定了阅读课程体系。在内容规划上，着眼于学生综合素养的发展，建立一种大语文观、大课程观，将教育教学的诸多内容纳入语文课程。建立了基础课程—经典阅读—活动

课程三层级课程。三层级课程一脉相承，层层递进，符合学生的认知发展规律。

学校对每周6课时（或8课时）的语文学习进行了重新分配：3课时（低年级5课时）用于教材基础课程；3课时用于经典阅读课程或实践活动课程：即学生拓展阅读，利用大量课内时间进行课外阅读的实践。

（二）扎实开展研究，撬动阅读课程建设

2015年以来，我校的基础阅读课程实行单元主题阅读教学，将每个单元分七种课型进行课堂教学的实践。即单元整体感知课、"一带一"新建课、单元梳理提升课、阅读拓展自读课、个性创作启思课、学生作品赏评课、单元反思测评课。这七种课型作为一个整体，从课内的篇章拓展、单元拓展到整本书拓展再到同一主题同一作家的系列拓展，探索构建了我校小学语文"单元主题阅读教学"引领下的"经典阅读课程"体系，并在实施中不断完善。

单元主题阅读教学使我们对阅读课程有了更深的认识，从2016年起，我们开始进行经典阅读课程建设。我们围绕语文基础、经典、活动三个层级的课程开发了我校经典阅读"1+1"课程体系，即"1+1习作"读写迁移课程，"1+1篇"阅读整合课程，"1+1组"主题拓展课程，"1+1本"读书分享课程，"1+1实践"综合实践活动课程。

（三）开发阅读手册，丰富阅读内容

研究了单元阅读教学的不同课型，形成了"1+1"课程体系。研究了怎么教还不够，孩子们的阅读应该读什么？为此我们发动老师研发阅读读物，先后研发了配套的《语文主题阅读丛书》《书香裕龙——层级阅读课程》《课堂同步助学手册》《古诗文诵读手册》《年级经典阅读推荐书目》等，扩大了学生的阅读量。此外，我校还依托攀登阅读平台，丰富学生的阅读内容，提升他们的阅读量。自2016年起使用攀登阅读平台至今，全校学生共阅读图书38898本，阅读积分为175994分，阅读字数为

274548.95 万字。平均阅读本数为 12.92 本，平均阅读字数为 91.21 万字，平均积分为 58.47 分。

经过平台的反馈，我们发现孩子的阅读兴趣在不断提高，但我们从大数据背后发现孩子阅读的种类单一，大部分是寓言类、童话类。基于平台对学生问题的分析，我们决定根据不同年级特点为学生"私人定制"书单。为此，依据"语文攀登阅读项目"提供的数据分析，结合课题研究、课堂教学、学生所需，我们为学生进行了书单的"私人定制"——"经典阅读成长手册"为学生自主阅读提供拐杖支持。

编写板块：读书分享＋阅读成长小档案＋我的读书靓照＋喜欢的读书名言＋经典阅读（传记类、童话类、神话类、寓言类、诗歌类、古诗词类、科普类、文史类、散文类）＋我们的阅读创意活动（低中高年级段）。

三、搭建平台——深入推进学生阅读实践

阅读课程的深入研究撬动学校特色课程的开展，可以说意义是深远的。我们欣喜地看到，课程推动了课堂教学的变革，课题撬动了阅读课程的建设，课程促进了学生素养的提升。

（一）开展语文实践活动，丰富阅读体验

为了更好地传承中华传统文化，丰富学生的阅读体验，我们每学期都开展课本剧创作活动。每学年的第一学期开展"中华经典古诗词"大赛；第二学期开展"中华成语（或诗词）大赛"。每次活动历时两个多月，在历时两个月的活动中，从老师们的精心准备和题库的精心设计到中高年级 2000 余人全员参与的初赛再到团队联盟的三场决赛，学生们热情高涨、积极参与。

（二）开展阅读嘉年华活动，提高阅读兴趣

在每年的世界读书日之际都要举办"阅读嘉年华活动"，围绕嘉年华读书月的主题开展多项丰富多彩的系列活动：有学生方面的读书活动，

也有教师方面的经验交流；有高年级的作家进校园讲座，也有低年级的阅读大闯关活动；有年级的特色书单、有创意写作的征集、有好书绿色漂流、有欢乐阅读分享，还有爱心书箱捐赠，等等。通过这些活动，全校师生的读书热情在不断高涨，读书效率在日趋提高。

（三）搭建阅读展示平台，享受阅读之乐

经典阅读、整本书阅读已经成为校园阅读的重要组成部分。不同年级的学生将阅读收获、阅读启示以画中话、思维导图、给书中故事撰写前传或后传，给图书作者或故事主人公写一封信，缩写或改编书中故事，为所读图书设计新封面、新插画、人物造型、服装道具、手抄报或宣传海报，根据图书内容进行手工制作等多种形式进行阅读成果的物化，让孩子们在活动中享受阅读的快乐。

阅读课程的实施促进了教师的专业发展，学校教师参与的七项语文课题分别在北京市教育学会、顺义区规划办立项，教师逐渐从课程的实践转化成课题的研究；语文课程团队先后承担了十余次市区级教研活动。

"最是书香能致远"，儒雅人生，从阅读开始。孩子阅读习惯的养成需要我们的引领，孩子阅读能力的提升需要我们的指导。作为孩子们的导师，我们肩上的责任重大。新的时代开启新的征程，让阅读成为校园一道美丽的风景，让阅读为孩子的成长打好底色，让阅读领航成长，让书香浸润人生。

让图书馆成为学校核心文化符号

北京教育学院附属丰台实验学校

郝玉伟

在校园文化建设中，图书馆是非常重要而特殊的存在。它融通文化，既是物质文化坐标又是精神文化符号；它连通学校和学生，既是学校发展的着力点又是学生成长的载体。因此，图书馆文化的构建对于学校发展和学生成长有着非常重要的意义。本文立足于北京教育学院附属丰台实验学校图书馆建设的实践，从学校、学习和成长的三个维度对图书馆文化予以解读，希望为图书馆文化的构建提供一个视角，并和教育同人一起探讨。

北京教育学院附属丰台实验学校是由丰台区教委联手北京教育学院合办的新型公立学校。由于历史原因，学校占地面积不大，这在一定程度上制约了学校发展。那么作为一所小学校，一个小校园，如何打造特色，如何回归本真，如何回归学生生活？

北京教育学院杨志成副院长提出了图书馆校园建设的思路，即：学校坐落于图书馆中；学习发生于图书馆中；学生成长于图书馆中。中国思想界的启蒙者梁启超曾称"泰西教育人才之道，计有三事，曰学校，曰新闻馆，曰书籍馆"。以教育为纽带，学校和图书馆天然地连接为一体。

图书馆校园当如是建设。

一、学校坐落于图书馆中，让图书成为学校景观和符号

（一）如何理解

学校是育人的最重要场所。如何办学取决于办学者的价值追求和理

念。北大原校长梅贻琦先生提出："所谓大学者，非谓有大楼之谓也，有大师之谓也。"这是对教师的高度尊重。在这种理念引领下，北大建设成为中国顶尖大学。而教师的价值不仅在于其学识、智慧，更在于其风范、涵养，在于其一言一行所渗透出的文化修养。同理，在中小学中，除了教师，图书同样在彰显着学校文化的品位和价值追求。

文以载道，书以载文，馆以藏书。图书馆是对文化的高度集中与浓缩，是对知识的尊重和文化的传承。适合学校不同学段阅读和页页翻开的书香，一所蕴含智慧的学校就在其中。

错落别致的图书构成了学校独有的文化景观，也成为学校的文化符号。

（二）怎么建设

"一个没有阅读的学校永远不可能有真正的教育。"建校之初，我们即提出了"学校坐落于图书馆中"的校园文化建设理念。

1. 处处书香。

学校按照《北京市中小学校办学条件标准细则（修订）》配备图书，根据学校教师和学生学段特点进行了甄选，给图书分类编号，放置在不同区域，便于师生阅读。

如教师图书，按照如下分类摆放在教师办公室周边的书架上，满足不同发展阶段教师的需求。教师可根据需要，随时阅读，随手取放。

分"类型、类型特点、适合读者、书目示例"等提示。如：

案例型图书：一线专家型教师的教育教学实践案例书籍；新手型教师：《第56号教室的奇迹》《书语者》。

经验型图书：理论与教育教学实践相结合的书籍；熟练型教师：《静悄悄的革命》《给教师的建议》。

分析型图书：学科核心知识书籍；教育心理学书籍；成熟型教师：《苏霍姆林斯基选集》《儿童发展》。

哲学型图书：教育哲学及哲学书籍；卓越型教师：《我的教育信条》

《走向生活的教育哲学》。

在学校的楼道里，每隔 10 米就有杂志报纸阅读架，上面放置有 200 多种报纸期刊，按报纸杂志的出版发行时间及时更新。

学校阳光书吧是个集用餐、会议、活动于一体的多功能厅。这个不大的空间里摆的多是文学性作品，教师往往会利用短暂的休息时间，读一首小诗，品一篇小文，赏一幅图画，进入一种意境。

学校不仅有丰富的纸质图书，也引入了数字资源。教师进入学校楼门厅，首先可以看见的是电子触摸屏阅读机，阅读机的存储量有 3000 多本图书，满足教师职业知识、专业知识、人文素养知识、科学素养知识以及其他学科知识的需要。

2. 时时书香。

学校在楼层的开阔地设置了符合孩子天性的异形书架摆放，异形书架采用的图形是学生喜欢的动物图形，里面放置的图书不多，大多数是学校收藏的学生自己创作的绘本故事和写话书。异形书架造型多样、色彩鲜艳，图书作者是身边的伙伴，格外受学生欢迎。

开放性图书陈列在教室门口的楼道里，学生无须办理借阅手续，伸手就可以取到喜欢的图书。低年级区域，放置的多是看图识字卡片、绘本、动漫图画、小人书。中年级区域则增加了寓言、童话、少儿历险类、缩编名著类等儿童文学作品，奇闻类、生物类、数学类等少儿科普作品，儿童画、音乐类、手工制作类等少儿艺术类作品。高年级区域继续增加一些文学名著、名人传记类、历史类读物。

每个班级结合班级特点，设置图书角，摆放了学生喜爱的，和学段学习相关的图书。班级图书角内的图书一方面来源于学校的标配，一方面是学生以读书漂流的方式，自己选择读过的、好看的图书在班级内进行阅读共享。各班图书角的设置也各有特色。

总之，学校处处是图书，图书成为学校文化的点缀，更成为学校文化的主体景观。学校空间环境和功能进行了根本性的转变，由满足"教育"转向满足"学习"。图书馆学校也就成了学校的符号，或者说北京教育学院附属丰台实验学校本身就是一所图书馆。

二、学习发生于图书馆中，让图书馆成为最直接的教育资源

（一）怎么理解

2016 年 9 月，我国学生发展核心素养体系公布，提出了三个领域、六大核心素养和十八个素养要点。其中文化基础领域提出了人文底蕴和科学精神，在图书馆中学习，为这个素养的实现提供了极大的可能性。

从教育环境而言，图书馆不仅提供了包括书籍和阅读书籍的环境物质，还赋予图书馆以教育资源的功能。图书馆除了培养学生信息素养外，依托图书馆还可以更加专业地培养学生的阅读能力、图书馆礼仪、文献研究能力、信息化社会责任等多种素养。

这些素养也正是信息化社会所需要的关键素养。"书籍是人类进步的阶梯"，图书馆就是成长、成熟和成才的最重要场所。学生在图书馆中漫步，学习就自然而然地发生了。

（二）怎么应用

在北京教育学院附属丰台实验学校，学校的图书架上摆放了很多小人书和绘本。经常拓展课本内容，语文老师组织学生走出教室，走到书架前，一本本图书就成为学生们无言的朋友，感悟持续生成着。课间，学生徜徉在书架前，开卷有益，学习持续发生着。

而在常规语文课上，中小学教师以"互文阅读"的方式进行教学，由一篇文章拓展阅读到一组相同主题的文章，由一篇作品拓展到同作者的其他作品。这意味着不仅是教师本人要扩展阅读，在教师的引领下，学生的阅读方式与思维方式也得到了改变，阅读量得以提升。

学校中小学语文课程中整体设置主题阅读课，如初中以"鲁迅""柳

宗元"等文学人物为专题进行主题阅读。阅读不仅仅是语文教师的事情，学校将数学阅读纳入到数学课堂教学基本环节中去，改过去"讲练结合"教学方式为"讲读练三结合方式"，积极探索课堂教学的优化结构。数学教师不仅运用数学绘本讲数学故事，还把数独学习、魔方学习与数学阅读结合在一起，促进学生必须认读感知阅读材料中有关的数学术语和符号，理解每个术语和符号，并能正确依据数学原理分析它们之间的逻辑关系，最后达到对材料的本真理解，形成知识结构。

学校无小事，事事皆教育，关键是看有没有教育人敏锐的视角。在北京教育学院杨志成副院长的指导下，北京教育学院附属丰台实验学校研发了图书馆课程。

图书馆课程总体目标：

1. 了解图书的分类法，了解图书馆的发展历史；通过对目标书目的阅读，了解图书的结构，并能撰写读书摘要；学会查找主题词下的图书或文献，能撰写简单的文献综述。

2. 通过问卷调查、实地参观、小组合作、分析总结等方法，培养学生运用学科知识解决实际问题的能力，体会图书馆的知识在生活中的应用价值，提高学生利用和使用图书馆资源的能力。

3. 了解图书馆的礼仪，养成良好的读书习惯，激发阅读兴趣，培养图书馆素养。

教师在给予学生基本的图书馆检索知识、图书阅读和分析知识后，通过设置图书馆活动任务方式，组织图书馆课程。如在小学中年级，设置了图书分类与查阅活动课程。教师为学生设置一个或一类图书查阅主题后，学生分组进入图书馆，根据设定的图书主题查找出一本书，然后根据图书卡片制作的模板，撰写图书简介摘要。通过小组竞赛游戏的方式，让学生学习了解图书分类知识，快速阅读一本书的方法，图书卡片制作的方法等知识和技能。这种方式贴近学生，受到学生的欢迎，产生了很好的教学效果。

表1　小学中高年级图书馆课程的教学内容

年级	第一学期课程内容	第二学期课程内容
三年级	1. 文字的演变	1. 图书的制作
	2. 图书的认识	2. 图书的分类
四年级	1. 图书馆的历史与发展	1. 图书馆中的借阅规则
	2. 图书馆的类型与职能	2. 图书馆中的礼仪
五年级	1. 图书馆中的读者服务	1. 图书馆中的图书检索
	2. 图书馆中的读书体验	2. 图书馆中的书摘分享
六年级	1. 图书馆中的文献阅读	1. 图书馆中的知识产权
	2. 图书馆中的文献综述	2. 数字图书馆体验

三、学生成长于图书馆中，让读书成为生活方式

（一）怎么理解

"一个人的精神发育史就是他的阅读史。"书籍是人类最好的朋友，伴随着人的成长、成熟与成才。人的成长体现在生理上的标志，如身高体重、性别特征等。人的成长也体现在心智的发展上，如学会学习、学会锻炼、学会生存、学会理性、学会批判、学会选择。而学会的一切都基于学会生活。

生活最基本的要素是生活方式。学校教育最终目标不只是知识的习得，更在于习惯、思维以及能力的养成，这些会持续影响学生的今天以及未来的生活方式。当一个孩子捧起了书，认同读书，喜欢读书，那么他也就具备了学习的能力，这种学习能力不只是知识，还会迁移到他们成长处世的方方面面。

古人云"人生忧患识字始"，读书是学习"诚意、正心、修身、齐家、治国、平天下"的开始，读书是不忘初衷的开始。图书馆正是成长开始的起点。

（二）怎么建设

北京教育学院附属丰台实验学校建构了"三元全息课程体系"。

三元是将现有的语文、数学、外语、物理、化学、生物等单学科，整合为三大综合领域：个人与健康领域、社会与人文领域和自然与科学领域。"三元课程体系"源于教学哲学对教育的元价值思考，关注人的生命发展价值，是基于学生基础素养培养的多学科领域的整合课程。

三元全息课程领域：

全息是指整体上的任何一部分或母体系统中的任何一个子系统，都包含着整体或母体系统的全部信息。全息源于1948年物理学的激光摄影技术，后来被广泛迁移到各个领域并且赋予新的内容，基本含义为：点中有面、面中有点，部分与部分、部分与整体之间包含相同信息，部分包含整体全部信息。全息理论在社会学和教育学中也得到了经验性的迁移和运用，学校中的每一个元素均和其他元素相关——全息课堂、全息课程、全息教学、全息教师等概念均可一以贯之。

基于人的本体发展，又衍生了"学子系列"的育人目标与2016年9月发布的《中国学生发展核心素养》"文化基础""自主发展""社会参与"三个维度、六个方面、十八个基本点的内涵不谋而合。

表2 "学子系列"的育人目标

学子名称	对应核心素养	核心素养要点	基本内涵
博识学子	人文底蕴	科学精神	信息意识，技术运用 博览群书，参与实践
文艺学子	人文底蕴	人文积淀，审美情趣	情趣高雅，艺有专长
乐群学子	责任担当	社会责任，国家认同 国际理解	关爱集体，心有他人
健体学子	健康生活	珍爱生命	坚持锻炼，形体健美
阳光学子	健康生活	健全人格，自我管理	自信宽容，乐观向上
敬业学子	学会学习	乐学善学	专注学业，成绩优秀

如学校中小学同时开展"整本书阅读"活动，以整本书为媒介，以个性化的阅读方式，促进学生与文本、教师、同伴之间的对话交流，推进课程改革。"整本书阅读"活动，致力于培养博识学子、乐群学子和文艺学子，丰厚学生的"人文底蕴"，培养学生"学会学习"，打下坚实的文化基础。

初中部的整本书阅读以"读前导读课—阅读任务单—读中分享课（课前情节分享等）—读后汇报"为主线；小学部以"阅读手册、词句积累本、手抄报、读后汇报课"的方式进行整本书阅读。

表3　阅读书目示例

年级	书目示例
三年级	《亲爱的汉修先生》《长袜子皮皮》《柳林风声》《上下五千年》"皮皮鲁"系列、《神奇的校车》
八年级	《骆驼祥子》《三国演义》《水浒传》《活着》《追风筝的人》《你好，旧时光》

又如：依据开放的图书馆和万余册的图书，2016年科技月的科技图书"丢书大作战"开展阅读活动：

"丢书大作战"活动历时一个月，共计132人次参加，孩子们读书的兴趣越来越浓，科学与阅读、写作、美术设计完美融合，读科普读物成为教院实验"科技月"中一道亮丽的风景线。

学生在活动中进行了海量的阅读，丰富了文化底蕴；学生在活动中学会了沟通交流，懂得了倾听尊重；学生在生活学习中学会了审美，学会了发现。学校生活成了一本书，而学生就从这本书中汲取营养，在图书馆活动中茁壮成长。

建校几年来，"学校坐落于图书馆中、学习发生于图书馆中、学生成长于图书馆中"的理念在这所学校的实践中不断升华，实现了引导学生回归本真、回归学习的需求。图书馆已经成为学校的核心文化符号。

书香润校园 阅读助成长

北京市东城区西中街小学优质教育资源带

赵晨松

古人云："立身以立学为先，立学以读书为本。"近年来，艺美小学作为东城区"书香校园"，努力实现让读书成为师生教育的生活与习惯，让校园拥有健康向上的生命活力的追求目标。

一、领导高度重视，健全组织机构

学校把书香校园的创建纳入到学校文化建设中，更融入整体办学规划之中。学校成立了以校长为组长的领导小组，在"书香浸润校园，阅读助力成长"理念引领下，每学期为师生推荐好书，策划并组织特色鲜明、内涵丰厚的读书教育活动，这些活动启迪教育的智慧，浸润了师生的心灵。

二、夯实基础建设，营造书香氛围

艺美小学的校园环境建设，营造着浓郁的书香氛围。温馨且现代的小图书室，藏书达 3.7 万册，人均图书超过 60 本，满足了师生员工阅读学习的需求。图书管理员合理安排学生阅读时间，日均流量达 30 人以上，图书利用率很高。

教学楼二层的书香文化展示区，以古代"琴棋书画"的剪纸作品为宣传背景，陶冶师生阅读和学习传统文化的品位。各班在打造班级特色的同时，也注重营造书香氛围，班级书箱、图书角、阅读阵地，在小干部的管理下，定期更新，充实校园生活。学校还借助深综改，走进工美附中图书馆，丰富学生的阅读种类。

学校的网站、微信公众号及校园电视台的"艺美播报"，更是适时发布学校读书活动的信息，引领师生、家长热爱阅读，提升文化内涵。

三、书香校园活动，提升学校内涵

（一）教师读书论坛，启迪教育智慧

每学期学校都组织教师读书论坛交流会，每位老师都演讲自己的收获与感悟。理论书籍指点教育迷津，文学作品品味百态人生，健康时尚秘籍指导幸福人生。所读书籍多样，给教师不同的智慧启迪。

（二）借力社会资源，延展阅读方式

艺美小学学生在工美附中图书馆，举行"好书点亮智慧，阅读伴我成长"——国际儿童读书日主题教育活动。学校邀请知名作家马光复老师，就"如何有效阅读，与好书为伴"跟学生进行互动交流。活动中，北京市教委"高参小项目"对接校北京服装学院领导，向艺美学生赠送800余本图书，《现代教育报》《北京日报》《北京青年报》作了报道。

艺美小学全体师生及学校家委会家长，共同走进中国儿童艺术剧院，观看语文新课标推荐书目《小飞侠彼得·潘》同名儿童剧。艺术家们营造的梦幻场景3D视觉盛宴，以观剧的方式引领学生阅读，让学生感受到"经典童话"的艺术魅力，精神得到成长。

艺美小学与中华少年儿童慈善救助基金会"吾心为爱"慈善基金一起，开展"一人一书·爱心接力"图书捐赠活动。学校还请来为阿里巴巴集团登陆纽约证券交易所敲响上市钟的北京申通快递公司窦立国，讲述他个人的成长经历——"知识改变命运·读书开创未来"，教育学生积极参与图书捐赠，为贫困的孩子奉献爱心。

（三）家校携手共育，创设激励机制

在书香校园的创建中，学校牵手学生家长，共同策划学生读书活动。学生家长——儿童文学作家、儿童教育专家饶雪莉老师，进行"书香文化，快乐阅读"讲座；五年级（3）班学生家长在学校的引领下，从二年级起就发起成立了"读书会"，历经四载八期亲子读书会，学生们已经养成了自觉读书的好习惯。课余时间，教室里、操场上、树荫下，都能看到学生们读书的身影。他们陆续开展了多次快乐阅读活动，在良好的读书氛围中，家长们也自然而然地加入了孩子们的读书活动，和老师、孩子们一起举办、参与读书会。班级读书会活动，引领孩子们从书中找到乐趣，通过读书收获知识，培养能力。该活动还被少工委评为东城区优秀少先队小分队活动。这学期，在他们的带动下，又有更多的班级加入到"读书会"的活动中来。"书香"活动在校园蔚然成风。

学校设立了阅读评价激励机制，评选出90名"阅读好家长"和126名"学生读书小状元"，并赠送学校精心制作的"核心价值观"特色剪纸书签。家校携手育人，通过阅读达成共识，用不同的阅读方式编织有意义的生活，共促学校内涵发展，《现代教育报》作了报道。

（四）开发校本课程，培养阅读习惯

近两年，学校进一步深化课程改革，在书香校园创建中，开设了"快乐阅读""经典诵读"等校本课程。每日的"经典诵读"小课、每周的"快乐阅读"走班、走校制课程，通过日常积淀，培养了学生读书习惯。尤其是"快乐阅读"课程，每周五利用半天时间，师生陆续走进工美附中图书馆，在书海中汲取知识，丰富内涵。

（五）"最美书声"创意，传递书香魅力

在世界读书日，学校举行了"文化·传承2030——最美书声·传递书香"第一季和第二季读书会。第一季联手工美附中举行九年一贯小初衔接"最美书声·传递书香"读书会，采用《中国好声音》的形式，初一

学生与小学生开展读书 PK 活动，并建立儿童作家、教师、学生家长导师团等，引领学生博览群书，感受读书的魅力，徜徉于书海，让阅读开启学生们精彩的人生。"第二季"读书活动主题为"诗韵沁心灵·传统润无声"，以二十四节气内容的古诗词贯穿始终，采用多种民族传统艺术元素，剪纸、书法、国画、茶艺、剪纸特色服饰等，感受诗情雅韵，欣赏传统艺术佳作，传承传统文化。

四、书香浸润校园，阅读助力成长

艺美小学在书香校园创建过程中，向全校师生颁发"书香东城"全民阅读卡、剪纸书签；语文教研组引领学生课外阅读，阅读内容广泛；升旗仪式等德育阵地，以故事会、读书交流会、演讲比赛等形式，呈现校本课程、班级特色、德育活动中的读书成果。孩子们在阅读中成长，在阅读中提升。学校在书香文化的浸润中，呈现良好的学风、教风和校风。学校的书香文化节主题活动，多次被《北京日报》《现代教育报》《新京报》《北京青年报》等媒体报道。

学校参与"传家风·颂美德·共筑中国梦"迎六一诗文朗诵会；在东城区关工委组织的"讲红军故事·学长征精神"讲故事比赛中，两名学生获得一等奖、学校获得优秀组织奖；我校五、六年级学生参加了北京市第二届"诵读老舍感悟北京"——老舍文学作品诵读比赛，诵读《四世同堂》第 99 幕选段和《北京的春节》，提升文学素养；参加"学习心中榜样·弘扬时代风尚"红领巾读书活动，获得东城区先进单位；学校戏剧社表演了根据书香课程创编的剧目《我们爱读书》，获得东城区一等奖的好成绩；获得"北京市读书小状元"的六年级学生在总结汇报展演中演讲，分享自己的阅读经历；学生们从阅读中汲取道德养分，感受优秀文化的熏陶。学生在参加中国教育电视台"阅读之星"语文朗诵评选活动中，从海选、初赛到复赛通过层层选拔，获得北京市总决赛金奖的好成绩。

　　"苔花如米小，也学牡丹开"，艺美小学通过"书香浸润校园，阅读助力成长"书香校园的创建，倾心营造文化育人的浓厚氛围，真正让读书启迪智慧，让书香浸润校园，让文化滋养心灵，助力师生成长，助推学校内涵发展。

最是书香能致远

北京市东城区西中街小学优质教育资源带

江 红

一个崇尚读书的社会一定是一个充满希望的社会，而一个崇尚读书的校园，也必定是一个健康而充满生机的校园。北京市东城区西中街小学是东城区一所美丽的素质教育窗口学校。它的美丽不仅仅体现在学校环境幽雅，设备设施齐全，更是浓郁的书香所散发出的温馨和谐，是浸润的经典所传递的宁静致远。有了经典的熏染，学校氛围充满了诗意；有了书香的飘溢，学校美得庄重大气。

在"塑造高水平的教师，培养高素质的学生"思想指导下，我校一贯倡导"书香盈校园，师生共成长"，通过营造"书香校园""书香班级"，让读书成为我校师生生活的一部分，引导师生与书为友，在读中学，在读中乐，力求每个生命在多读一本书中，多添一分智慧，多增一分力量，这是我们多年来孜孜以求的目标。为此，我校一直扎扎实实地在师生中开展创建书香校园的读书活动。

一、加强领导，整体规划，知"书香"

创建"书香校园"，构建"学习型学校"，是我校的重点工作之一。学校专门成立了以校长任组长的"书香校园"领导小组，将创建"书香校园"活动列入学校文化建设的重要内容，整体规划。近年来，学校加大投入，在原有藏书量的基础上新购图书上万册。依据校情，我们特意新建了师生电子阅览室。为了发挥图书室的阅读引导作用，我校图书资料室的老师除认真筛选书目以及报纸杂志，做好师生订阅工作，以保证阅读需要之外，还在每天中午的图书室开放时间安排不同年级不同班级的孩子来到图书室进行相关的阅读指导。特别值得一提的是，学校制订了"海量阅读"活动实施方案，并纳入每学年的学校整体工作计划中，各班语文教师还会根据不同年级、不同班级的阅读需求，制订阅读计划，保证阅读时间、采取多种阅读形式、充分利用图书室的资源，指导学生开展好阅读实践活动。

二、创设环境，营造氛围，闻"书香"

努力在常态教育教学活动中以学校图书室、班级图书角、校园阅读橱窗等优化阅读环境，让校园生活弥漫书香气息，是我们不懈的追求。走进我们的学校，你会发现一篇篇国学经典、一行行名言警句、一首首唐诗宋词，遍布校园、班级壁报中。在这样的耳濡目染中，学生树立的是信念，陶冶的是情操，锻造的是品格，浸润的是心灵。学校除了有专门的图书阅览室外，在每个班级还增设了一个图书角。即便如此，也不能满足学生日益增长的读书需求。于是，我们倡导每个班级的学生除了学校配备的循环图书之外，还要建立一个"小书架"，每天在班内交流、互换读物，定期组织学生在班级和班级之间举行"好书换着看"的活动。这样既丰富了读书资源，也切实让每个学生都能多读书、读好书，传承和弘扬学校的读书传统。

三、搭建平台，丰富活动，品"书香"

（一）教师率先垂范，做"悦读"先锋

"问渠那得清如许，为有源头活水来。"全体教师身居教学第一线，理所应当成为学生心目中阅读的旗舰、知识的海洋。

1.传统活动引领。

我们积极倡导"与书为伴"的文化。为此，学校每学期为全体教师推荐必读书目和选读书目。我们要求教师读好四类书：读经典名著，增文化底蕴；读教学专著，强教学实践；读教育理论，知学生心理；读报纸杂志，解世事风情。每年3月，学校都会组织开展"品书·品茶·品人生"教师悦读交流活动；我们还利用暑假时间，让老师们沉下心来读好书，品味经典，写点读书笔记，谈点读书感想。每年9月，召开"青年教师悦读交流活动"。我们认为，这既是教师专业成长的需要，也应该是我们追求和引领的一种时尚。

2.特色活动提升。

我们认为教师专业成长的途径无外乎知识的补充和经验的积累。而知识的补充需要读书，经验的积累需要反思。新课程同样呼唤教师的反思行为。为此，我们对教师提出"四勤"，即：勤读、勤做、勤思、勤写。学校要求教师积极撰写教学随笔。例如英语组：我们要求每位英语教师每周至少确保一小时阅读英语专业书籍，及时做好学习笔记，同时将理论学习与教学实践、课题研究、专业成长紧密结合；再如语文组：我们以"自主阅读"为主要学习方式，坚持开展"五个一"工程，即：读——在语文教师中开展海量阅读活动；学——每月自行阅读一篇有关语文教学方面的文章，做好学习笔记；谈——每周教研组活动时间组内老师轮流介绍一篇文章，重点发言人结合自身教学至少谈出一点学习心得；听——老师们要带着思考听专家讲座、听各级各类研究课，至少对一次讲座内容或是一节课进行详细记录、有旁批及随感等内容；写——每位语文老师每学期期末完成一篇教学随笔。读写结合，教师们在阅读中反思自己，超越自我。

（二）学生徜徉书海，享"悦读"乐趣

1.立足课程，徜徉书海。

为了保证学生课外阅读的时间，根据学校的实际情况，学校制订了详尽的"海量阅读"计划并已按计划落实多年。

我校要求所有年级所有班级，每周保证一节课的时间为学生自主阅读时间。阅读课上，学生可以自主阅读、写采蜜集、交换读物、交流心得等。由于课外阅读的主题比较宽泛，作为教师必须遵循"课外阅读课内指导"的原则，在阅读课上教师必须对每月必读书目进行导读、推荐精彩片段进行赏析等。旨在阅读时光中培养阅读兴趣，学习阅读方法，体验阅读乐趣。

为了确保阅读的有效落实，我们提出"增量"是手段，"减负"是目标，教师要正确处理"三个关系"，即海量阅读与常规作业的关系、课内阅读与课外阅读的关系、轻负担与高效率的关系；真正落实"三个删除"，即删除烦琐的讲解、删除累赘的环节、删除机械的作业。因为，"海量阅读"，顾名思义，仅靠在课堂40分钟之内进行的阅读是远远不足的。因此"海量阅读"的目标不是以一节课、一篇文章设定，而是以一本书、一个年段为单位设定目标。教师应切实培养"三种习惯"，即养成每天晨读暮读的习惯、养成"不动笔墨不读书"的习惯、养成写读书笔记的习惯；指导"三步读法"，即初读感知—赏读积累—海读拓展；推行"三项计划"，即图书漂流计划——让学生共享资源、梯次阅读计划——让学生各尽其能、评价激励计划——让学生乐在其中。我们力求确保学生得法于课内，得益于课外，尝试书香生活，享受幸福人生。

2.依托活动，遨游书海。

（1）开展阅读交流活动。学校每学期适时组织阅读交流活动。活动中学生在老师的带领下或交换读物，或交流心得等，以培养阅读兴趣，总结阅读方法，交流阅读感受，体验阅读乐趣。

（2）开展经典诵读活动。多年来，我校一直坚持开展经典诵读活动。为确保活动质量，学校安排每天上午第1节课前的预备时间为诵读时间，各班专时专用，贵在坚持。一至六年级各班语文教师还要根据诵读要求，制订计划，采用教师带读、学生齐读、领读、自由对读等多种形式，引导学生诵读经典，同时利用好教室内外的壁报宣传阵地，每周刊登一首诗、一句经典文句，并提示学生在一周内反复诵读。从"海量阅读"到"经典诵读"，可以说我们努力尝试为学生提供一日三餐的精神食粮，即：早晨诵读《弟子规》，让孩子在琅琅的诵读声中与文明结伴；中午诵读经典诗文，让孩子每日与圣贤相约；晚上阅读文学经典，让孩子走进名著，以经典涵养精神。这样的"一日三餐"引领着学生与经典同行、与圣人为伍。

（3）开展书写大赛活动。为弘扬中华民族传统文化，促使广大教师重视写字教学，激发学生写字练字的兴趣，培养学生良好的写字习惯，整体提高学生写字水平，语文组定期组织学生开展规范汉字书写大赛活动，以期读写结合，提高阅读兴趣。

（4）家校共读经典活动。2015年寒假，我们积极整合教育教学资源，采用"一个学生带动一个家庭，一个家庭带动整个社会"的形式，开展"国学诵读一家亲"的活动。小手拉大手，同读一本书后，孩子们每人撰写了读后感，家长们也纷纷表示：青史不泯，经典不老！

"腹有诗书气自华，最是书香能致远。"我们深知，是读书滋养了我校师生的底蕴，是读书给予我们睿智与灵气。让读书成为一种习惯、一种乐趣、一种生活方式，是我们不变的追求，为此我们将不懈努力！

阅读启迪智慧 书香浸润成长

北京市通州区马驹桥镇中心小学

喜爱民

北京市通州区马驹桥镇中心小学始建于 1928 年，目前拥有 6 个校区，6000 名师生。在推进全民阅读、建设书香社会的背景下，学校制订了《书香校园，浸润生长》实施方案，从阅读范围、阅读数量、阅读习惯、阅读动能、阅读策略五个方面确定了阅读课程的总目标。依据方案，我校大力推进校园阅读，创造浓郁的阅读氛围，整合丰富的阅读资源，开展多彩的读书活动，让阅读成为师生最日常的生活方式。

一、厚植基础，丰富阅读资源

有价值的阅读资源是激发学生自主阅读的必备条件。学校秉承把学校建在图书馆里的理念，放大阅读空间，最大限度地满足学生的阅读要求。依据学生年龄特点和认知发展规律，进一步细化阅读书单，给每个年级配备近 3000 本图书，童话、寓言故事，小说、诗歌、散文，以及中外文学名著，当代文学优秀作品，科普科幻读物都有涉及，以期让学生获得丰富均衡的知识营养。

我们量身定制"千里马读本""阅读成长手册"，打造班级特色阅读书柜，学生根据自己的兴趣可自主借阅。我们携手慧读电子阅读平台，给学生提供更为丰富的阅读资源，线上统计分析阅读数据，进行阅读测评，撰写读书心得；网上交流互动，开展阅读活动，评选阅读达人，建立线上线下联动的多元化阅读生态服务体系。

精致的班级图书角、温馨典雅的骐骥书苑、楼层的悦读书吧、操场上的朗读亭、阅读角……鲜花、翠竹、青藤绿荫掩映之下捧书阅读的学子与绿茵场上奔跑追逐的矫健身姿构成了一幅和谐生长的动人画面。学生可以体验名著导读、佳作赏析、读书分享、科普论坛、好书推荐、影视导读、亲子阅读、阅读体验等多种形式的阅读活动。纸质图书开放性"悦读书吧"随处可读，电子图书"数字图书借阅机"随时可查。在多元立体的阅读环境中，阅读变得像呼吸一样自然。

二、深入挖掘，弘扬传统文化

中华优秀传统文化是中华民族的精神命脉，更是阅读教学的源头活水。汉字是表意文字，识字的同时也认识了与此汉字相关的历史事物、优秀传统文化。依据汉字的构字原理进行识字解词，是培育学生热爱祖国语言文字和感受中华民族优秀传统文化的有效方式。为了提高教师汉字文化基础，我们积极创造条件组织外出学习活动。我们通过语文大讲堂活动与北京小学吉春亚老师针对字理识字进行深度交流；通过参与首师大举办的汉字学术研讨会，聆听专家讲座、观摩名师课堂、配备专用书籍，探究汉字文化。系列化的专题培训活动使得老师们对"字理识字"的理念、内涵、理论依据、与识字教学的内在联系，以及具体操作方法有了较为全面的认识与理解。

我们采取集中听课、同课异构、专项评优、互动研讨等形式，畅谈教学研究中的体会与心得。反思在教学中遇到的问题，探寻立足文本、联系生活、灵活有效的教学方法，实现汉字文化与识字教学的有效链接。老师们围绕学校生长教育办学理念，运用"溯源-对照"法，教好独体字；依据"分解-组合"法，解析合体字；强化偏旁字理意识，识一字而认百字。老师们努力引导学生回到古文字，从字的演变中初步接触构字规律。把抽象的文字变成了一幅幅生动的画面，一首首优美的小诗，一个个有趣的故事，提高识字的兴趣，感受传统文化的魅力。

"最是书香能致远，腹有诗书气自华。"新课标要求小学阶段背诵160篇优秀诗文，光靠课内是远远不够的。因此，我们深入挖掘课外古诗词的精髓，参考《小学生必背古诗词75首》《唐诗三百首》、中国古诗词网"中国古诗词大会"等资料，精心筛选192首课外古诗词，晨读吟诵。期末开展"墨香诗韵"课外古诗词竞赛活动，把书法与诗词理解运用融为一体，把诵读内容落到实处。举办"骐骥古诗词大会"，这项活动以"中国古诗词大会"为模板，给学生提供题库，由学生自己设计题型，确定题量。学生绘制精美的邀请函，邀请比赛选手和百人团成员，邀请有特长的老师做嘉宾。学生写串词，学生主持，学生当评委。一切从学生的视角出发，分享诗词之美，感受诗词之趣，从传统文化中汲取丰富营养，涵养心灵。我们以李白为线索，开展"走进李白"主题活动，各班围绕李白进行小课题研究，依托吟诗、唱诗、画诗、演诗等形式，深化了对李白这位伟大诗人的理解。学校官微开辟"古诗解读"专栏，由一线教师对课内外古诗词进行原创解读，配乐录音，班主任转发到家长群，带动家长和学生利用碎片时间欣赏学习。

养浩然之气，修文化之根，基于任务驱动的古诗词阅读，最终指向学生的自我探究、自我体验、自主学习，全方位提高了学生的综合素养。

三、整合资源，开发阅读课程

阅读不只对语文教学有积极意义，也是各学科的需要，更是孩子成长的需要。因此，在全学科阅读视野下，我们整合阅读资源，通过学生、家长、教师、社会实践多个维度开发骐骥阅读课程。

（一）家校联动，构建亲子阅读桥梁

父母的陪伴是孩子成长过程中不可或缺的心灵滋养，推动校园阅读离不开家长的支持。因此，我们开启家校联动模式，着力打造亲子阅读

课堂。每天孩子至少有半小时在家长陪伴下阅读，我们把热爱阅读的家长请进班级，创设开放性阅读课堂。我们以经典绘本为核心，辅助音乐、角色扮演、游戏体验等形式，课堂中既有孩子的踊跃发言，还有老师的巧妙引导，更有家长畅谈自己的感受。这种多角度、多层面的思维碰撞，使阅读变得鲜活、灵动。我们还把亲子阅读与图书馆课程相结合，每个周末，我们都有家长带孩子走进首都图书馆，学习图书借阅的方法，让孩子自主挑选自己喜欢的图书。家长创编的情景剧《大家一起来读书》，再现了图书馆阅读给学生带来的新鲜体验。学校官微开辟"亲子阅读"专栏，每周一期，播放家长和孩子一起朗诵的经典作品。亲子阅读架起家校共读的桥梁，给孩子注入持久阅读的动力，有利于孩子阅读习惯的养成，最终实现个性化的自我阅读。

（二）有效统整，打造多维阅读模式

每天早晨设置 10 分钟短课作为经典阅读时间，有计划、有目的地向学生推荐中英文作品。语文采取"单元组合阅读"模式，重组单元教学内容，实现读写有效整合。以课内经典阅读、课外大量阅读为立足点，课内外相结合，给予学生一个立体的阅读空间，不断提升学生的语文素养，实现学生的自我构建。数学、英语、科学、品社等学科也依据学科特点开展了形式多样的主题阅读活动。我们充分利用学校图书馆、班级流动书柜组织学生进行相关阅读指导与实践活动，逐步建立和完善阅读评价、激励体系，充分调动学生参与阅读的积极性。

在此基础上，我们进一步调整了课程设置，每周五下午两节课连排作为主题阅读课程，有计划、有目的地向学生推荐人文以及自然科学读物。我们采取"主体化阅读"形式，重组单元教学内容，突出文体特点，以课内经典阅读带动课外阅读，并走向社会实践，将阅读与生活体验相结合，创造多维立体的阅读空间。例如"走进老舍"主题阅读活动，整合了小学阶段老舍的全部文章，引导学生通过前期网络资料的搜集与整理，阅读老舍代表性著作，深入了解老舍的生活与作品等情况。我们还带领学生参观老舍纪念馆，走近老舍的身边，走进老舍的内心。

"朗读毛泽东诗词，领略伟人风采"经典诗词阅读，将传媒课程与阅读实践有效整合，从音调、节奏、速度上引领学生朗读主席诗词；将社会实践"重走长征路"亲身经历与文本学习整合，让学生初步感受毛泽东诗词的特色与风格，进而借助诗词尝试走进一代伟人毛泽东的精神世界和人格境界。

《西游记》名著导读，运用精读和跳读相结合的方式，将电影课程和名著精读部分整合，进行阅读分享，创编课本剧。多元化、主题化、个性化的阅读实践，化难为易，保持学生挑战名著阅读的兴趣。

四、聚焦教研，提升阅读素养

教师是校园阅读的指导者、推进者，为了提升教师自身的阅读素养，我们定期邀请北京市特级教师陈景瑞老师、北京教育学院陈琳教授、通州区研修中心张丽娟老师进校园进行阅读培训指导，围绕读写结合、互文阅读、关联阅读三个主题，从理论学习，到课例研讨，再到专家示范引领，逐步提升教师的阅读教学水平。我们校长会推荐一些教育专著，每个月开展一次"骐骥读书沙龙"，老师们做交流分享，联系书中的章节，结合自己的教学实践，在同伴互动中激发教育情怀，积累教学方法。

阅读是家校深度融合、共育的载体，是打造书香校园、书香家庭和培育书卷味孩子的最佳方式。我校各种阅读活动的开展，让全体师生和家长重拾阅读的欢乐，感受阅读成长中的幸福。日积跬步，方能至千里；汇聚小流，方能成江河。我们会将阅读活动进行到底，让学生的精神世界在清幽的书香中得到滋养和丰盈，为培养高尚人格、高深学识、高雅气质的马小学子奠基。我们希望用阅读这盏灯，点亮孩子的人生，用智慧开创他们美好的未来。

传承书香文化 培育书香少年

北京市房山区长育中心小学

唐国春

"书香"一词最早的由来是一种气味清香、能防书虫的芸香草，古人将其散发的香气称为"书香"。我国古代有关这种香草的最早记载见于《礼记·月令》，宋代的沈括在《梦溪笔谈·辨证一》中说："古人藏书辟蠹用芸。"（书香的现代含义）由此可以看到，"书香"一词，自古就与读书活动分不开。学校是读书育人的场所，我们把"书香"作为长育的学校文化，让学生在书韵飘香、长材茂学的长育校园感受并传承书香的内涵，成为博学、厚德、健美、敏行的书香少年。

我校将书香文化概括为三大要素——书籍、书香、教育。书籍，泛指种种健康的图书，看一看书中文字的审美品位，就能对书的良莠作出精到的判断，基于此，我校的书香文化选取了健康、向上、正能量的书籍供学生阅读；书香，既指书中所蕴含的人文情怀和精神品德，又指人类智慧的结晶，这种书香，是对古代读书人的书卷气息和文化氤氲的传承；教育，既指学校提供的良好的读书学习环境，又指笃好读书、崇尚文风形成的浓厚的学习氛围，是师生共同成长的教育，是对现代书香含义的延续和拓展。

长育中心小学的书香文化就是以优秀的书籍引导师生，以良好的学习环境和氛围影响师生，传承读书人的智慧与品德，最终达到书香师生的共同成长。

一、整体构建学校书香文化，以文化引领学校内涵发展

学校把文化建设纳入学校整体工作，不断梳理深化学校"书香文化"体系。以"知书达理，勤学敏行"作为学校核心价值，以培养"知书达理，勤学敏行"的书香少年为育人目标，以办一所"书韵飘香，长材茂学"的书香学校为目标。学校通过"建设书香校园，争当书香教师，构建书香课堂，培养书香学生，营造书香家庭"五大工程全面实践"书香文化"的办学体系：

管理文化——三精智慧，浸润书香

课程文化——全面个性，体验书香

课堂文化——主动学习，徜徉书海

教师文化——博学儒雅，书香育人

学生文化——知书达理，勤学敏行

环境文化——博雅书苑，童心乐园

公共关系文化——以书为媒，和谐共建

"博学、厚德、健美、敏行"的校训是全校师生的行动口号。学校精心设计的"书香印"校徽来自甲骨文创意，活泼可爱的书香娃是书香少年的缩影，动听的《长育赞歌》表达了我们对书香校园的赞美和书香教育的传承。全面建设学校书香文化，使学校更具文化内涵。学校整体文化氛围浓厚，校风雅、教风亲、学风正，得到师生、家长及周边社区的认可。

二、全面打造书香育人团队，以团队促进学校创新发展

干部教师是学校发展的根本，切实提高干部教师的整体素质是促进学校可持续发展的关键。根据习近平总书记的"四有好老师"和"四个引路人"的要求，落实区教委提出的"用心做教育、做心中有人的教育"理念，学校全面打造书香育人团队，提升干部教师的育人能力，打造一支师德正、业务精、能力强、威信高的干部队伍和一支有思想、有爱心、有能力、有智慧的教师队伍。

（一）党建引领，加强领导班子建设，正确把握学校发展方向

学校党总支注重加强教师党员队伍建设，顺利完成中心校党支部升格党总支和党总支选举工作。每所完小成立党支部，建设党建室，党员们手写承诺并向全体师生公开，深入开展"以拼搏为美，向行动致敬"的岗位建功实践活动，树立起"一个党员一面旗帜"的良好形象。

（二）师德为先，加强教师队伍建设，形成风清气正发展态势

学校把师德教育放在教师队伍建设的首位，认真落实师德建设要求，扎实开展师德教育。学校推选市区级师德先锋，通过学校网站、校刊、宣讲等形式宣传师德先锋的感人事迹，号召全体教师向他们学习。学校把师德建设同师资队伍的培养、考核、晋升结合起来，真正落实师德一票否决制。

（三）专业为重，提升教师育人能力，培养儒雅博学书香教师

学校制定并不断完善教师专业发展规划，不断提高教师的教育教学水平，努力把我们的教师培养成为博学儒雅的书香教师。聚焦新课程改革，以提高学生实际获得为根本，加强教师专业发展的"四个三"建设，提高教师学科课程理解力和执行力，以自身的书香气度和学识无声地润泽教育学生。

三、开展丰富书香育人活动，以活动提升学生阅读素养

（一）好书推荐的录制

学校请 100 位学生和 20 位老师选择自己喜欢的好书在全校进行推荐，录制推荐视频。

（二）专家引领与培训

学校邀请中少中社阅读推广中心特聘绘本课程专家，石家庄市学科

名师刘娟老师对学校大阅读项目"种子教师"进行绘本阅读的专题培训。

（三）走进读书的世界

为了推动我校阅读活动的深入开展，践行书香育人，学校开展主题为"走进书的世界，开启美丽人生"阅读嘉年华活动。

（四）与儿童文学作家牵手

为提高学生的阅读兴趣和写作能力，我们特邀著名儿童文学作家段立欣老师走进长育中心校，走进学生当中，进行了主题为《在阅读中放飞想象——与著名儿童文学作家段立欣一起快乐阅读》的专题讲座。段老师的讲座动静结合、风趣生动，幽默的语言表达引得学生们笑声不断。学生们还向段老师提出了许多阅读和写作方面的问题，段老师一一解答。

（五）点燃学生的朗诵热情

中心校以中心小学为第一批实践点，着力打造朗诵社团，邀请专业团体进行指导，辐射到各个完小。在房山区举行的"寻找最美朗读者"活动中，我校的原创群诵《江山如此多娇》赞美改革开放 40 年的伟大成就，获得片区赛第一名；羊头岗小学的崔嘉伊家庭在亲子赛中脱颖而出，参加房山区总决赛，并取得一等奖的好成绩。

（六）读书节推动学校读书热潮

每年的 3 月份是学校的读书节，学校研制主题，开展丰富的读书活动。例如，2019 年为庆祝中华人民共和国成立 70 周年，与国同庆，更好地培育学生热爱祖国的情感，结合我校的第十届读书节活动，精心策划，认真组织并开展为期一个月的"同庆和谐盛世 共筑长育书香"主题读书活动。通过阅读提升学生的文学素养和生命意识，接受做人的教育和爱党爱国的教育，努力在生活中形成阅读的习惯。

四、营造书韵飘香校园环境，以环境培育优雅书香学生

让校园溢满书香是我们在育人环境建设上的追求。

（一）一景一观闻"书香"

无论楼房校还是平房校，各小学充分利用教学楼、甬道等创建"书香校园"氛围，每所小学的环境文化建设每一处景观都洋溢着书香，每一个角落皆起到育人功能，咏竹园翠竹掩映，秋实园硕果盈枝，求知廊阅读启智……中心小学以"书香"为魂设计古朴典雅的门厅和学生休闲书吧。改建书画苑，悬挂国画大师焦秉义的巨幅山水画和一大批书画大家的作品以及学校师生的书画作品，使人流连其间，感受书画魅力。

（二）一屋一室皆"书苑"

学校图书馆、阅览室向师生开放，定期借阅图书。教室是学生在校学习生活的主要场所，各小学积极营造有本校特点的书香教室文化。学生通过讨论为自己的班级命名，制作书香班级名片，创建班级读书口号。通过学习园地、图书角、板报、墙报等布置，建设书香教室，通过多读书、读好书创建书香班级。

（三）一书一刊满"书韵"

各完小在校园的长廊、门厅等处布置流动的图书阅览架，中心校还为中心小学、马各庄小学配置了电子阅读机，电子阅读、纸质阅读结合，静态图书与流动图书结合，为学生提供了丰富的阅读资源。学校建设校园网站，创办《育晓》校刊，建立"新月"文学社。

（四）一窗一口系"书情"

学校设计对外宣传橱窗，通过对外宣传窗口定期展示学校教育教学活动、宣传学校"书香文化"。

我们坚信"读书是最好的保养"，我们体验"最是书香能致远，腹有诗书气自华"，我们追寻"长材茂学，书韵飘香"。读书——正如我们古色古香的校徽上甲骨文的"书香"二字，散发着迷人的魅力。

养读书之风 育儒雅少年

北京市房山区长育中心小学

张振鹏

学校在中心校"书香文化"引领下，以社会主义核心价值观为统领，践行用心做教育、做心中有人的教育。不断加强校园文化建设，营造学校个性特色，促进学校内涵发展，努力营造以读书为学校特色的办学文化，培养知书达理、勤学敏行的书香少年为目标，构建学校整体文化体系。

一、读书理念文化育人

（一）树立读书的意识

阅读是文明的象征，我校为营造书香氛围，在中心校书香工作的引领下确定了办学理念。制定了校训："学会读书，学会做人。"目的就是引领师生，养成读书、学习的兴趣、习惯，掌握读书的方法，逐步成为读书爱好者，从而继承中华的传统美德。通过读书这个载体，达到育人的目标，实现学与行（学习与品行）的结合，真正实现学校的办学目的。

（二）实践中形成习惯

以读书作为核心积极开展各项工作，逐渐形成了我们学校的校风、教风、学风、工作作风。

1. 朴实、和谐、主动、创新的校风。

朴实——纯朴真实，教师在书香的沐浴下养成纯朴真实的做人做事风格；

和谐——合作团结，师生儒雅文明，是做事和成功的前提基础；

主动——自觉主动，每位师生主动读书、主动学习，树立主人意识、责任意识、大局意识；

创新——开拓进取，在读书的道路上不断追求进取。

用朴实、和谐、主动、创新的思想深入每一位教师内心，并起到引领作用。

2. 敬业、博学、严谨、高效的教风。

3. 乐学、善思、自主、合作的学风。

4. 明理、上进、奉献、乐观的工作作风。

构建浓郁的校风、教风、学风、工作作风，形成全校上下、师生上下之间互学、互助、蓬勃向上的校园氛围也是一种校园文化。

（三）读书给我们增添了活力

创编校歌：结合学校办学理念和办学特色，在2014年重新谱写新的校歌，由音乐教师刘博宇老师谱曲，共同创编。新校歌活泼开朗、节奏鲜明，使读书文化深入内心，深受师生的喜欢。

学校动力：争做幸福读书人，争创书韵飘香学校。

学校活力：我读书，我快乐。

二、读书环境文化育人

（一）大厅里"文化立校 书香育人"的办学理念赫然醒目

在理念的引导下提出"立身以立学为先，立学以读书为本"的号召，明确了做人—学习—读书之间的关系。

（二）楼道文化

一层以"读书以明理"为主题，通过读书让孩子明白做人、做事的道理；二层以"读书以立志"为主题，让学生通过读书树立远大志向，二楼的四个教学班围绕主题各有不同的板块——即书香校园"四季篇、山水篇、爱国篇、勤学篇"；三层以"读书以践行"的主题，通过读书落实到实际行动中。包括书香校园"人文篇、风景篇、思乡篇、明礼篇",这八个主题也是我校自主开发的校本教材《书海拾贝》的八章内容。我们把办学理念、办学特色、环境布置、课程研发等有机整合,凸显了教育的最大化。

2015 年寒假,我校的教学楼 1—3 层重新规划,虽然主题不动,但内容设计更符合学生身心特点,尤其是三层,更多的以学生作品、自主展示的内容居多。

一上二层,就会看到"我们在这里成长"醒目的主题,预示着学校见证孩子们从一年级到六年级的成长,从 6 岁到 12 岁的成长过程。

一进三层会看到"梦想从这里起航"几个大字,预示着学校是孩子们树立理想、播种梦想的场所,也号召学生从小要有远大目标与追求。

教学楼一层楼道以绿色为色调,预示健康、青春、活力;二楼以黄色为色调,黄色是大地颜色,预示学生在学校这片土壤中脚踏实地;三层以蓝色为色调,蓝色的天空、海洋预示着放飞梦想。

(三)班级文化

以读书为核心各班创建不同的班训、特色栏、个性化图书角、"温馨教室 乐学书苑"的班级栏等,形成了一班一品的环境文化。定期开展读书活动,如两周一次读书交流会、一月一次好书交换分享、班级课本剧表演、亲子阅读分享会等,引导教师做好宣传,学校积极指导评价,做好量化,促使精神文化形成。

(四)校园墙壁文化

在学校西墙制作六块展板,展出关于社会主义核心价值观等内容,及时更换橱窗展板,春季种树栽花美化校园;平房外墙四块大展板:校风、学风、普通话、我的中国梦,有效地利用墙壁彰显学校文化。校园内外保持整洁优美的校园环境,通过环境文化达到明理育人作用。

三、读书课程文化育人

（一）读书与课堂教学整合

各学科教学注重学科文化渗透，践行书香课堂模式，开展书香课堂评优活动。让读书成为课堂增加厚度、拓展宽度的有效途径。如教师、家长课前陪孩子阅读、查找资料，为有效走进课堂学习做铺垫，课后陪孩子延展阅读，为课堂学习做好拓展。尤其是语文教学，我们本学期尝试进行联读教学，即一篇带多篇的教学模式，大大增加了学生的阅读量。

（二）读书与校本课程整合

1. 结合校本课程《三知》让学生了解房山、城关、顾册及我中心校各完小的历史，从而激发师生读史学史的热情，产生热爱家乡之情。

2. 结合《书海拾贝》中八大版块指导学生读书制作手抄报、写读后感等，从而让师生了解祖国大好河山，走进名家名篇。

3. 指导教师上好《书韵飘香》，课上通过阅读、讨论等方式启发孩子们做事做人，知书达理。

四、读书行为文化育人

1. 保障学生的阅读时间。实行"四读"（早读、午读、晚读、家庭阅读），设置"阅读课"，大力开展"大阅读"活动。早读、午读时间为学生到校后到预备前，晚读时间为放学后的 20 分钟。而家庭阅读则不少于30 分钟。各班选好小助手，组织好班级晨读、午读。并由每周检查小组的同学负责检查，成绩记入一日生活评比中。

2. 明确阅读要求。每个年级根据年龄特点和身心特点，制定年级读书要求和目标。

3. 开展经典诵读活动。学校统一安排每个年级每个学期对古诗、古文的背诵内容，古诗以小学生必背古诗 80 首为主，古文包括《三字经》《百家姓》《千字文》《论语》等。并利用中午的午读时间集体诵读。期末学校逐班抽查量化，评选学生中的古诗、古文背诵小状元，成绩纳入书香班集体的评选中。

4. 加强读书积累，做好读后感交流。要求每个学生建立读书笔记，低年级的读书笔记以摘抄为主，中高年级的读书以写心得体会为主，教师定期进行检查指导批阅，对于好的读书笔记可在班级、学校的红领巾广播进行交流。各班每两周上一次"读书交流课"，把两周来师生阅读的书目进行推荐、读后感受进行交流。

5. 推荐书目和必读书目。学校结合学生年龄特点，根据身心需求，制定各年级的每学期必读书目和选读书目。必读书目师生共读，并上好课外阅读交流课，每学期我们都进班听读书交流课，师生在一本本好书的沐浴中感受主人公的内心、感受文章的美妙、感受作者的内心世界……一楼大厅里，学校每月推荐一本读书篇目，孩子们总是盼着大厅内容的更新，这样会有心灵和心灵的相通与共鸣。

6. 开展语言积累展示。学生平时阅读并有积累，要通过语言展示表达出来。各班每周利用一节课时间把学生一周阅读积累的收获交流共享，每学期各班要有一节语言积累展示课，每学期各年级、各班展示内容都为一学期的积累背诵内容。老师们精心策划，学生全员参与，自主展示，各具特色，各显神通。通过展示，胆小的孩子勇敢了，内向的孩子开朗了。孩子们的各项能力得到了锻炼，朗读水平、作文能力、语言表达能力都有了明显提升，词汇量、阅读量大大增加，知识面进一步拓宽，孩子们的视野开阔了、自信心增强了、语文的素养更是明显提升，优秀的小主持在常规的班级展示活动中显露出来。学校对这项活动非常重视，每次都评选集体奖和优秀主持人奖，对获奖班级和学生表彰颁奖。并邀请家长参与展示活动，带动家长的读书意识和读书氛围，取得家长的全力支持与配合。

7. 利用每年的3月份读书月开展系列活动；以4月23日的世界读书

日为契机开展系列活动，如进行"师生共读 好书共享"的师生捐书活动，开展全校的"全家共读，因阅而悦"亲子阅读展示活动，每个家庭展示形式不同，有诵读、舞蹈、相声、快板、情景剧等，通过学校搭建的展示平台，家长和孩子体会到一起阅读的过程和乐趣，真切地感受到了阅读的重要性，更好地推动了家庭阅读的风气，让阅读成为学校、家庭、社会中最重要的内容。

8.以校本课程开发为支撑，我们结合我校特点针对不同年级开发了《书海拾贝》《二十四孝图解》《弟子规》《三字经》《百家姓》等校本课程。

五、读书制度文化育人

结合我校实际制定了可行的相关读书制度。如：

1.班级图书借阅制度，班级制定，上墙，班级图书管理员监督实施——促良好借阅习惯。

2.班级图书管理制度，班级制定，上墙，班级图书管理员监督实施——促良好使用图书习惯。

3.书香班级，书香教师，书香学生，书香家庭评比制度与标准，学校制定，教导处监督实施——促积极阅读。

4.学校图书室阅览制度及借阅制度，学校制定，学校图书管理员监督实施——培养阅读兴趣和习惯。

5.建立合理的评价体系，强化考核评价机制。

读书期间，制定了书香教师标兵和书香学生标兵评选条件，把完成各项任务作为教师月度考评的重要内容之一。在各项评优的同时，把学生的课外阅读纳入学生综合素质的考核之中，把各班开展书香情况纳入对教师的考核中，优秀班集体的考核中。每学期，我中心校在评选教学标兵和育人标兵中，都把教师的读书作为内容之一。完善的评价体系，促进教师与学生共同播撒读书的种子，共同欣赏读书的风景，共同收获读书的成果。有了这些评价制度的生成，规范了师生的阅读行为，形成良好的阅读习惯，每周我们都会按制度进行相应的检查，可以说现在我们这些制度已成为大家的习惯。

总之，我校以"读书"作为切入点，实施构建学校的校园文化，从而使师生在和谐、主动的氛围中学习、成长。

书香校园 浸润人生

北京市朝阳师范学校附属小学

张京娜

我校以创建"书香校园"为导向，营造良好的读书氛围，精心设计积极可行的读书活动，让学生在活动中体验读书的乐趣；进一步提高了学生的思想觉悟和文化底蕴，营造了清风缕缕满校园的书香氛围。我校把培养学生良好的读书习惯定为养成教育的重中之重，把培养学生的读书习惯作为一项系统工程，并确定为我校的办学特色。

一、具体措施

（一）创建书香校园，营造浓郁的育人氛围

1. 营造书香环境，共建精神家园。

我校校园面积虽然不大，但整洁优美，处处体现育人氛围。学校的读书角、班级墙报不断更新内容，随时展示学校的读书成果和学生读书活动。每个班级精心刊出每一期板报、学习园地，总之，营造书香环境，共建精神家园，让学生在静态的校园文化中阅读经典、阅读思想、阅读精神。让学生真正与文化结缘，时时刻刻呼吸着文化的空气，得到审美的启迪。

2. 制定"两个一"，保证学生的阅读内容和阅读时间。

为了让阅读成为孩子们的习惯，学校制定了"两个一"：每天阅读一小时：中午12：20—12：50半小时课外阅读，晚上课内朗读半小时。每周一堂课外阅读课：老师指导读，同学交流读，学期末展示成果。

为了让学生有书可读，学校图书室由图书管理员负责，做到书橱专用，整洁卫生，图书摆放整齐美观。各班班主任老师从学校图书室中选择和推荐适合本年级学生看的图书，做到学生人手一册，分发到学生手中阅读。各班设两名班级图书管理员负责管理这些图书，每周二的阅读课的前 5 分钟时间为学生图书交换时间；保证每一位学生的手边时时有书可读。同时班级还设立班级图书角，孩子们将自己喜爱的书籍带到学校，进行图书交流，让其他同学分享书籍的美妙，感受读书的乐趣。

（二）校内外结合，培养学生读书时认真思考的习惯

1. 课内外结合，激发读书兴趣。

在课堂教学中有意识地引导学生学会读书方法，明确写读书笔记的具体要求，培养学生良好的读书习惯，激发学生的阅读兴趣，扩大阅读面，大力提倡多读书、好读书、读好书、读整本的书，有意识地把课堂向课前、课后延伸，用课堂上的一个 40 分钟带出几个、几十个……40 分钟。

2. 开设读书活动课，指导思考的内容和方法。

每周开设一节读书指导课，教师充分对学生进行读书指导：（1）书目选取指导。指导学生如何挑选适合自己阅读的课外书籍，避免借书的随意性、盲目性，形成课外时间的无意浪费。（2）加强读书方法的指导。教师对学生介绍、训练并掌握读书方法，如跳读、略读、速读、精读等。（3）加强阅读中笔记的指导。如摘抄、写读书心得等，让学生逐渐养成不动笔墨不读书的良好习惯，加强学生知识的积累。学生读书时思考的习惯渐渐养成，学生写出了一本本精美整齐的读书笔记，一篇篇发自肺腑、感人至深的读后感，使学生在读书中获得了实实在在的收获。

3. 建立家校联系卡：家长及时反馈学生计划实施情况，教师提出指导意见。

我们认识到，课外阅读指导计划，要通过家校结合，教师、家长、学生的相互协作共同来完成，所以，我们首先做好宣传动员工作，通过

家长学校、班队会等多种途径宣传课外阅读计划的益处及长远意义，使此项计划受到周围人群的重视和支持；另外由教师、家长带头，营造读书的氛围，给学生创造一个良好的读书空间。在此基础上，我们的计划得以顺利实施。虽然时间不长，但已达到了我们预期的目的：家长满意；教师的课堂教学进行顺利，配合现在的探究式学习，学生通过阅读能够搜集到许多资料；学生能够坐下来、读进去、学进去；而且课外阅读已成为学生课余生活的重要组成部分；课外阅读使学生体味到了读书的乐趣，知识的丰富使学生内心充满自信，更重要的是学生已经初步养成了读书时思考的习惯。

（三）以学校图书室和班级图书角为载体，培养学生读书善于交流的习惯

1.设立图书角，营造氛围，便于交流。

在班级设立图书角，学生从家里带书，选出本班负责而又热心的同学做图书管理员，负责登记、保管和借阅等，并在年段间交换借阅。学生们热情极高，挤在一起还书、借书，都不免要讲讲自己所获得的新鲜知识，推荐自己看过的好书。渐渐地，学生们谈论书的现象多了，读书的风气渐渐形成，交流的习惯逐渐养成。

2.开展多种形式的活动，交流读书的感受和收获。

以班级为单位，每学期召开两次班级故事会，让学生谈谈在故事中受到真善美的感染和熏陶；谈读书后的体会、收获。学生在活动中畅所欲言，积极性高涨。提高了学生的口头表达能力，形成了良好的心理素质和品德行为。

3.充分利用学校图书室，开展图书借阅活动。

我校图书室藏书丰富，种类多样，都是适合小学生年龄特点的优秀图书。为了充分利用学校现有图书资源，我校开展了图书借阅活动。学校以班为单位定期进行图书借阅，学生可以根据自己的需要和爱好选择图书，这一活动使学生体会到资源共享的乐趣，培养了读书善于交流的习惯。

二、成效

为了调动学生读书的积极性，激发学生读书的兴趣，促使学生各种读书习惯的养成，我校开展了丰富多彩的读书活动，为学生搭建了一个个读书成果展示的平台。

1. 充分利用"红领巾广播站"，开设读书专栏，播出学生的心得体会、读后感。

2. 自编手抄报。随着课外阅读的广泛展开，学生的知识层面不断扩大，并掌握了一定的知识。让学生自编手抄小报，广泛介绍古今中外的优秀作家、作品，推荐读书方法；根据从广播、电视、报刊上获取的信息，自做手抄报，表达他们对社会、生活的"稚嫩"看法。

3. 鼓励学生积极参与上级举办的读书读报知识竞赛、读书征文比赛等活动，并及时通报学生获奖情况，增加每位学生的自信心、自豪感和成就感。

4. 开展各种形式的比赛："迎国庆、庆中秋"诗歌朗诵比赛、"我们的节日——端午"诗歌朗诵比赛、歌颂祖国诗歌朗诵比赛、经典诵读等活动。

随着各种读书活动的开展，我校的读书氛围更加浓厚，培养了学生对读书的极大兴趣，学生已经初步养成了良好的读书习惯，学生的读写能力和语言表达能力在原有的基础上有了大幅度提高。我们期待着大家能更主动地读书，在读书中拓宽知识面，在读书中孕育文化气质，让读书成为我们的习惯。

"悦礼书院"点燃阅读激情

北京市朝阳师范学校附属小学

王艳霞

一个民族的精神境界取决于这个民族的阅读水平，一所没有阅读的学校永远不可能有真正的教育。可见，阅读对一个人的成长起着至关重要的作用。我们认为，学校丰富的阅读课程不但能够点燃孩子们的阅读激情，提高思维品质，而且还是培养具有"腹有诗书气自华"、"知书达理，修养好"、乐观豁达积极有为的附小好少年的有效渠道。根据校区的实际情况，我们开展了悦礼书院的阅读课程，所谓"悦礼书院"是指在学校悦礼文化理念的引领下，在附小的这个大书院里，通过阅读课程培养知书达理的好少年，围绕悦礼书院为校区的学生开发了"五种阅读课程"。即：阅读分享课程、阅读实践课程、阅读展示课程、阅读拓展课程、阅读融合课程，目前这五种阅读课程已经形成了师生喜爱、家长欢迎的特色课程。

一、阅读展示课程，激发学生阅读兴趣

我们认为语文学习不能只局限在课堂中，给学生创造一个广阔的语文学习空间，才能有效地提高语文学习的效率以及激发学生的阅读兴趣。阅读展示课程就为学生搭建了一个展示自我、提升理解能力的舞台。每年上级都在假期推荐适合不同年级学生阅读的书目，为了更好地发挥好阅读的作用，我们每年开学后会开展阅读展示课活动，每个年级要结合假期所读书的内容，以多种方式完成展示课程。其中孩子们结合阅读编

排《神奇的校车》《怪老头》《丑小鸭》《谁是富翁》课本剧进行的展示得到孩子们的喜爱，通过展示课程不但提升学生对阅读内容的深刻理解，而且还培养学生自信以及对阅读人物内心深刻的体验，达到了激发学生阅读兴趣的目的。

二、阅读分享课程，提升学生思维品质

阅读分享课程更多地体现在全员参与上，鼓励每一位学生将自己的阅读后感悟通过多种形式与他人分享，达到在交流中享受阅读的乐趣。校区围绕阅读分享课程开展了班级读书会课程和阅读推荐课程。通过班级读书会为每位学生提供思维碰撞的平台，达到思维的提升；阅读推荐课程主旨是鼓励学生将自己的阅读感悟以推荐卡的方式与他人交流，激发他人阅读热情；阅读分享课程不但培养了学生多角度思考能力，而且提升了学生思维的批判性，促使学生养成了良好的思维品质。

三、阅读实践课程，促进学生实际获得

20 世纪 90 年代以来，世界各国教育改革的步伐不断加快，纷纷出台各种举措，其中都把改变学生的学习方式作为重要的切入口。改变以往的阅读方式，激发学生的阅读兴趣纳入了我们的研究视线，我们认为阅读实践课程是将阅读转化为学生实际的有效法宝。因此，在校区我们开展了"三分钟口语阅读交流课程""口语辩论课程""阅读创编课程"。通过实践课程的开展将阅读知识内化于心，将阅读技巧转化于行，将阅读能力转变为学生的实际获得。

四、阅读融合课程，提高学生学习能力

我们认为阅读带给孩子们的是能力的提升，在各项课程的学习中应该体现它的影子，结合校区的情况，我们将"悦在国旗下德育课程""社

会实践课程""运动会课程"与阅读进行了有机的结合，梳理出了阅读融合课程，如：校区研制的《社会实践课程》导学手册中，都有语文导学内容，要想完成好导学内容，前期需要学生查找并阅读大量的相关资料。"运动会课程"中我们设计了大量的阅读内容，比如请你介绍一位奥运冠军，请你介绍一项运动项目的起源，请你撰写运动员宣传稿等。"悦在国旗下德育课程"中就有结合社会主义核心价值观内容，全班参与的创编诗歌，而这个诗歌是要在每周一升旗仪式上进行展示，诗歌的创编过程需要学生查找大量的阅读资料，而后编写成。通过阅读融合课程，激发了学生自主阅读的兴趣，提高了学生的写作能力。

五、阅读拓展课程，丰富学生人生阅历

阅读的方式多样化是促进学生阅读兴趣的强有力的手段，因为它可以让学生体验到不同方式阅读带给自己的兴奋感。校区充分利用各种资源开展了多样化阅读的拓展课程，如：一二年级"故事妈妈课程"激发了孩子们的阅读绘本的欲望。校区每年两次的"图书跳蚤市场课程"更为学生阅读情趣的激发拓宽了渠道。"名家进校园课程"更多的是为学生提供与名家面对面交流的平台，同时也为学生打开了对外界的认识的一个窗口；校区先后开展了著名讲解员大宝"大美紫禁城"，著名讲解员吴哲浩"留住长江的微笑"，藤圣阳"北京城市变迁的故事"，铁马姐姐"舌尖上的清明上河图"等课程。媒介阅读是一项十分有视觉冲击力的阅读方式，校区利用"互联网＋"开展了两节"互联网＋阅读课程"，孩子们在教室内与南海科考人员进行现场连线，了解南海丰富的海域资源，与书本上阅读效果相比，这个课程更能点燃他们的阅读激情。多样化的阅读拓展课程不但激发了学生阅读情趣，而且丰富了学生人生的阅读经历。

阅读是教育的灵魂。我们将努力打造一所具有浓郁阅读气息的学校，培养出具有广泛阅读兴趣的孩子，为学生的转乘人生打下坚实的基础。

开发阅读课程 助力教师发展

北京教育学院附属丰台实验学校

高 霞

北京教育学院附属丰台实验学校是在首都"加大市级优质资源整合力度，构建北京新教育地图"的教育形势下，丰台教委根据"内升外引"战略，引进科研机构进行联合办学的九年一贯制学校，学校成立至今已有6年。

"十三五"之初，学校编写了《教师阅读情况调查表》，对教职员工阅读情况进行了调研。收回有效问卷72份。调研数据显示：有13.89%的教师"有需要时才读书"，近一半教师对阅读并没有特别的计划。从教师阅读的主要动机数据来看，自我休闲占有比较重要的位置，其次才是解决教育教学中的难题和充实自己；从教师阅读内容的选择和关于好书的标准的数据来看，教师显得较为理性，而且体现出谋求教学思想和教学艺术性提升的愿望，渴望更高阶段发展；从教师阅读的主要方式上看，数字化阅读为主要方式，几乎一半的中小学教师都认为是"通过电脑、手机上网读"，排在第二、三位的分别是"自己买书读"和到图书馆借书读；大多数教师没有经常写阅读笔记的习惯；影响教师阅读的主要因素排在第一位的是"因为工作和生活负担原因，没有时间读书"（选择率72.22%），排在第三位的为"没有好的读书环境"（选择率29.17%），教师阅读受到诸多条件的限制。总体来看，这份调研问卷显示出教师阅读率和阅读质量并不乐观。

根据冰山理论，调研问卷数据仅代表"冰山以上部分"，深藏的"冰山以下部分"是什么呢?

首先,影响教师阅读的有阅读时间、阅读环境、阅读氛围等外部因素;影响教师阅读的内部因素有:阅读结构、阅读品位、阅读动机和阅读意识等。

其次,教师的阅读学习是教师职业发展的根本要求,是教师专业化发展的使命需要,不仅促进教师个体专业发展,而且能够产生创造性教学效应,间接地服务学生发展,并以言传身教的方式影响学生终身学习。

最后,学校刚刚成立不久,阅读文化尚未形成,学校需要从精神、物质、制度等层面出发,有层次、有准备、有规划地推进教师阅读,打造全员阅读、彼此分享、读用结合的阅读观和阅读文化,让教师成为学习型组织的促进者。

基于此,学校树立了"全息教师阅读"的理念,提出开发教师阅读课程,将教师阅读置于教育生活的整体视野下,"全人员"共同参与、"全时空""全领域"阅读,促进教师专业发展。

一、课程设置

全息教师校本研修课程分为必修课程和选修课程,必修课程是依据《中小学教师专业发展标准》的两个维度、四个领域、20条标准进行设置的,课程结构如下:

表1　课程结构表格

授课时间	授课内容	阅读方式	课程属性	课时安排	学分安排
2016—2017学年	主题:重温经典,共话教育 1.《多元智能新视野》 2.《我的教育信条》 3.《给教师的建议》 4.《思维与语言》	个人阅读 小组交流 集体汇报 教学改进	必修	16课时	0.2

续表

授课时间	授课内容	阅读方式	课程属性	课时安排	学分安排
2017—2018 学年	主题：读用《丛书》，知行合一 1.《读写结合提高写作能力》 2.《数学解题过程与解题教学》 3.《我的生物学教学生涯》 4.《教育是温暖的——一位班主任的 18 个教育故事》 5.《全接纳慢引导——心灵的教育》 6.《我与小学数学》 7.《我和孩子是蜗牛》	个人阅读 集体分享 实践运用 反思总结	必修	16 课时	0.2
2018—2019 学年	主题：阅读点亮未来，好书促进成长 （一）共同阅读书目 《为未知而教，为未来而学》 （二）学科组阅读书目 语文组：《孙绍振如是解读作品》 数学组：《智力发展与数学学习》 英语组：《教育戏剧：实践指南与课程计划》 理综组：《读懂初中生——心理特级教师的咨询手记》 文综组：《自主探究 多元互动：中学全新课堂教学模式的研究与实践》 心理组：《积极心理学》 体育组：《体育趣味课课练1260 例三册》 艺术组：《静悄悄的革命》 行政组：《重在执行》	论坛分享 评价反思	必修	16 课时	0.2

（一）教师阅读课程指导思想

围绕学校教师培养总体目标："以深厚的学识修养赢得尊重，以高尚的人格魅力引领风气，以端正的行为示范陪伴成长"，全面提升教师的核心素养，为教师的生命发展打造精神底色。促进教师的专业自主发展，营造"风清气正、互学互鉴、积极向上"的学术生态，建设一支师德高尚、业务精湛的教师队伍，建设学习型、分享型书香校园。

（二）教师阅读课程教学目标

知识与技能：通过阅读思考，激发教师学习热情，更新教师知识结构，提高教师教育教学水平，促进教师专业发展。

过程与方法：通过合作分享、阅读实践，丰厚教师文化底蕴，丰富教师精神世界，让阅读成为教师的生活方式。

情感态度价值观：形成"风清气正、互学互鉴、积极向上"的学术生态，形成内涵丰富的校园阅读文化。

（三）教师阅读课程组织结构（略）

（四）教师阅读课程设置

（内容同前表）

二、课程实施

教师阅读课程具体实施分为课程设计、课程准备、课程实施三个阶段，体现了两结合原则：阅读与教学实践相结合、阅读与教育科研相结合，基本由以下 5 步完成：

（一）制定课程目标。

（二）确定课程内容。

（三）设计课程环节。

（四）完成课程实施。

（五）进行课程评价。

下面是 2017—2018 学年进行的以"读用《丛书》，知行合一"为主题的课程具体实施，主要体现在读、悟、行、思四个方面。读悟行思并不是割裂的板块，体现了阅读过程的全息性：读中有悟，读中有思，思悟结合，知行合一。

表2　2017—2018 学年"读用《丛书》，知行合一"课程实施内容及要求

研修板块	研修内容	研修要求
第一板块：读	教师自主选择书目阅读	阅读；批注
第二板块：悟	教师学习共同体分享	1. 小组学习共同体分享收获、质疑、讨论 2. 小组学习共同体面向进行全校教师分享，集体评议
第三板块：行	教师教学实践研究	1. 提出改进问题；2. 结合改进问题进行教学；3. 团队指导
第四板块：思	教师教学反思总结	反思总结，论文写作

课程实施的过程是全息教学过程，以阅读《北京教育丛书》文本为全息元，广泛延伸至阅读分享、阅读实践、阅读反思。这个过程注重阅读内容的内涵与延伸，注重阅读过程的分享与评议，注重阅读实践的转化与效果。整个过程遵循成人学习的特点，深度参与，体会乐趣；学以致用，理论与实践相结合。

学校文综组教师集体阅读《历史教学与学生思维能力的培养》，开展"初中文科自主学习课堂教学模式的研究"课题研究。理综组教师阅读李伟臣老师《小学科学实践》后，反思自己的课堂，调整改进教学，以观察、实验带动学生进行探究。结合学校九年一贯制特点，初中理科教师开展以"体验式教学在初中理综学科的实践研究"为主题的课题研究。

三、课程评价

教师阅读课程评价的重点在于教师对课程的认知和情意，推进策略

及课程实施效果。以下是针对教师阅读、实践、反思的评价标准。

1. 教师阅读分享评价标准。

2. 教师阅读实践评价标准。

3. 教师阅读反思评价标准。

教师阅读课程每年度占校本研修学分0.2分,"十三五"时期总分1分,占校本研修总分(6分)的17%。同时,学校教师个人档案袋中记录教师每一年阅读的书目,成为教师学术积分中的一部分。

四、课程保障

(一)物质保障:图书馆成为学校核心文化符号

学校占地面积不大,但走廊宽敞,因地制宜,学校提出了图书馆校园建设的思路:"学校坐落在图书馆中,教育发生在图书馆中,学生成长在图书馆中。"教育成为纽带,把学校和图书馆天然地连接为一体。

学校按照《北京市中小学校办学条件标准细则(修订)》配备图书,藏书10余万册。教师图书按照学科分类摆放在教师办公室周边的书架上,满足不同发展阶段教师的需求。教师可根据需要,随时阅读,随手取放。

学校楼道里,每隔20米的地方就有杂志报纸阅读架,放置了200多种报纸期刊,按出版发行时间及时更新。教师办公室里,有教师个人阅读书角,书目自主申请,学校审批之后配备到位。不仅有丰富的纸质图书,也引入了数字资源:电子触摸屏阅读机存储量为3000册图书,扫码即可阅读,满足教师多种知识获取的愿望、满足休闲功能。

总之,学校处处是图书,无须任何借阅手续,所有图书触手可及。图书成为学校文化的主体景观,图书馆学校成为学校文化符号。

(二)管理保障:基于专业超越专业的教师阅读

学校教师阅读课程采用三级管理的方式:科研部门、图书馆—教研组—教师个人。学校教师阅读地图的范围大概延至五个方面:马列主义、毛泽东思想的经典著作；与所教学科相关的专业书籍；教育学和心理学书籍；管理类书籍；文学艺术类、社会科学等人文社科书籍。

不同类型的书籍，采用不同的方式：

导读：马列主义、毛泽东思想的经典著作这一类书籍，教师阅读积极性并不高昂，学校邀请中央党校的党史专家为教师进行导读，《实践论》《苦难辉煌》，导读与自读相结合，使教师深化认识，提高政治修养。

讲读：管理类书籍对教师而言是非常重要的书籍，教师每天进行班级管理，干部进行学校管理，不讲究科学总归会绕弯路的。对于比较重要的书，要用讲给他人的方式阅读。如学校干部集体阅读《领航：教育走向未来》一书，分章节对不同学校的学校文化及管理方式进行学习，之后联系工作实际谈理解、说体会、落实工作改进。

共读：学校教师共同阅读一些书目，这是教科研部门经常组织的阅读方式。几年来，全体教师共同阅读了近 20 本书。学校会议室里经常摆着一些书，每本书上面有写有教师名字的书签，每次会议前教师会找到自己的书，先静下心来读读。教师在书中检视自己，获得经验，涵养精神。

荐读：卡夫卡说，"人把生命自限在书中就如关在笼中之鸟，这并不好。"打开教师的视野，去阅读世界、阅读学生、阅读自己，这也是引领教师走上阅读之路不可或缺的一部分。"图书推荐"是图书流动的另一种方式，图书馆教师会把新书和热门书籍送到教师办公室，教师推选自己喜欢的图书，写上推荐语推荐给身边的人。学校经常开展荐书沙龙活动，每次一个小时，每位教师用 15～20 分钟的时间向大家介绍一本好书；学校搭建和书籍作者见面的平台，以面对面的方式实现作者和读者之间的交流。入云深处亦沾衣，荐书让每位教师有勇气完善自我，寻找自我。

素读：学校设立教科研经费奖励教师阅读。经常给大家发一些适合大家阅读的书，有些书阅读目的也不尽在非要研究出点什么，对有关知识内容多一些深入了解、理解也可成为目的。

教师自己读书，逐渐成为学校阅读"点灯人"，组织和引导学生读书，教师的阅读之光在照亮自己的同时，照亮学生、照亮家庭、照亮社会。

五、课程效果

如果说教师阅读是基础，那么教师写作就是阅读的升华。学校鼓励教师通过网络、学术会议等媒介展示自己的阅读成果；学校组织并按学年、学科、专题等将教师读书反思做成专栏集结成册。学校教师笔耕不辍，国家正规出版物教师论文集《辛夷花开》《枫华正茂》两册，共90万字；学校教师文集"玉兰踏歌系列"出版教师文集27册，共80万字。

教师阅读的示范效应延伸至课堂教学，全学科阅读培养了学生良好的阅读习惯和阅读能力，学生作品丰富多彩，创作的绘本在中国少儿读书社进行公开展示，在北京人民广播电台播出。学校2017年、2018年中考成绩获得"丰台区中考成绩优秀奖""丰台区中考成绩突出贡献奖"。

阅读质量成就教师力量，教师力量支撑教育质量。全息教师阅读课程，建设了教师阅读平台，盘活了阅读资源，优化了阅读过程，提升了阅读品质，打开了教育创新的思路。教师与阅读并肩而行，校园书香四溢，教育回归本真。

文以载道 文以化人

北京市顺义区东风小学

王秋梅 刘立竹

中国是一个有着悠久历史文化的国家，中华传统文化的内容博大精深，传统积淀下来的优秀教育资源很多，如《三字经》《百家姓》《千字文》《千家诗》《弟子规》等书，是许多教育专家和有识家长偏爱的教子"良方"。传统文化中教育与教化过程的完美融合为现代学校整体化育人提供了重要启示。当我们把道德当作知识传授时，往往遭遇字面认同与行为悖反的尴尬；当我们把德育与学科教学割裂的时候，往往会发现教育方向选择的差异导致教育效果归零，甚至产生负效应。因此，我们在对有关优秀传统文化以及学生行为习惯养成教育的文献资料分析后，学校积极探索在学科教学中融入优秀传统文化因素，设计优秀传统文化为主题的系列活动，从而增强学生对祖国文化的认同，培养学生养成良好习惯和品质。

一、甄别适合学生的传统文化内容，创设传统文化环境课程

学校是学生学习生活的主要场所，所以学校积极开发具有传统文化氛围的校园环境课程。根据学生的年龄特点，我们从众多的传统文化中，甄别适合我校学生的优秀传统文化资源。学校建设孝爱文化广场，让学生在潜移默化中接受孝爱教育，图文并茂地展示了"我国古代二十四孝图"，张贴着古今中外名人的孝爱故事，让孝爱传统和美德时时处处净化着学生的心灵。楼梯间结合晨读内容，张贴《弟子规》《笠翁对韵》《千

字文》《论语》；楼道内分主题张贴传统文化知识，名人介绍、传统节日、节气习俗等，通过传统文化"上墙"的办法，赋硬件以生命，赋软件以灵魂，将优秀传统文化不断物化、固化，让师生们随时随地"面壁"沉思。学生置身于这些文化长廊，在潜移默化中便可感受传统的经典的熏陶，充分领略到传统文化的博大精深。

二、创新语文学科的教学模式，探究学科融合传统文化的策略

（一）构建"三时段"语文课堂教学模式

通过语文课进行中国传统文化、中华民族爱国主义优良传统的教育。《语文课程标准》中指出：语文课程还应通过优秀文化的熏陶感染，提高学生的思想道德修养和审美情趣，使他们逐步形成良好的个性和健全的人格，促进德、智、体、美诸方面的和谐发展。我们将语文课堂划分为三个时间段：5（分钟）+25（分钟）+10（分钟）。课堂三模块为：经典诵读、学习课文、拓展阅读。经典阅读内容按学生年龄特点进行选择，一年级是《三字经》，二年级是《弟子规》，三年级是《笠翁对韵》，四年级是《千字文》。拓展阅读结合课文内容，选择同一作家或同一主题的文章，迁移学生的语文课内学习方法，拓宽学生的语文素养。在语文教学中增加传统经典范文、诗词的比重，培养学生体会东方审美文化的独特内涵，热爱我们民族优美的传统文化，使学生确立社会主义的核心价值观，培养中小学生的爱国主义精神。

（二）开发"读—写—诵"语文课堂的延伸模式

1. 读。教材虽然是重要的课程资源，但却不是唯一的。每天早上 7 点 40 分到 7 点 55 分为翰林"悦"读时间。诵读与欣赏内容为：文风朴实、说理透彻的《弟子规》，声韵协调、朗朗上口的《笠翁对韵》，文笔优美、辞藻华丽的《千字文》，蕴意深邃而又妙趣横生的《论语》等经典古诗、成语故事、哲理深邃的短小古文等。四年中要进行 21900 分钟的诵读与欣赏，聆听到 200 个经典故事。使学生在诵读与聆听的过程中，修身、养心、正信。

2. 写。"经典诗文书写"课程能够让学生在经典诗文书写过程中了解、熟悉中华优秀文化传统，同时激发他们对中华优秀文化和祖国语言文字的热爱。学校在每周午自习时间，开展经典诗文书写。孩子们在老师的带领下端端正正、认认真真地练习书写古诗文，感受汉字的形体美。在推进经典诗文课程的过程中，学校也坚持建设一支具有文化素养的教师队伍。每位教师都要练习硬笔书法，每周用粉笔书写一首古诗，并在校园内进行展示。

3. 诵。根据学生的年龄特点和知识基础，学校整理出每个年级的必读篇目和选读篇目，进行诵读、书写，然后教师在课上引导学生分类积累，最后进行闯关。第一关"书写篇"。学生任意挑选一首诗，在古诗书写纸上书写，书写字迹正确、规范、整洁即为过关。第二关"必背篇"。学生从必背古诗中任意抽取三首古诗，能够正确、流利地背诵即为过关。第三关"选背篇"。学生任意抽取一首选背古诗，能够正确、流利地背诵即为过关。第四关"主题篇"。活动确立十个主题，分别是春天、夏天、秋天、冬天、思乡、惜时、送别、动物名称、植物名称、数字，学生任意抽取一个古诗主题，围绕主题正确、流利地背诵诗篇即为过关。通过一关可获得"秀才"卡片，通过两关获得"举人"卡片，通过三关获得"进士"卡片，四关都通过获得"状元"卡片。学校引导学生诵读经典古诗，让中华优秀文化走进学生心灵，培养他们珍惜自己民族优秀文化和人文精神，拓展素质教育实施的渠道。

三、依托德育活动，开发传统文化校本课程内容

（一）开设传统节日课程

中国的传统节日沉淀了千百年的传统文化，从远古走来，每一个节

日都有它的历史渊源、美妙传说、独特情趣和深厚广泛的民众基础。这不仅为课题的实施提供了丰富的资源，也开辟了一条体验民族传统的道路。在重阳节到来之际，我们开展重阳课程，首先读孝亲故事，了解古人的孝道行为；然后观孝亲影片，直观感受现代社会中的孝爱瞬间；接着整理孝亲诗句，搜集有关孝亲的诗句，和全班同学交流感悟；第四是践孝亲之行，学生在家、在校、在社区践行孝道；最后抒孝亲之情，将自己重阳课程的活动感受以小练笔的形式写下来，各年级将在"红领巾广播站"播出。我们将中华优秀传统文化与教育教学有机地结合起来，从中国传统文化中挖掘和寻求熠熠生辉的精神瑰宝，整合教育资源，开展"中国传统文化教育"，让学生通过多种途径了解中国优秀的传统文化，感受祖国文化的博大精深。

（二）开设二十四节气文化课程

学校坚持将二十四节气知识定为学校"四色文化"课程体系中传统文化课程的重要内容，并结合主题活动分年级实施推进。一年级选择自己喜欢的节气，制作节气书签。二年级借助《二十四节气歌》熟记节气名称，初步了解一年之中有哪些节气，并制作二十四节气表。三年级收集节气谚语，了解每个节气的相关知识，制作谚语卡片。四年级收集二十四节气诗歌，进行书写比赛和诵读比赛。我们从教育供给侧思考实践，为学生提供优质高端的教育供给，给文化瑰宝一片扎根的土壤，让这些文化瑰宝扎根于学生心中。

（三）开设电影校本课程

学校将电影教育纳入学校年度教学计划中，建立小电影院，围绕传统文化，结合学生实际，将优秀电影引入课堂，分别从低、中、高年级段进行爱国主义教育、法制教育、励志教育。学校相继系统构建"六大核心素养为主题"电影校本课程体系，同时采取四种模式，即常规化电影放映活动，学生每两周观看一次，从故事片、纪录片和动画片中分别为不同年级筛选出最好的电影，按年级列出推荐观看目录，排入学校课程表；撰写观看心得，形成学生探究性学习，引导学生观影前查找影片资料，观影后分年级写出影评，培养学生从经典电影中吸取思想、情感和艺术的营养，提升文学艺术修养，提高写作水平，写出源自心灵的文字。

文以载道，文以化人。优秀传统文化载负着一个民族的文化传统和历史记忆，作为中华民族文化基因的中华传统文化，是五千年文明所沉淀出来的瑰宝。我们希望孩子在阅读经典的过程中，与圣贤相约，收获知识、品行、亲情、成长的同时，承传与人为善、明理诚信、自强不息的中华传统美德。

"听说"助力阅读 尽享"悦读"之美

北京市朝阳师范学校附属小学

魏永萍

"书籍是人类进步的阶梯","阅读是打开幸福之门的钥匙"。在北京市朝阳师范学校附属小学的每一个校区,这些关于阅读的名言警句随处可见。朝师附小不仅形成了语文教学的特色,而且还将阅读与语文教学深度融合,形成了从基本的阅读到积极的"越"读到愉悦身心的"悦"读的华丽转变。

21世纪科学与阅读素养的培养已经成为当前国际教育特别是基础教育阶段国际教育的发展趋势,成为未来课改的主要方向,而阅读是吸收,是收集信息、认识世界、发展思维、获得审美体验的重要途径。在"阅读"的情境中,我们开启学生"读"之门,在"悦读"的氛围中,我们尽享"悦读"之美。下面,仅采撷阅读中的"听""说"策略浅谈如下。

一、激活信息的空白区——听

古希腊先哲苏格拉底说:上帝赐予人两耳目,但只有一口,欲使其多闻多见而少言。寥寥数语,形象而又深刻地说明了倾听的重要性。有课题组专门做过一项调查,人们在日常交往活动中,听占45%,说占30%,读占16%,写占9%。也就是说,听说读写几项能力中,听是排在第一位的,其重要性不言而喻。尤其是作为培养孩子阅读能力的基础,听是重要的手段之一。

（一）"悦在麦克风"娓娓道来

为了让每一个孩子都能够接触到好书，认识到读书的好处，体验到读书的快乐，我们利用"悦在麦克风"栏目每周一为学生播放童话故事，每周四播放名人童年逸事。像《小巫婆求仙记》适合低年级学生的年龄特点，听了这样的童话故事，低年级学生掀起了阅读童话的高潮，《格林童话》《安徒生童话》《威斯汀游戏》《可爱的魔鬼先生》《麦兜十万个为什么》《天使雕像》《永远说不完的童话》等都成为阅览室里的热门读物。名人逸事适合高年级的同学收听。他们更愿意寻找这样的读物，经过这样的阅读引领，学生们就会有目的地选择自己喜欢的题材进行自主阅读。

（二）故事家长进校园

为了调动学生的阅读热情，激发学生的阅读兴趣，学校成立了故事家长志愿者团队，故事家长每个学期制订故事家长进校园计划。重点是每周五到一、二年级的班级中给孩子们讲故事；每周五的中午孩子们都热切盼望着这些故事家长的到来，家长们或带着孩子们翻阅绘本，或装扮成故事中的主人公，或学着读物中人物的语气给孩子们有声有色地讲解，孩子们时而专注地倾听，时而发出开心的笑声……在这些"故事家长"的带领下，孩子们了解的知识越来越多，课外生活更丰富了，对阅读的兴趣也越来越浓厚。

（三）直面名家与大咖对话

为了让孩子们眼界更开阔，了解阅读更多的名人名家作品，学校把一位位学生熟知的大朋友请进了校园，比如《童话大王》的作者郑渊洁、《不一样的卡梅拉》法国绘本作家、人教社王林博士、朗诵艺术家郑健康老师等。与大师的全方位互动，让朝师附小的师生们增长了见识，在不断的体验中品味着"悦"文化的魅力。不光有课外的大师，课本中的作家也是朝师附小"悦"文化的"推广人"。金波爷爷、曹文轩叔叔，孩子们对这样的文学大咖不再陌生，在倾听他们的创作历程和心路历程中，

了解作家的成长历程和真实的写作意图，从中汲取阅读的力量。

二、发现信息的兴奋区——"说"

阅读"具有获取信息、积累知识、开发智力、培养能力、陶冶性情、塑造品格的价值"。大教育家苏霍姆林斯基亦早有定论："在小学里，独立阅读在学生的智力发展、道德发展和审美发展中起着特殊的作用。"阅读是吸收，是提高学生语文能力的核心，也是进行口语表达和书面交流的基础。二者相互依托、相互促进。学生在阅读了大量的作品之后，如何使他们的阅读习得外化，我们依托丰富多彩的拓展课程或阅读活动呈现学生丰硕的阅读成果。

（一）班级读书会

在班级读书会发起人王林博士的指导下，我们确立了班级读书会的基本模式。通过对少儿文学名著、少儿科普读物的研究形成了基本课型模式：初读（了解内容）—议读（交流收获）—精读（心得感受）—美读（升华作品）。读书会的模式可操作性强，有利于学生阅读习惯、阅读兴趣、阅读能力的培养。尤其是通过教师引导，学生在活动中充分表达自己的观点，交流不同的读书感受，提高了学生的口语表达能力。

（二）年级阅读展示

依据学校的阅读计划，每学年、每学期利用寒暑假的时间，老师们都会为学生推荐适合他们年龄特点的阅读书目，在推荐阅读书目的同时，会有相应的实践作业体现在学生的假期实践手册中，经过近几年的实践，孩子们已养成习惯，每到每个学期的第二个月的时候，各年级的孩子在老师的带领和指导下，就会自发地为阅读展示做准备，他们将假期中的阅读收获做成展板，来装饰展示的环境。在展示活动中，既有对书目的介绍，又有依据读物的创编剧表演，还有孩子们阅读的收获，精彩纷呈。

（三）形成校区阅读特色课程

来到附小的每一个校区，都会看到不同的阅读环境，展现着每个校区学生不同的风采：太阳星城校区的"童话梦工厂"低年级孩子们活灵活现的表演、"大家讲坛"上一个个学生讲师口若悬河；望京校区的"诗韵舞台"回响着孩子们卓有韵味的诵读；和平街校区的"说文讲坛"上高年级学生在述说着36个字的由来；西坝河校区的"悦礼书院"中辩论会上孩子们的唇枪舌剑，无不体现着各个校区的阅读特色，孩子们在这样的环境中分享知识，分享收获，悦享这"阅读"之美。

伏尔泰说：当我们第一遍读一本好书的时候，我们仿佛觉得找到了一位朋友，当我们再一次读这本书的时候，又仿佛是在和老朋友重逢。是的，这样的一次又一次相遇，好像是读书经历的层次：认字—读人—读心。从认字到读人到知心，从"阅读"到"越读"到"悦读"，在知识的海洋中，在"悦读"的氛围里，开阔了学生的视野，提高了师生的人文素养，我们何乐而不为呢？

点亮"悦读"的心灯

首都师范大学附属云岗小学

赵丽华

著名教育家苏霍姆林斯基说过："让学生变聪明的方法，不是补课，不是增加作业量，而是阅读、阅读、再阅读。"我校大胆改革课堂阅读教学，提高学生的阅读能力，在专家宋燕晖、齐静老师的指导下，把"比较阅读"教学的课题研究深入到每一节语文课上。

一、比较阅读的过程

从一篇课文的学习拓展到多篇课文，从文本内部的阅读拓展到文本外部，学生的学习从较被动转化为较主动，认知从较单一、浅显提升为较系统、深刻的过程。它是由此及彼、举一反三、与课内、课外的同类进行横向或纵向的比较，引导学生在自主体验、分析、归纳的过程中，由表及里地准确把握住它们的本质特征，加速对知识的消化、迁移、运用，由点到线、由浅入深地构建知识、方法体系，达到触类旁通、事半功倍、将薄书读厚的效果，真正体现"用教材教""用课文学语文"。

（一）在学习比较阅读中拓宽思路

比较阅读教学是个好方法，不但可以使学生学得轻松，还可以扩大阅读量，更能提高写作水平，"得言、得意、得法"。于是，把比较的思想渗透到了每一节语文课上。

我们学文学法都是为了实践，把学到的方法迁移到我们的作文中，让学生对自己的作文更有深度，让他们更多地关注人物的语言，这是多么好的写作方法呀！其实在我们的生活中，我们对重要人物的话语可能一辈子也忘不了，会对我们一生起着重要影响，所以我们的语文课真正做到了人文性：由学文章，到学做人。

（二）在运用比较阅读中深化思维

在每一节语文课前都要进行有效的学前调查，这样有的放矢，比较阅读教学才会更加有效，更好地把握学生的学习重难点和提升点。

原本是文章的难点，也是学生理解的难点，老师运用比较阅读的方法轻而易举地突破了，既节省了时间，又突破了难点！

（三）在强化比较阅读中开阔视野

在教学中，有意识、有计划地运用比较法教学，求其同寻其异，让学生在比较中学会思考、学会学习，在比较中开阔学生视野。可以从以下几个方面进行比较：

1. 同一作者的不同作品之比。

2. 不同版本的同一作品之比。

3. 相似题材之比。

4. 同一单元课文之比。

5. 异乎寻常的表达之比。

6. 相似的人物形象之比。

（四）在拓展比较阅读中提高能力

高年级的语文课上经常用到学法迁移，就是通过某种方法读懂课文，锻炼、培养自己某方面的能力。很简单，就是教师在 A 课文教的学习方法可以直接迁移到 B 课文、C 课文，教师不用再教，学生可以自己读懂 B 课文、C 课文，这正是教师追求的理想境界"举一隅以三隅反""教是为了不需要教"。

比较阅读、发现规律、迁移运用等，使阅读教学真正成为学生自主阅读、主动探究发现的过程，在享受乐趣时不断提升读写能力和思维水平。

二、我校一直弘扬和传播中国传统文化，培养学生国学素养，诵读国学经典就是让学生读"最永恒的书"

（一）激发诵读国学经典的兴趣

学生对经典诵读产生兴趣，这是培养学生诵读能力的前提与保证。校园是学生学习、生活的主要场所，努力营造和谐、融洽、积极的阅读氛围，培养学生主动参与、乐于参与的热情，是学生能够全员、全程参与国学经典阅读的基础，也是国学经典学习有序、有效、正常开展的必要举措。

我校以校园景观为依托，以打造书香校园为契机，充分挖掘中华民族文化的底蕴，凸显母语学习的环境，为学生营造了浓郁的民族文化的学习氛围。让每一个景点怡情育人，如学校布置了经典阅读长廊，内容涵盖了《三字经》《弟子规》《千字文》《百家姓》和有关读书的名人名言；在教室、走廊、学校的宣传栏中，张贴经典作品；在每个班级都开辟了"经典诵读——阅读园地"，定期进行学生的作品展览……让学生在充满人文气息的氛围中，接触经典、感悟经典、学习经典，接受经典的熏陶与感染，与经典"天天见"，这样做，极大地激发了学生诵读经典的兴趣。

（二）国学经典诵读融入教学

我校每个年级每周均开设一节国学课，课本是首都师范大学出版社出版的《国学启蒙》。一二年级以蒙学养成为主；三四年级以诗文为主；五年级以浪漫情怀为主；六年级以志存高远为主。我们要求学生能够正确、流利、有感情地朗读和背诵这些作品。国学课老师们呈现了立体的教学模式；课前老师让学生预读、查阅资料等，课上呈现听录音—放声读—明大意—熟成诵—拓经典—讲故事；课下我们通过全班接龙、师生接诗、飞花令、背诵积分等形式，激发学生的诵读兴趣和热情。针对不同年段进行了不同模式的探究：低年级采用"知作者，解题意，抓字眼，明语意，反复诵，助记忆"；中年级采用"诵读—抄写—赏析"的方法，加强积累；高年级采取"背诵—理解—评析"的方法，加深感悟。

古诗文有着特殊的音韵美，读起来抑扬顿挫，我校李老师带领学生唱读古诗，在浅吟低唱中学生们感悟经典的语言美、意境美、文化美。

（三）搭建国学经典展示平台

为了培养学生诵读的习惯，享受诵读的乐趣，我校根据各班情况开展了丰富的活动。例如低年级开展古诗词背诵比赛、讲故事展示，中年级开展书法交流活动，高年级以诗配画、办手抄报等活动。各班根据开展的活动评选出"诵读小能手""经典讲解达人""经典书写达人"等。

经典就是生活，真正的经典应该落实在我们每一天，每周三是我校固定的经典诵读时间，晨读经典、午诵经典、暮吟经典，让经典成为吹拂学生头脑的和风，温暖学生身心的太阳。

三、我校参加了市级写字课题，我们充分挖掘《小学语文精品阅读》系列丛书的使用价值，与课堂对接，与思维对接，积极探寻方法，努力提高学生的阅读能力

《小学语文精品阅读》这本书当中有很多文章与教材中的课文具有很好的匹配性，把这些文章作为语文课堂教学当中拓展的学习材料很适合，有些文章作为一篇带多篇的学习材料，通过文后习题巩固课堂学习的知识，与课文结合使用促进学生在阅读实践中提升他们的阅读能力；另外一种是课外应用，我们把它作为学生家庭阅读学习的一个有力助手，在老师的任务驱动下，激发学生的阅读兴趣，回家后，学生独立阅读，完成文后习题并进行自我评价，把课上学到的阅读策略与方法在实践中去应用，然后教师组织课堂的集中反馈交流、互评，让学生能够"课内得法、课外受益"以促进学生阅读习惯的养成，提升独立阅读的能力。

《小学语文精品阅读》这本书我们使用的时间还不是很长，但效果已经初步显现出来了。从学生层面讲，通过文后这些比较系统的习题操练，孩子们收获很多。首先，他们明确认识到语文基础知识的重要，阅读离不开语文的基础知识，无论是汉字的音、形、义还是词汇的运用、词语的搭配都是对学生语文基本素养的一个考验，这有助于更好地夯实学生的语文基础。再有，学生的信息提取、分析能力、阅读思维能力都有所提升。同时，《小学语文精品阅读》大量文章的阅读也很大程度地丰富了学生的情感与精神世界，并对他们正确的价值观建立起到了很好的引领。因此，从教师的层面来讲，最大的收获就是，老师们在阅读教学工作中有了一个很好的抓手，让他们在组织阅读教学时有了一个很好的支撑素材。

四、我校重视学生整本书的阅读，通过以文本为基础，让学生有兴趣地"读起来"，有计划地"读下去"，有目标地"读进去"，有感受地"读出来"，切实地让整本书阅读在日常教学中生根发芽、开花结果

例如六年级学生学完了杜甫的《前出塞》后有这样的疑问：杜甫的诗为什么会成为"诗史"；为什么说杜甫忧国忧民；他为什么总爱游山玩水；他的好朋友都有谁，对他有哪些帮助……于是我们走进了冯志著的《杜甫传》整本书阅读。通过整本书阅读，了解杜甫曲折的人生经历，重要阶段及代表诗作。通过主题活动中各种形式的合作交流、讨论、诵读等，深入感受杜甫一生忧国忧民，感受他身上体现的中华传统思想精华。读杜甫的故事，欣赏和积累杜甫的诗，了解唐朝这段历史及当时的社会文化，了解祖国山河的壮丽，受到优秀文化的熏陶，提高审美能力。

我们分为四个模块进行：模块一，主题阅读——杜甫的故事。模块二，杜甫形象大讨论。活动分为："杜甫曲折的一生""我眼中的杜甫""杜甫结交的朋友"三大主题。模块三，玩转"杜诗"。活动分为：吟诵"杜诗"、赏析"杜诗"、书写"杜诗"。模块四，跟着杜甫去旅行。活动让学生感受杜甫身上体现的中华传统文化思想精华，感受传统文化的灿烂，感受祖国山河的壮丽。

我们的阅读引领是让学生走进经典的殿堂，培养阅读的习惯，享受阅读的愉悦，为学生终身发展和幸福人生奠基，为学生点亮"悦读"的心灯。

阅读让表达更精彩

北京市顺义区东风小学

于香明

叶圣陶老先生曾说："语文教材无非是例子，凭这个例子要使学生能够举一反三，练成阅读和作文的熟练技能。"叶老认为，语文教材是从学生现在或将来需要读的同类读物中举出来的"例子"或"样品"，学生如果能够读懂这些篇章，也就能去阅读同类的东西。所以，笔者认为要想提升学生的语文素养，加强课内外阅读是行之有效的方法。

一、课外阅读先行，润物无声激兴趣

阅读可以让一个人视野开阔、思维活跃、性格儒雅。古人常说：书中自有颜如玉，书中自有黄金屋。看来一个人通过读书可以增长见识、开阔思维。因此，笔者通过一些方法鼓励学生充分利用课余时间，大量阅读。

（一）营造阅读氛围

笔者在班级建立了图书角，这里的书籍包括：学校借阅的书籍和同学自发从家里带来的书籍。笔者在班里自己的桌子上也放一些名著或是教学理念的书籍。自习课时，笔者经常去阅读，用榜样的力量调动孩子们的阅读兴趣。课间一闲下来就和学生们互相交流阅读心得。久而久之在这种氛围的感染下，经常看到同学们在课间津津有味地品读书籍，有时还互相交流、探讨书中的内容。除此之外，笔者还大力表扬主动读书的同学，将他们认真阅读时的照片、视频发到家长群，孩子们得到表扬后，

阅读的兴趣越来越浓。另外，利用班会时间在班级开展阅读班会，班会中内容围绕读书展开，有诗歌吟唱、散文朗诵、好书推荐等形式，这样一来孩子们会更加有兴趣、有目的地进行阅读。

（二）保障阅读时间

1. 自主时间巧利用。孩子在课间和自习课上有很多自主的时间，这些时间的合理规划，会让学生的阅读量大大增加。于是笔者指导孩子们学会抓零散时间去阅读，读完后笔者会利用语文课前的5～10分钟，让孩子们把自己阅读的故事或感想讲给全班同学听。孩子们为了能得到更多的展示，自己的书看完了，还与同学们互相交换着看，阅读量一下加大了很多，阅读兴趣越来越浓。

2. 固定时间增实效。除了指导学生学会合理规划自己的自主时间进行阅读，笔者还利用晨读20分钟，让学生领略、背诵精美的古诗文。学生刚刚步入二年级，让他们知礼仪、懂廉耻是十分必要的。笔者巧借《弟子规》，让学生每天背熟3～5句。背之前，笔者会和学生一起通过阅读相关故事或是注解，明白每句的含义，然后进行背诵。这样可以提升学生阅读故事并背诵的欲望，通过背诵学生们也在不知不觉中学会了很多礼仪和做人的道理。

3. 课外时间有保障。学生课外阅读，应该充分利用在家的大段时间。因此，家庭环境和父母的影响至关重要。所以这就要家校携手，家长可以在周末带着孩子去图书馆，从他们感兴趣的知识点着手，有目的地引导学生阅读，逐步深入阅读内容，从而爱上阅读。如：学生很想懂得一些知识，家长就让学生自己从书中找到答案，这样，学生对阅读的兴趣会逐渐浓厚起来。教师定期推荐一些适合学生年龄段特点的书籍，让家长和学生自主选择去阅读，家长们也会在班级微信群里推荐适合孩子阅读的书。

二、形成阅读习惯，潜移默化促积累

学生有了良好的阅读习惯之后，还要学会读中积累。积累在补充学生口语表达和书面表达中起到重要的作用。这种积累也不能随意性太强，要让学生学会有目的、分类别地去积累。

（一）预习中学会积累

孩子从一年级刚接触课文时，笔者就指导孩子做好课前预习。开始时，预习比较简单：正确流利读课文；跟着笔顺跟随表记生字；在课文中画出带有生字的词语；上网查找与课文相关的资料。二年级随着查字典的介入，笔者又增加了查一查生字的部首和字源；除本课的词语还能组什么词语；画一画文中你喜欢的好词佳句，并背一背。三、四年级时，在预习课文时，多去查一些相关的资料。比如，在学习古诗《九月九日忆山东兄弟》时，笔者不光让学生搜集了相思的古诗，还让学生搜集了其他传统节日的古诗，孩子们在搜集的过程中，了解了我国的传统习俗，感受到古诗的韵味美，以及我国博大精深的文化魅力。

（二）教学中渗透积累

除此之外，在平时教学中，笔者会根据课文的特点向学生渗透阅读积累的方法。比如，在学习课文《亡羊补牢》时，指导学生充分利用《成语故事》书，对这个成语故事有一定的了解。课上精读课文时，能准确地感受养羊人两次丢羊的不同态度和语言，同时也感受到邻居着急的心情。在本课学习后，笔者还给他们充分交流展示的机会，讲一个有关动物的成语故事，在这个过程中他们又掌握了不少成语。

三、课上交流互动，搭建平台促发展

课堂上是孩子们学习语文最好的空间，有老师的方法指导，有同学间的交流互动，有同伴间的互相学习，所以语文课堂中让出更多的时间给学生，让学生充分地学习、交流尤为重要。

（一）课堂交流，提升表达

当学生们学习一篇课文时，给予学生充分自主阅读的时间，不提前干预他们对课文内容的理解，放手让学生自己去阅读、自己去体会，这就给了大多数学生展示的机会。比如，有的学生很喜欢表演，遇到能分角色读的课文，就让他们自由组合，进行语言和肢体的表演，以加深对课文的理解，充分交流和表达自己的独到见解，提升他们语言表达的能力。

（二）培养自信，展示自我

课堂上大部分学生都喜欢展示自我，他们喜欢把自己突出的方面表现出来，但是也有一部分学生羞于展示自己，明明自己有感受、有想法也不善于表达。这就需要老师平时细心观察、了解每个学生的擅长领域，给予他们充分展示的机会。先把不善于表达的学生分到小组中，让组长和组员带动他们在小组中敢于表达，用小组的力量带动他们勇敢、自信地表达。这样，学生在展示中获得了成功的体验，大大提升了自信心。

阅读使学生拓宽了认知，开阔了眼界。课上在阅读中，充分地交流互动，提升学生的积累和表达能力；课后，借助阅读联系生活、展开想象，写出自己的感受，在一点一滴中积累，并逐渐学会运用。这样，就使学生的阅读能力和写作能力有了大幅度提升时，也让他们学会细心观察、用心感受，从而更加热爱生活。

悦阅读 品书香

首都师范大学附属云岗小学

李海云

书籍是经验教训的结晶，是人类宝贵的精神财富，是采掘不尽的富矿，是走向未来的基石。苏霍姆林斯基先生曾经讲过，一个学校可以什么都没有，只要有了为教师和学生精神成长而提供的图书，那就是教育。好的教育离不开图书，更离不开充满校园的书香气息。从学校"真·实"教育理念出发，本着"求真务实，有效提升"的原则，我校在构建书香校园方面，做了一些尝试，可以简要概括为：一结合、两引领、三保障。

一、一结合

"一结合"指的是：阅读与教学相结合。课堂是学校育人的主阵地，教学是学校育人的主渠道，教师每天都要开展教学活动，学生每天都要参与教学活动。教学离不开阅读，构建书香校园自然也离不开教学。

（一）多种阅读相结合，教会学生阅读

课堂上除了教给学生知识，更重要的是培养能力。培养阅读能力更是语文教学任务中的重中之重，它为学生的终身阅读打下坚实的基础。培养阅读能力的方法有很多，而直接指向学生终身阅读的，我们认为应该主要做好以下几个方面：

1. 学习多种方法。略读、精读、速读、跳读……读写结合、边读书边批注……这些都是阅读的方法。能够根据不同的阅读需求，选择不同的阅读方法是学生应该具备的阅读能力之一。

2.把握阅读方向。我们倡导多读书，我们更倡导读好书。教师在教学中应重视对学生读书品位的引导。

3.激发阅读兴趣。爱上阅读不一定是从课堂上开始的，但让更多的孩子爱上阅读却是我们的教学目标。

（二）课内向课外延伸，养成阅读习惯

每一篇课文都像是一把开启学生阅读之旅的金钥匙。现在越来越多的教师开始有意识地进行拓展阅读，一篇带多篇，一课书阅读带动整本书阅读。而这一延伸我们也大致经历了三个阶段：（1）推荐阅读书目；（2）课后共读，反馈成果；（3）根据需要引入课堂。

（三）多学科相互融合，促进主动阅读

被动阅读，是指自己无法选择阅读信息的阅读。而主动阅读是与思考相结合，以运用为目的而展开的阅读。在这一点上，不只是我们的语文学科，数学、科学、品社等学科都有着得天独厚的优势。在劳技课上，老师指导同学们制作纸盒，从了解纸盒的发展历史与应用到自学制作步骤，再到学生根据需求创新自己的设计。每一步都离不开阅读，学生需要通过阅读解决问题。看到同学们在课堂上，读一读，做一做；再读一读，想一想，再做一做。你会发现这样的阅读是生动的，学生体验制作的过程，也是体验阅读成功的过程。

二、两引领

（一）理念引领

"看（书报等）并领会其内容"是现代汉语给阅读下的定义。而"领会"的水平有高低，"领会"的层次有深浅。作为教育者引领阅读，提升领会水平也要讲究科学性。如：什么样的阅读内容适合哪一年龄段的学生？哪些阅读方法适合在课堂上习得？哪些则需要在课外阅读中习得？都需要老师们去学习、去思考、去总结。因此，学校在更新教师理念，提升教师理论水平方面，从来都是不遗余力。主要的做法有：

1. 依托首师大共同体和区教研室，定期开展各类培训、研讨、竞赛等活动。

2. 参与市级比较阅读课题研究。作为课题实验校，为高年级补充比较阅读教材，与课堂教学相结合，开展比较阅读研究。

3. 鼓励申报区校级科研课题，以课题引领教师开展与实践相结合的理论研究。充分发挥教研组的力量，以组为单位确定阅读主题，开展阅读活动。

（二）活动引领

要推动孩子的阅读，搞活动是非常重要的。通过活动，激发学生对书的热爱。活动引领分为两个层次，第一个层次是校级活动。如：开展全校同背一首诗、集体诵读、图书交换、读书月等活动。第二个层次是班级活动。如：好书推介会、单元主题阅读、小小故事会、亲子阅读交流等活动。各班还建立了图书角、微信群。当听到一个班的微信群里每个孩子都大声朗读的时候，感觉这个主意真的很妙，它突破了时间和空间的限制，给孩子们的阅读交流搭建了一个很好的平台。有的班还将阅读与绘画、音乐相结合，当《俗世奇人》中的人物一个个跃然纸上的时候，你也会不禁赞叹：原来这才是冯骥才的一支笔写作，一支笔画画。

三、三保障

（一）环境营造

营造书香校园，离不开好的读书氛围。环境氛围自然也是不可或缺的。教学楼的走廊里，班级的板报墙上，各种有关阅读的名言警句都在时刻提醒着师生阅读的重要；学校的图书室特意设计成了一艘大飞船的样子，就连书架也是一架架小火箭。在这里读书，真是别有一番舒适与惬意；阅读长廊更是校园里一道亮丽的风景线，几年的工夫，紫藤花已经将廊顶铺满，洒下片片绿荫，淡淡的幽香环绕着每一位读书人，每一朵小花似乎也都已记录下同学们阅读的身影。

（二）制度推动

"万事开头难""读书贵在坚持"是构建书香校园要面临的两个难题。书籍固有其自身魅力，但对于还没有对读书产生兴趣的学生来讲，走不进书籍的大门就永远无法感受它的魅力。因此，构建书香校园，也需要制度的保障。

在构建书香校园之初，我们先从提升阅读量入手，通过模仿学习，制定了每学期的必读书目和推荐书目表，并结合假期活动手册的编写，将阅读融入其中。不仅如此，我们还组织编写了校本课外阅读教材以及经典积累教材，并于每月末，对学生的阅读量进行统计，以柱状图的形式在学校宣传栏中进行公示。以此，来激励学生扩大阅读量。

量的积累会在一定程度上带来质的改变。在此基础上，我们将朗读、诵读作为外显阅读品质的途径之一。

一年级	六年级
正确　流利　有感情	
音正、字清、不错，语气连贯。断句合理，语速适当，有轻重变化。"。？！"语气正确	音正、字清、不错，语气连贯。句逗、段落停顿合理，语速适当，节奏自然，抑扬变化。文本情感"、，。？！"语气，主体情感

这个表格是我们通过查阅资料，并结合学生现有水平制定的一年级和六年级的朗读要求。一至六年级呈阶梯式发展。有了这样的要求，老师们在指导学生朗读时就更加有的放矢了。这期间，我们会录制一些小视频，为朗读优秀的学生提供展示机会，以榜样的力量引导更多的同学爱上朗读。每学期我们还会确定传统文化学习主题。每周三是我们固定的经典诵读时间。学校牵头，规定时间、规定篇目。在教学软件辅助诵读的基础上，我们制作了适宜随时播放的视频片段。让校园中充满琅琅

读书声。除常规检查制度，我们还将朗读和经典诵读纳入到学科竞赛中。其目的，就在于丰富阅读形式，让阅读常规化。

（三）物质支持

构建书香校园，自然离不开书。除同学们自发带到学校的和捐献给班级图书角的图书外，学校也为同学们购买了大量的图书。各班有配备的固定图书，还可以到图书馆借阅读书。图书馆有专门的老师负责，每班也都有自己的图书管理员，定期配合图书馆负责老师为同学们借书、还书、换书。

有爱阅读的老师，才会有爱阅读的学生。只要老师们提出要求，学校都会为老师们购买相应的书籍，也会抓住契机引导教师阅读。一次，特级教师王文丽老师来我校指导，为我们带来一节精彩的绘本阅读课，课后还为老师们作了有关阅读的讲座。王老师对一本本绘本书如数家珍，老师们听得也是津津有味。会后，学校抓住这个契机为老师们购买了几十本绘本，大大丰富了老师们的绘本阅读量，这也为老师们指导学生阅读奠定了良好的基础。

背一篇离骚，丘壑苍茫；诵一本诗经，唇齿留香；读一本杂志，周游世界；看一本历史，穿越古今。构建书香校园，领学生踏上阅读之路，正所谓：悦阅读，造学生一生之根；品书香，洒校园一园芬芳。

开一扇窗 迎接阳光

北京市通州区马驹桥镇中心小学

武丽芹

阅读是人类社会生活中的一项活动，是人类汲取知识的主要手段和认识世界的重要途径。苏联数学教育家斯托利亚尔说："数学教学也就是数学语言的教学。"而语言的学习是离不开阅读的。所以，数学的学习不能离开阅读。但在教学中许多教师可能都有这样的体会：解题时由教师读题学生大都可以理解题意，可是一到让学生独立完成时，往往错误不断。这也说明了没有阅读能力的培养，有些学生的数学能力是多么的缺乏。数学课的阅读教学，正是以培养学生的阅读能力、理解能力、语言叙述能力、自学能力和创造能力为目的。因此，以良好数学阅读能力为主导的数学自学能力，也只有在让学生进行经常性的数学阅读过程中培养。我们要相信，只要我们肯为学生开一扇窗，必将会迎来灿烂的阳光。

数学阅读是常规教学中必不可少的教学环节，它是新课的补充与延伸。通过数学阅读，学生对所学知识提前有了认识，能更好地学习新知，提高课堂教学效率。课堂中的适当阅读可以成为课堂的助推器，而课后数学阅读会使学生将数学与生活进行巧妙的结合。有效的数学阅读有助于丰富学生的数学语言，培养学生数学交流的能力，并获取数学知识，为自己的终身学习与发展奠定基础。

美国著名心理学家布龙菲尔德说："数学不过是语言所能达到的最高境界。"更有苏联数学教育家斯托利亚尔言："数学教学也就是数学语言的教学。"而语言的学习是离不开阅读的，所以，数学的学习不能离开阅读。

数学新课标强调：小学生应初步具备一定的数学自学能力。而自主学习离不开阅读数学文本，阅读能力的培养是学生自学的核心问题，也是他们认识事物、掌握知识的首要环节。数学阅读作为学生自主获取知识的一种学习过程，它不仅是读的过程，而且是动口动脑动手有机结合，统一协调的过程。"数学阅读"也是达成新课程目标的重要手段。为此，在数学教学中，应该重视数学阅读的教学，使学生在不断的数学阅读中逐步领悟数学语言，提升数学素养。

小学高年级是学生数学阅读能力发展的关键时期，我们应加强数学文本阅读方法指导，提升学生数学文本的阅读能力，从而促进数学阅读能力的整体提升，形成自主学习的意识。以下是本人在数学阅读能力培养中提高小学高年级学生自主学习的几点收获。

一、课前阅读

课前预习是学习的一个重要组成部分。恰当的课前预习有助于提高学生独立获取新知的能力，学生带着预习中不懂的问题听课，也必定会增强听课的效果。课前预习离不开阅读，为提高预习阅读的针对性和有效性，事前教师要让学生明确预习的范围和要求。若有必要，还要设计相应的与旧知联系的带有悬念性的问题或与新知相关的有趣练习题，促使学生主动预习。新授前，还应检查预习的效果，并对检查情况进行总结反馈，以此督促学生逐渐形成数学预习的好习惯。课前阅读要求学生读出书中的要点、难点、疑点，提出具有一定思考价值的问题。学生或者在课前将这些问题通过不同的方式加以解决，或者留到课堂上询问老师准备进行小组合作探究，这样会激励学生课前预习的兴趣，使学生在课堂中得以自主学习。

例如，在教授《因数和倍数》这一课之前，笔者会布置课前预习这一部分内容的预习任务：阅读课本 42 页的内容，并做好阅读笔记。新授前，笔者会将学生的阅读笔记收上来进行批阅，掌握学生已有知识水平和存在的现实问题及困难，并将这些问题进行整合，融入课堂教学中去。整堂课中，笔者都以学生课前预习为依托，运用生生互助、教师解答等形式对学生存在的疑惑进行解读，学生带着问题走进课堂，即使再晦涩难懂的概念课也在课前阅读的情况下变得富有趣味、生动活泼，从而调动学生自主学习的意识，培养学生自主学习的能力。

二、课中阅读

课中阅读要把读、思、议、练结合起来。对于定义、法则、公式等基本知识的阅读，既要有耐心，又要讲究方式方法。要在教师的引导和学生自主探究其产生过程的基础上，逐字逐句让学生反复读，读出字里行间所蕴藏的含义，体会出数学的思想、观念和方法。教师要充分利用教材设置的数学情景，引发学生讨论思考，还要利用教材中数学文化知识板块，活跃课堂气氛，提升学生学习的积极性。读书还要与讨论、质疑结合起来，使读书变成学生真正意义上的自主行为。

例如，在讲授《三角形三边关系》一课时，笔者组织学生进行了充分的阅读。"从这句话中你读出了什么？"——一个问题让学生从反复的阅读中进行思考，读出字里行间的含义。然后笔者继续追问："你们认同这个观点吗？说明你的理由。"学生用自己阅读后的理解去解释这一性质，在解释过程中会出现不同的观点，学生通过讨论、辩论、分析等活动，更好地理解了这一性质，这不恰恰是学生真正意义上的自主学习吗？

三、课后阅读

教师应根据教材需要安排学生课后阅读。课后阅读要对学过的知识进行整理归纳和概括，以起到温故知新、举一反三的作用。要让学生逐步养成不读懂学习内容，就不动笔计算的好习惯。教师还要在班级内营

造数学阅读的氛围，定期出数学小报，举办数学阅读、趣味数学知识竞赛、数学智力竞赛、数学游戏等，激发学生数学阅读的积极性。课后阅读还要与学生的实践活动紧密结合，要让学生在课后阅读的基础上将学到的数学知识在实践活动中得到充分应用。鼓励学生自觉主动地发现生活中的数学，从生活中发现数学问题，引导学生通过查阅相关书籍、上网查询等方法去解决问题，使阅读与学生的实践有机结合。

在讲授完《奇数和偶数》这一课后，笔者留下了课后阅读任务：读"幸运大转盘"，并用你学过的知识进行解释。对于生活中存在的抽奖游戏学生喜闻乐见，但会存在很多疑惑，觉得颇为神秘，然而如果能用数学知识进行解答，这无形中也会促使学生对数学的自主学习。课后，学生对这一部分内容进行了积极的阅读，并争先恐后地和同学、老师进行阅读分享，当明白其中的道理后，有的同学甚至提出了其他的疑问：买彩票的问题是否也可以用我们数学的知识进行解答？套圈游戏是否能套上好的奖品？等等。这也促使了一部分学生对自己提出的问题进行了进一步的查阅资料及学习，这不也达到了自主学习的目的吗？

四、课外延伸性阅读

苏霍姆林斯基说过："在学龄中期和后期，阅读科普读物和科学著作，跟在学龄初期进行观察一样，起着同样重要的作用。"对于学有余力的学生，不能使他们的数学阅读仅仅局限于数学课本，要引领他们多阅读一些数学课外读物，如《中、外数学家的故事》《趣味数学》《数学万花筒》以及与数学有关的读物等，鼓励学生读自己喜欢的数学课外书、报，上网查阅有关的数学知识，要求学生认真收集整理课外作业、寒暑假作业中的趣题、趣事等。使他们的思考不断向深度和广度拓展，尽量为他们创设展示自己的机会，让他们参与班、校及上级教育部门组织的一些数学活动，使他们满足自己的展示欲望，找到自身的不足，从而让他们在更广阔的空间中得到发展。

在课外延伸性阅读方面，笔者经常会给本班学生买一些数学课外阅读物，并按期组织数学展示活动，鼓励他们将自己阅读后的数学知识转化成生活实际进行展示。这样不仅将数学与生活进行了联系，也给课外延伸性阅读搭建了一个平台，为学生提供了展示的机会，从而促进学生自主学习。

苏联教育家苏霍姆林斯基说过："学会学习首先要学会阅读，一个阅读能力不好的学生就是一个潜在的差生。如果没有教会学生迅速阅读，在日后的学习中就会遇到无法克服的困难。"小学数学教学应充分发挥数学文本的媒介作用，指导学生学会阅读，掌握数学文本阅读的方法与策略，形成自主学习的习惯，发展数学阅读能力及自主学习的能力。

语文阅读教学中学生创造性思维的培养

北京市通州区马驹桥镇中心小学

岳博潇

《小学语文新课程标准》中指出：语文课程应该是开放而富有创新活力的。而创新思维的培养是学生学会学习、学会创新的关键，这不仅有利于学生感悟知识，灵活地掌握知识，而且能在感知教材、理解教材、巩固知识、运用知识等方面充分发挥其主动性。创新思维的培养还有利于揭示矛盾。学生的学习就像蚕一样，吞进去的是桑叶，而吐出来的却是丝，这就要求我们对待知识要加以创造发挥。

一、小学语文阅读教学中培养创造性思维的重要性

小学语文阅读教学是小学语文教学中的重要组成部分，是一种师生共同完成的，有目的、有组织的活动，它是教与学的有机统一，其中教师的教起主导作用，教什么，如何教，直接影响着学生学习的主动性和积极性，影响着教学的效率和质量。同时，这也是培养学生创造性思维的良好途径。学生在阅读过程中思路开阔、思维敏捷，其理解速度就会更快，这在很大程度上将提高阅读教学效率。学生理解能力强，就能通过检索学习思路找到正确的阅读理解方式，从而提高阅读教学质量。学生的发散思维强，想象力丰富就会对文章的解读更加全面、深入，就容易在文章中挖掘出更多更好的教育因子。

由于阅读材料的趣味性和实践性较强，所以更容易培养学生的创造性思维。从心理学角度上看，创新型人才就是具有良好创造思维能力的

人才，而创造思维能力，指的是思维主体过程中的逻辑思维能力、想象能力、联想能力以及直觉和灵感。我们知道，一篇文章的产生，从写作欲望的突发到材料的综合、主题的提炼、内容的安排以及语言的运用，始终离不开思维活动的参与，因此我们在语文阅读教学中应把着眼点放在创造思维能力的培养上，以达到创造思维能力的提高。同时，小学语文阅读教学更注重发挥学生的主体作用，这也为培养学生的创造性思维奠定了良好的基础。

二、小学语文阅读教学中培养创造性思维的策略

（一）创设教学情境，鼓励学生多思快想，提高思维的流畅性

阅读教学中，要创设情境，唤起思绪。创设主动探索和大胆质疑的课堂气氛，使学生处于一种良好的积极的心理状态，投入新的知识的学习，唤起学生强烈的求知欲望，培养学生创造性思维。如：阅读教学中可按"理解文意—理清思路—分析手法—鉴赏妙处—剖析不足"的步骤进行。具体教学时，可以让学生钻研、揣摩、品味，集体讨论，自由发言，教师适时诱导、点拨，鼓励学生发现问题，提出新见解。这种方法可以活跃学生思维，掌握学习方法，开发智力，使学生养成不盲目接受，深入思考，敢于否定和大胆发表见解的学习习惯。

以《七颗钻石》为例，利用多媒体创设教学情景。引导学生想象大旱灾的场景，展开想象，尽可能多地描绘出场景和情况。这样才能让学生体悟人物感情，与人物内心产生共鸣，从而更好地进行阅读活动。再如：教学《水上飞机》这一课时，"（　　　　）的大船"这一道填上合适的形容词的阅读理解题，学生完全不用按照书上给出的答案"奇怪的大船"来作答，而是应调动自己的语言积累，更多地给出合适的形容词。培养学生的创造性思维就是要在阅读教学中，不拘泥于一类答案，给学生更多更广的空间去思考和想象。

（二）利用质疑，培养学生创新思维和创造能力

学起于思，思源于疑。学生的积极思维往往从疑问开始，有疑问才能促使学生去探索、去创新、去创造。心理学研究表明：疑，最易引起思维的不断深入，不断创新。陶行知先生也有这样的诗句："发明千千万，起点在一问，人力胜天工，只在每事问。"语文阅读教学中要教给学生质疑的方法，为培养学生创新思维和创造能力提供保证。

1. 培养学生在预习中质疑。在每篇课文教学前，要求学生边读边想，课文中有哪些地方不理解，并把不理解的地方做上记号待后质疑。

2. 培养学生在阅读教学过程中质疑。在教学中，教师要善于激发学生质疑问难，促进学、思、疑、问、悟的结合并注意循环往复，不断提高。如教学一年级课文《寻找秋天》时，引导学生提出："秋天到底是什么颜色的？"这个有一定难度的问题，通过释疑来搞清为什么会有绿色、红色、黄色的变化，使学生明确秋天是五颜六色的季节。从而拓展了学生的形象思维和能力。

3. 引导学生针对阅读主要内容质疑。例如在教学《爬山虎的脚》一课时，在总结全文主要内容时提出疑问："这篇课文的题目是爬山虎的脚，为什么作者要用一个自然段去描写爬山虎的叶子呢？"引导学生针对课题提出问题，既有利于对文章内容的理解，又能培养学生的质疑能力、思维能力。

（三）发挥语文学科功能，培养学生在阅读中的创新思维和创造能力

发挥语文学科的思维功能，培养学生的创新思维和创造能力，是语文教学中体现素质教育的一个重要内容。在语文阅读课堂中，儿童往往凭借着敏锐的观察、直接的理解、整体判断、迸出灵感、豁然顿悟、创造想象等认知事物、思考问题，这些均是创新思维和创造能力。如《燕子妈妈笑了》课文结尾处写到"燕子妈妈满意地笑了"。在充分理解文章中心思想，以及作者的写作用意后，可引导学生进行逆向思维、思考，进行讨论：在日常生活中我们该怎样养成注意观察的好习惯？这样一来，赋予文章以新的意义，在思想上和思维方式上有了新的突破，就能够培养他们的创新思维和创造能力。

（四）语文阅读教学课堂中求异、求变、求活，培养学生的创新思维和创造能力

1.求异。即坚持答案结论的多维性，不限制、不规定、不统一答案和结论。这"三不"要充分体现在课堂教学的每一环节上。在学生学习了每一个"知识点"后，都要问一问，"还有什么不同意见吗？"并且鼓励学生大胆地想，大胆地说，使学生真正进入到"创造"的世界。

2.求变。即讲究方法途径的多样性。"条条道路通罗马""殊途同归"等都告诉我们解决问题的办法、途径是很多的，求变的思想在课堂教学中的体现，就是要鼓励学生善于"另辟蹊径"创造发明。

3.求活。即注意信息交流的多向性。课堂教学实质上是信息交流。信息交流由三部分组成，信息的发出、信息的接收和信息的渠道。在传统的课堂教学活动中，信息的发出者是教师，接收者是学生，接收的信息也只有一条，即来自教师的信息，这种信息是单一的。如何使信息交流多向性呢？首先，就这三部分来说，都应该是"双向"的，即发出者要承担接收的任务，接收者也应该有发出的权利。也就是说，教师和学生都应该是信息的发出者和接收者。接收信息的渠道是什么呢？对学生来说是教师，对教师来说是学生。这样的"双向"交流，课堂活动才能真正实现平等、民主、和谐，学生的潜能才得以开发，创造的激情才得以释放；其次，从学生接收信息的渠道角度说，应该"多向"。既要从教师方面获取信息，也要从同学方面获取信息，还要让学生通过自己的认知，直接从客体材料中获取信息，特别是来自同学方面的信息。因为同学和同学之间彼此没有顾忌和约束，所以最容易发出"创造性信息"来，

培养出创新思维和创造力。

　　小学语文阅读教学中培养学生的创造性思维是非常重要的。学生的创造精神欲望的激发，创造思维的训练，创造能力的培养，都寓于教师引导下的学生独立探索和获得知识的过程中，即以发展学生的创造力为核心组织教学——通过教学实践，挖掘学生的创造潜能。

春暖诵雅集 飞花传诗韵

北京市东城区西中街小学优质教育资源带

滕 腾

古诗词是我国优秀的文化遗产，也是我国劳动人民千百年来智慧的结晶。为了让学生们爱经典诗词，做文明少年，诵千古美文，扬传统文化，学校少先队大队于 4 月召开了"春暖诵雅集，飞花传诗韵"为主题的古诗词大赛。习近平总书记曾分享过自己阅读的故事，"我年轻时读了不少文学作品，涉猎了当时能找到的各种书籍，不仅其中许多精彩章节、隽永文字至今记忆犹新，而且从中悟出了不少生活真谛"。许多年后，童年的记忆逐渐淡去，但一首首朗朗上口的古诗词依旧存留在心间，可见儿时的积累是多么重要啊！

一、读书不觉已春深，一寸光阴一寸金

学校少先队在清明节前就面向全体同学发出号召，大家一起读古诗、背经典，并由德育处印发了集有"人""风""水""花"以上四种字的古诗词，订制成一本小册子。假期回来之后，孩子们在课间、在家里不仅手不释卷，口中更是念念有词。"千里莺啼绿映红，水村山郭酒旗风"；"儿童散学归来早，忙趁东风放纸鸢"……听着此起彼伏的读诗声，四至六年级全体同学在争分夺秒地为即将召开的诗词大赛做着准备。诗词，这种中文独有的一种文体，用它特殊的格式及韵律，凭借着与现代文学截然不同的艺术魅力，简洁的文字，精巧的结构，示人的道理，使一代又一代人为其倾倒。同学们也不例外，一个个都沉醉在诗词的海洋，品读

先贤智慧，传承中华经典。

二、读书破万卷，下笔如有神

4月15日，四至六年级各班开展了热火朝天的诗词大赛初赛。由德育处老师精心编制的初赛题涵盖了课内外必背和《飞花令》诗集中的各类古诗词，以填空题、连线题、看图作答等多种类型的题目呈现出来。短短的40分钟答题时间，对于孩子们来说是一种考验，答得快、答得准，全面考察了同学们对古诗词的熟记程度。同学们有的书写飞快，有的涂涂改改，还有的苦思冥想。老师们仔细阅卷600多份，根据得分排序列出了笔试前十名的同学。这十名同学不光诗集中的故事背诵熟练，就连附加题也是回答得准确无误，令人赞叹不已。

三、春城无处不飞花，寒食东风御柳斜

4月23日世界读书日来临之际，历时一个月的诗词大赛终于迎来了年级决赛。班级选手个个摩拳擦掌，跃跃欲试，都想在决赛现场一展风采。

比起初赛，决赛更看重同学们对于诗词含义、作者生平和创作背景的理解与运用。每年级36名选手要闯过"齐驱并进"的团体答题关，再从"一马当先"抢答个人赛中突围，才能站在"飞花传韵"的舞台上进行一对一飞花令的比拼。

在团体答题环节同学们稳扎稳打，各班都答出了不错的成绩，有的班几乎所有进入决赛的选手都进入了下一轮个人赛。在个人赛环节，比分你追我赶，往往一个小失误就将比分拉开，也有排名一直靠后的选手答出了全场最高分的题目分数，一跃而上排位前三。个人赛结束有九位同学凭借扎实的古诗文知识、沉着自如的现场应对，分别获得年级前三甲。在最后的飞花令环节，比分靠前的两名同学通过飞花令的形式决出年级榜眼和探花。

在第二周的升旗仪式上，三个年级的状元齐聚一堂，现场为四至六年级所有同学们展示了飞花传令，随着一句又一句古诗脱口而出，现场响起一次又一次热烈的掌声。张校长为各年级的状元、榜眼、探花颁发了学校精心准备的诗集和彩笔，寓意"书阅世界，笔绘人生"，愿同学们"读诗文、品诗韵、画诗魂、传经典"，用自己的行动将中华优秀传统文化发扬光大。

书籍，是文化的重要载体；读书，是承继文化的重要方式。习近平总书记说："我爱好挺多，最大的爱好是读书，读书已成为我的一种生活方式。读书可以让人保持思想活力，让人得到智慧启发，让人滋养浩然之气。"春天是个万物复苏的季节，更是个诵读雅集的好时节，同学们通过参加为期一个月的诗词大赛，积淀经典，传承文化，诗韵心田，真是收获多多。

"研"出来的快乐

北京工业大学附属中学十八里店分校

陈春红

2007 年，我校有幸参加了"儿童文学促进小学语文教学的有效性研究"的课题。在课题的研究实践中，我们体验到了儿童文学带给我们的快乐与成长。

儿童文学教授陈晖说过这样一段话："当代哪怕最优秀的儿童文学作品，也不能再期待单纯凭借作品自身的资质就能'不胫而走'，而需要通过专业的儿童文学推广，才能广泛地被儿童接受。"应该说，作为教育者的我们，天然具有这种"专业推广"作品的责任和义务，我们应该做个书香少年的点灯人。作为学校的管理者，我们也作了一些有益的尝试。

一、一"点"一"线"循序渐进，点燃师生阅读兴趣

博尔赫斯说："我总是想象天堂将如同图书馆一般。"是的，那一卷卷的书籍，就是我们的天堂，不要放弃孩子每一个亲近书的机会。因为阅读能让他们生在都市、长在现代，却割不断传统与经典的血脉，那是人类高贵精神的血脉，没有了这个，他们的成长是漂浮无根的。作为校长首先就是读书人，把自己的精神营养、思想传递给教师，教师则传递给学生。让阅读兴趣在传递中引发、升华。

一点：学校的领导班组是引发教师阅读兴趣的燃点。起初，教师们听到"儿童文学"一词时有些摸不着头脑，总认为是很深奥，很遥不可及的事。我就给他们讲了一个故事：宋朝有个尼姑要寻找春天，走了很

多地方都找不到，等她回来的时候忽然发现院墙里的梅树上早已开满了花，于是赋诗一首："尽日寻春不见春，芒鞋踏破垄头云。归来笑拈梅花嗅，春在枝头已十分。"老师们听罢豁然开朗，正如诗中所悟，儿童文学离我们并不遥远也不深奥，就在我们身边，就在我们手中，就在一本本书里。在这之后我们还组织教师系统解读了王林博士的课题活动手册，教师们对"儿童文学促进语文阅读有效性研究"这个课题有了较为深入的了解。为了引发教师的兴趣点，我校的领导成员每周都要开展三读活动。即："每周一升旗读"，每周一校长都会给全体教师和学生朗读一篇儿童文学作品，让每个人在欣赏与感悟中开始一周的学习与工作；"周二例会读"，教学干部会在每周二的例会上选读经典文章与各位教师分享，教师们会将自己的感触记录下来，并及时上交；"周四教研活动读"，在每周四的教研活动中，各位分管干部会将教师上交的听后感读给大家，从而形成干部与教师之间的思想回路，使大家在交流中成长。三读活动的开展，引发了教师对于儿童文学的兴趣，潜移默化中强化了教师的阅读意识。众所周知，"要给学生一杯水自己首先应该是源头活水"。"没有厚积，哪来薄发？"因此教师阅读儿童文学作品有助于教师更加深入地了解儿童的心理，也便于运用趣味、幽默、生动的教学手法来启迪学生的心灵。为此，学校还为教师购买了大量的儿童文学作品，如《一个女孩的心灵史》《我要做好孩子》《中国兔子德国草》等，以满足大家的阅读需要。教师每每阅读后，会将读书体会记录下来，学校在学期末会把教师的读书心得装订成册，以便后续工作查阅使用。

一线：教师是引发学生阅读兴趣的一条主线。爱因斯坦说："兴趣是最好的老师，如果把学生的热情激发起来，那么学校所规定的功课，会被当作一种礼物来接受。"在实践中，我们引领教师做了以下尝试。

（一）你听我读，引发兴趣

我校要求教师利用每天早读时间为学生朗读儿童文学作品，并做好朗读记录，课题组长还会定期对学生进行问卷调查，以便了解情况。具体方法很简单，教师每天会手拿书本在全班同学面前绘声绘色地朗读，天天读着，周周读着，月月读着……就这样一直坚持周而复始。学生的反应很强烈，他们期待着老师的每一次朗读。孩子是那么专注，他们欣赏着老师的声音，欣赏着老师的表情，欣赏着书中的一切，这让我们坚持了每日开展"你听我读"的阅读欣赏活动。

（二）示范引导，激发兴趣

古语云：亲其师，信其道。这足以体现出言传身教的引领性。小学生具有很强的向师性。但同时他们也会有自己的主见，并不随意盲从。我们认为老师旁敲侧击式的教育，往往更能让他们听进去。所以我校要求教师在教学中要引经据典，旁征博引，激发起学生浓浓的阅读兴趣。例如，在听课中，我们看到教师利用一切时机给他们讲起自己小时候爱读书的事情，也会把自己童年读过的书悄悄放在班级里的"读书一角"中。因为老师会在书皮写上姓名和买书的日期、地点，所以当孩子们取阅时，就会突然发现那些书，并且因为看到那是老师的书，而兴趣盎然。除此之外，学校还要求教师不要直接告诉孩子哪些书是好书，而是有意无意地假装对他们说道："最近老师特爱看一本书叫——"或者"老师这周末又去了图书馆，发现了一本特别有意思的书叫——"，每当这时，孩子们都会竖起小耳朵听着，也会在课下带着兴趣找到那些书来读一读。好像这些好书都是他们自己发现的一样，如此一来带着满足与成就感读书，快乐自不可言喻了。

（三）内外结合，巧引兴趣

课堂是学习语文的主阵地，所以我们课题组确立了由课内学习带动课外阅读，再用课外阅读推动课内学习。比如，我们让教师在备课中作了如下尝试，课本中有许多课文是名家名篇，教师就要针对这部分内容搜集材料，尤其是他们的写作逸事，并将其材料装订成册。就这样一学期下来，老师和学生都会有相应的提高。又如，学校引导教师要利用学生的求知欲来推荐相关作者的其他经典著作；也有的课文是篇章的节选，所以要告诉学生想读一读全文，可以在哪本书中找到等。如此一来，学生就会充满了探知的强烈需求，正好达到了课内带动课外的目的，岂不乐乎！

（四）阅读手册，记录成长

为了引导学生阅读的持之以恒，我们针对学生不同阶段的特点，设计制作了十二生肖阅读成长手册，寓意是年年有收获，岁岁有成长。此外，封面有校长寄语和读书格言，记录项目更是丰富多彩如成语沙龙、词语接龙、优美语句、难忘段落、三言两语等，孩子们爱不释手。

二、一"记"一"赛"细水长流，激发师生阅读活力

有了阅读的兴趣，师生就会如饥似渴地阅读，这时学校就会为师生选配适合适量的图书，以供大家选择。本学期学校为每个班都配备了书柜，并引领教师在教室中设立了书香园地，定期展出学生的读后感、读书卡、手抄报等作品。大量的阅读丰富了师生的情感世界，拓宽了知识面。他们走进了《汤姆叔叔的小屋》，游览了《蓝色的海豚岛》，结识了《雾都孤儿》。他们被卓娅和舒拉的故事所感动，为卖火柴的小女孩的不幸而流泪。此时，师生便有了展示自己的欲望，学校便抓住这个弘扬、巩固阅读兴趣的极好时机，组织开展多种形式的阅读实践活动：如"新闻趣闻发布会""故事会""赛诗会""向你介绍一本好书""我喜欢的一位儿童文学作家"等。师生们或是向大家介绍正在读的书或评价书中的人物，或谈谈读后的感想。这是吸收后的倾吐，这是感悟后的外显。

师生们通过阅读活动焕发了阅读的活力，体验了阅读的快乐。与此同时，我们还引导师生把读书的体会、收获，对书中人物的评价及时地记录下来。于是每个班就有了"流动的情感""大家的日记"等师生的作

品集。"流动的情感"即班级设有一本手册，每周有一个同学在上面记录自己读书的感受或是好书介绍，或是摘录感动的故事等，这样每周轮换，同学之间传递着情感。"大家的日记"即班里的同学每天轮换写日记，内容由自己的感触出发。每个同学都期待着属于自己的那方天地。

众所周知，缺少故事的童年是苍白的，没有书香的人生是灰色的，荒疏阅读的民族是没有未来的。时代呼唤阅读文化，中国呼唤文化阅读。阅读将改变阅者的生活，为一个人乃至一个民族灌注了一种积极的精神生命，给人类的现实生活带来光亮、梦想和希望。

让我们静坐时间一隅，轻轻翻动书页，让身心沐浴书香，让灵魂接受洗礼，于寂寞中独守读书的欣悦。这是何等令人心旷神怡的事情啊！让我们守护好孩子的童年，共同撑起孩子阅读的灯。

与好书为伴 向梦想出发

北京市房山区长育中心小学

景赫洋

曾几何时，我也曾因迷茫而不敢前行；曾几何时，我也曾因学浅而不擅交际；曾几何时，我也曾因没有底气而不敢站上这三尺讲台。后来，我学会了与书为伴，踏上追寻梦想的旅程。

曾经，有读万卷书、行万里路的美谈；如今，书籍被放在高高的书架上蒙了尘，失去了它的光鲜亮丽。在这浮躁的都市，很少有人能够沉寂下来，打开一本书，安安静静地将其内化于心。尚且年幼的孩子们，自是还不能明白书的珍贵。人生刚刚萌芽的他们，现阶段陪伴他们的是游戏和电子产品。纸质书对他们来说仅限于课本，而其他的课外读物俨然不在考虑之列。但每当我看到孩子，也看到了希望，孩子们是祖国的花朵，是未来的国之栋梁。我希望孩子们可以找到适合自己的书中净土，学会与书为伴，向梦想追寻！

很荣幸，今天我可以和这些可爱的孩子们站在一起学习。我们站在同一个起点，我们一起去探索知识的大门，我们学习读书，我们领略文字的奥秘。我把我的学习方式授予你们，你们在我的面前成长，我看着一棵棵幼小的苗，开出了灿烂的花。很久以前，我们有《诗经》《楚辞》，如今的我们，只剩下社交软件里的只言片语。所以，在这纷繁的世界里，孩子们需要在刚刚"萌芽"时，翻开启蒙读物，理解书中璀璨。

于我而言，我热爱读书，我渴望我们的孩子能够以书做伴通晓文化知识。所以我愿用各种办法帮助孩子们学会阅读并喜欢阅读。《三字经》

《千字文》等是古时候的启蒙读物，直到今天，仍具教益。因此，像"人之初，性本善"这样短小精悍、朗朗上口的文字，包含传统的仁义礼智信，容易理解且容易牢记。再如"天地玄黄，宇宙洪荒"这样由一千字组成的韵文，可以简单地识文断字。

每天清晨，阳光洒在课桌上，稚嫩的声音念着"寒来暑往，秋收冬藏"，满满的文字气息，待到孩子们通读《千字文》，便识了千字。中午，我们开展文化小课堂，让每个学生代表一个汉字，让孩子们识记自己所代表的汉字，同时记住自己身边同学代表的汉字，待到孩子们能够认识自己及同学们所代表的汉字之后再次转换，互相认识，达到牢记的目的。晚间，在日光灯的照耀下，小小的人打开《三字经》，年幼的孩子会很快记忆，且不会轻易遗忘，于是做人的道理也知晓大概，经过我的解说，便融会贯通。

曾有个小孩，因父母强制阅读而抗拒阅读，在我看来，这是对孩子兴趣的扼杀。为了顺应孩子的兴趣，我选择更独特的方式帮助他们提高阅读兴趣，打开知识殿堂的大门。如：用教育性动画代替泛滥的无脑动画，用拼音字母游戏代替网络手游，用有趣的插画读物代替漫画，用益智的沙盘类游戏代替孩子无意义的玩闹，在一次次的纠正过后，孩子们变得喜欢阅读，喜欢动脑，有趣的阅读方法让他们快乐成长，浮躁的社会给他们冲刺的机遇，后来他们爱上了阅读。

对于孩子而言，他们的天性是玩，所以我们首先需要顺应孩子的心理特点，为孩子选择有兴趣的读物，让孩子对读书产生好感。其次我们不能控制孩子的阅读过程，孩子和我们一样，喜欢自由，喜欢按自己的兴趣做事，所以我们要给孩子足够的学习空间，为他们创造自由的阅读环境，让他们在自己的天地里自由阅读。再次，我们需要为孩子提供丰富的读物，幼年的孩子尚处于学习阶段，学习对他们来说是一个猎奇的过程，不同的读物给孩子们不同的感官体验，也让他们明白不同的道理。最后，孩子们需要陪伴，我们需要和孩子一起看他们喜欢看的故事，和他们一起分享自己的心得体会，同时鼓励孩子表达自己的读书体验，为孩子创造温暖的亲子学习环境，给孩子足够的安全感。

孩子是祖国的希望和未来，尽管这浮躁的世界已经扰乱我们静心阅读的氛围，但是孩子不一样，孩子看到的世界是明媚充满光辉的，在孩子尚且年幼的时候，我们就应该是孩子的楷模和榜样，我们也需要拿起书本，为孩子做好榜样。

现在，有孩子鼓起勇气站在讲台，表达自己对读书的热爱，她说："我喜欢读书，是因为我喜欢景老师，她阅读的声音给了我力量。"另一个他说："我喜欢阅读，也喜欢景老师，我想像她一样，做个温暖而坚强的人。"听到这，我倍感自豪，我喜欢琅琅的书声在教室回旋，我希望孩子们可以像我一样热爱读书，与书做伴，在追梦的旅途中，满载而上。

当孩子们与书做伴的时候，孩子们像山涧的精灵，享受阳光的沐浴，接受自然的精华；当孩子们揣摩文字的时候，孩子们仿佛站在一望无际的草原，听着呼啸的风声，领略百川的豪情。读书丰富了孩子们的文化底蕴，给予他们更多的自信和修为；读书拓宽了孩子们的文化视野，给予他们更深的智慧和力量；读书陶冶了孩子们的文化情操，给予他们更优的底蕴和风采。读书带给孩子们的不仅是文字知识、文明礼让，更是做人的标杆。通过读书，孩子们学会了讲礼貌守纪律，学会了尊师敬长，学会了触类旁通，学会了从书中走出去，领略更广阔的天地。

我希望当孩子们打开语文书，便理解了语言文字的优美；当孩子们打开数学书，便领略了几何三角的神秘；当孩子们打开地理书，便感受了祖国的大好河山；当孩子们打开历史书，便见证了一个东方巨国的曲折成长。与书为伴，我们知晓了天下大事；与书为伴，我们学会了深情表达；与书为伴，我们提升了自身阅历。所以，在未来，我们更需要与书做伴，追寻我们渴望的远方，向梦想出发，请乘好梦想之马，挥鞭启程——路上春色正好，天上太阳正红。

科普读物阅读策略与实践

北京市朝阳师范学校附属小学

张红艳

学生阅读文学性作品较多，阅读科普读物的学生相对较少。激发学生阅读科普读物的兴趣，感受科普读物的魅力就成为我阅读教学的重点之一。

随着学生年龄的增长，对科学信息的获取需求越来越大，而科普性读物阅读方法的指导在语文教学中较弱。现代信息社会，很多知识的获得并不完全依赖于课堂教学，因此，掌握科普作品的阅读方法就十分重要，为学生阅读科普读物提供方法的指导，便于学生独立阅读这样的作品以获取更多的知识信息。

通过"读书会"的课程实践，对学生课外阅读进行指导。本案例就是实验教师通过科普读物的读书会进行科普读物阅读策略的指导，以激发学生阅读科普读物的兴趣。

一、确定阅读主题

主题：少儿科普读物《昆虫记》。

《昆虫记》是一部描述昆虫的种类、特征、习性、繁衍和死亡的科普著作，同时也是一部富含趣味、美感和哲理的文学巨著。文字清新自然有趣，语调轻松幽默诙谐，基于事实的故事情节曲折奇异。这本书由若干个独立的小故事组成，每个故事的字里行间都充满着作者对生命的尊重与热爱。

本节读书会的设计与实施宜于建构多样化、开放式的学习环境，重点培养学生主动的、探究的、合作式的学习方法。对学生语文综合素质进行评价，把课堂交给学生，教师的作用主要是适时地向学生提供材料和教给获取材料的方法，并对重点问题进行引领性分析。

二、巧设阅读效果评价

1. 阅读效果评价目标：激发学生阅读科普读物的兴趣，养成自觉阅读的习惯；促进学生阅读课外科普书籍，获取大量科学知识信息；培养、提高学生阅读科普性读物的能力。

2. 阅读效果评价主体：本节读书会的学习效果评价以学生自我评价为主，所以学习效果评价的主体定为学生自己。

3. 阅读效果评价内容：语文综合素质。

4. 阅读效果评价方式：通过《阅读记录表》进行阅读的自我学习效果评价，通过竞赛试题以及竞赛结果达到对阅读效果的评价，通过设计"昆虫名片""现场采访法布尔"达到对学生语文综合能力的评价。

三、确定阅读目标及重、难点

1. 阅读目标：引导学生阅读《昆虫记》，了解昆虫知识。感受法布尔对昆虫的认真观察、反复试验等科学方法。感受《昆虫记》的写作特点：在表述科学知识的同时，感受作家诗一般的语言特色。

通过班级读书会，引导学生体会科普作品的特点。学习、积累科普作品的阅读方法。激发学生阅读科普读物的兴趣，感受科普读物的魅力。

2. 阅读重、难点：通过班级读书会，引导学生体会科普作品的特点。

四、读书会课程实施过程

1.《昆虫记》大家谈：《昆虫记》是一本什么样的书？

2. 昆虫知识小竞赛：选择题 6 道；问答题 6 道。

3. "昆虫名片"巧设计：为一种昆虫设计名片，并用生动的语言描述昆虫的特点。

4. 现场采访法布尔：由同学当小记者提问，三名同学扮演法布尔回答问题。

5. 享受阅读乐趣多：推荐昆虫学理论书籍；拓展阅读科普读物。

五、科普读书会的特点

科普读物是知识性很强的阅读书籍。通过对一本书阅读感受的讨论交流，在交流中碰撞出更新的阅读火花。科普并不全是枯燥的科学知识，更充满有趣的科学故事。激发学生对科普读物的阅读兴趣，甚至唤起学生内心追求科学知识的理想，探求真理的科学精神。设计本节读书会，有以下几点思路：

1. 通过活动感受科普读物特点。通过"昆虫知识小竞赛""昆虫名片巧设计""现场采访法布尔"，从学生阅读发展的需要出发，注重学生的阅读状态和情感体验，注重学生主体地位的体现和主体作用的发挥，几个环节设计，感受科普读物的特点。强调尊重学生人格和个性，鼓励发现、探究与质疑，以利于培养学生的创新精神和实践能力。

2. 在活动中感受科普读物的阅读方法。对于科普读物的阅读，首先是提取科学知识；其次是在阅读文字的同时关注图片的解释说明作用；再次要注意引导学生学习看书中的注释，帮助理解内容；最后要知道在本书中发现问题，产生怀疑的时候，去查阅科学性的理论书籍。因此本节读书会在学生交流阅读感受的同时，重点还在于培养学生阅读科普读物的方法。并且通过话题的设计引导学生关注这些方法，运用这些方法。

3. 通过知识竞赛，了解昆虫知识。《昆虫记》每章详细、全面地介绍一种昆虫的外形特点、生活习性。通过"昆虫知识小竞赛"这个话题，使学生在互相竞赛中了解纷繁、神奇的昆虫大千世界。

4.通过活动设计，感受人文情怀。时至今日，《昆虫记》依然被公认为跨越领域、超越年龄的不朽经典，在于其丰富的内涵以及其优美的笔触。在法布尔的笔下，每一种昆虫都是充满了灵性与智慧的，都是活生生地跃于纸上。通过为昆虫设计名片的活动，亲身体会作家不是在写"昆虫"，而是在写朋友，在描述他身边的朋友们的生活。

5.在问答之间走进作家内心世界。科普读物的作者不仅是科学家还是文学家，通过设计向法布尔提问，引发学生思考，提升阅读品质，升华阅读效果。变换角色，把自己当成是法布尔，引领学生站到他的角度去领悟科学的精神，体会生命的真谛。

通过本次科普读物《昆虫记》的阅读指导策略的实践研究，学生们在语文素养、阅读能力上都有不同程度的提升。

（1）通过为昆虫设计名片，同学们用古诗文的形式进行叙述，语言文字表达能力得到提升。

（2）通过现场采访的环节设计，学生之间的精彩问答，提升了学生的口头表达能力。

（3）读书会后，学生纷纷写下本次阅读的感受，反映出语文学习与阅读兴趣的提升。

通过本次科普读物的阅读指导实践，教师为学生挑选适合的科普读物，确定阅读目标和评价目标，通过读书会进行阅读效果的检验。通过这种科普读物的阅读策略的研究，我深刻地体会到，读书会上，老师要做的就是帮助学生选择一本值得阅读讨论的书籍，巧妙设计阅读展示环节，为学生搭建一座展示智慧与才华的舞台。

读书交流会促进有效阅读

北京市朝阳师范学校附属小学

张　松

　　新课标对学生的阅读能力、阅读方法、阅读量都有明确的要求，可见教育部对阅读的重视。的确，阅读对于一个人的发展起着举足轻重的作用，阅读改变人生，这已经在人们心中达成共识。古往今来有成就的文人志士都很重视阅读，孙洙的《唐诗三百首序》中出现了这样的诗句"熟读唐诗三百首，不会作诗也会吟"。《三国志》中也有这样一句话"读书百遍，其义自见"。高尔基曾说："书是人类进步的阶梯。"夸美纽斯也曾说："书籍是培植智慧的工具。"从这些古诗词和名人名言中，可窥见阅读的魅力。

　　那么，在具体的语文教学中怎样开展阅读教学，让我们的学生爱读书，会读书呢？这可不是一个简单的问题。我们经常会听到一些语文教师无奈地感叹道："哎，我也知道让学生广泛阅读，丰富学生的阅读量，是提高语文成绩的最好方法，但是反复强调学生每天要看课外书，他却不看，有什么办法呢？"在我的教学实践中，我认为开展"读书交流会"是促进学生广泛阅读的有效途径。

一、班级读书会的组织建设

（一）定时间：让学生有阅读的时间，将阅读活动落到实处

1. 减少烦琐的分析，挤出时间让学生阅读。

2. 留有专门的阅读指导课。

3. 把阅读的时间化整为零，每天抽取时间让学生阅读，如晨间活动10分钟，和学生共同阅读；每节语文课前3分钟朗读热身；开展午休阅读；课外时间阅读。

（二）汇读本

没有可供阅读的图书，班级读书会自然是没法展开的。书从何来？我们这么设想：

1. 学校设立专门的图书阅览室，保证学生图书的供给。阅览室中的图书应该精挑细选，把那些融知识性、趣味性、可读性的读物推荐给学生。

2. 建立班级书架。发动学生赠书，充实班级图书角。

3. 成立书友队，好书交换，书友共读。

4. 提倡建立家庭书架，亲子共读。

5. 争取社区的支持，充分利用社区阅览室等资源。

（三）创环境

氛围也有传递信息的能力，而且常常具有良好的效果。所以在黑板报、学习园地、教室走廊布置一些读书名言、推荐一些好书，营造起浓厚的书香气息，并在平时的交流中鼓励学生积极阅读，踊跃参与，便能慢慢形成班级读书会的良好风气。

（四）展活动

开展班级读书会活动，不同的班级一定要有不同的安排。

1. 拟订计划，寻求学校行政上的支持，并争取家长的配合。

2. 重质不重量。我们以一学期两本为原则，师生共同读一本书，而书籍的选择及内容，可以由老师向学生推荐。

3. 老师先行导读，老师设计相关的读书记录单，让孩子们能配合读书会的活动，以收相辅相成之效。

4. 丰富活动形式，通过多形式的活动，如："读书方法大揭秘""古诗词朗诵会""剧本创作表演赛"，各种故事会、交流会、分享会等。

二、班级读书会的阅读技巧

班级读书会对学生阅读技巧上，我们设想通过这么几个层面来实现：

（一）记忆层

通读文字材料，积累一定的语言感性材料和各种知识。

我们可以通过以下方法对孩子进行阅读的指导。

（二）理解层

通过复杂的思维来全面分析，深入了解作品的内容和形式的特点。

（三）思考层

对作品进行鉴赏、评价、重新审视的阶段，是通过深度思考，归纳作品的内涵，并由此找到生活中的原点，产生自我对照的自觉历程。

三、班级读书会的开展

语文课程的安排有一个特点，每个星期有两节课是连堂的，主要是用于作文指导或者测验。如果这两节课既不测验又不进行作文指导，用一节课来开展读书交流会是最佳选择。

（一）确定交流主题

交流会的开展要有一定程序，开展之前，教师先给学生确定一个交流的主题，学生围绕主题有选择地去阅读相关的书籍。然后让学生以日记的形式或者是周记的形式，把主题内容写成文章。

交流会上，学生把写好的文章以演讲的形式在班上汇报。交流会的主题可以涉及各个方面，可以是生活方面的，可以是自然方面的，也可以是科学方面的。根据我的经验，最好是根据教材内容及身边发生的事确定主题，这样的主题会让交流会收到意想不到的效果。比如R版三年级上册第八单元的主题是"神话故事"，学生对学习神话故事的热情是很高涨的，课本上所选的五篇课文是远远不能满足他们对神话的阅读欲望的。讲授完这个单元之后，我给学生确定交流会的主题是"我最喜欢的一个神话故事"，并让学生把这个故事写在成长日记上。学生接到任务后，纷纷去寻找神话故事，有的是去图书馆阅览，有的是上网阅读，有的是去新华书店购买，更多的是互相借阅。在交流会上，同学们兴味盎然地讲述一个个离奇曲折的神话故事，这些故事把同学们带入美妙的情境中。S版十二册第三单元的主题"科学与探索"，向往科学探索是小学生的共性，他们对宇宙对大自然充满无穷的好奇心。学完这个单元后，我给他们确定一个主题"太空知识知多少"，学生根据主题积极地阅读有关宇宙方面科普读物。再如每年的3月份是学习雷锋月，我以此为契机，给学生确定交流主题"雷锋的故事"，在交流中，既增进了学生对雷锋的了解，又使学生受到了思想教育。此外，还可以通过交流会，让学生去关心身边的以及国内外的事情。我曾经出过这么一个主题"我最喜欢的一则新闻"，开展了这个交流会后，有很大一部分学生开始有意识地去关注新闻关注社会，在他们的作文里都凸显了这方面的内容，这使得他们的作文有了一定的深度，有了一定的生活气息。教师有选择地给学生确定主题，这样学生就会广泛地阅读各方面的书籍，在阅读中增长知识。

（二）促进学生表达

学生的个性千差万别。有的学生个性开朗，爱表达善于表达。有的学生个性沉稳内向，不愿意表达，认为自己知道就行了，甚至有的学生奉行"沉默是金"的做事原则。在读书交流会中怎样让每个学生都会讲都愿意讲呢？这需要老师采取一定的技巧。在我所带的班级中，听过我的课的老师都有一个同感，那就是所有的学生都很大胆地大方地表达自己的观点，这主要得益于我经常开展"读书交流会"，并且在交流会上我让每个学生都有机会且都愿意说。让每个学生都愿意说的诀窍就是给获胜者一个小小的奖励。

具体操作如下：首先，按四人小组的形式把全班分成若干个学习小组，并且选出小组长。交流会发言人由小组长选定，不能每次都是同一个人汇报，四个人必须轮流上台演讲。交流会的前5分钟，被选定的同学先在小组内演讲，其他成员对其演讲进行指导，提建议，之后各小组代表按顺序进行演讲。

有选手就得有评委，评委由大组的8个组长担任，采取100分的形式。评委按照"内容（20分）、表情（20分）、站姿（20分）、音量（20分）、脱稿（20分）"的标准进行评判，去掉最高分和最低分得出平均数，评出前5名。获奖的选手代表的是整个小组，因此每个选手可获得4份奖品，即小组每人一份奖品。奖品可以是小笔记本，也可以是圆珠笔，有时还可以适当满足学生的要求奖些小零食。别小瞧了这些小礼品，对学生的诱惑力可大了，学生拿着奖品就像获得了大奖似的，满脸笑容，那高兴之情溢于言表。

学生有了读书的兴趣爱好，选择什么样的书阅读也是一个关键，列夫·托尔斯泰曾经说过："理想的书籍是智慧的钥匙。"可是现在市场上的书籍良莠不分、参差不齐，小学生的辨别能力又不强，这就需要教师的引导。教师首先向学生讲清楚什么样的书籍是健康的，什么样的书籍是垃圾书刊，然后有计划地分阶段介绍学生去阅读某方面的书籍。教师还可以与家长沟通协调，让家长跟孩子一起阅读探讨，在共同的阅读中提高学生的鉴别能力，避免学生阅读低级趣味的书籍。

开展读书交流会是促进学生阅读的有效途径，只要语文教师充分利用好读书交流会，学生的语文素养就会在广泛的阅读中得到提高。

沐浴书海 悦享书香

北京市朝阳师范学校附属小学

史晓琳

博览群书是培养孩子语文素养的基础之一，可以说阅读是语文学习的根本。开展阅读活动有利于激发学生阅读兴趣，养成博览群书的好习惯，丰富学生的学习生活；有助于提升学生语文素养，促进学生知识储备更新，提高思维活跃度，达到学生综合实践能力的提高。

基于这一目的，我校区面向全体师生开展了"沐浴书海，悦享书香"主题阅读活动。

一、建立阅读资源——"阅读交换角"

要想让学生养成博览群书的好习惯，就要有良好的阅读氛围。大部分学生家中的书籍有限，出于这个考虑，为了让孩子可以每周更新自己的阅读内容，本班制定于每周一班会的时间会进行好书交换的活动，让班级的图书角发挥更大的作用。孩子们将自己看过的书籍放到图书角中，再借走一本没有看过的书籍阅读，都笑称这个图书角是"交换智慧"的小天地。

二、一日三读

（一）晨诵10分钟：诵读优秀经典古诗文

利用早晨10分钟诵读优秀经典古诗文，晨读内容是中考必考古诗文篇目。提前让学生接触这些古诗文，培养学生的语感。由于学生年龄限制，所以不强求学生完全理解古诗文的内容和蕴含，了解大概即可。对于中年级的学生来说，多阅读、多诵读、多积累才是这个年龄段应有的阅读能力。

（二）午读 10 分钟：背诵经典，每日一诗

利用午休中 10 分钟的时间，让学生以小组的形式，在小组内进行互查古诗背诵，组内同学由组长引领，互相交流古诗的大概意思，说说自己了解到的内容。这样在小组内，学习能力较强的孩子就会在无形中把自己的积累输出给学习能力较弱的孩子，从同学口中讲解的知识，学生会更容易明白、接受、理解。这样的 10 分钟午读，不仅丰富了孩子的古诗积累，还对班级中学习能力较弱的孩子也有了一定的关注与帮助。

（三）暮诵 20 分钟：亲子阅读，赏析佳作

每天睡觉前，利用 20 分钟左右的时间，家长陪伴孩子一起阅读，共同悦享亲子阅读时光。这样孩子有了和父母"比着读"的意识，会读得更认真。不仅提高了阅读积累，还加深了亲子情谊。

三、阅读课：师生同读，悦伴书香

将每周其中的一节语文课设立为班级阅读课程，老师和学生一起读书，一起享受智慧的时光。在阅读课中，孩子们放下手中的学习任务，老师放下手中的烦琐工作，教室中的所有孩子全身心地一起阅读，安静地享受阅读的快乐时光。不知不觉，有的孩子连下课铃声都没有听到，已经到了"忘我"的境界，全身心地投入到了书本当中。

孩子的阅读兴趣已经变得越来越浓厚，阅读积累也在无形中变得更加丰富了。

四、制作阅读悦享卡

为了让孩子们掌握自己的读书进度，加深自己的阅读兴趣，我们制作了阅读悦享卡，让孩子们掌握自己的阅读成果，在不知不觉中，就读完了很多诗词，读完了很多本书。这样一来，孩子在阅读上的成就感也就油然而生，他们的阅读兴趣就能大大提高。当然，阅读也就成了他们学习生活中不可或缺的一部分。

五、阅读成长印记——阅读笔记、阅读小报

阅读是要在孩子的成长道路上留下印记的，孩子们有了浓厚的阅读兴趣后，开始自己书写阅读笔记，将自己所读内容中印象最深刻的文字记录下来。有的孩子在笔记中写道："我也要像大作家一样，说出这么生动的语言，写出优美的文字。"我还提倡能力较强的同学，每周制作一张阅读小报，每周的内容是所读的内容。如果是一本比较厚的书要几周才可以读完，就连续制作几张阅读小报，把这几张小报按顺序放在一起。这个时候孩子自己可能会惊呼："竟然连起了整本书的内容，真是太神奇了！"还有的同学看了其他同学的阅读小报之后，激起了自己读这本书的兴趣，便向同学借阅。就是这样一点一滴地积累，孩子们的阅读兴趣越来越浓郁，慢慢养成了"好读书"的习惯。

读书不仅对学生的学习有着重要作用，对他们的道德素质和思想意识也有重大影响。通过"沐浴书海，悦享书香"主题阅读活动，学生获得了许多。

1. 孩子养成了很好的阅读习惯，把阅读当作了和吃饭、睡觉一样平常的但又不可或缺的事情，当成了自己生活的一部分。通过课外阅读，增加了学生对自然科学、社会科学以及世界各地的风土人情的认识和理解。

2. 班中孩子的古诗积累量从几十首达到了现在的150首，自己能背诵、朗诵、吟诵，理解古诗的大致意思，并且积累了十几篇初中才会学到的文言文的经典优秀篇目。

3. 提高了孩子的专注力，读书的目的就是理解书的内涵，记住书中的主要内容，要做到这些，就必须集中注意力，特别是在深入思考书中所讲内容的深刻含义时，必须要聚精会神，高度集中注意力，才能做到。

4. 无形中提高了孩子的表达能力。故事听得多的孩子，接触各种文章的内容，表现能力及语言表达也很好。对于书中人物的言语、行动，孩子会思考为什么这么说这么做，思考力、解读力也同样得到培养。

阅读陶冶了学生的情操，阅读多的孩子，他的言谈举止当中都会有一种无形的大度。学生通过课外阅读，知道了古代岳飞、杨家将等是怎样精忠报国的；现代的雷锋是怎样助人为乐的等，从而使自己的思想得到了高尚人物的熏陶，同时也为自己树立远大的理想打下了深厚的基础。

整合阅读资源 培养学生的自主阅读能力

北京市朝阳师范学校附属小学

梁　利

一个人的精神发育史就是他的阅读史，一个民族的精神境界取决于这个民族的阅读水平，一个没有阅读的学校永远不可能有真正的教育。所以，现在的教育者应特别重视阅读。

所谓"课内外整合阅读"就是以语文教材为中心，向周边辐射，阅读与文本相关的课外读物，使课内阅读成为课外阅读的凭借和依托，课外阅读成为课内阅读的扩展和补充；就是教师根据课程标准和教育教学的实际，从学生的知识基础、心理特点和接受能力出发，通过教与学的互动，发挥双方的积极性和各自的特殊作用；通过组织和协调，把课堂内外影响学生阅读的彼此相关但却彼此分离的各种因素，整合成一个为学生阅读服务的系统，以课内外阅读实践活动为主阵地，建构课内外联系，创设良好的阅读氛围，培养学生感受、理解、欣赏和评价能力，让学生在阅读中有所收获，让阅读有意义。

那么如何进行课内外整合阅读呢？下面结合我的语文教学实践，谈谈我自己的一些做法。

一、释疑解惑，渗透著作

以教材疑难问题为切入点选择课外阅读材料指导阅读，既有助于解决疑难，加深对文章的理解和情感的把握，又能扩大学生的阅读面。这种阅读一般在课堂内进行，教师引进"活水"，利用教材以外的知识火花

来引爆课文中出现的问题，引发学生思索，为切实提高学生的语文实践能力铺桥引路，也会让我们的语文教学"柳暗花明又一村"。

教学案例：在教学三年级下册第19课《赵州桥》时，有学生问："为什么赵州桥那么结实？设计原理是什么？"当这名学生提出这个问题时，"一言惊醒梦中人"，更多的学生也流露出疑惑的表情，特别期待老师能给他们讲解清楚。于是，为满足学生这种强烈的求知欲，我向他们推荐了《百科探秘》《十万个为什么》等几本科普类的书籍。

二、对比欣赏，突破文本

乌申斯基说过："比较是思维的基础。"教师要善于选取相关的教学资料，把内容或形式上有一定联系的读物加以对比，使学生由此及彼、组合积累，实现类化、迁移。选择该类阅读材料，意在与课内教材形成鲜明的对比，运用阅读材料，把两者放在一起，更能突出作品各自的特点。同时，在比较阅读中，培养学生的鉴赏能力，提高阅读的效率。

教学案例：在教学说明文《鲸》后，我就推荐学生对比阅读《鲸的自述》。这两篇文章都是介绍鲸，但是在文体上有一些差别：前者是说明文，后者是科学小品文。通过对比阅读，学生可以对它们讲究科学性这一共性有更深的认识，同时又对科学小品文有更清晰的认识，比如科学小品文的笔调更加活泼，短小精悍，通俗易懂，用文学笔法来写，寓科学性、知识性、娱乐性为一体，将科学内容生动、形象地表达出来，使读者在文学欣赏中获得科学知识。

三、写法迁移，相得益彰

古人说："读书须知出入法。始当求所以入，终当知所以出。"我们充分发挥教材的范例作用，坚持以教材为本，让学生通过课文品读，了解掌握基本的阅读过程、阅读技能，并结合教材的特点，以落实重点训练项目，使学生掌握方法，不断地从中汲取营养。在用足教材的基础上，我们选择与课内文体或内容、写作方法上比较相似的课外阅读材料进行整合，组织学生在课后用课内阅读的方法来阅读拓展性材料。再把课内所得之法，及时应用于课外阅读之中，以求化方法为能力，使课外阅读能力越来越强，又从广泛的课外阅读中学习知识，增长见闻，以求以课外促课内。这样，展现在学生面前的文本便不再是孤立的一棵树，而是一大片郁郁葱葱的森林，自然也就能够"得法于课内，得益于课外"了。

教学案例：在执教《珍珠鸟》一文时，我链接了学生习作《可爱的大狗》：它特别可爱，毛茸茸的身体，黑溜溜的大眼睛，嘴巴尖尖的，鼻子湿漉漉的。既像动物园里狡猾的北极狐，又像一颗雪白的大棉花糖……

学生一读这份习作，纷纷发表自己的见解："这只狗好可爱。"我随即说："对。下面几句中通过几个方面可见它的可爱？"学生说："从毛、眼睛、嘴、鼻子、整个身体都能读出可爱来。"我又说："第一句话是总起句点出可爱的特点，下面分开来叙述，通过身上的毛、眼睛、嘴巴、鼻子来显示它的可爱。这种方法叫总分描写法。"

在学生充分研读了描写珍珠鸟外形的片段后，我引进了学生的习作，这就对该生的习作给予了"发表"，学生读起来亲切真实，这样充分调动了学生学习的积极性和主动性。课内外阅读材料一一辉映，紧抓外形特点，这种总分的描写方法，不用教师多说，学生已了然于心。这样课内外有机地整合起来，使两者相互引发，相得益彰，可以有效地巩固课堂训练项目，从而使学生形成学习的能力，有效地达到教学的目标。

四、补白阅读，感受魅力

语文有着广阔的天地，上下五千年，纵横几万里，天文地理，无所不包。教师要有强烈的课程资源意识，一篇课文学完后，当学生意犹未尽，悬而未决的时候，教师要有针对性、有计划地向他们推荐相关的课外读

物，将语文的视域打开。有利于最大限度地去开发课程资源，促进课内外学习和运用的结合，调动学生学习运用语文的积极性。

教学案例：学生们很喜欢《西游记》，他们所接触到的《西游记》大都是从电视上看的。学习《猴王出世》时，学生饶有兴趣，绝大多数的学生在字里行间都能读出对文本个性化的理解，说出自己对石猴的喜爱，并能用自己的语言进行评价。趁学生学习热情高涨之际，我向学生推荐《西游记》的原著，鼓励学生读原著。随着阅读的增进，学生对《西游记》中人物的评价和认识就更全面、更立体了。

教材中的选文篇章短小，学生只读篇章，眼光往往受到局限，遇到篇幅较长的书籍，就不容易驾驭，无法做到钩玄提要，取其精华。指导学生读整本书，不仅有利于培养学生良好的学习习惯，更有利于扩大他们的知识领域，提高阅读能力，锻炼思维能力。

总之，语文教学效果真正的源泉是课外阅读。俗话说："熟读唐诗三百首，不会作诗也会吟。"所以，课外阅读不仅是语文课外活动的主要内容之一，同时也是课堂教学的延伸和补充，它对开阔学生视野，丰富学生的知识，培养和提高学生的读写能力，整体优化语文教学起着重要作用。坚持有计划地加强课外阅读指导，处理好课外阅读与课内阅读的关系，使课堂教学紧密地联系起来，就能够有力地促进语文教学，发展学生智力，培养学生的自主阅读能力和良好的阅读习惯。

数学阅读 逻辑之美

北京市东城区西中街小学优质教育资源带

李 建

　　阅读是人类从外部汲取知识的重要途径，阅读习惯的培养永远是赶早不赶晚的。而小学教育作为整个教育事业的基础，正是培养阅读习惯的最佳时期。因为从一个人的人生发展来看，小学阶段是人知识增长速度最快的时期。小学生好奇心强，思维敏捷，对感兴趣的事物能够牢记在心，小学阶段培养的好习惯总能够保持很久，同样，小学扎根下来的坏习惯在长大后扭转也相对困难。但当我们提到阅读，我们第一时间想到的应该都是它对语文学习的积极影响，殊不知数学的学习事实上也与阅读息息相关。

　　从某种角度来说，数学本身就是一种较为特殊的语言，它拥有专门的数学符号和数学公式，虽然数学教材大部分是由一般语言编制而成，但其本质上也是为了帮助我们更好地理解数学语言而存在，数学教学活动的展开需要语言教学为基础，数学学习过程中也应学会在阅读过程中进行语义转换，将比较抽象化的语言转换为一般语言加以理解，通过不断的训练方可达到轻松自如的水平。

一、什么是数学阅读

　　与相对要求感性的语文阅读不同，数学阅读是强调理性和逻辑的，数学阅读本质上可以说是一种信息的提取过程，因为在数学阅读的内容中会有很多做题必需的条件，数学阅读能力就体现在我们如何在阅读中将它们挖掘出来加以运用。很多学生在遇到数学题时无从下手，归根结底就是他们没有解读出题目里隐藏的关键信息，而这是应当通过不断培养他们的阅读能力来加以改善的。

二、如何培养学生的数学阅读习惯

（一）培养学生对数学阅读的兴趣

想要建立起学生的数学阅读能力，首先要让他们对数学语言产生兴趣。阅读过程中，学生们不可避免地要面对很多问题，如果没有学习兴趣，学生们很容易产生退缩、逃避心理。尤其是对小学生而言，兴趣是他们学习的最大动力，在教学过程中，老师应当有意识地去培养学生的阅读兴趣，最好的方式就是将数学融入生活之中。我们可以发现，从小学到初中到高中，数学题的类型是逐渐抽象化的，这是因为随着学习年龄的增长学生已经通过数学阅读过程建立了基础的数学思维，作为小学数学教育工作者，应当在教学中注重数学与生活的结合，帮助孩子培养这种数学阅读能力，教孩子如何在生活中的数学问题中提取关键信息，洞察数字背后的奥秘。

（二）培养学生良好的阅读习惯

要引导学生学会在读中生疑，并大胆地提出质疑，从而有效地提高他们的学习兴趣，激发他们的创造性思维，自主投入到知识探索当中。教师也应当学会引导孩子精读教材，精做例题，熟悉基础的数学符号和数学公式只是第一步，让孩子在阅读中学会怎样运用它们，并能在复杂的题干里找到它们的影子。更加细致一点，老师可以在阅读内容多的时候教学生运用重点标注等阅读技巧，引导学生在读中比较，将材料当中的知识联系起来，并分析其差别，将知识内化。让学生学会在读的过程中把握知识的重点，了解知识点之间的联系与区别，以便于日后更灵活地运用，帮助他们建立梳理信息的逻辑思维。

除此之外，数学阅读并不只是眼睛和脑的开发，数形结合的方法是从基础教育到高等教育都要培养的，因此老师在教学过程中也要注意引导学生使用画辅助图的方式来帮助阅读，特别是在几何的学习过程中这一方法是非常重要的。

（三）激发学生的阅读积极性

兴趣是最好的老师，在教学中老师可以发挥自己的才智创设各种引人入胜的情景，编织生动有趣的教学序幕。比如在应用题里出现学生的名字，一下就能将学生的注意力吸引到题目上来，学生还会觉得亲切有趣，这也能有效地缓解一部分学生对数学题的畏难情绪。

除此之外，老师也应当重视夸奖和鼓励对学生阅读积极性的影响。在学生解出一道"陷阱"很多的题目时给予夸奖并讲清楚夸奖的原因，告诉他这样的思考方式是正确的，这有利于他在之后的做题过程中更加细心地审视题目，从而提高自己的数学阅读能力，有效快速地提取信息，梳理逻辑，提升自己的数学素养，也能给其他同学起到一定的榜样作用。

（四）多样的团队趣味活动

正所谓"三人行必有我师焉"，无论是什么样的阅读，都应当有个交流学习的过程，更何况是数学这种注重思维的科目，更应当注重学生彼此之间的交流，让他们在交流中发现自己的思维局限。因此教师可以组织各种数学趣味活动，比如联系实际生活创造一个相对复杂的数学问题要求团队给予解决，这样首先就能培养他们各自的数学阅读能力，换言之就是化繁为简，提取信息的能力，其次还能培养他们的团队协作能力，使得他们的综合素质有所提高。

总而言之，想要提高学生的数学学习效率，建立基础的数学思维逻辑，数学阅读能力的培养是必不可少的。教师应当结合数学科目特点，引导学生思考创新，让学生在阅读中爱上数学，在生活中会用数学，这样才能达到提高小学生数学素养的目的。

阅读：架起通往"抽象思维"的桥梁

北京市东城区西中街小学优质教育资源带

唐迪迪

一、背景与现状

著名数学教育家斯托利亚尔曾经说过："数学教学也就是数学语言的教学。"而数学语言正是需要通过数学阅读来进行学习。随着大数据时代的到来，当今社会越来越数字化、数学化。平台打车、共享单车、网络购物等问题都在影响着我们生活的方方面面。这些与数学密切相关的生活问题，让人们逐渐意识到数学不仅仅是数学算式的演算、数学公式的背诵、数学计算的正确结果，更重要的是通过数学阅读对于数学语言的理解。由此可见，培养学生基本数学核心素养，必须重视数学阅读能力的培养。

数学相对于语文等其他学科而言，对于数学阅读能力的培养一直不被重视。从学生层面，可以发现学生普遍没有自觉阅读数学教材的习惯、通常拿课本当习题集用却很少去钻研教材、对概念性的名词术语不能认真细致地阅读分析、对应用题的题意理解不透导致不能很好地解决数学问题等。从家长层面，家长们对于孩子数学阅读能力的培养也存在误区，家长为孩子购买的数学方面的书籍，也仅仅是习题集之类书籍，为做题而看书，看书也仅仅只是为了做题。从教师层面，部分教师对于数学阅读在学生学习数学中的地位也没有引起足够的重视。

二、意义与作用

数学的学习中处处存在着阅读，如为了掌握数学概念和定理，或者是为了解决数学问题等，能否正确地阅读、精确地把握其关键字或者理解题目的要求和准确内涵必须具备良好的阅读能力。只有通过正确的数学阅读，才能逐渐提高学生的数学阅读能力；也只有具备了一定的数学阅读能力，才能对材料进行更好的数学阅读。通过数学阅读，学生可以学会用数学的语言来描述世界，也可以尝试用数学的眼光来观察世界，可见数学阅读在培养学生数学素养方面的意义重大。

三、实践与反思

数学阅读的教学效益在于增强对数学语言的理解，在于数学活动经验的积累，以及自己的发现和分享。而这一切，都不应该也不可能仅仅通过讲解、提问和讨论来实现，必须基于自主阅读，基于经历过程，基于思考与交流。因此，数学阅读的教学实施必须"以学习为中心"。

首先，以学生为主体，把学生作为数学研究者对待，给学生的阅读、思考、探索、交流留出充足的空间和时间，鼓励学生独立阅读、多遍阅读，不轻易干预学生的完整阅读过程。在我国古代数学名著《孙子算经》中就记载了一道数学名题：今有雉兔同笼，上有三十五头，下有九十四足，问雉兔各几何？学生们对这道古代名题都十分感兴趣，即使小学阶段语文教学中古文阅读量并不多，但教师只要给予学生充分的阅读时间和空间，学生们都能自己独立阅读清楚数学问题。

其次，要设计好"问题串"，以疑导读。"学启于思，思启于问"。学生在启发性问题的引领下，在阅读、实践、探索、思考、交流中逐步摸索，尝试寻找答案。阅读数学绘本是培养学生数学阅读能力的好方法之一。在阅读数学绘本时，就可以给学生设置问题串，激发学生阅读的欲望和兴趣。在引导低年级学生阅读《乱七八糟的魔女之城》绘本中，教师在学生阅读中提出问题串：图上的物体摆放是什么样子的？快来帮公主想一想，你觉得哪一把钥匙才是正确的？坚强的公主走哪条路了呢？学生

通过阅读、猜测、讨论、推理等活动找到答案，以润物细无声的方式发展了学生的数学阅读能力。

最后，重视生生间的数学语言交流。数学语言也是数学思维的外显形式，数学语言需要通过数学阅读来进行学习。因此，教学中想要培养学生数学阅读能力，要重视生生之间的数学语言交流。特别是当学生在研究过程中一筹莫展之时，经过教师的引导、同学之间的交流，使问题得到解决，能使学生品尝到独立阅读的快感与解惑之后的成就感，促进学生养成独立阅读、不怕困难的良好数学阅读习惯。

现在逐渐进入信息化社会，作为新时代的学生就需要随时发现时代变化，调整自己、修正自己来适应社会发展的变化。未来社会与生活越来越数学化，没有良好的数学阅读能力和基本的数学素养是不符合时代要求的。因此，面向未来发展，数学教育重视数学阅读，培养学生以数学阅读能力为核心的独立获取数学知识的能力，培养学生的数学基本素养，使他们获得终身学习的本领。

数学阅读 培养创新能力

北京市东城区西中街小学优质教育资源带

肖 茜

一、背景与现状

教育家苏霍姆林斯基曾经说："一个不阅读的孩子就是学习上潜在的差生，一个人的智力启蒙、道德养成、素质培养，以及创新能力的发展，都离不开阅读。"阅读对一个人成长和社会发展所起的作用，既关乎个人的健康成长，也关乎社会的文明滋养。在"全民阅读"的今天，阅读是每一门学科都在倡导的学习方式，数学也如此。

有的家长甚至老师可能会觉得：有这些阅读的时间，还不如多做几道数学题呢，数学阅读难道也会提高成绩？但是，很多家长和老师慢慢会发现，在让孩子通过"题海战术"的苦练之后，有时候并不能够达到令人满意的效果，甚至会扼杀了孩子对于数学的学习兴趣。而且现在越来越多的数据证明阅读与数学学业成就正相关，也就是说会阅读的人成绩更好。现在，中国学生的阅读数量和能力都有待进一步提升，所以现在的数学课堂上开始提倡数学的绘本阅读。

二、意义与作用

数学学习其实并不仅仅局限于书本和课堂上的知识。通过阅读能够了解到数学知识背后的知识，拓展数学学习的视野和创新能力，感受到数学的用处；基于阅读材料，也可以熟练掌握课堂要求的数学基本技能，深化理解，提升解决问题背后的数学思想方法，感受到数学的美妙，激发学生学习数学的兴趣和探索数学奥秘的好奇心。

三、实践与反思

在课堂中的数学阅读，可以让学生感受到，数学与生活是紧密相关的。在学生进入小学的第一堂数学课上，我们都会讲准备课——《认识数字》。很多老师都会通过一些《数字歌》让学生认识数字。比如：

1像铅笔细又长；2像小鸭水中游；

3像耳朵听声音；4像小旗迎风飘；

5像秤钩称东西；6像哨子嘟嘟响；

7像镰刀割青草；8像葫芦挂藤上；

9像网兜捕小虫；10像鸡蛋圆又圆。

老师可以让学生像这样大胆地创编儿歌。通过这样的一些儿歌就把阿拉伯数字和生活中的事物紧密地联系起来了。随后还可以通过阅读的方式，给学生介绍一下阿拉伯数字的由来。其实，阿拉伯数字并不是阿拉伯人创造的，它起源于印度，那它为什么叫作阿拉伯数字呢？原来世界各国在使用阿拉伯数字之前，都曾有过自己的数字符号，印度人把他们发明的数字传播到阿拉伯地区，阿拉伯人对印度数字进行了改进，使它们使用起来更方便，还把它们传播到了欧洲。后来人们就习惯性地称这些数字为"阿拉伯数字"了。由于阿拉伯数字简单易学，很快就被世界各国广泛使用。作为小学的数学起始课，通过数学阅读让学生对学习数学产生兴趣并进行自己创编是很有必要的。

在讲授"七巧板"的知识时，学生会通过七巧板拼出一个个美丽的图案或者拼出一个个小故事。在拼故事的同时，也可以培养学生的创新能力。有的学生能够拼出小猫、松树、小鸟、小房子，还有的学生能够拼出像"守株待兔"这样的成语，并讲给大家听。这也很好地培养了学生的创新能力。

数学交流的载体是数学语言，数学语言具有符号化、逻辑性、严谨性、抽象性等特点。如果在数学教学中，仅注意算式的演算步骤而忽略对数学语言的理解，那么学生将很难适应现代科技日益发展的数学化生活。发展学生的数学语言能力是提高数学交流能力的根本。然而，仅靠课堂上的讲授是难以丰富和完善自己的数学语言体系的。只有通过阅读，才能规范自己的数学语言，锻炼数学语言的理解力和表达力，提高数学语言水平，从而建立起良好的数学语言系统，提高数学交流能力，进一步提高创新能力。

重视数学阅读教学，这不仅是针对传统数学课堂教学中存在的问题提出的对策，也是数学文化传承和创新的需要，更是素质教育、终身学习等思想在数学教育中的自觉实践。重视数学阅读，有助于数学语言水平的提高和数学交流能力的培养；有利于培养学生独立获取知识的自学能力和创新能力，是符合现代的教育思想的。一系列的实践证明，数学阅读在数学学习中是起着至关重要的作用的。

数学阅读让知识系统化

北京市东城区西中街小学优质教育资源带

张岩青

一、理论依据与现状

钱学森院士倡立的系统论，是研究系统的一般模式、结构和规律的学问，它研究各种系统的共同特征，用系统理论知识定量地描述其功能，寻求并确立适用于一切系统的原理、原则和模型。掌握系统思维方法，能够从整体上系统地思考和分析问题，是具有逻辑和数学性质的一门新兴的科学。

建构主义认为，一个合理的知识结构，对于促进小学生主动地建构良好的数学认知结构具有十分重要的意义。叶澜教授也指出："在研究课堂教学时，要注意两方面的关系与整合：一方面是知识体系的内在联系、多重关系，以求整合效应；另一方面是学生生命活动诸多方面的内在联系，相互协调和整体发展。"

新课程在小学数学课程内容的编排上也具有模块化的特点，十分重视知识的联系性、系统性和整体性，强调单元知识前后的一贯性。

在教学时，教师一般都是采用"单课时"备课法，局限于就课备课，而疏于对整体背景的把握。尽管每节课都设计了详细的教学环节，但对同一主题不同层次的知识教学缺乏内在沟通和衔接，教学活动缺乏系统性、深刻性、联系性，知识缺乏整体性、连贯性和迁移性，不能将"游离"状态的数学知识点链接成科学的数学知识结构。

二、数学阅读的意义

阅读是搜集处理信息、认识世界、发展思维、获得审美体验的重要途径，是学生学习的主要方式，阅读能力的高低直接影响着学习效率的高低。

数学阅读是学生个体根据已有的知识经验，通过阅读数学材料建构数学意义和方法的学习活动，是学生主动获取信息、汲取知识、发展数学思维、学习数学语言的途径之一。随着科学技术，特别是未来科学越来越数学化，社会越来越数学化，将来要读懂"自然界这本用数学语言写成的伟大的书"，没有良好的数学阅读基本功是不行的。

人们习惯性认为：阅读是语文、英语等文科类的行为，一谈及阅读，往往认为与数学教学无关，单纯地认为数学教学就是解题教学，总认为只要记住公式、法则就行。教师常在布置作业时才让学生打开课本，学生也只有在作业中碰到问题时才翻开数学课本，缺乏数学阅读的习惯。其实这种看法是不正确的、片面的。这种状况减少了学生与数学教材接触的机会，有时代替了学生的思考，不利于学生自学能力的提高。实际上，现在大部分学生不会审题，不能从题目中很快地捕捉到有用的信息，都是与学生的阅读理解能力高低有直接的关系。

三、教学实践与反思

怎样帮助学生形成良好的认知结构呢？怎样把所学的知识点串起来呢？在教学《分数的加法和减法》这一单元时，学生已经掌握了整数、小数加减法的意义及其计算方法，分数的意义和性质，以及三年级上册学习的简单的同分母分数加、减法。学生已经具备了系统学习分数加减法的基础，可以对本单元的教学内容进行科学的重组，利用"模块教学、整体建构"的思维方式进行教学。整体把握教材，让备课从"点状"走向"线性"。将同分母、异分母分数加减法这两个内容作为一个模块进

行教学，抓住加减法计算的本质，挖掘本原性问题，引导学生有效探究，在"理"上下功夫，整体建构加减法的知识体系。

数学教学要帮助学生形成良好的认识结构，就应注重知识结构的教学，通过阅读，正确地解读新课程理念和吃透课程标准要求，高屋建瓴地统观整个学习领域，从整体上把握教材、理解教材，找准数学知识的共同特点和规律，挖掘知识间纵横交错的内在联系，编织一张数学知识网络图。从而由浅入深、由易到难，循序渐进地设计教学环节，制订出切实可行的教学计划，培养教师整体感知和把握教材的能力，同时引导学生按知识的发生、发展、变化关系和逻辑关系整理出一个单元的知识结构和总结归纳基本的学习方法，教学知识的引申、串联、变换，为学生主动学习、合作学习、探究学习提供更多的余地和空间。

音乐净化心灵 阅读启迪智慧

北京市东城区西中街小学优质教育资源带

王 琳

有人说，音乐是一种全人类的共通语言，好的音乐能带给人们丰富的情感体验。由于音乐学科知识面广、信息量大、参与性强，所以音乐教学需要同多学科进行调剂与融合。在小学音乐教学过程中，教师可以通过音乐与阅读的结合来提高学生学习音乐的效率，使学生在自主学习和自主阅读中形成终身学习音乐的意识，这样既培养了他们良好的学习习惯，也使学生的学习能力得到了相应的提升，为高质量音乐课堂的实现作出了相应的贡献。

课程综合化教学已经成为一个受到广泛关注的问题。在新课程的改革中，各学科都把加强学科联系、实现学科间的整合作为一个重要的课程理念来贯彻落实。音乐与文学之间紧密联系、相互通融，在音乐鉴赏教学中与文学进行有机整合，有效地促成了学生对音乐更深入的体验，更深层次地提升了学生的综合文化品位。音乐与阅读的结合遭到了很多人的质疑，他们甚至表示音乐不能用阅读来形容，我们可以说聆听音乐、鉴赏音乐，但如果阅读呢？

一、音乐与阅读结合，有助于学生音乐鉴赏力的提高

读是理解的基础，只有学生有效地读懂音乐，才能理解和体会到音乐中所包含的情感态度和价值观。音乐是抽象的艺术形式，和其他的艺术形式都有相通的地方。如果你是一个优秀的文学爱好者，你的音乐鉴

赏水平就会得到相应的提高。因此，努力提高音乐之外的知识也是提高鉴赏力的方法。所以，在音乐教学过程中，教师要鼓励学生进行阅读，鼓励学生在阅读中真正理解音乐。例如：乐曲《快乐的啰嗦》和《阿细跳月》是彝族的民间音乐，歌曲《多快乐呀多幸福》是藏族的民歌，学生通过演唱或欣赏这些音乐作品，了解了更多的中国民族民间文化。通过阅读有关彝族和藏族的风土人情、居住环境等相关内容，提高了音乐的理解力，丰富了文化内涵和底蕴。

在音乐与阅读结合的过程中，可以先组织学生对歌词进行阅读，并说一说自己读后的感受。在这之后再聆听歌曲，再说一说自己的感觉。这样一来二去的鉴赏对音乐课程价值的实现，以及学生音乐鉴赏力的提高都有着密切的联系。

二、音乐和阅读结合，有助于学生音乐素养的全面提升

音乐是素质教育的重要组成部分，是陶冶情操、提升学生综合素质的有效途径。音乐学科的教学目的，不仅是传授音乐知识，更重要的是教育学生形成高尚的人文理想和审美追求。在素质教育思想的影响下，音乐素养的培养和提升是学生健全发展中不可缺少的一部分，也是音乐课程价值最大化实现的保障。在小学音乐教学过程中，教师要让学生阅读歌（乐）曲的创作背景以及作者简介等，充分发挥他们的主观能动性，让学生成为课堂学习的主人。这样才能在丰富学生学习内容的同时，提高他们的音乐学习质量。

例如：丁善德的组歌《红军不怕远征难》再现了中国工农红军二万五千里长征的历史；贝多芬的《第九合唱交响曲》，气势恢宏地表现了世界人民向往"和平、自由、平等、博爱"的崇高精神，同时也体现了世界人民当时反法西斯战争的强烈呼声。

学生在课下可以先阅读一些有关内容的书籍，通过阅读，不仅对乐曲的创作背景及作者有了初步的了解，而且对理解乐曲也有一定的辅助

作用，丰富了他们的历史文化知识。

三、音乐和阅读结合，有助于拓展学生的文化视野

音乐是一种文化，我们可以通过音乐感受文化；反之，通过文化，又可以使我们真正体验音乐，整体认识音乐。在音乐教学中，通过音乐与其他学科之间的联系，拓宽文化视野，深化学生对音乐艺术的理解，淡化学科边缘，为音乐教学提供一个广阔的发展空间，赋予音乐课新的内涵。

在校本课《走进民族音乐》的学习中，有的学生对民歌不了解，对它不感兴趣。这其中很重要的原因是没有把民歌放到相关民族的风俗、历史、地理等环境当中，让学生在一个完整的、立体的艺术环境中去感受音乐。例如：在教唱带有浓浓江南气息的歌曲《茉莉花》时，学生通过阅读一些相关的文化知识和观看课件，了解到我国的南方地区气候温和，土地肥沃，自然景观秀丽，所以音乐风格也委婉柔美。西北地区是一望无垠的黄色土地，气候比较寒冷，所以民歌的音调也随之高亢嘹亮。

再如：在欣赏《小青蛙》一课中，学生通过阅读科普知识和观看视频《青蛙的生长过程》，从中了解到了很多的自然常识，知道了青蛙是捉害虫的能手，所以人们要保护它、爱护它，从而产生了对青蛙的喜爱之情。这样的教学形式，使音乐课的学习与实际生活紧密地联系在了一起，充分调动和发挥了学生的主观能动性。

总之，有效地将阅读与音乐结合在一起，对音乐课程价值的实现，以及学生音乐素养的提升均能产生重要的作用。根据 QQ 兴趣部落联合中国社会科学院国情调查与大数据研究中心共同发布的首份《中国兴趣报告》显示国民三大爱好为：阅读、音乐和运动。在小学音乐教学过程中，教师要有效地组织阅读和音乐结合的活动，鼓励学生在阅读中思考，在思考中感悟音乐、体会音乐，以确保学生在高质量的音乐课堂中养成良好的音乐学习习惯，也为学生的可持续发展打下坚实的基础。

国学润童心 花朵盛开来

北京市顺义区东风小学

高 蕾

从"人非圣贤，孰能无过？过而能改，善莫大焉"的《左传》到"知我者，谓我心忧，不知我者，谓我何求"的《诗经》，再到唐诗宋词元曲……亲近经典、继承传统，是一个民族、一个国家必须要做的事情。

2014年，教育部印发《完善中华传统文化教育指导纲要》，明文要求从小学低年级至大学阶段分学段有序推进中华传统文化教育，将其融入课程和教材体系。习近平总书记说："我很不希望把古代经典的诗词和散文从课本中去掉，加入一堆什么西方的东西，我觉得'去中国化'是很悲哀的。应该把这些经典嵌在学生的脑子里，成为中华民族的文化基因。"学习国学的意义一言以蔽之，总书记的论述何等明确，因此培育和弘扬社会主义核心价值观必须立足中华传统文化。

为了让"国学教育"扎根，让学生们诵读经典、了解经典，与先哲对话，我们班通过朗诵、手抄报、黑板报等各种形式，不拘形式，因人因时因地施教，让学生根据自己的爱好选择自己喜欢的方式，保证了每个学生都对国学产生浓厚的兴趣。

一、一堂课开启国学旅程

我与学生们的国学之旅是从一堂课开始的。

这堂课名为《珍馐美味腊八粥》，我用这样一句话介绍这堂课："五味调和，在一粥一饭中轮回流淌，不曾遗忘；五味调和，彰显每一餐的精与妙，不曾更迭。"在课堂中，学生通过阅读经典，了解中华民族有着悠久的饮食文化和传统，其核心精神就是"五味调和"。学生围绕"腊八粥"展开实践活动，体悟"天食人以五气，地食人以五味"的精妙之处，感受中华优秀传统文化的魅力。

最初，我认为这样一堂解读文言文的传统文化课，学生们会不喜欢，甚至会听不懂。可是，事实证明我的担心是多余的，孩子们听得很投入也非常用心。而最让我感到惊喜的是，在这样的一堂传统文化课结束之后，学生们的"好句摘抄本"的内容出现了翻天覆地的变化。从以前的不知道积累什么，转变到现在的出现这样的句子："天行健，君子以自强不息；地势坤，君子以厚德载物。""合抱之木，生于毫末；九层之台，起于累土；千里之行，始于足下。""三人行，必有我师焉：择其善者而从之，其不善者而改之。"……在这些句子中，中华民族传统文化的精神特质可见一斑，而学生们也渐渐爱上了中华传统文化，对于他们而言，再不用施行灌输教育了，传统文化滋润着学生们的心田，教育真正成为温暖而快乐的旅程。

二、情真意切话国学

作为一名语文教师，要想让学生的心灵浸润在国学中，教师首先要用国学启迪自己的思想。

思想启迪从了解国学开始。"国学"一词，古已有之。《周礼·春官宗伯·乐师》言："乐师掌国学之政，以教国子小舞。"《礼记·学记》又曰："古之教者，家有塾，党有庠，术有序，国有学。""国学"在中国古代，指的是国家一级的学校，与汉代的太学相当，此后朝代更替，"国学"的性质和作用也有所变化。现在一般提到的国学，是指以先秦经学习典及诸子学为根基，涵盖了两汉经学、魏晋玄学、宋明理学和同时期的汉赋、六朝骈文、唐宋诗词、元曲与明清小说及历代史学等一套特有而完整的文化、学术体系。因此，广义上，中国古代和现代的文化和学术，包括中国古代历史、思想、哲学、地理、政治、经济乃至书画、音乐、易学、术数、医学、星相、建筑等，都是国学所涉及的范畴。

国学涵盖内容广，是祖先的智慧。随着阅读的广泛和了解的加深，我更加深刻地了解并理解这句话：国学是中国人对自己本源文化的认同与坚守；国学是流淌在中国人血液中的文化基因。

三、国学育人收获成长

国学的学习是很难一蹴而就的，它是一个长期积累的过程，只有"厚积"才能"薄发"。没有积累，谈不上培养良好的语感，也绝不可能有良好的语感，那么国学积累必须从大量的课外书中去扩充。从低年级开始就该注重学生的阅读积累，日积月累，不会作诗也会诵。

学生在校的时间，为了让学生自觉学习和培养朗诵习惯，每天早读和课前预备的时间我们都会利用小干部的带动作用，带领大家背古诗等，在诵读过程中积累。

在我班教室后面的板报上设置了古典诗词一角。学生们抄写的《春晓》《清明》《山行》等诗词与五颜六色的粉笔画面融为一体，在学习中给人一种赏心悦目之感。这样的国学教育，是因为形式的多样性和实用性，学生、老师、家长共同参与，蔚然成风，触角延伸到方方面面。

树的长大往往源于一个瞬间，而在这之前，它几乎以沉默的方式自生自长。学生的成长和树的成长有类似之处，需要一个厚积薄发的过程，而这种厚积薄发的积淀来源于什么呢？我想，应该根植于传统文化的沃土中，从中吸取养分，从而获得自己伸展的空间，一寸一寸地延展，从而获取属于自己的一片蓝天。

中华传统文化博大精深，拥有构建现代文明社会不可缺少的基因，哺育过中华民族无数的"脊梁"。如何更好、更有效地开展国学教育，弘扬中华诗词传统文化，促进社会主义精神文明建设，提升整个民族的文明素质，是一项时不我待、任重而道远的工作。希望有更多的老师参与进来，从现在做起，从孩子们抓起，让先贤圣哲的智慧光芒永远照耀着我们。

学校搭好平台 学生乐于阅读

北京市顺义区东风小学

郭凯涛

小学阅读教学，要培养学生"能正确、流利、有感情地朗读课文"。"有感情地朗读"是朗读教学的高标准。通过阅读，不用"行万里路"从阅读中也可了解"天下事"。学生只有在教师的引领下与文本充分对话，才能真正了解文本内容，体会文本情感。也才能真正成为课堂的主人，感受阅读的快乐。

小学语文教学大纲指出：小学阅读教学，要培养学生"能正确、流利、有感情地朗读课文"。"有感情地朗读"是朗读教学的高标准，它对理解课文内容、发展语言、陶冶情操起着其他练习形式所不能替代的重要作用。

一、阅读的重要性

（一）阅读可以开拓孩子的视野，拓宽孩子的知识面

只有博览群书才能博识。阅读可以让孩子不出门，便知天下事。通过阅读，可以帮助孩子了解身边的实事、了解未接触的事物、了解世界各地的风土人情。不用"行万里路"从阅读中也可了解"天下事"。

（二）阅读可以增进语言表达，激发交际能力

从教多年的经验告诉我们：多读书的孩子，接触各种文章内容，会思考书中人物的言语、行为，在思考能力、解读能力得到培养的同时，表达能力自然就得以提升了。这时，学生在与人交谈时思维就会非常开阔，交流起来也会落落大方。

（三）阅读可以培养孩子想象力，提升写作能力

书中世界广阔无限，充满想象、好奇与机遇。阅读过程中积累的知识故事、大量词汇、丰富多彩的语言表达形式，都将成为孩子写作的素材、借鉴的范例。

二、激发学生的阅读兴趣

（一）从读中激趣

兴趣是最好的老师，兴趣是火种，施教之功，先在激趣。运用电教媒体创设情境，直观形象、表现力和可控性强，它能把抽象的语言文字所描述的具体事物用形、声、色相结合的办法，使事物化抽象为形象，变枯燥为生动，从而在新知与求知心理之间创造一种不协调的矛盾冲突，激发学生对新知的强烈兴趣，激起学生的朗读兴趣。如《雷锋叔叔你在哪里》一课，课文内容浅显易懂，但是雷锋这个人物离学生的生活较远，也比较陌生。于是我在课堂上就给学生播放雷锋的图片、雷锋的视频片段，让雷锋这个人物贴近学生，使人物不再遥远。学生再读文本的时候，就会觉得人物比较亲切，对于这个人物也不再陌生，就能更好地理解文本的内容。

可见，电教媒体以其特有的图像、声音的优势，多重刺激学生的感官，激发起了学生的朗读兴趣，成功地调动起学生学习的积极性。

在朗读教学中运用电教手段，用音乐渲染情境，用图像显示情境，用文字诠释情境，打破了一个教室40分钟的时空限制。古今中外，上下千年，沟通现实，引发想象，动静互映，虚实相生，创造了一个崭新的朗读教学审美时空。

（二）在感悟中激趣

我始终把学生看成学习的主体，指导学生通过"感悟"去"朗读"。在播放蒲公英被风轻轻一吹，纷纷出发的视频，视频表现的客观生动画

面，在学生脑海里逐渐清楚，学生的思想感情逐渐与文中所表达的思想感情相融。我并不是不指导"朗读技巧"，而是把"朗读技巧"的指导有机地寓于"自读感悟"之中。学生在欣赏着蒲公英在风的吹动下翩翩起舞情景，自然而然地也就上升到了感情，在读中感悟风的轻，以及蒲公英飘"洒"出发的样子。通过感悟读出来，学生对语言的感受力明显地得到提高。

（三）联系生活实际激趣

让学生联系语境和生活实际，通过"自读感悟"去进一步理解词句的含义；在"自读感悟"中，让学生逐步把握"朗读技巧"；因为"感情是在体验、感染、共鸣中自然生发的，不是靠外在的命令产生的"。

体验是人类的一种心理感受，与个体经历有着密切的关系。体验不仅对学生的感性认识有帮助，而且在发展学生的情感、意志、态度和价值观方面有着独特的作用。在语文教学中，要加强学生对语言文字探究过程的体验，通过"角色扮演、角色置换、观察、想象"等体验性活动，将学生引向自然、引向社会、引向生活，使他们感受生动的问题情境，获得大量鲜活的阅读信息，在身临其境中去阅读、去感悟、去创造。例如《肥皂泡》一课，普普通通的肥皂泡，在冰心奶奶的笔下，是那么灵动、那么神奇、那么可爱。学完课文后，我把学生带到操场，亲自去做肥皂泡、之后吹一吹。学生会把自己的体验和文本相结合，进一步体会文本的意思。孩子们只有经过自主的体验与探究，才真正感觉到了自己就是课文中的一种角色在活动。有了这样的主动的体验后，他们学习的自主性与主动性就能得到尽情的发挥。

（四）在多样性活动中激趣

古诗对于学生来说，读起来朗朗上口，但是由于平时古诗的实际应用不广、离学生的生活又较远，所以学生对古诗词不是很感兴趣，无法感受到古诗词的魅力。针对这种情况，我利用每天早读的时间，给学生播放"诗词大会"的视频，渐渐地学生也被古诗词所吸引。接着在班级进行古诗词比赛。学完李白的古诗《静夜思》，我为学生准备了大量李白的诗，进行一场古诗比赛。仿照诗词大会的环节：个人追逐赛、绝地反击、攻擂资格争夺赛，让学生品味了古诗的魅力，也对古诗词渐渐产生了浓厚兴趣。

二年级上册《语文园地》中推荐学生读《歪脑袋木头桩》等五本书，我组织学生进行故事比赛。学生为了可以讲出绘声绘色的故事，随时都捧着书，感受故事带给自己的快乐。我把学生带到操场，在树荫下，坐在长椅上听故事、讲故事。学生被一个个故事所吸引，也愿意主动读一些其他书籍。

对低年级的教学，我们要善于根据孩子的年龄特点和心理需求，创设生动有趣的情境，为孩子们搭建展现个性的平台，学生只有在教师的引领下与文本充分对话，才能真正了解文本内容，体会文本情感。也才能真正成为课堂的主人，感受阅读的快乐，以求拓展学生的思维空间，提高阅读教学的质量。

弘扬传统文化 提高核心素养

北京市顺义区东风小学

胡海霞

习总书记指出："博大精深的中华优秀传统文化是我们在世界文化激荡中站稳脚跟的根基。"传统文化对于我们每一个人来说都是至关重要的。传统文化，不仅仅是中华上下五千年的文明，它也是流淌在每个人的血液中、浸透在每个人骨髓中的魂。

语文素养是一种以语文能力为核心的综合素养，其要素包括语文知识、语言积累、语文能力、语文学习方法和习惯，以及思维能力、人文素养等。那么如何继承和发扬传统文化，提高学生的语文素养呢？现就语文教学中的几点体会浅谈如下。

一、诵读经典，感悟积淀

经典，是时代、民族文化的结晶。人类文明的成果，就是通过经典的阅读而代代相传的。作为小学生而言，诵读经典无疑是向学生渗透传统文化的最佳途径。

（一）感受汉字的魅力

汉字，是成就经典的基础。正是这一个个小小的汉字，才得以把经典的精髓代代传承。每一个汉字都是一首诗，每一个汉字都是一幅画。横平竖直的方块字，是中华民族独有的创造和文化遗产。有了文字，才有唐诗的激情洋溢、宋词的婉转清雅、元曲的明媚亮丽；有了方块字，浩瀚的国学宝典中才多了"书法"这一绝，才有了王羲之等人的千古流传。

在平常的识字教学中，我借助多种识字方法，让学生掌握这一个个灵动的汉字。同时，让学生在了解每一个汉字的演变过程中，理解了字义，感受了汉字的独特魅力。

（二）在诵读中感受文化

诵读，是我国传统语文教学的宝贵财富，也是学生走进文本、对话文本、融入文本的重要途径。诵读经典，已经成为当下的一股热潮。如何让经典留存在学生的心间呢？

1. 借助课内，引读课外。

《义务教育语文课程标准》（2011年版）强调"提倡少做题，多读书，读好书，读整本的书"。它同时指出"语文学习是一个长期积累的过程，只有'厚积'才能'薄发'"，并明确规定："养成良好的阅读习惯，小学阶段的阅读总量在145万字以上。"在教材中，有一些出自名著中的章节。因此，可以通过推荐书目的方式，让学生在课下进行大量阅读。比如由五年级上的《猴王出世》一课，引读《西游记》一书；由《景阳冈打虎》一课，引读《水浒传》一书；由《用奇谋孔明借箭》一课，引读《三国演义》一书……通过这样的"一课带一本书"，带给学生的不仅是视野的开阔，还有阅读量的大幅度提升，和与名著的深层对话。

除了引读名著外，在进行单元整体教学时，也会根据相应的主题进行引读。如京版教材五年级上册第三单元"人与动物单元"是由《爱的奇迹》《我和狮子》《与北极狼为友的科学家》三篇文章所组成的。在学习这三篇文章的时候，主要是利用抓场景和细节描写来进行学习。而在进行单元主题拓展阅读时，则依然是以课内三篇文章为依托，让学生通过抓场景获得阅读体验。上课伊始，梳理完阅读方法之后，引出这节课所学的三篇拓展文章，分别是《让狼舔舔你的手》《北极熊的故事》和《义鼠》。不仅所拓展文章与课内的人文主题是相一致的，即都是"人与动物"的，而且这三篇拓展文章，能力主题、知识主题也都是与之相关的。这

节课拓展完三篇文章之后，并没有因此就停止学生阅读的脚步，而是由一个感动的场景去联想，拓宽学生的阅读视野。在这节课，不仅有学生把课内的阅读方法向课外迁移，利用课内所学阅读方法来学习课外的三篇拓展文章。也有由一个感动的场景去联想，引发学生更多的思考，引入更多的阅读资源。学生在联想的同时，就会打开自己的记忆屏幕，去搜寻自己所看过的人与动物的文章、书籍、影视资料等。这节课，俨然已经不是简简单单的一节阅读课，而是一次阅读盛宴，一次精神大餐。

2. 注重学法，改进策略。

在语文教学中，让学生习得方法，比单纯地教会语文知识更重要。正所谓"授之以鱼不如授之以渔"。就以古诗教学为例，一般的教学策略为：朗读古诗—读正确、读流利；借助注释、工具书自主读懂—感知诗意；整体上说出诗意，想象画面—感知诗境；结合诗人背景资料，感受诗情—体悟情感；有感情诵读，读出韵味—积累古诗；创设情境运用，关联阅读古诗，体会写法—运用表达。随着大语文观的统领，就可以尝试两首或者几首古诗整合阅读。比如京版教材——《望庐山瀑布》是13课《古诗四首》中的第一首。这首诗在写景抒情中描绘了庐山瀑布的壮美景色，表现了诗人丰富的想象力。"飞流直下三千尺，疑是银河落九天"更能体现出诗人的豪迈、奔放。整首诗"挂"字的静与"落"字的动相结合，并运用夸张的手法来描绘庐山瀑布的壮观美景。

在进行教学时，我就尝试以《望庐山瀑布》为引领，复习巩固了描写庐山景色的苏轼的《题西林壁》和叶圣陶的《瀑布》一文。同时又交流了李梦阳的《开先寺》、徐凝的《庐山瀑布》、张九龄的《湖口望庐山瀑布水》。其中的五首古诗都是描写瀑布的，同样是描写瀑布，作者描写瀑布的角度、参观地点、表现手法等是不同的。通过这种群诗阅读，学生会在诵读中品味诗句，想象诗境，感受诗句中蕴含的意境美。在对比阅读中感悟诗情，体会诗人遣词造句的高超技法。

二、注重积累，学以致用

语文学习是一个长期积累的过程。学生语文能力的形成是在逐步的积累中不断深化、不断改进而形成的。故语言的积累在语文教学中是重中之重。

（一）分类积累，高效吸收

积累包括需要识记的积累，需要会运用的积累等。在积累的过程中，我会帮助学生进行梳理，通过对积累的内容进行分类，让积累更高效。譬如积累古诗，就可以根据季节的不同进行分类积累，积累描写春天、夏天、秋天和冬天的相应诗句；根据描写景物的不同进行积累，比如描写明月、描写清风等诗句；根据表达情感的不同进行积累，有的是送别诗，有的是爱国诗……

（二）由量到质，学以致用

学生大量的积累，最终的落脚点还是应该会运用。只有如此，才能内化为语文能力。但是就目前的状况来看，我们不难发现：学生的积累和运用是脱节的。那么如何帮助学生解脱这一困境？在平常的教学中，进行情境的创设。叶圣陶先生曾说过："教材无非是个例子。"当教材发挥完它的例子功能后，教师就应给创设一定的语境，点滴积累之后，学生就能针对所学进行灵活运用了。今后在某些特定的情境中，学生会不自觉和积累的古诗词进行对接。当他们爬上山顶顶峰时，就将自然吟咏"会当凌绝顶，一览众山小"；当他们在生活中遇到困难时，就会用这样的话激励自己"长风破浪会有时，直挂云帆济沧海"；当他们身处他乡之时，就会不禁说出"独在异乡为异客，每逢佳节倍思亲"……

三、以读促写，形成能力

结合学校举行的诵读经典活动，让学生对所读书目进行创意读写。学生可以在阅读作家书目的基础上，给作者写一封信；亦可以根据书中

的某一个故事或者某一个章节进行故事的续写。通过这样的创意读写，学生的思维得到了很大的提升。在他们所写的一篇篇习作中，文字间都流淌着灼热的温度，蕴含着文化的气息。

课内的学习亦是如此。学习作家的写作方法，进行迁移运用。例如在学习《浓浓思乡情》这一主题时，由课内王安石的《船泊瓜洲》拓展了张籍的《秋思》和纳兰性德的《长相思》。这些古诗有的是借景抒情，有的是借事抒情，基于此，可给学生创设一定的情境。

在诵读和写作中，学生的语文素养正在稳步提升。当然，在这个过程中，对学生影响最大的莫过于文化的浸润。由此可见，传统文化与课堂的教学并非分离，而是相辅相成、相得益彰。在文化的熏陶下，一颗颗充满文化气息的小种子正在学生的心中悄悄生根、发芽。

读国学经典 做少年君子

北京市顺义区东风小学

贾海芹

　　语文课堂是语文教师传播中华优秀传统文化的重要阵地，在教学实践过程中，我深深地感受到：国学经典的阅读教学，不但使学生文化底蕴有了积淀，更是对学生进行教育的有效方式。结合我班中年级学生的年龄特点，从感受经典韵律、感叹经典内容、感悟经典思想等方面为学生选取适合诵读的经典内容。希望学生通过大量阅读国学，能最终达到"与圣贤为友，与经典同行，与时代同步"的教育目的。

一、阅读国学经典，感受韵律之美

　　专家研究发现，一个人12岁以前背诵能力最强，是人生记忆的黄金时期，这一时期也是孩子们一生中学习压力最轻、记忆力最好、心灵最清澈的时候。所以在小学阶段让学生对国学经典篇目进行大量诵读，是最好的时机。

　　阅读国学经典，最好的方法就是吟诵。让学生们经常轻松并有韵律感地吟诵，琅琅书声中美和高尚在心灵中达到统一。自古诗人作诗都是先吟后写的，用这种方法学习，是还原经典学习的必要，而且还会减轻学习疲劳。比如在学习古诗词时，根据文体遵循吟诵规则：平长仄短、平低仄高、入短韵长、依字行腔等，有时候配上喜欢的动作，有时配上喜欢的调子，学生根据声音的不同很快且很牢地记住经典。为了让学生感受到古诗文吟诵之美，为此，我还从网上下载了《古吟小诗75首》，

这里边收录的都是篇幅短小，适宜学生吟诵的古诗文作品。用这个作为学生吟诵古诗文时的范文，学生跟着同步诵读，就像在唱歌，这样较之平常的朗读，氛围柔和，不枯燥，学生特别喜欢，动耳、动嘴、动心的同时就加快了记忆的速度。

《声律启蒙》是我国古代的一本蒙学书，这本书节奏响亮、声调和谐、用语简练易懂，每一章节都是按照韵脚编写的；全部选用常用的字，词和典故，编成分韵排列、平仄和谐、对仗工整、义理健康的联语，低吟缓诵之际，但觉音韵铿锵，辞藻华丽，妙不可言，这本书对学生形成良好的语感有重大作用。在二年级进行《声律启蒙》教学中，初始，我有意识地让学生先求熟读、不急求懂，让学生们轻松并有韵律感地吟诵，对学生是一个潜移默化的过程，也给了孩子一把开启心智的钥匙，让经典的音律在琅琅吟诵声中滋润到学生心灵的深处。

《声律启蒙》中的节奏感很强，读起来具有韵律美，背诵教学时我还会让学生根据意境采用各种手势、动作在表演中吟诵，也会让学生们在吟诵时按照一定的拍子打节拍。学生根据韵文中一些优美的语句进行联想，品悟其中的意境。《声律启蒙》典故中句子押韵对仗有助于学生的诵读，提升学生对语言文字的感悟，让学生学会赏析诗词，提升文学美学鉴赏能力，在潜移默化中丰富学生文化底蕴。

中华民族的文化源远流长，除了《声律启蒙》，还有《笠翁对韵》《三字经》等，都是字字珠玑，是我国的文化瑰宝，学生在以后的学习中一定能进一步感受到经典韵律的魅力。

二、阅读国学经典，感叹内容之美

广闻博览、饱读经典的人，眼界远大、胸襟开阔。成为这样的人，就可以对人生的各项活动，作出较为全面性和合理性的规划与安排，这就是古人所说的"见识"，也是现今所谓的"文化教养、涵养、修养"。

要启发理性、开阔见识、陶冶性情，让孩子从小广泛诵读各类经典，就是让孩子在一生的黄金记忆期储备好令他一生受用的东西。仰韶文化、诸子百家、四书五经、唐诗宋词、明清小说……代代相传，历久弥新。这些古典文化，不仅有文学，还蕴含着美学、哲学、天文、地理、历史……用这些优秀的传统文化资源充实孩子，滋润学生心灵。

四年级的学生，可以理解一些内容较难懂的文学作品了。我们开始诵读《千字文》，此文四字一句，一共250句，无一个字重复，正好一千字，是名副其实的千字文。但也就是这短短的一千个字，却包含着极其丰富的内容：从自然现象到社会历史，如：农耕季节的变换，农事的忙闲，一年有四季之别，人有老少之分，这些都是自然不能改变的运行规律。从工业生产到发明创造，从做人做事到言谈举止，从宫墙建筑到名山大川。《千字文》不但使学生震撼于古代中国文化的博大精深，而且它的这些内容也正与现代社会对于人的培养要求是一脉相承的，符合儿童的知识经验和生活经验。让学生诵读这样融合了天文、地理、历史等各种知识在一起的"百科全书"式的教材，十分有利于传统文化的传播。文中有些句子是比较难理解的，就让学生们分散解决，各个击破。把每天所需背诵的句子，在之前先预习一下，每个同学要明白一句话的含义，背诵前小组先交流。

国学经典是学生学习的宝库，知识的海洋。学生在诵读经典的过程中，不但提高了文学修养，而且开阔了视野，知识面不断扩大。学生吟诵之余，也深切感受到了它所包含内容的广博与精微。国学经典里的知识，就像陈年佳酿，越品越感叹其中之美味。

三、阅读国学经典，感悟思想之美

国学经典是古代圣贤思想、智慧的结晶，是我们民族文化的瑰宝。诵读它，可以修养身心，增加智慧，开启成功之门；诵读它，可以让人懂得认识美、领略美、欣赏美，享受快乐人生。"腹有诗书气自华"。让学生把国学经典熟诵于口，濡染于心，会使他们在不知不觉中提高品性和修养。

上学期，我们诵读了《治家格言》节选，当读到"一粥一饭，当思来之不易；半丝半缕，恒念物力维艰"时，我向学生提问：这一句话是告诫我们什么呢？学生们积极举手，踊跃发言，基本上都表达出了：即使是一顿粥、一顿饭，也应当想到它来得不容易；即使是半根丝、半根线，也要想到劳动的艰辛，这个意思。有一个学生说："我还能用一首诗，表达这个意思，也是告诫人们要爱惜粮食。"说着他高声朗诵《悯农》："锄禾日当午，汗滴禾下土。谁知盘中餐，粒粒皆辛苦。"学生在诵读经典的同时，也反思了自己平时不爱惜粮食、不爱惜财物的行为，心灵得到了净化。

我们诵读《增广贤文》时有"羊有跪乳之恩，鸦有反哺之义"。学生知道了：小羊为了报答父母的养育之恩，当父母年老体弱行动不便时，小羊跪下来用乳汁喂养父母。小乌鸦为了报答父母的养育之恩，当父母年老不能外出捕食时，就将食物口对口地喂养年老的父母。更理解了做子女的要懂得孝顺父母。这样诵读经典与思想教育就水乳交融地结合起来了。当时正值"九九重阳节"，我班提倡同学们每天为父母或长辈做一件力所能及的事。有的同学在日记中写道："羊有跪乳之恩，鸦有反哺之义。"妈妈养育我这么大，我也应该做一些事报答她的养育之恩，从今以后我要学会洗碗，做一些简单的家务活，帮妈妈减轻劳动负担；有的学生在日记中写道：国学使我懂得要有礼貌，要孝敬父母长辈，要乐于助人，要珍惜时间勤奋学习等，现在，妈妈再引用古人的话教育我时，我更加佩服妈妈的学识了。还有一些学生制作了手抄报，附上了帮长辈做事的照片。一个孩子这样写道："小羊羔喝奶的时候是跪着的，小动物都知道要感谢母亲的养育之恩，从现在起，我也要做个孝敬长辈的孩子。"

从古至今，经典名句滋润了一代又一代人的心灵，华夏儿女在吟诵韵律优美的"名句"中成长。学生在诵读古人佳作经典时，会自觉不自觉地用圣人的经典名言来规范自己的行为，接受传统文化和人文精神熏陶，学会做人的道理，潜移默化地提高自身修养。国学思想使人美丽，成就清新的高尚人生。这正是"读千年美文，做少年君子"。

越读越快乐

北京市顺义区东风小学

李 琳

新教育的提出者朱永新教授曾说过：一个人的精神发育史，就是他的阅读史。一个民族的精神境界，很大程度上取决于这个民族的阅读水平。新教育实验提出了"营造书香校园、师生共写随笔、聆听窗外声音、培养卓越口才"等十大行动，并把"营造书香校园"放在首位。"营造书香校园"建设活动已在我校轰轰烈烈地开展。学校先后通过建立并扩建学校图书馆，增加学校图书量以及开展大量的阅读活动，让学生从中受益，使学生越读越快乐。

一、以画促"话"，激发学生阅读热情

为了提高本班学生的阅读兴趣，我采用了多种学科融合一起开展阅读活动，将音乐、绘画引进阅读课堂，让语文和数学、英语、科学等学科融合起来。语文原本就是一门工具学科，它和其他学科的整合，对于小学低年级的学生来说，可以更好地激发同学们对学习的兴趣，对知识的渴求。让学生在语文的阅读课堂上看到更加广阔的学科知识的魅力，更增添语文学科的美。

例如：我将提前画好的《猜猜我有多爱你》，并附上了书中的这样一句话：孩子，我爱你一直到月亮那里，再从月亮上回到这里来。一幅画、一句话瞬间使本来寂静的教室沸腾了起来，有的同学被画中大兔子对小兔子说的话所感动；有的同学则是被这本书的故事所吸引。大家你一言

我一语地交流起来，并且争先恐后地向我要这本书看。我将书交到一名学生手里，并且布置她在阅读后，也要完成一幅属于自己的《猜猜我有多爱你》与全班同学进行交流，促进学生从图画中感受语言文字的魅力，帮助学生积累语言素材，促进学生的语言表达能力。虽然只是换了一种阅读的开场白，但在孩子的面前却有着不一样的收获。

二、故事小讲堂，养成良好阅读习惯

除了从绘画中引导学生读书，在音乐的海洋里让学生寻找阅读的乐趣，班级还设置了"故事小讲堂"活动，以中华传统文化教育为载体，全班共读一本书，分享《弟子规》。开展个人展示阅读故事小讲堂活动，每人每天分享一篇《弟子规》的小故事，既提高了学生的阅读兴趣，又提高了自己的阅读表达能力，同时还促进了学生的倾听和互动的能力，孩子们都积极踊跃参与，我们班的孩子都成了名副其实的"故事大王"。孩子们从阅读中体验到快乐，课下互相交流今天的故事内容，学生从这些小故事中获得了大道理，懂得了做人做事都要遵守原则。小讲堂活动的开展帮助学生养成了良好的读书习惯，指导学生掌握正确的读书方法，同时也塑造了班级鲜明的特色文化。

三、"读书漂流"，营造良好阅读氛围

为了拓展学生的阅读能力，本学期学校还开展了班级之间的"读书漂流"活动，将资源合理利用，激发了学生的读书兴趣。每当班级的"小小图书管理员"换来了新的课外书，同学们都争先恐后地借阅新的书籍，捧着一本本新书如获至宝，相互交流着书籍中的精华。

不仅如此，社会大课堂，学校组织孩子们去"爱阅读"活动基地，感受不一样的读书文化，让孩子在书籍的海洋中遨游。慢慢地，我发现孩子们开始爱上阅读了，从一开始的班级图书角少有人问津，到后来大

批学生看完班内图书，改去楼道开放书架席地而坐地专注阅读。从一开始的少有几个人经常借阅书籍，到后来班上的一个个同学被评上读书小明星；从一开始下课同学们就三五成群追跑嬉戏，到现在三五书友谈古论今，共享感受……读书成为学生们探索未知世界的大门，成为学生课余最爱的活动。就这样班级营造了良好的读书氛围，学期末本班还荣获"书香班级"的荣誉称号。

让学生爱上阅读并非是一件易事，它不可能立竿见影。老师要不断地循循善诱，家长也要大力支持。只要坚持不懈地激发学生的读书兴趣，培养良好的阅读习惯，掌握正确的阅读方法，读书就逐渐成为自觉行为。阅读让学生们在知识的海洋中自由自在地遨游，为学生们撑起一片多彩的蓝天。著名教育家苏霍姆林斯基曾认为，文学就像一条清甜溪流，可以滋润学生心田，启迪学生心智，完善一个人的人生。因此我们应该大力提倡让学生多读书，读好书，爱上读书，广采博闻，开阔视野，使他们养成良好的阅读习惯，越读越快乐。

在读中渗透文化之美

北京市顺义区东风小学

刘红玉

　　语文课程应致力于学生语文素养的形成与发展。语文素养是学生学好其他课程的基础，也是学生全面发展和终身发展的基础。"语文是最重要的交际工具，是人类文化的重要组成部分。"它既要求我们在语文教学中抓好学生的语文基本功——多思、多读、多写，又要进行文化思想的熏陶和道德情感的培养。"语文课程应培育学生热爱祖国语文的思想感情，指导学生正确地理解和运用祖国文化，丰富语言的积累，培养语感，发展思维，使他们具有适应实际需要的识字写字能力、阅读能力、写作能力、口语交际能力。"

一、提升思维品质

　　巴尔扎克说过："打开一切科学的钥匙都毫无意义的是问号……而生活的智慧大概就在于逢事就问个为什么。"无独有偶，陶行知在《创造的儿童教育》中也提出："发明千千万万，起点是一问。禽兽不如人，过在不会问。智者问得巧，愚者问得笨。人力胜天工，只在每事问。"显而易见，问题是学习的先导，语文课堂上创设环境，激发学生提问的愿望，利用文本资源教给学生质疑的方法，引导学生抓住难点重点质疑，抓住矛盾处、异常处质疑，抓住文题质疑，抓住文章中反复出现的词句质疑，提出与课文主要内容相关的质疑，多角度、多方位发问，并引导学生学会多途径解决问题。《嫦娥奔月》这个民间故事从远古一路走来，人们一辈

辈地传诵着，就因为故事中蕴藏着动人的美！我着重通过语言文字的品读，来充分感受人物的形象，从而带孩子走进人物丰富的内心世界，使之获得情感的陶冶与心灵的荡涤，了解美的真谛。抓住事情发展的顺序以"智斗逢蒙—嫦娥奔月—后羿追妻—遥祝嫦娥"为线索，我将"嫦娥奔月"作为重点部分来讲，嫦娥吞下了仙药，发生了什么事情呢？通过第六小节的配乐朗诵将孩子们直接带入"嫦娥奔月"这一部分。美的文字，美的画面，当嫦娥身体轻起来，飞出了自己温馨的家，飞离了自己熟悉的村庄，越飞越高。这是多么的无奈，多么的凄凉，多么的美丽，这是一种凄凉美。让孩子通过画面的想象、音乐的渲染来感受人物的内心世界。让孩子通过这一小节中的叠词"飘飘悠悠"和"碧蓝碧蓝"，去品味这段文字之美、环境之美以及嫦娥的心灵之美。其次多利用课外资源，让学生多积累美的语言，通过主题阅读、背诵古诗、国学经典，鉴赏优美文段，给学生播下传统文化的种子。

二、厚实文化积淀

语文课程标准指出："语文是实践性很强的课程，应着重培养学生的语文实践能力，而培养这种能力的主要途径也是语文实践。""纸上得来终觉浅，绝知此事要躬行。"我国最早的教育著作《学记》中早已提出："虽有佳肴，弗知其味；虽有至道，弗知真善。"无论何种版本的教材，无不关注学生的语文实践活动。多年的语文教学工作，让我也深深地感受到：语文知识的积累只有通过具体的活动得以实现，活动是厚实学生文化底蕴的必要途径之一。

1. 每日一句的积累，古诗名句、歇后语、成语典故。

2. 不定时地举行朗诵会，有诗朗诵、经典文本的朗诵。张志公先生曾说过："诗的语言，音调和押韵，念起来给人以极大的快感。"

3. 开展阅读文学经典书籍活动，指导学生阅读名著也是厚实学生文化底蕴的必由途径。经典在不同的时期，意义不同。

三、培养综合能力

语文课光靠教材的几篇文章，要让学生学会表达是不可能的。所以，不但要带学生走进教材，还要带着学生走出教材，扩大他们的阅读范围，加强语文实践活动，提高学生语文的综合能力。这在课堂内外都可以进行。在课内，每一节语文课留出三至五分钟给学生扩展阅读和本次课文有关的材料，或做一些与课文有关的实验，教师也可提供相关的信息材料，让学生有新的感受和新的体验，从而增强学生的语文实践能力，让语文素养在潜移默化中得到提升。在课外，加强课外阅读和实践。把语文和生活联系起来，譬如，"聆听音乐美，发现绘画美，欣赏艺术美、自然美、科学美、社会美、生活美，都可以从语文学习中获得"。在教学《桂林山水》时，让学生说说，你想怎么当好导游，把这个美丽的风景介绍给你身边的伙伴亲人。问题提出后，孩子们都抢着发言，课堂气氛十分热烈。一般经过快速思维后，先在小组里讨论，然后再推荐说得好的在全班交流。这样，谈论交流后把他们说的写成文章，效果是很好的，使学生在课本中学到的知识在实践中得到了验证，从而达到提高学生的语文素养的目的。叶圣陶先生曾经说过："少数语文水平较好的学生，你要问他们的经验，异口同声说是得益于课外看书。"如《草船借箭》选自《三国演义》，在教了这篇课文后，我向学生介绍了三国的形成、对峙、衰败的历史，还介绍了一些突出人物的特点以及自己对文中人物的看法与评价。课后不少学生争看《三国演义》。这种阅读活动，是"课文"的补充和拓展，是与课内的教学紧密结合在一起的。学了《颐和园》，对祖国的名胜古迹，知道多少？指导学生有意识地去找到相关书籍阅读。

如果语文教师能为学生打下一个"精神底子"，也就能放飞学生明天的梦想。当我们的语文教学真正激发了学生探索欲望，学生语文素养的

培养就会落到实处，语文教学改革才会有光明的前景。但愿语文学习成为老师和学生普遍感到快乐和轻松的事情，因为学生有了坚实的语文素养和自由宽广的语文学习空间。总之，我们在平时的教学工作中，要让语文课程"致力于学生语文素养的形成与发展"，在不断的潜移默化和熏陶感染中，促进学生的全面发展和终身发展。

课外阅读奠基成长

北京市顺义区东风小学

隋红梅

著名特级教师于永正说："靠自己读书成长起来的学生，不但结实，而且有可持续发展的后劲。"可见阅读是多么重要，其中，进行广泛的课外阅读成了学生的必修课。课外阅读不仅可以使学生开阔视野，增长知识，培养良好的自学能力和阅读能力，还可以进一步巩固学生在课内学到的各种知识，对于提高学生的认读水平和作文能力，有助于形成良好的道德品格，乃至于整个学科学习都起着极大的推动作用。那么，怎样才能有效地培养学生的课外阅读能力呢？下面说说我在这方面的做法：

一、为学生推荐合适的书籍，增加现有阅读量

当学生读自己喜欢读的书时，他会读得津津有味，完全沉浸在书的世界里，和书里的人物同喜同悲。当学生读自己不喜欢读的书时，会感到枯燥无味，不知所云。因此，学生阅读的兴趣激发起来后，就要适时地引导学生选择合适的课外书，让学生有好书可读。

俗话说："书痴者文必工，艺痴者技必良。"一个人要有渊博的学识和技艺，就要多读书，读百家书，学百家艺，这就是让学生在阅读过程中需学会收集书中信息，并将其转化成自己的知识与能力。

适合小学生的读物应为童话、故事、军事、科技、文学、名人传记等方面书籍，这是因为"童话"可以发展孩子的思维能力，增强阅读兴趣，懂得故事中的寓意，从中受到启示和教育；"故事"的情节可打动孩子的心灵，进而增强课外阅读的兴趣，故事容易口述，这样能为学生口语表达能力、写作能力打下良好的基础；军事、科技方面书籍可增强学生对社会的进步有所了解和认识；文学类书籍可陶冶情操、修身养性，如名家名作被选入语文教材中的《匆匆》《春》（朱自清）、《海上日出》《小鸟的天堂》（巴金）、《落花生》（许地山）等一些文章，读后就能着实让人感受一种美，一种快乐。

二、激发兴趣，提高课外阅读的积极性

课外阅读成功与否的一个前提条件就是如何培养学生的阅读兴趣，如果我们能使阅读变"苦"为"乐"，就会"读"得轻松愉快，"读"得扎实牢固。如何培养学生阅读的兴趣呢？爱因斯坦说过："兴趣是最好的老师。"为了贯彻落实《语文新课程标准》中规定的小学生课外阅读总量，我十分重视激发学生的阅读兴趣，使课外阅读的内容安排、组织形式等尽可能地满足学生的心理、生理特征，使学生乐读、爱读，让阅读成为学生生活中的一种乐趣。培养学生阅读兴趣，可从以下几点入手。

（一）情意感召法

即经常创设一种浓厚的"书香"氛围和激动人心的"书林"境界，让学生产生一种置身于精神文明宝库的神圣感。比如，搜集关于读书的名言，进行评说、欣赏；讲述名人读书成才的故事，进行对比、教育；组织参观新华书店、有一定规模的图书馆，让学生感受到书海浩瀚和读书之乐趣，从而激起对读书人的崇拜，对书的渴望，形成与书本交朋友的强烈意向。

（二）交流展示法

当学生的课外阅读兴趣被激发起来以后，为了稳定和保持这种兴趣，并且也为了获取他们课外阅读效果的反馈信息，我们采用了交流展示的方法，比如"一人一条新闻""一人一个故事""一人一篇演讲"等，让

学生将课外阅读中所知道的大事要闻、奇事怪物、民情风俗、自然风光等说出来；其次每学期不定期地搞一两次书面交流活动，比如优美片段摘记汇展、读书笔记结集等。这些做法，可以激发全体学生课外阅读的积极性。

（三）评比激励法

搞评比激励，给予学生以适度的精神鼓励和"物质刺激"，一是有利于学生课外阅读兴趣在稳定的基础上更加强化，二是有利于了解学生在课外阅读中表现出来的个性差异，以便采取一些分类指导的策略。评比激励可从两个层面进行：一个层面是评"作品"，即开展读书笔记、"采蜜集"等书面作品征集评比和"新闻发布会""故事演讲"等口头作品比赛活动，选出优秀的"作品"，分别颁发不同等次的证书和奖品；另一个层面是，在期末对学生的课外阅读表现进行综合考察，评比出不同星级的课外阅读活动积极分子。这样，既可以表彰先进，树立典型，又可以激励其他学生多读书、读好书。

三、教给学生有效的阅读方法，增强阅读实效性

古人云："授之以鱼，不如授之以渔。"阅读方法的有效指导有利于提高阅读质量，提升阅读鉴赏能力和文化内涵。高年级段学生已形成了良好的阅读习惯，拥有自己专门的读书笔记本，如"采蜜集"、读书手册等，在阅读过程中，学生能够自觉地运用圈、画、点、注、评、摘等阅读方法进行有目的、有深度的阅读，懂得如何去品味文字中所蕴含的情感，并形成自己的阅读见解。

阅读时常见的读书方法有五种，分别为精读法、浏览法、速读法、选读法及批注阅读法。

（一）精读法

即对书报上的某些重点文章，集中精力，精细地阅读。有的文章语

言隽永，运用典范，可以这些作品为凭借，指导学生精读，要学生全身心投入：口到，眼到，心到，手到，边读，边思，边批注，逐渐养成认真读书的习惯。

（二）浏览法

主要针对一些长篇的书籍，例如名著《西游记》《水浒传》等。教材中节选了一些中外名著的各种章节，在指导学生阅读原著时，要求可放宽，只作走马观花的浏览。这种阅读不受时间限制，比较轻松，而且文艺作品故事性强，有很大的吸引力，阅读速度自然加快，读后掩卷而思，也有不少可回味品评的东西。

（三）速读法

即不发音、不辨读、不转移视线，用尽量少的时间获取尽量多的信息，并能正确理解文章的阅读方法。其特点是快，要求读得快，理解得快。

（四）选读法

要根据自己在课内学习或写作上的某种需要，有选择地阅读有关篇章或有关部分来读，读时做到目光只扫描最关键的词句，只取所需，以培养学生带着问题、迅速捕捉所需信息的能力。

（五）批注阅读法

就是在阅读过程中边读边批注的方法。预先确定阅读批注的符号和格式，引导学生做到一边阅读，一边勾画，或写上几句心得，随读随写，既动脑又动手。

四、加强课外阅读的指导

指导学生选择健康的、有益的课外读物。课外阅读好处多，但开卷未必有益。"阅读一本不适合自己的书，比不读还要坏。我们必须学会这样一种本领，选择最有价值、最适合自己需要的读物"。所以指导学生正确选择课外读物非常重要。

（一）教师可以统一指导的读物

一是要充分利用好与我们现行教材相匹配的自读课本。二是班级可以统一订阅一两份适合学生阅读水平的报刊，或从图书馆统一借阅一种图书，作为统一指导的读物。

（二）支持学生自由选择读物

对于学生自由选择的读物，我也给予宏观上的指导，教会学生选择内容积极的读物阅读。

对于老师来说，想要让所有学生都真正走进课外阅读，都喜欢上课外阅读不是一件简单的事，需要长期不懈的坚持与努力，需要有为教育事业执着奉献的精神。在新世纪里，课外阅读是我们一个全新的生活领域，更是时代发展的一种重要的精神资源和趋势。我们的语文教育要追赶时代，就得超越课堂，带领学生"跃马平川"去开辟课外阅读的广阔天地。

行走在诗文中 栖息在诗意枝头

——小学生古诗文诵读实践活动设计

北京市顺义区东风小学

关金如

一、主题内容

中华诗词，以其独特的魅力，传诵千年，历久弥新。中华传统文化中诗词传诵是一颗闪亮的明星。小学语文书的每册教材中都有古诗文的单元。故本次活动以语文课标教材为目标，以我校的"古诗文诵读"手册，二年级第一学期要求背诵的诗文为主，开展本次诗文诵读活动。

二、教学目标

1. 把我校三年级第一学期古诗诵读手册分为四部分，即：课内篇目、课外推荐一、课外推荐二、课外推荐三。

2. 以小组为单位每天完成一首诗的背诵。

3. 学生能大致了解诗的意思，如果有个别诗句实在理解不了，不做强求，只要孩子按古诗的韵律背下来就可以。

4. 能根据诗意配上一幅画。

三、教学资源与实践条件

教师：

1. 教给孩子背诵古诗的方法。例如：勤读多练法、歌唱法、意境法、绘画法、表演法等。

2. 适时适度地把孩子们带进古诗的意境中。

3. 教师做好监督检查。古诗对于孩子来说难理解，有时孩子会出现抵触现象，很难坚持背诵。这就要求教师定时地做好监督检查。

学生：

孩子正处在一生中记忆力的黄金时期，会在很短的时间内背下诗词，而且不容易遗忘。另外古诗文一般篇幅短小、朗朗上口，易于背诵。

四、活动过程

（一）纠正字音，准确认读

古诗中有的字的读音，对于孩子来说很生僻，不同的读音意思也不一样，有时要根据诗意去定夺读音。因此，纠正古诗字的读音很必要。

每天的语文早读，我会抽出 5 分钟的时间听孩子读一首古诗。发现有错误的读音及时纠正，并让孩子把拼音注上。

在我每次纠正字音前，首先自己必须熟读，拿不准的字音有时向同事请教，有时去查字典，有时去网上查找资料。必须保证字音的准确无误才给孩子们做纠正。例如：通假字（读通字音），"采菊东篱下，悠然见南山"，"见"通现读 xiàn。"风吹草低见牛羊"，"见"通现读 xiàn。再有根据意思来判断读音的。"为有暗香来"为 wèi：因为。"应怜屐齿印苍苔"应 yīng：应该。"四时田园杂兴"兴 xìng：兴致。

（二）课堂两分钟，大声诵读

语文课前我安排了精彩两分钟的环节，这学期我班精彩两分钟的内容是每天让孩子轮流向大家介绍一首诗。有的同学采用叙述的方式介绍诗的作者，介绍诗的写作背景，介绍诗的意思。有的同学根据自己的理解配上一幅画。根据背诵的材料，绘出一幅幅生动的画面，并以之为媒介进行背诵。它可以形象直观地表现材料的内容、含义，深入浅出，通俗易懂，图文并茂。"诗中有画，画中有诗"，我们学习时应充分利用，

边看插图，边想象它的意境，对背诵则大有益处。有的同学非常有创意，把古诗谱上曲调，用演唱来表达对诗的喜爱。表演者口中有诗，心中有情，让人觉得赏心悦目。在一个同学介绍完毕后，大家一起大声地诵读这首诗。俗话说"书读百遍，其义自见"，在小学阶段要求学生背诵的古诗文必须做到准确背诵。在课堂上必须强调准确诵读，让学生体会其意境美、音韵美，有时通过听录音、教师范读、学生齐读、个人朗读、分组读等方式灵活诵读，最大限度地防止学生误读，为今后的背诵和默写做好铺路石。

这个环节孩子们都非常喜欢。这里有对诗的侃侃而谈；这里有孩子们去网上搜集资料，锻炼了他们搜集资料的能力；这里有孩子们比赛诵读古诗，培养了他们的竞争意识，有利于他们对古诗的记忆。

（三）利用好假期，背诵比拼

寒假里我班成立了五个古诗诵读小组。并由小组长牵头成立古诗背诵小组的微信群。每个小组按照老师规定的20首古诗及20天时间，展开了诵读古诗的活动。那几天微信群里热闹非凡。小组长尽职尽责地督促组员背诵古诗，并做好每天的背诵记录。组员们你追我赶把自己的录音或视频分享给大家。教师时时刻刻关注着孩子们的背诵情况，纠正读音、表扬进度快的小组、指导组长填好背诵表格记录，忙得不亦乐乎。

（四）多种活动，促背诵

小学生大部分都有爱表现的欲望，他们强烈地需要别人对他们能力的赞扬与肯定，所以给学生营造一个良性的竞争环境很重要。根据古诗文的短小精悍这一特点和学生的兴趣进行朗读比赛、背诵比赛、默写比赛、诗文赏析、古诗文接龙等。在一系列的活动中，孩子们加深了对古诗的理解，激发了他们背诵古诗的兴趣。

五、活动阶段总结

通过一个学期的日积月累，大部分孩子背诵下了50首古诗。在阅读中积累，在背诵中积累，把古诗词积累好，从而化为自己的知识，做到厚积薄发。流传至今的诗词是我们中华民族文化的精华，如果能成为孩子自己的知识那就增加了文化底蕴，语文素养也会得以不断提升，那么学好语文就不再困难。

我想，繁花或许不会落尽，我们就这样一如既往地行走在不朽的诗文里，品味一番古老又鲜活的文字，沐浴一场绮丽动人的烟雨，栖息在诗意的枝头。被古诗滋养的孩子，得到的不仅仅是诗情和文才，实际上也成为被生活和命运多一份垂青的人。相信孩子们在平凡生活之外，更会有一个"桃花流水窅然去，别有天地非人间"的世界。

分享体验 共享阅读

北京市顺义区东风小学

王雪莲

书籍是最有耐心、最能忍耐和最令人愉快的伙伴。在任何艰难困苦的时刻，它都不会抛弃你。——赫尔岑

阅读是语文的基础，课外阅读是提高语文教学效率的一条重要途径，更是增强学生语文素养的重要内容。而我在教室里经常发现孩子们在读一些毫无营养的书籍，抑或是对课外阅读毫无兴趣，不会主动去阅读，而是三三两两结对，寻找一切"时机"，想方设法搞一些"破坏"。对于低年级孩子而言，良好的阅读习惯，会伴随他们一生，助力他们充分感知外部美好的世界。我们经常会跟孩子进行说教，让孩子自己去找感兴趣的书籍，然而低年级学生判断力、甄别力和"免疫力"都差，如今的课外书包罗万象、良莠不齐，学生对什么书适合自己，怎样阅读都没有概念。这就需要我们教师的引领，帮助他们找到"智"友，陪伴他们健康成长。

接下来的一件事情给了我很大的启示。我在教学中发现，学生特别容易受到伙伴的影响。一天午自习，很多同学就像平常一样，完成学习任务后无所事事地等待着下课铃声的到来，有些同学则沉浸在一些毫无营养的书上。这时我发现洋洋（化名）同学在专心致志地阅读《爷爷一定有办法》这本书。于是我就想，一定要给孩子树立良好的榜样，因此，我就邀请洋洋同学给大家分享自己的读书心得。并在课上大声地表扬："时间就像海绵里的水，大家要珍惜时间，合理利用自己的闲散时间，像

洋洋同学就做得很好，完成学习任务之后就赶紧拿起书认真地阅读。大家以后要读好书，明天我们邀请洋洋同学给大家汇报自己的读书体会。"对于二年级的小孩儿，我其实是没有抱太大希望的。但等到第二天，洋洋同学俨然一副胸有成竹的样子，落落大方地走上讲台，携带着自己精心准备好的课件，像个小老师般地娓娓道来。这时候，大家完全被眼前的一张张图片和洋洋同学的妙语连珠深深吸引了。这节课后我们班就出现了一个奇妙的现象：下课后大家争先恐后地借阅这本书，对这本书显现出极度的渴望，迫切地想要知道后面发生的故事。

因此，学生对知识的好奇心是可以调动起来的。学生也乐于和大家一起分享自己的读书体会，也能在这个过程中收获知识、自信表达的能力和善于倾听的能力。既然这次的读书分享会有这么好的效果，那么不妨尝试继续将这个活动延续下去。于是我借助大家对这本书的热情，展开了共读《爷爷一定有办法》的系列活动。

活动 1：共享读书体验

我利用每节课的课前 5 分钟，给他们创造机会，让他们分享自己的读书体会。孩子们在课下认真读这本书，学生按顺序轮流利用课前这 5 分钟在讲台前面分享汇报自己的读书体会。孩子们特别珍惜这 5 分钟，每人都会认真准备自己的汇报内容，我也会在这个阶段指导孩子。首先，确定选择要分享的内容，为每位汇报者甄选章节。其次，考虑以什么形式呈现最清晰，绘本故事要确保大家都能看清楚图片，因此我们选择制作课件，把经典图片呈现出来，方便大家观赏。我们也在活动过程中完善呈现的方式，学生们在汇报前跟我提出选择团队合作，以情景剧的方式给大家汇报自己的阅读成果，极大地调动了学生的积极性。接着，如何设计自己的语言更简练，我利用课下的时间，帮助汇报同学修改草稿，精练语言。最后，在听完每个汇报之后，指导学生设计一些题目，让其他同学抢答，在这个过程中，大家共享读书体会。

活动2：制作阅读卡片

帮助学生学会制作阅读卡片，积累词语，沉淀知识，记录自己的成长与收获。小金（化名）同学在阅读卡上积累了生字词：毯子、剪刀、消失、渐渐。积累的优美词语有：奇妙、又破又旧、破破烂烂、斑斑点点、无中生有。学会的道理：什么东西都有用，只要你动脑筋，变废为宝，就能发挥它的作用。在撰写阅读卡的过程中培养学生积累的习惯，培养学生的语感。其中"毯"是二年级上册学习的生字，"剪"是下册学习的生字，而我们在阅读的过程中学习深化了对该字的理解。在其中学习的优美词语又能丰富学生的语言，直接助力看图写话和口语交际。

活动3：创作思维小导图

在共读《爷爷一定有办法》这本书后，我组织学生对知识进行归纳、整理。将学生分成小组，以小组为单位创作一个思维导图，在这个过程中，加深对知识点的理解程度。璐璐（化名）同学就会以爱为主线，把这块蓝色布料对约瑟一家、小老鼠一家和整个小镇带来的温馨创作出一幅思维导图，整个故事在思维导图的呈现下脉络清晰，学生也在创作的过程中拓展了思维，理顺了思路。

活动4：百花齐放，分享交流

学生们在共读的过程中，每个人都有自己独特的见解，那我就创造宽松的氛围，保证孩子有疑难、体会的时候可以随时表达。在阅读的过程中，华华（化名）同学发现，图画的下面还画有小老鼠，于是他就提出了一个疑问：为什么要画小老鼠？于是针对这一话题，学生们大胆表达自己的想法："小老鼠是约瑟家里养的宠物。""因为小老鼠会利用蓝色布料来生活。""有小老鼠我觉得更有意思，我喜欢它们！"……

鼓励大胆表达自己的想法，帮助学生绽放自己的光彩，在这个过程中，海纳百川，博采众长，吸收别人的智慧，形成个性的阅读品质。

活动5：讲故事

同学们在听完故事后，可以用自己的话给朋友或者亲人讲一讲这个故事，也可以根据题材加工制作，改编一个小故事讲给他人听。在听完《爷爷一定有办法》故事后，我们班内就组织了一个讲故事大会，同学们踊跃参与、绘声绘色地讲起来。在这个活动中，同学们不但记住了这个故事，还要经历阅读、思考、理解、语言组织和表达等一系列复杂过程，从而锻炼了自己的综合素质。

活动6：绘本剧表演

儿童最富有自我表现的好胜心，所以我抓住时机，给予孩子们充分展示自我的平台。让他们在感受、想象、模仿、体验的过程中丰富他们的想象力和创造力，增强自信感。我结合分享的绘本，让学生分小组，表演绘本剧。在表演的过程中，把阅读的知识升华，内化为自己的经验，进而把间接经验转化为直接经验。在阅读完《爷爷一定有办法》后，我们分成小组，按照绘本故事进行情境表演，学生热情高涨，在过程中体验人物的心理，理解故事。

我们班经过共享读书的体验，学生们紧紧围绕一本书，形成了凝聚力。在分享与汇报的过程中，也加深了对知识的整理、归纳和理解。在这个过程中，我也与学生共同成长，共同进步。每分享一本书后，这本书便成为班级共享的书籍，大家之间相互借阅、分享。这时候我发现，之前的那些没有营养的书籍慢慢地在教室里消失了，而《十万个为什么》《中外传统神话故事》《长袜子皮皮》等优质书籍在同学们手里传来传去。还有很多同学之前一下课，就总想尝试点"坏事儿"，现在却安安静静地在座位上品味书香，被书中的世界深深吸引。一本一本的书籍就像是一个个的密码活跃在我们班级中，而我们在破解和演绎的过程中获得了知识，收获了友谊，经历了考验，体验了美好。一本本书就像一个个美丽的漂流瓶，漂流在同学们之间，给孩子们留下了知识，收获了快乐。我会带领我们班级在共享阅读的道路上一直坚定不移地走下去。

核心素养背景下的全学科
整本书阅读教学

北京市通州区贡院小学

左春云　赵海凤

一、背景

北京市通州区贡院小学非常重视学生阅读能力的培养。学校历史具有贡院、书院双重的文化基因。贡院是古时读书人参加科举考试的地方，古人"学而优则仕"，寒窗苦读数十载参加科举考试，从而走上报效国家的道路。"风声雨声读书声，声声入耳；国事家事天下事，事事关心。"可以说是古代书院办学精神的生动写照，所以在贡院，无论是古代还是现代，读书、阅读都是实现个人发展的最重要途径之一，"腹有诗书气自华"，是带有中华民族属性的精神气质。

为了达到明远少年的培养目标，学校将阅读作为涵养学生精神成长、厚积文化底蕴的重要途径，在改进教学，初步尝试单元整合的基础之上，构建了整本书阅读的课程体系。

二、"整本书"阅读课程体系的建设

为了加强学生的系统思考，厚积文化底蕴，培养科学精神，学校构建"整本书"阅读课程体系，激发学生对不同领域的阅读兴趣，让学生在六年毕业后能够有一个大的时空观，对这个世界（自然、社会、人）形成一个较为宏观的初步认识。学校以课程目标的确定、课程内容的开发和实施为设计思路，全面推进"整本书"阅读。

（一）建构整本书阅读的课程目标体系

在国家、地方课程基础之上，根据我校已有的课程建设资源和教学条件，遵循儿童身心发展节律，我校制定了整本书阅读的课程目标。

课程总目标：指向人的完整成长，包括精神滋养、阅读素养两个维度。精神滋养目标是实现学校"阳光、儒雅、责任"的培养目标；阅读素养包含阅读能力和阅读品格，而阅读品格是指学生的阅读兴趣、习惯和阅读量等阅读行为与态度。

（二）研发整本书阅读的书目体系

依据儿童心理发展特点，国家、地方课程标准和教材内容以及我校学生的特点，在专家的指导、一线教师研发团队的努力下，我校开发了"整本书"阅读书目体系。分为核心书目（必读书目）、拓展书目、全学科书目，将学校的基础要求与学生个性化阅读、精读与泛读结合起来。

1. 核心书目。

核心书目是根据学生成长发展需求以及新课标对一至六年级学生应达到的阅读能力目标的描述，由专家推荐，一线教师共同研究讨论后精选 15 本经典书目作为学校全体学生的必读书目，其中既包含语文类整本书阅读，也包括数学类整本书、英文类整本书的阅读。

2. 拓展书目。

除了全校必读书目之外，根据孩子不同的阅读需求，在自主选择的基础上，为孩子推荐相关主题的其他 20 本书籍，涉及有艺术、科学、文学等多个领域，让孩子们以积累"阅读存折"的方式进行广泛的阅读，实现精读与泛读的有机结合。

3. 全学科书目。

学校已建成设备先进的大型图书馆，涵盖历史、文学、科学、艺术、哲学等多个门类，还可根据师生的阅读需求不断补充新的图书、报刊。充满童趣的学生阅览室，给学生个人阅读、小组合作阅读、班级集体阅读提供了舒适自由的空间，保证全体师生人人有书读，时时有书伴。各个班级建立了班级书架，并经常鼓励学生开展图书漂流活动。组织学生将自己读过的书与其他同学进行交换，在学生之间实现图书资源流转使用。

同时购买了线上的阅读资源，学生在线上进行相关的图书认证、图书笔记等活动，然后获得成长值、财富值，阅读的图书越多，所获得的奖励越多，以此来大幅度提高学生的阅读量。

（三）梳理整本书阅读的教学实践策略

学校根据核心书目、拓展书目、全学科书目等三大课程内容，探索了不同的课程实施方法，形成了核心书目——（语文类整本书——体验式学习圈阅读策略、数学类整本书——QSL 阅读策略、英语类整本书——语言·思维·文化阅读策略）从整体上着眼，指导学生把握全书内容；拓展书目——阅读活动推进策略，将阅读与学生的生活建立联系；全学科书目——混合式学习策略，实现阅读的个性化、定制化。

1. 核心书目的策略。

（1）语文整本书——体验式学习圈阅读策略。

在开展语文类整本书阅读时，教师关注学生的阅读体验，采用"亲历"——通识全书，"回顾"——梳理反思，"抽象"——深化认识，"交流"——分享成果等四个环节，给学生提供指导，给予帮助，并引导学生关注整体性问题，联络全书，多线齐头并进，对整本书获得完整而深入的认识。

①基于体验式学习圈的阅读活动手册设计。

因为整本书阅读量大，对小学生的阅读耐心和毅力考验较大，因此，我校基于"亲历、回顾、抽象、交流"四个阅读环节，研发了核心书目的活动手册。活动手册由一系列的活动组成，这些活动与活动之间形成层级递进关系，伴随着学生一边读书，一边思考，引领学生走向深度阅读，提升阅读能力。

亲历，即是学生通过阅读手册中"目录扫描""自主阅读"等活动环节，亲历书中的内容、情境，获得初步的感性认识。

回顾，学生梳理亲历过程，通过"情节回顾""定位阅读"等活动环节，对书中重点内容进行反思，回读，为下一步深入阅读做准备。

抽象，抽象是学生从对书的感性体验中抽取理性认识，通过阅读手册中的"精读赏析""主题探究"等活动设计，总结阅读经验，提升理性认识。抽象的程度是中高年级学生阅读能力的重要表现之一。

交流，不同学生展示自己亲历阅读过程中的感受、认识与思考，通过阅读手册中的"成果展演""小小辩论会"等活动，在呈现阅读成果的同时分享获得的阅读成果，让学生在书中多走几个来回，对书中的内容产生新的思考和理解。

目前，学校已经开发了《爱丽丝梦游仙境幻想阅读活动手册》等核心书目的活动手册。这些阅读活动手册被海淀、朝阳、平谷、延庆等学校广泛借鉴、使用。有来自浙江、河北、天津、山西、山东等多个省市同行到校参观学习。

②基于体验式学习圈的课型研究。

学校每周开设一个小时的专项阅读课，基于体验式学习圈，采用不同的课型。

一是导读课。在学生"亲历"阅读之前，引发学生的阅读兴趣和阅读期待。

二是难点突破课。引导学生对书中内容"抽象"出理性认识，教授学生阅读策略、阅读方法，指导学生深入理解作品的主题意蕴、结构方式、语言技巧等。

三是成果交流课。这是为学生提供的读书交流平台，是整个读书过程的一个总结环节。学生将自己个性化的读书感悟在班级展示交流。

（2）数学整本书阅读——QSL阅读策略。

数学类整本书阅读旨在培养学生提取信息、整合信息的能力，开拓学生头脑中的数学空间，捕捉身边的数学信息，碰触现代数学的脉络，体会数学文化。数学项目组通过多次课例研磨，初步形成"提取问题情境—寻求解决方法—形成感悟评价—联系生活实际"的阅读理解路径，在理解过程中，通过构建文本与自己，文本与自己、同伴，文本与自己、同伴、教师等三轮对话关系，帮助学生亲历将实际问题抽象成数学模型的过程，理解和解释数学文本信息，建立数学与生活之间的密切联系，体会数学的意义与价值。

（3）英语整本书——语言·思维·文化阅读策略。

项目组梳理了英语类整本书阅读的教学策略。通过Story Map的使用，以一种轻松愉快的方式让学生在故事情境中学习和获得语言知识；在阅读时，通过想象、推断、比较，从不同角度展开丰富的思考活动，涵养学生的思维品质；通过汇报、演出等方式，让学生透过作品了解多元文化，促进国际理解，体会不同国度共同的、基本的价值观，具备家国天下的情怀，为本民族的文化学习注入新的活力。

2.拓展书目——阅读活动推进策略。

（1）教室内的阅读活动。

为了让阅读成为学生的一种生活习惯，班级内部开展阅读存折储蓄活动，存折上记录学生阅读后的作品、评价卡以及所做的读书资料与摘录，并且记录有关每一个学生的老师、同伴、社区人士、家长对阅读的点评。通过建立阅读存折的方式，让学生看到自己在阅读量上的累积成长，增强阅读信心，养成良好的阅读习惯。

此外，还在班级经常开展朗读、默读、听读等训练活动：通过每天进行晨诵、午读、暮省的古诗文读书活动，进行朗读训练；每天固定安排学生20分钟的读书时间，进行默读训练；中午收听校园广播"悦读时分"节目，进行听读训练等。

（2）校园里的阅读活动。

在图书馆里开展丰富多彩的学科阅读活动，如"畅游模型世界，放飞科技梦想"的科学类主题活动；"游走在地图上的数学"数学类主题活动；"汉字有画说——探寻明雅校园里的象形文字""心随乐动"等艺术类主题活动等。

另外，学校每年举办书香节，在书香节上聘请"鲁迅文学奖"获得者谭旭东先生、"国际安徒生"奖获得者曹文轩先生、《大头儿子和小头爸爸》的作者郑春华女士、中国科学院陈贺能工程师等社会上的知名学者、作家走进校园，与学生面对面地交流，探讨自己的阅读体会、阅读感受，极大地激发和调动起学生读书的热情。

（3）校园外的阅读活动。

将阅读与学生的生活建立联系。如参加区艺术节，进行话剧的创编、会演；到国图艺术中心参加"当安徒生遇到小提琴"读书体验活动；整合社区和家长资源，开展"古诗吟诵""讲故事"等，并将不同职业背景的家长引进到学校的阅读文化建设中来；开展"书香传递爱"图书捐赠活动，与其他省市的学校建立友好关系，将对读书的热情传递给更多爱书的孩子，让孩子们共享读书的乐趣。

3. 全学科书目——混合式学习策略。

学校购买了丰富的线上阅读课程，极大地拓展了阅读空间。在线阅读部分，学生可利用线上的丰富资源，自主控制阅读的时间、地点和进度，经过打卡、积分，获取财富值，上传阅读成果、评论等方式，实现个性化、定制化的阅读；在校阅读部分，通过面对面的交流，分享阅读感悟，为学生提供一种整体性的阅读体验。

（四）开发整本书阅读的课程评估方式

1. 研发、引进儿童阅读能力评价与测量工具。

参照 PIRLS、PISA 等国际阅读素养评价体系，学校尝试研发基于学校特色的儿童整本书阅读能力评价与测量工具，专门针对学生对核心书目的基本阅读理解能力和高级阅读理解能力的评价，每学期以附卷的形式进行检测，考查学生信息获取、积累、归纳、概括与迁移等阅读能力。并且与阅读推广中心合作，引进《小学生阅读能力测评》等评价工具，利用标准差、阅读能力等级评价标准，采取相应的阅读试题对学生阅读效果进行检测，通过数据统计分析，客观、科学地评测学生总体阅读能力的发展状况。

2. 建立基于大数据的阅读监控评价体系。

通过对学生阅读数据的统计分析，引导学生构建自身完善的知识体系，在发挥特长的基础上防止过于偏重某一个领域的阅读，努力兼顾阅读不同种类、不同方面的书目，将阅读做到可控、可测、可视。

3. 建立线上—线下、学生—班级—家庭的评选体系。

打通线上、线下的评选体系，根据学生的阅读量和阅读的领域，积极开展"阅读达人"的评选，并将获奖学生的海报张贴在图书馆的荣誉栏内；根据网上阅读系统中的数据以及在《明远少年》的校刊杂志社里专门开设的整本书阅读版块，依据各班的投稿量和中稿率评选出书香班级；根据家庭的藏书量、每周家庭的线上阅读时间以及参加的亲子读书活动，评选出"书香"家庭，并给予颁奖。

三、"整本书"阅读课程体系的创新点

（一）率先进行整本书阅读课程化探索

学校率先进行整本书阅读课程化探索，创建了较为完备的整本书阅读的校本课程体系，根据制定的课程目标，所选课程内容符合学生心智发展特点，兼顾必读与自选，共读与个性化阅读之间的关系，并且探索了不同路径的实施方法和多种评价方式，体系完整，结构清晰。

（二）体验式学习圈等整本书阅读策略被广泛借鉴、使用

学校形成了核心书目——不同学科领域的阅读策略，从整体上指导学生阅读；拓展书目——阅读活动推进策略，将阅读与学生的生活建立联系；全学科书目——混合式学习策略，实现阅读的个性化、定制化。阅读活动手册被其他区、县广泛借鉴、使用。

书香浸染 文化育人

首都师范大学附属朝阳实验小学

佟　旌

　　首都师范大学附属朝阳实验小学建校于 2010 年 9 月，地处朝阳东南部垡头地区，当时为北京市华侨城黄冈中学附属小学。2013 年 8 月，朝阳区教委和首都师范大学签订了联合办学的协议，经朝阳区人民政府正式批准，将黄冈中学附属小学正式更名为首都师范大学附属朝阳实验小学。2015 年 4 月，朝阳区在区域化教育均衡发展、共享优质教育资源推进过程中，将建校 70 年的垡头小学和建校 30 年的垡头二小整合于我校，学校一校五址办学，96 个教学班，222 名教师，3700 多名学生。整合后，核心的领导层在第一时间定出了与首师大合作办学理念是"让每一个人都精彩"，也就是把校园中教师和学生作为关注点，关注的是他们生命成长历程中所经历的各种体验和生命价值，而阅读工程建设则被列为学校重点工作之一。

一、大语文观，着力打造阅读工程

　　阅读是提高学生语文能力的基础和重要方法，同时，也是学生获得知识的重要途径。尤其是在"大语文"理念得到普遍认同的今天，课本不是唯一，与此相对应的"大阅读"即有计划、有目的地组织学生进行课外阅读，加大学生的阅读量，让学生多读书、读好书无疑是值得提倡和推广的，这是学校开展阅读工程的大背景。另外，我校学生大都来自周边垡头、翠成社区，城乡结合内的小区居民大都是返迁户，文化水平不高，在指导孩子课外阅读方面有心无力，急需教师和学校的引导，这是学校大力开展阅读工程的"校本"因素。同时，因为学生午休在学校，有可供统一协调的中午阅读时间，这也为阅读工程的开展提供了时间保证。

二、创设环境，着力营造读书氛围

首师附小图书馆藏书4万余册，学校着力做好图书室的装配工作，丰富师生阅读资源，保证学生报刊读物种类多、数量足。学校有接受过专业培训的兼职图书管理员老师，各班级配有图书角，并慢慢培养学生兼职做图书联络员，建立健全图书借阅制度，有计划开展借阅活动，保证学生每学期平均借阅3~5本书。学校还会定期推荐一些可读的优秀书目，以供教师和家长选择引导孩子读书。

开辟书源。以《首师附小课外阅读推荐书目》为指导，学校图书馆配置一批图书一次性借阅到班，每月班级间交换一次；同时鼓励学生自购一些有益的书籍，每班建立一个图书角，学校提供一个红色小书架，在班内交换阅读，以保证不同年龄结构的孩子都能找到适合自己的图书；开辟"换换看"书市，鼓励学生将家中的藏书变为"行走的书"，以书为媒介，广交书友。

学校着力创设浓郁的校园阅读氛围。利用校园空间，合理设置阅读文化环境（如廊道文化、标语牌、宣传栏、班级图书角、荐书处等），创设良好读书环境。

目前全校96个教学班，各班均建立图书角，开辟一定的图书小天地；每天看书列出书目，做到有计划，有检查，有落实，有成效；并将图书阅览情况展示在教室侧面的展板上，激发学生的读书欲望和热情，让学生产生荣誉感。

三、抓稳落实，课内指导课外延伸

全校师生共同理解阅读内涵："阅"就是看，察看或经历；"读"就是依照文字念；"阅读"就是看着文字读。学校鼓励个人阅读，小组阅读，全班阅读，学生与父母之间的亲子阅读；更鼓励课内阅读与课外阅读的结合。阅读不仅有"读"，即"知识的输入"，还有"知识的输出"，就是"写一写、演一演、练一练"。

学校给学生提供一个平台，通过有计划地组织学生加大阅读量实现课程目的，教师是阅读的组织者和参与者，因此，在学生阅读以及其他环节的组织上一定要注意学生自身的兴趣和愿望。同时，阅读工程也不能是一般意义上泛泛的课外阅读，为保证学生阅读课有效性，从组课形式上，既要有计划地安排学生进行自主阅读，还要着眼于学生语文能力、语文素养的不断提高，教师应根据语文课标，确定不同教学时段的文化主题或类型，通过共同欣赏一些精选的文章，有目的地实现课程目的。

低年级阅读教学注重三个原则的把握：化抽象为直观，是低年级阅读教学的捷径；读中学、读中悟，是低年级阅读教学的法宝；识写生字，是低年级阅读教学的基石。而高年级则加大学生的阅读量，拓展学生的阅读面，帮助学生积累语言素材；培养学生的阅读兴趣和阅读能力，提高学生对语言文字的运用能力；通过阅读开阔学生视野，让学生接受优秀思想的熏陶，培养学生良好的道德品质。

学校重点进行以下这几种课型的研究。

（一）阅读指导课

这种课型主要是教给小学生阅读的方法。引导低年级学生会使用拼音帮助读书，培养读书的兴趣；教给中年级学生会使用工具书，会搜集信息，会做简单的读书笔记或读书卡片；指导低年级学生学写填空式读书笔记，指导高年级学生写读书笔记和读后感等。

（二）读物推介课

小学生年龄小，阅历浅，选择读物时往往带有盲目性和随意性。因此，学校特别注重上好读物推荐课；可以通过讲解主要内容、朗诵精彩片段、讲故事等各种形式，向学生推荐读物，也可以在小伙伴之间、小组之间互相介绍自己喜爱的书籍，引领读书大方向。

（三）阅读欣赏课

这种课型主要是引导学生欣赏阅读材料，可以通过配乐朗诵、角色表演等各种方式，促使学生在理解的基础上对文章进行鉴赏，受到美的熏陶和感染，积累语言材料，提高审美能力。

（四）读书汇报课

这种课型是在学生课前广泛阅读的基础上，汇报自己在课外阅读中的感受与收获。主要形式有：①读后叙述：组织学生复述自己读过书籍的内容；②交流评论：交流自己阅读的方法，对书中的人物及写法进行评点；③表演展示：让学生把看过的内容，自编成小品、课本剧等形式，在汇报课上进行表演。

四、注重评价，活动育人书香满园

学校会定期开设"名著阅读"或"名著欣赏"活动，引领学生读书品味；定期开展读书心得交流活动，交流读书所得所获；定期组织"班级阅读之星""十佳博览之星""诗词诵读大王""亲子共读书香家庭"等评比活动，激励学生自主读书，养成习惯；各年级有不同的语文综合实践课，低年级童话故事会，中年级成语故事会，高年级演讲故事会，并在各年级、各班级中评选优秀选手，激发学生阅读兴趣，在兴趣中推动阅读工程深入学生，延伸至家庭。

作家冰心说过："读书好，好读书，读好书。""读书好"强调的是读书一定会有收获；"好读书"强调的是要养成读书的好习惯；"读好书"是要求读对自己有益的书。这真是至理名言！只要是好书，就开卷有益；只有博览群书，才能使我们的知识渊博；只有与书做伴，思想才不贫穷、不孤独，身心才能得到陶冶，生活才能充满情趣。

　　阅读工程开展几年来，校领导、教师、学生和家长所理解的"阅读"，在目的、内容和形式上达到了一致，一些好想法，开始慢慢落实到师生的观念和行为深处。当然，也显现一些问题，如是阅读重要，还是考试成绩重要的争论也一直没有停止过，而我们在如何引导学生有效阅读上，还需要不断探索，力争激发所有学生的阅读兴趣。但是，学校在推动阅读工程建设上，从未动摇过，因为我们着眼的是孩子的未来，我们相信阅读一定让孩子们终身受益。

浸润书香后 行稳致远时

广州市增城区新塘镇群星小学

陈灿安

　　阅读能力属于人的基础能力，借助于阅读能够丰富小学生人生经历，帮助其形成正确的价值观念，充分发挥出其育人功能。同时，阅读教学属于小学语文课程中的重要一环，借助于科学有效的阅读教学能够促进小学生阅读理解和思维能力的提升，确保素质教育和新课程改革目标得以实现。基于此，本文从当前的阅读课堂采取何种有效的教学方法出发，探讨了小学语文阅读教学的创新策略。

　　随着素质教育和新课程改革的持续推进，越来越多的小学语文教师已经意识到阅读教学的重要性，在课堂实践中更加注重调动小学生的阅读兴趣，激发他们的思维活力，让学生借助于阅读来进行知识积累和素质提升。在这样的形势下，要求我们必须要在课堂教学中深入探索创新，采取有针对性的教学方法，为小学生未来的全面发展打好基础。

一、小学语文阅读的重要性

　　语文阅读中蕴含了丰富的育人资源，教师应当在阅读教学中引导学生感受生命可贵、体会生活的美好，更加关注他们的健康成长，充分发挥出阅读的育人功效，为学生的终身发展打下坚实的精神基础。

　　《义务教育语文课程标准》中明确要求，小学语文教学应当强调培养学生阅读兴趣，拓展其阅读面，增加其阅读量，要求让学生少做题、多读书、读好书，引导学生自主选择阅读材料。其中针对语文课外阅读也给出了非常清楚的规定：要求小学生在阅读中体会语文乐趣，能够用普通话朗读课文，促进小学生语文听说读写能力的提升，拓展小学生知识面，提高其语文知识与认知能力。而对于小学生来说，开展学生的课外阅读活动，以培养学生的独立阅读能力，促进学生语文能力的提升。

语文阅读是义务教育阶段语文课程教学的重要内容，同时也是素质教育和新课程改革的必然要求，近年来教育学界对课外阅读指导更加重视，对课外阅读指导策略也展开了深入的探索，从而保证中小学生能够借助于科学有效的课外阅读获得更多知识积累、扩展知识面，提升语文素质能力。

二、小学生语文阅读的实施对策

（一）培养学生自主阅读习惯

小学语文阅读应当是个性化和多元化的，教师自己对文章的分析通常无法准确反映出学生的体会与感受，因此教师应当在课堂教学过程中激发小学生的自主阅读意识，为学生提供各种类型的阅读材料，丰富他们的见闻、拓展学生的视野。

如学习了《卖火柴的小女孩》可向学生推荐《安徒生童话选》；学习了《少年闰土》，可引导学生读一读《故乡》；学完了《太阳》，可以向学生推荐《宇宙奥秘探索》等。又比如在教学《猴王出世》时，我们在课堂中用多媒体播放了一集《西游记》电视剧，同时布置阅读《西游记》中关于本课章节的自主阅读任务，让学生在两个星期后进行一场角色扮演比赛。这样学生在阅读过程中会对自己喜爱的片段更多的关注，更好地理解小说中人物的性格与特色。总之，在培养小学生自主阅读意识时，我们要给他们推荐好的书目，给他们提供更多的选择可能性，从而让孩子喜欢上阅读活动，激发阅读兴趣。

（二）促进课内外阅读衔接

小学语文阅读教学方法的创新不单单要在课堂实践中，还需要积极推进课内外阅读的有效衔接，拓展课外阅读内容。过去的课外阅读基本上是要求学生根据自己的兴趣来阅读，很多语文教师并未合理引导学生选择适合他们的课外阅读内容，课内外阅读活动无法紧密衔接，对阅读教学的创新难以发挥出作用，所以我们必须要重视这一问题。新课程标准语文教材中有很多名著中节选的课文，比如说《草船借箭》《景阳冈》等，这些文章选自我国四大名著的《三国演义》《水浒传》，在教学过程中应当以教材内容为基础，为学生推荐各种名著进行阅读，随后组织课外的阅读心得交流会议；针对小学高年级的学生来说，其自身阅读积累较为丰富，阅读能力也达到了一定水平，为他们提供一些外国经典读物如《昆虫记》《鲁滨孙漂流记》等，不但可以扩展其阅读面，进一步调动其阅读兴趣，对于阅读教学效率的提升也具有非常大的助益。

（三）引导学生掌握阅读方法

对于小学语文阅读教学来说，应当引导学生掌握科学的阅读方法，促进其自主阅读能力的培养。首先是提升审美标准，选择名篇名著以及优秀文学作品来指导学生，如《中华少年》这首诗的教学，要求学生仔细阅读，感受诗句中所蕴含的思想情感，摘抄优美词句，在精心细心的阅读过程中体会诗句的精华，体会其中的爱国情感，并反复阅读自己喜欢的句子，将其中的精华转化为自己的营养；其次是吸收性的略读，即是以学习文本中知识为目的的阅读，这种阅读方法一般来说是针对知识型读物，例如课外阅读《昆虫记》，要求学生慢慢阅读，这类读物并非是语言特别优美的文章，而要求学生通过阅读来学习吸收其中的知识，拓展学生的视野和知识面；最后是随意浏览性阅读，针对一些阅读价值不是很高的文本报刊可选择这一方法，即让学生随意翻看，遇到喜欢的内容可以重点阅读，只需要了解其中的大概意思即可。针对不同的课文要求学生使用不同的阅读方法，从而促进阅读效率的提升，有效地培养小学生的阅读能力。

（四）助力营造家庭阅读氛围

学生除了在学校学习和生活，家庭也是非常重要的教育场所，语文课外阅读指导不单单要借助于教师的力量，同时还应当积极主动寻求家长的配合与支持，家长的监督鼓励是促进中小学生养成良好阅读习惯，提升中小学生语文能力的有效保障。教师应当适当组织开展一些亲子阅读活动，要求家长与孩子共同阅读，并对书籍中的情节与人物进行讨论交流，从而调动学生持续阅读的兴趣。在亲子阅读时，可对书中的某一问题展开探讨，如此一来能够增进家长与孩子的感情，关键在于有了家长的帮助，孩子能够更好地理解书本内容，降低其阅读负担。与此同时，语文教师还可以利用班级 QQ 群、微信群，设置《亲子阅读》栏目，让更多的家长都主动参与到学生课外阅读指导中来，每周制作《悦读》主题交流帖，让家长将自己与孩子的阅读心得写在上面，也可以让家长将学生自己写的读后感拍照贴在上面，从而在提升学生语文能力的基础上增进其阅读兴趣。

借助于科学开展小学语文阅读教学活动，让学生在阅读兴趣的支撑下能够更好地与文章作者进行情感交流，他们在阅读时不但能够体会到作者的语言表述和文字魅力，还能够被作者的情感所感染，从而实现学生思想情感的升华，让阅读教学在潜移默化中促进学生良好品质的培养和正确价值观的形成，真正实现阅读的育人功能。

总而言之，小学生语文阅读能力的培养是新课程改革和素质教育的必然要求，对于一线语文教师而言，必须要充分认识当前小学语文阅读教学的现状和问题，采取有针对性的教学策略。在教学实践中，我们必须坚持从激发学生阅读兴趣着手帮助学生树立自主阅读意识，在课堂教学中找到阅读教学的准确切入点，进而不断促进语文阅读教学效率的提升，让阅读之花悄然绽放。

营造阅读氛围 打造书香校园

北京市房山区城关第四小学

霍常利

一、基于校情的想法

我校以"激励教育"为特色，践行着"愿每一个学生都成功，让每一个生命都精彩"的育人目标。要实现这一目标，引导学生读书、读书、再读书是我们最好的方法，也是我们的责任。阅读使人快乐，阅读是我们的学习方式、生活方式和成长方式，有人说，"一个人的精神成长史就是他的阅读史"，阅读直接影响着学生核心素养的发展。

1. 认真贯彻十九大精神，深化课程改革，落实中共中央、国务院出台的《关于实施中华优秀传统文化传承发展工程的意见》、教育部《完善中华传统教育指导纲要》等文件要求，全面培养和提升小学生阅读素养，探讨在小学阶段进行传统文化课程体系建设的路径，发挥课程育人功能，让学校开发的阅读课程与特色传统文化校本课程能有机融入学校课程体系之中，挖掘学校在阅读与传统文化课程建设中的成功做法和典型经验，让阅读与传统文化在学生智慧发展和人格培养方面产生更大的能量。

2. 中高考改革的需要。高度关注阅读指导在学校的开展情况，组织教师进行教学研讨，切实推进校园阅读课程建设，提升教师的阅读指导能力，促进学生的阅读素养发展。

3. 规范优秀传统文化教育。正确理解传统文化的精神实质和内涵，将继承和发扬优良传统与时代精神有机结合，培养学生对传统文化的敬畏之心，弘扬汉语语言文化，激发学生阅读兴趣，培养学生阅读习惯，提升学生阅读素养，通过参与"大阅读"项目活动，让更多的人爱上阅读，享受阅读的乐趣，营造人人阅读、时时阅读、处处阅读的浓厚氛围。

二、基于实情的做法

（一）培养阅读习惯，打造书香校园

书是香的，读书是甜的，品书是美的。苏联教育家苏霍姆林斯基说，一个学校可以什么都没有，只要有了为学生和老师精神成长的书，那就是学校。校园处处有书香，校园时时有书声。我校图书馆现有藏书 19684 册，人均 41 册，配有兼职图书管理员，长期向师生开放。每班设有班级图书角和图书管理员；门厅安装有超星校园阅读系统一套，全天开放；学校在教学楼开辟两个漂书台，供学生课余时间自主阅读；设有快乐书吧，供学生随时使用。有了这些方便的阅读条件，孩子们每天都沉浸在阅读的喜悦之中。此外，学校申报的"激励成长"阅读项目已经启动，势必将学校的阅读活动进一步推向新的高度。

（二）开展"激励成长，传承经典"课程和活动

1. 开展经典诵读活动，利用中午时间引导学生读背古诗词，开展古诗词校级比赛。

2. 开展各年级段的"阅·思·享"读书交流活动，传承和弘扬中华优秀传统文化，培养学生正确运用语言文字的能力和热爱祖国文化的情感，为孩子们的终身学习打下良好的基础。为了在阅读中引导学生思考、评鉴以及获得阅读方法，进一步提高学生的阅读素养，几年来，学校每学期都要开展低、中、高三个年级组的"阅·思·享"读书交流会，低年级段重在激发兴趣，感知形象；中年级段重在获取信息，产生联想；高年级段重在审美体验，赏析思辨。阅读、阅思、阅享的快乐将永远留在孩子们的记忆中。

3. 开展"颂中华千年经典诗词，践行社会主义核心价值观"古诗竞

赛活动。学生在午间诵读的基础上，经过班级选拔赛、学校初赛，每班组成班级代表队参加校级决赛。学生们徜徉于诗词之间，了解诗词的知识、领略诗词的美好、感悟诗词的内涵，进一步加深了学生对传统文化的了解，激发了学生学习传统文化的热情。活动同时邀请学生家长参与进来，"小手拉大手"，带动家庭学习，共同感受中华传统文化、传统美德的博大精深，促进学习型家庭建设。

4. 开展清明诗会活动，在经典诵读中追寻先辈的足迹。积极派人参加语委组织的各项培训活动，参加语委组织的古诗文知识竞赛、朗读比赛等，学校结合日常教育教学工作开展丰富多彩的活动。

5. 开展"红领巾读书"活动，积极开展讲故事比赛、短剧表演、读书小状元评比等活动，积极参加"书香燕京"读书征文活动，取得了一系列优秀的成绩，通过一系列活动促进学生爱读书、读好书，在读书中成长。

（三）加强语文学科建设，提升教师语文素养

1. 加强语文课堂教学研究，以学校语文工作室为平台，提高课堂实效，提升师生语文素养。

2. 开展课题研究。我校现有《现代课堂教学特质指导下的古诗教学研究》和《小学生写字达标指导训练与评价方法的研究》两个国家级参与课题，以课题研究为依托，在识字写字、古诗教学等方面开展深入研究。

（四）开展课外阅读活动

不要把阅读看作是一种负担、一种任务，阅读就是一种自然而然的习惯，在于日常积累，习惯成自然。

1. 阅读依据："我们要教给孩子的，不是伟大的作品，而是对阅读的热爱。"——斯金纳

2. 阅读目的：了解孩子，发现哪类书籍可点燃孩子的思想火花；给孩子一个自由选择的空间，开阔眼界，放大心胸；激发孩子读书的兴趣，

不强迫教，不强迫学；唤起孩子的学习兴趣，改变气质，沉淀智慧；让他们懂得感恩和珍惜。

3.阅读重点：一年级（上）观察，一年级（下）兴趣；二年级（上）独立，二年级（下）诚信；三年级（上）记录，三年级（下）尊重；四年级（上）勤奋，四年级（下）善良；五年级（上）勇敢，五年级（下）内涵；六年级（上）感恩，六年级（下）合作。

4.阅读书目：

中国古典文学：《论语》《孟子》《老子》《庄子》《史记》《诗经》《山海经》《封神演义》《唐诗三百首》《宋词选》《三国演义》《水浒传》《西游记》《红楼梦》《聊斋志异》。

中国现代文学：《毛泽东诗词选》《女神》《阿Q正传》《激流三部曲》《子夜》《骆驼祥子》《包身公》《围城》《雷雨》《四世同堂》《屈原》《红日》《青春之歌》《红岩》《傅雷家书》《寄小读者》《平凡的世界》《幻城》《我为歌狂》。

外国文学：《鲁滨孙漂流记》《少年维特的烦恼》《失乐园》《一千零一夜》《忏悔录》《简·爱》《茶花女》《战争与和平》《老人与海》《汤姆叔叔的小屋》《童年》《钢铁是怎样炼成的》《哈利·波特》系列。

儿童文学经典：《伊索寓言》《希腊的神话和传说》《格林童话》《安徒生童话》《木偶奇遇记》《爱丽丝漫游奇境》《骑鹅旅行记》《一棵倒长的树》《小王子》《阿丽斯小姐》《稻草人》《窗边的小豆豆》《三毛流浪记》《布克的奇遇》《卓雅和舒拉的故事》《皮皮鲁传》《鲁西西传》《舒克贝塔历险记》《女生日记》《男生日记》。

中外科幻：《人类的起源》《理解宇宙》《火星漫游》《奇妙的人体》《昆虫记》《海底两万里》《日本沉没》《发明的故事》《未来的故事》《十万个为什么》《脑力倍增法》。

中外历史：《中外通史》《世界通史》《中华五千年》《世界五千年》《科

技五千年》《中国现代史》《从鸦片战争到"五四"运动》《新中国国史教育学生读本》。

艺术：《希利尔谈艺术史》《写给大家的中国美术史》《写给大家的世界美术史》《艺术的故事》。

科学：《森林报》《数学绘本》（丛书）、《高士其科普童话》。

其他：《爱的故事》《富兰克林传》《居里夫人传》《假如给我三天光明》《苏菲的世界》《再见了，可鲁》《我的野生动物朋友》《数学花园漫游记》《万有引力》《少儿大百科》。

浅谈阅读对数学的影响

广州市增城区新塘镇群星小学

陈秋玲

在一般认识里，阅读只是跟语文有关系，不会联想到跟数学有关系。觉得数学只有做不完的计算题，复杂的空间思维题等。数学是一门学科，也是一种科学语言。语言学习都离不开阅读，而数学新课程标准改革要求学生以自主探索、创新学习为主。单纯地在课堂上听老师传授教学课程已经不再适应新时代学习的要求。数学作为重要的学科，要求学生也必须学会自主探索、自主学习。因此，阅读就是自学的主要形式和学习的重要渠道，阅读对于提高数学学习能力起着非常重要的作用。

著名数学家张衡，他从小就热爱阅读，自学《五经》，贯通六艺。在青年时期，他的志趣大半在诗歌、辞赋、散文上，强大的阅读能力在他的数学成才上起了重要的作用。

本人从事数学教学十多年，从实践中认识到，大部分的学生都特别害怕解决问题，这缘于他们的数学阅读能力有所欠缺。

一、小学数学教学中必须重视数学阅读

在日常生活中，人们会通过阅读不同的书籍，从而得到各种各样的知识。在数学学习过程中，学生会碰到各式各样的数据、图表、概率、几何图形以及商品属性等。在学习这些新知识的过程中，学生们只有通过自己的阅读能力以及理解能力，不断去深化与加强后，才能把这些书面化的数据化为属于自己脑海里的知识。所以在小学数学教学中必须重

视学生数学阅读能力的培养，强化学生的数学阅读习惯和数学阅读能力，这是每一个数学教师必须重视的方向。比如，在一年级下册，会出现一个数学名词"多余信息"。很多学生就会混淆，不会分析，然后就被题目吓到不会做，白白丢分。所以我们数学老师在日常的教学中，除了教会学生如何计算，还必须培养学生的数学阅读能力。

二、重视培养学生的数学阅读能力

如何培养学生的数学阅读能力，我在教育实践中总结有以下几点：

（一）让学生手中有书，心中有数

首要任务就是培养学生的阅读兴趣，让学生爱上阅读。作家刘白羽说过，我爱书，我常常站在书架前，这时我觉得我面前展开了一个广阔的世界，一个浩瀚的海洋，一个苍茫的宇宙。阅读兴趣的培养不只是语文老师的任务，作为数学老师也起着关键的作用。在常态数学教学过程中，我会跟学生玩小游戏引入新课，会引用《马小跳玩数学》《数学王国历险记》《数学智斗记》这些数学课外书籍的内容或者游戏。我也会在课后提一些关于数学的问题，让学生产生疑问，让他们带着疑问去阅读找答案，久而久之学生就会对数学的课外书籍产生浓厚的兴趣。

我曾经教过一名学生，他精力充沛，非常调皮。刚开始的时候，每天都有新鲜事，不是爬树抓小鸟，就是躲进厕所不回来上课。他的所作所为让每个教他的科任老师都觉得很头疼。对于他，我采取阅读措施，每天给他提一个阿凡提问题，比如，巴依老爷说："你能每天给我 10 元钱，一共给我 20 年吗？"阿凡提说："尊敬的巴依老爷，如果你能一天给我 1 毛钱，第二天给我 2 毛钱，第三天给我 4 毛钱，以此类推一直给 20 天，那我就答应你的要求。"巴依老爷眼珠子一转："那好吧！"阿凡提和巴依老爷谁得到的钱多？为什么？他就会安静地蹲在学校开放式图书阁，沉迷地阅读去寻找答案。

没有一个人天生就爱阅读，没有一个人生下来就是数学天才，但是我们可以慢慢引导，循循善诱，让他们爱上阅读，迷上数学。

（二）充分发挥课前预习作用

数学新课程的改革要求课堂组织由原来的教师为主角、学生为配角，变为以学生为主、教师为辅的组织模式。所以新的教学模式要求学生先学，这样课前预习就起了很大的作用。

学生预习的过程中，就要用到自主阅读，在阅读的过程中学习数学。预习过程中遇到问题，他们就会查找资料，在此过程中，学生既可以学到知识，又能增加阅读量，提高自学能力，为以后的学习打下坚实的基础。

（三）多元阅读互动关系的建立

一个温暖的阅读情境的组成，不只是一个地点，一本书。人，才是引导孩子学习如何"与书对话"的关键。

在每个可能的阅读环境里，都应当有能够引导孩子的人：引导孩子选书、看书、读书；引导孩子发问、讨论、思考，并进而了解阅读的过程必须"有自己"。再好的书，只有将书和个人的体验串联，才能产生趣味和意义。这是阅读最终的价值。

我会在托管课的时候，手里捧着那一本本散发着油墨香味的书，安静地看书，以身作则，给学生一个榜样：爱阅读，爱数学。如果学生做完作业的时候，我就鼓励他们在教室的图书角拿书看。看完让他们跟我分享他们的读后感。这让他们觉得，读书不再是枯燥无味，而是充满挑战，乐趣无穷。

在开家长会的时候，我会表扬一些爱阅读的家长，让家长每天抽时间陪孩子们阅读，让爱阅读无处不在，营造一个良好的阅读氛围。就是说，让阅读成为家校良好合作的桥梁，让阅读伴随学生快乐成长。

三、数学阅读能力对学习数学的帮助

（一）数学阅读能力跟解题能力呈正相关

提高了数学阅读能力，对学生数学方面究竟有哪些帮助呢？在常态数学教学当中，我发现部分小学生对解题的理解，时常会出现误解或者错解题目的情况，导致这种情况的主要原因，还是跟学生的阅读理解能力有关系。阅读能力好的学生，对阅题理解题意的能力，也相对强一点，所以，阅读能力跟解题能力是呈正相关的。比如判断题：$\triangle \div 6 = \bigcirc \cdots\cdots$ $\square$，余数可能是 0、1、2、3、4、5。这道题，很多学生都可能会答对，因为他们记得书本上讲过，余数要比除数小。但是阅读能力强的学生，他们就会分析，这个 0 究竟可不可以作为余数，从而产生怀疑。所以，阅读能力强的同学就会拿高分。

（二）数学阅读能力对学生的数学思维方式也有积极影响

阅读能力的培养和提高，对学生的数学思维方式也有积极影响。一般普通学生遇到数学题目，首先会读题，解题，解完就算完了。而阅读能力相对强的学生，对有些题目解完之后，还可能会有所延伸，举一反三。比如，学生在做一道关于去菜市场买菜的乘法的解决问题时，很多学生觉得自己做对了就完事了。但是一个平时爱阅读的学生做完之后，他会不依不饶地跟我说，他还可以用其他方法解决，这时候我会高兴地继续跟他探讨。无疑，这跟他平时爱阅读的习惯有关系。阅读让他见识广，知识面宽，所以阅读在他的数学学习中起了很大的作用。

读书给人以乐趣，而且对数学的学习更有很大的帮助。所以在未来的数学课教学中，我都会把这种阅读习惯传承我的每一位学生，让他们爱阅读，让阅读提升学生的数学学习能力。

从有趣到志趣的阅读路上
——浅谈培养小学生阅读兴趣的策略

首都师范大学附属朝阳实验小学

李　爽

巴丹说："阅读不能改变人生的长度，但它可以改变人生的宽度。阅读不能改变人生的物相，但它可以改变人生的气象。阅读不能改变人生的起点，但它可以改变人生的终点。"

在阅读中，我们能感受"春有百花秋有月，夏有凉风冬有雪"的自然更替；我们能尝尽"纸上得来终觉浅，绝知此事要躬行"的人生滋味；我们在读一种知识、读一种经验、读一部人生中深深地意识到：阅读是幸福的。

阅读的重要性人尽皆知。因此，学校布置了阅读区，轰轰烈烈地开展了阅读活动，课堂中展开了关于阅读的各种研究。我们以为：校园美好的一天一定会书声琅琅，孩子们会捧着书，痴迷地看，开心地交流……然而，现实呢？

一、现阶段小学生阅读呈现的问题及原因探寻

（一）走进现象

经常看到：

手里捧着一本书，一会儿看看这里，一会儿又被那里吸引，书似乎成了道具。

一会儿看看这本书，一会儿又翻开另一本。每本都是囫囵吞枣，大

概看完就换另一本。

也会听到：

"我周一周三周五是英语网课，因为送了科学的网课，我妈妈还1元抢了很多试听课。所以周二和周四我也上网课。周末还要去上绘画班、管乐课……我根本没时间读书。"

"考试要考这些内容，我得好好读一读。"

（二）问题归类

对这样的阅读现象做了一个归类，在阅读上，大致呈现出以下几类问题。

1. 阅读心态浮躁。很多孩子无法静下心来，认真阅读一本书，往往都是走马观花、不求甚解。

2. 阅读动机功利。往往是考试考的，就好好读。

3. 阅读范围狭窄。很多孩子往往专注于某类书的阅读。据观察，一类便是文学类，一类便是漫画类。

4. 阅读方法不当。不知道该从哪儿读起？要怎么读才能既轻松又有效？

（三）原因探寻

究其原因，何为？概括地说，是兴趣使然。

布鲁纳曾说："最好的学习动机乃是学生对所学知识本身内容的兴趣。"陶行知也认为："学生有了兴味，就肯用全副精神去做事，学与乐不可分。"孩子一旦对某项活动产生了兴趣，就会提高这种活动的效率，读书也是如此。反之亦然。

具体来说，是什么导致学生阅读兴趣缺乏的呢？除了小学生此阶段自身发展的特点外，还有一些外部因素所致。

1. 现代信息媒体的冲击。

网络、手机、电视等现代信息媒体以其生动、形象、趣味、多样等

特点，极大地分散了孩子的兴趣。

2. 繁重课业负担的压力。

考试的压力，在某种程度上使得孩子不得不读一些与自身兴趣无太大关系的读物，甚至没时间去阅读。当然，也会有一些老师因此过分地强调语文的工具性。长此以往，孩子阅读的积极性便被极大挫伤，阅读兴趣逐渐减弱，阅读方法不能正确，阅读习惯更无法养成。

3. 家庭读书环境的不良。

（1）家庭阅读的投资量少。

（2）家长缺少良好的阅读习惯。

（3）家长的阅读意识存在偏差。家长意识中，孩子只能读"名著"，读其他内容的读物，都认为是闲书，没什么用。

4. 学校阅读课程的缺失。

营造书香校园，一直在行动中。然而，因为种种原因，阅读课程的开展更多是形式大于内容，有些"趣"也只是一时，只停留在"有趣"层面。

总之，还有很多原因，导致孩子阅读心态非常浮躁，阅读兴趣不够浓。

二、培养良好阅读兴趣的策略

教育心理学认为："人的兴趣的发展，一般要经过有趣—乐趣—志趣等三个阶段。有趣是兴趣的低级水平，随生随灭，为时短暂；乐趣是兴趣发展的中级水平，持续时间较长；志趣则是兴趣发展的高级水平，它与崇高的理想和远大的奋斗目标相结合，是在乐趣的基础上发展起来的，积极自觉，持续时间长，甚至终身不变。"营造书香校园的最终目的，就是让学生对读书保持一种持续的兴趣，最终养成终身读书的习惯。

那么，怎样培养孩子的读书兴趣呢？从学校角度而言，应从以下几方面入手。

（一）环境营造

苏霍姆林斯基说："一所学校也可能缺少很多东西，可能在许多方面都很简陋贫乏，但只要有书，有能为我们经常敞开世界之窗的书，那么，这就足以称得上是学校了。"

作为一个规模不是很大的小学，我们充分利用不大的空间，在楼道悬挂了很多学生写的以读书名言为内容的软笔书法作品，在宣传展板中也张贴了一些读书方法和读书故事，还利用了教务处宣传板和班级宣传板展出了学生读书的优秀作品，类型多样：荐书海报、自制书签、诗配画、读书记录卡；也有"读书之星、书香家庭"的事迹介绍和照片展示。

学校的图书馆不够大，不能满足学生借书、看书的愿望。于是，我们将图书置于楼道和各班，定期进行轮换，还为学生设置了温馨的阅读区域，方便学生阅读。

每个班也有自己读书方面的设计，也会设置温馨的读书角，专人管理，有一定的阅览规则，包括借阅情况。书源除了学校提供的，还包括学生不定期提供的，班级内也张贴了许多他们的读书作品。

总之，学校致力于全方位、多层次地营造一个人文的、开放的、互动的、浓郁的环境，让学生耳濡目染，潜移默化地受到影响，不知不觉地爱上读书。

（二）活动推进

内容丰富、形式多样的活动，更能营造一种轰轰烈烈的读书气氛。但是开展怎样的读书活动、怎样开展，也是值得探讨的。

值得一提的是，教师、学生、家长一起参与活动，在活动中不断提升教师和家长的阅读素养，同时，在潜移默化中起到了示范引领作用。活动的开展要遵循以下几个原则：实效性是首要，广泛性是底线，教育性是根本，兼顾主题性与特色性（具体见下表）。

活动内容及类型

类型	活动内容
制作类	诗配画、荐书海报、读书思维导图、读书小报等
诵读类	朗读大会、经典诵读展示、读书交流会、红领巾广播"阅读时光"等
竞赛类	辩论赛、演讲比赛、古诗词挑战赛、读书之星和书香家庭评选等
实践类	读书沙龙、名家进校园、图书跳蚤市场、走进阅读体验大世界、别样课堂在首图、"小手拉大手颐和园走一走"等

（三）课程引领

如果说，阅读活动是一股轰轰烈烈的热情，那么，课程建设将是一种源源不断的动力。因为课程有目的、有计划、有内容、有体系、有落实、有反思。

阅读课程的设置，可以传递基本的阅读方法，学会举一反三，培养学生终身阅读的习惯；可以推荐经典名篇，引导学生汲取优秀文化的营养，提高人文素养；可以鼓励学生多角度与文本对话，既可以从作品中反思自己，还可以读出新意，甚至让学生对文本进行批判性的"创读"，从而让"营造书香校园"行动落到实处。

（四）评价激励

在孩子没有形成良好阅读习惯前，其读书往往是一阵一阵的。这便需要评价激发孩子阅读热情。阅读的评价激励方法应该是多元的。评价激励要努力做到过程性与终结性的统一。

在我们学校，起初是阅读存折的使用，以及各种评价表的铺开。随着科技的发展，阅读平台介入，教师可以发布任务，学生也可以对自己的阅读书目进行"线下阅读，线上测试"。里面有对学生阅读近况的实时反馈，包括：阅读量排行、阅力排行、话题排行、创作排行、写作排行、说说排行等。教师可以随时进行反馈与激励。平台里边也有班级排名，学校的管理者也可以对班级进行评价。

奖品从图书、文具等物质奖品到精神性奖励，对学生的阅读兴趣起到潜移默化的激发。一次奖励便是走进图书馆开展探究性学习活动。学生们不仅增长了知识，开阔了眼界，更激发了阅读兴趣。家长们也从繁重的工作中抽出身，静静地感受着阅读的趣味，当即就办了借书证，打算和孩子回家一起读书。

读书，一种诗意的栖居，一次心灵的对话！在培养学生阅读兴趣的路上，我们一直在探索。从有趣到乐趣再到志趣，在这条路上，我们永远不能停歇。

立足经典 展望未来
——经典品读课的思考与探索

北京第二实验小学大兴实验学校

杨晶晶

随着基础教育改革的推进，广大教育工作者对于教育教学不断探索，涌现出大量优秀的教育教学成果。然而就语文学科而言，教师们实际的主流课堂仍呈现出传统教学模式的篇篇精讲、课课串讲、少慢差费的状况。本文旨在探索课堂教学新模式，即经典品读课。通过分析教材篇目工具性与人文性的教育教学功能进行分类，分主次有详略地，以精读、略读、浏览等不同教学策略分门别类地进行，通过经典品读课改善语文课堂的僵化状态，提升学生语文学习的兴趣和效果，习得阅读方法。

一、经典品读的概念

（一）什么是经典

经典，顾名思义是指能够流传于后世的传世之作，具有典范性、权威性。在古代，经典两个字是分开使用的。"经"字在《文心雕龙》中指"恒久之至道，不刊之鸿教也"，意思是说，"经"是永恒的道理。"典"字，从甲骨文字形看，上面是"册"字，下面是双手，表示双手奉持权威古籍。因此，"经"与"典"合在一起就是具有永恒道理的书籍或文章。

经典的主要特征是时间久远和多数人认同。这个多数人不是指同一时代的多数人，而是历史上的多数人，经得起时间的考验。在传统意义中，"经典"指的只是作为典范的儒家著作，如四书五经等。而我们现在广义上的"经典"，是指具有典范性、权威性、根本性的著作；是经过历史积淀筛选出来的"最有价值的"作品。"经典课文"应该是指教材中被公认的在文化、文学等方面成就很高，经过历史积淀的具有权威性和典范性的课文。

（二）什么是品读

品读，是区别于泛读而言的概念，指深入细致地研读、品味。要全面、彻底、深刻、清晰地理解作品。品读的内容，应该是文章中的重点句段，这些重点句段承载着文本的价值和作者的情感，有着较为深刻和饱满的内涵，是需要深入挖掘的。教师引导学生在反复的诵读、思考、议论和表达中，感悟字词句段的精髓和神韵，使学生领悟文本所要凸显的价值，感受语言运用的技巧和艺术，体会作者的情感，提高语文素养。

二、经典品读课的目的与意义

（一）具有不可忽视的功能

义务教育阶段的小学语文教科书作为民族意志的载体，传承着国家倡导和宣扬的价值观，编排有大量文质兼美的经典篇章。这些经典文章在教科书中占据主体地位，是最有价值、最有意义的。同时这些经典文章也是语文课程工具性和人文性特点的重要载体，更是教师进行阅读方法指导、基本功训练、培养学生综合语文素养的重要途径。

1. 精神层面。

经典文章围绕人的问题，关注人的生存和尊严，追问人生价值，讨论精神和思想，研究真善美的学问。可以说品读经典，就是为了学做人、学做事，弘扬人文精神，培养人文素养。

2. 工具层面。

经典文章涵盖了字、词、句、段、篇等语文基本功训练点，范围十分广泛，知识含量极高。是进行语文基本功训练的主要凭借，是培养学生综合语文素养的重要途径。

（二）收获方法与能力的根本途径

品读经典就是要深入细致地读，做到习得方法，形成能力，透彻理解，深刻感悟，亦可谓是精读，这对于各个学年段的学生来说都是重中之重。新版语文课标指出："应加强对阅读方法的指导，让学生逐步学会精读、略读和浏览。"叶圣陶先生在《精读指导举隅》中也着重指出："把精读文章作为出发点，向四面八方发展开来，那么，精读了一篇文章，就可以带读很多书。"可见，学好语文要重视读，更要重视品读、精读。

（三）经典品读课的产生

传统语文教学在课改进程中取得一定的进步，很多老师付出了艰辛的探索和努力，但我们的语文仍然是社会舆论中责难最多的学科。语文教学仍然存在着用时长、负担重、效果差的情况。

许多教师对待一册书中的几十篇课文，并没有意识到不同的课文拥有各自的特质及不同的教育功能，因此经常会出现将所有课文全部当作经典来教的现象，普遍采取篇篇精讲、课课串读的方式。操作过程中也存在着一言堂、满堂灌等碎片化教学问题，抓紧一分一秒的时间把所有知识全部抛给学生，究竟效果如何却很少有时间反思。而面对真正的经典课文，教师又往往只能纠缠于内容的理解，很难解读透彻，无法充分发掘经典课文的文学、文化价值和阅读示范作用。

因此，可想而知，学生恐怕很难接受老师这样日复一日篇篇精讲的方式。高密度的知识内容，高强度的学习进程，学生更多感受到的可能不是语文的魅力和博大精深，而是越来越重的学习负担，久而久之便失去了对语文的学习兴趣，求知欲降低，减少主动思考，甚至拒绝课堂参与，结果造成语文教学的得不偿失，教师也深感失落和委屈。

回过头来思考：几十篇课文是不是真的需要篇篇精讲？每一篇课文是不是都具有精讲的价值？学生能否满足于当前的语文课堂模式？基

于以上多方面教学情况的考虑，经过细致的思考，我们推出了"经典品读课"。

三、经典品读课的实施

（一）筛选准备工作

筛选经典篇目。选取原则：一看历史性、时代性，二看典范性、权威性。选取一册书中25%左右的篇目作为经典品读篇目。

（二）课前充分备课

教师深入、细致地理解作品，熟知经典，了解和欣赏作品，透彻领会文章蕴含的内容。多揣摩编者选文的意图，多揣摩作者写作的意图，多查阅作家、作品、主人公等相关资料。教师有准备的学习能为学生理解和品味作品提供丰富的背景材料，有助于对经典课文进行全面了解和把握。

（三）重视朗读和积累

语文课标中多处指出要重视各个年级段对于朗读的指导，朱自清先生也非常重视熟读的作用，他认为"吟诵与了解极有关系，是欣赏必经的步骤。吟诵时对于写在纸上死的语言可以从声音得其意味，变成获得语气"。因此对于经典作品的学习务必应重视朗读的作用，在学生自读自悟的基础上，加强教师范读和朗读指导。利用每天晨读时间品读经典作品，开展经典诵读、朗读比赛，营造浓厚的文化氛围。总之，经典作品要经常读、反复读，在熟读成诵的过程中使学生获得生活的真切体会和感悟，从而加深对作品的理解。此外，在平时生活和交际中，在日记、作文中有意识地借用经典名句表达，通过运用加深对经典的理解，让经典走进生活。

（四）重视语言表达的赏析和品味

经典作品都是语言艺术的典范，其遣词用句十分精当，描写叙事富于表现力，同时蕴意丰富深刻，可供鉴赏和挖掘的地方很多。因此教学中可以采用适宜的学习方法对文中的精彩语段、句子、词语进行品味，揣摩语言艺术的精妙，深入理解文本的言外之意、意外之境。在高年级，可以适当引导学生结合自己的生活经验，对文本的结构、语言的表现方式、作品风格、写作手法等方面进行赏析和评价，使学生从中获得启迪和领悟。

（五）重视课外拓展和延伸阅读

朱自清与叶圣陶先生在《略读指导举隅》中将选文分为精读和略读，提出"学生从精读方面得到种种经验，应用这些经验自己去读长篇巨著以及其他的单篇短文，不再需要教师的详细指导，这就是'略读'。就教学而言，精读是主体，略读是知识补充；但是就效果而言，精读是准备，略读才是运用。"可见，精读是教学重点，而略读也不可忽视。应该将语文由课内延伸到课外，使课内经典阅读成为课外自主阅读的基础和准备。可以推荐学生阅读某位作家的其他经典作品，或是某一文学名著的其他部分，实现以一篇带动多篇的学习。此外还可以绘画形式展现对文章的理解，如诗配画、文配图、手抄报等。

四、经典品读课的材料来源

语文教科书是经典品读文章的主要来源，结合课内经典文章可拓展阅读课外相似文章，推荐阅读相关作者、相关内容的书籍，培养学生在此过程中发现乐趣，发展兴趣，积淀文化。

（一）课内学习内容

每册教材可选取 8～10 篇适合品读的课文作为经典品读课的内容。

（二）课外学习内容

选取适合本年段学生品读的经典文章，例如诗歌经典、国学经典、儿童文学经典、中外经典著作等。

五、经典品读课的基本模式

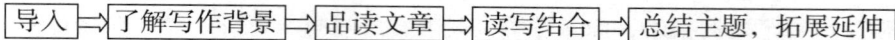

经典品读课基本模式：

导入 ⟶ 了解写作背景 ⟶ 品读文章 ⟶ 读写结合 ⟶ 总结主题，拓展延伸

品读文章时可以设计多种朗读形式，教师选取重点词句、段落进行朗读或写作方法的指导，力求在"品"中提升学生的语文素养。

通过仿写、续写、摘抄等多种形式的练笔，以读促写，打通"读"与"写"之间的通道。

经典品读课旨在通过筛选确定整册教材中可具品读研读的经典篇目，引领学生走进经典课文，发掘其中的精彩，同时发挥经典课文的示范作用，带动和指导学生进行其他文章的学习。正如叶圣陶先生说："把精读文章作为出发点，向四面八方发展开来，那么，精读了一篇文章，就可以带读很多书。"与此同时节约出更多的时间引导学生大量阅读，积淀文学、文化素养，从而改善语文教学，更好地为学生服务。

"朗读"是阅读的"灵魂"

北京市顺义区杨镇中心小学校

张　雨

阅读是学习之母，是智慧之源，阅读可以构筑一个人的精神家园，阅读对于教育教学及学生发展都有极其重要的意义。提高学生的阅读能力，要求学生的词汇、说话、朗读、概括、思维能力都要具备一定的能力。在我的阅读教学中，朗读占据着不可替代的作用，甚至可以说它是阅读教学实践的"灵魂"。

朗读，是将无声的书面语言转换为有声语言的过程，是一种眼、口、耳、脑协同作用的创造性阅读活动。"读书破万卷，下笔如有神"，"读书百遍，其义自见"，这些古人教育名言，广为人们所引用，为当前以读为本的教学理念作注脚。"以读为本"即是指在阅读教学过程中"要让学生充分地读，在读中整体感知，在读中有所感悟，在读中培养语感，在读中受到情感的熏陶"（《九年义务教育全日制小学语文教学大纲》试用修订版）。通过新课标的学习，以读为本也逐步为人们所接受，以读为本，并非是彻底地"返璞归真"。如果让学生一味地读，整堂课都是学生捧着书，不知所云地摇头晃脑地背课文，大概是没有人会同意的。读书总是要有层次性和指向性，我们需要考虑的是，在课堂上，教师如何做好引导的工作，带动学生通过读，逐步深入地理解课文，展开与文本的对话。

我认为，教师在组织教学时，心中要有"两头"，一头是文本，根据文章本身的特点，有一条指引学生理解文章的思路，使学生更容易地与文本开展对话；一头是人本，能始终激发学生的阅读需要，激发学生读课文的高涨热情，有效地提升学生的语文素养。我在教学实践中，就朗读教学做了以下几点尝试：

一、保证朗读时间，让朗读落实

充斥于语文课堂的烦琐分析挤掉了学生读书的时间，一节课40分钟，学生朗读的时间却不到5分钟，朗读练习往往是来去匆匆，如雁掠过，且又"雁过无痕"。如预习性的朗读，要求学生读通课文，读准生字新词，但实际上至少有三分之一的学生连一遍课文都未读完，教师就示意学生停下，马上转入下一程序，朗读只不过成了教学中的一个形式性的过渡环节而已。因此，落实朗读，教师首先要合理安排充分的时间让学生正确地读课文，要求用普通话，声音响亮，吐字清楚，读准字音，不读破句，特别是自学性朗读，要让全班学生都读完、读好，切不可只做做读的样子，匆匆过场，草草收兵。在初步理解基础上的表达性朗读，要留够时间让学生试读、练读，读出感觉，读出味道，读出情趣，切不可未准备好就仓促上阵。

二、明确朗读目的，求朗读实效

阅读教学的不同阶段，朗读训练的目的、要求不同。初读课文时，主要目的是让学生通过朗读了解主要内容，朗读的基本要求是正确、流利。分段讲读课文时，朗读的目的是帮助学生理解课文内容，体会思想感情，积累语言，培养语感，学习作者是如何遣词造句的。这时的朗读不仅要求正确、流利，还应能传达出每部分课文表达的思想感情。在学习全篇课文之后，朗读的主要目的是使学生对课文能有一个更高层次的整体与部分相结合的把握，要求学生能通过朗读表现出作者思想感情的变化过程。在实践中，我们经常看到甲生读了乙生读，男生读了女生读，貌似热热闹闹，其实读前没有要求，读中没有指导，读后也没有及时评

价反馈，学生只是被教师驱赶着为读而读，没有用心、用情去读，有口无心地"念着经"，而且往往是琅琅书声骤然响起，不到一分钟，又在教师的示意下戛然而止，有安排却未到位，有形式却无多大实效，朗读成了课堂教学的一种点缀。这样的朗读事倍功半，而且容易导致学生做事心不在焉、缺乏目的性。因此，朗读训练的安排要合理，目的要明确。什么时候进行感知性的朗读，什么时候进行理解性的朗读，什么时候进行表现性的朗读，教师一定要根据教学目标、课文特点、学生实际等因素做细致而科学的安排。我在教《东方之珠》一课时，在理解的基础上，创设情景："香港这颗东方明珠，吸引了众多游客慕名前来一睹它的风采，谁能做个出色的导游，为游客介绍。"学生情绪高涨，跃跃欲试，顺势引导要想做好导游，首先要把课文读熟，并要读出感情来——读出香港的优美，这样在介绍时，才能眉飞色舞，生动精彩，让游客听了赞叹不已。几句话激活了学生的读书欲望，连平时不爱读书的学生也有滋有味地朗读起来。

三、携手理解感悟，让真情流露

在阅读教学中，把朗读与理解截然割裂的现象并非罕见，分析前读一遍，讲解完后再朗读一遍，甚至根本没去理解，就要求学生读出感情来。一次，听一位老师上《北大荒的秋天》一课，仅仅厘清了文章脉络后，就要求学生读出感情，还说："北大荒的景色这么美，请大家美美地读出来。"为何"美美"，美在何方？课后问学生："景色美在哪儿？脑中有画面吗？""哪些词句写出了景色美？"学生茫然不知所措。诚然，我们的祖先有"书读百遍，其义自现"的古训，正如鲁迅先生所说，在瞎弄里摸索，自悟自得的毕竟是少数。理解课文内容是朗读的前提和基础，只有理解了课文内容，才有可能通过朗读准确传达出作者所要表现的思想感情。朗读还可以促进学生对课文内容的理解，对课文思想感情的体会也将更加深入，它们是相辅相成的，必须有机结合。苏教版小语第九册《鼎湖山听泉》一文，作者以细腻的笔触记叙了鼎湖山奇妙的泉声和听泉时的美妙感受。文中第三段写听泉时的美妙感受，作者用了："那像小提琴一样轻柔的，是在草丛中流淌的小溪的声音……"一串排比句式，将四种不同的泉声分别比成"轻柔"的小提琴声，"清脆"的琵琶声，"厚重"的大提琴声，"磅礴"的铜管乐声，相似而整齐的句式娓娓道来，教学中如能配以优美的画面、引人入胜的音乐，让学生先理解作者用词之精当，语言之美，才能在朗读声中体味出美的韵味。

四、注重朗读指导，让朗读精彩

叶圣陶先生把有感情的朗读叫作"美读"，"设身处地的、激昂处还它个激昂，委婉处还它个委婉……务期尽情发挥作者当时的情感，美读得其法，不但了解作者说些什么，而且与作者的心灵相通"。然而真正能读出感情来并不容易，我们经常会发现有的教师在学生朗读课文前，只是说："我们要带着喜悦的感情朗读"，"请同学们有感情地读读这部分"，或"把×××语气读出来"并认为这就是朗读指导，其实，严格说来，这不是朗读指导，而是朗读要求。学生之所以读不出感情，常常不是因为不知道应该读出什么样的感情，而是不了解怎样才能读出这种感情。诸如此类隔靴搔痒的引导，导致朗读不能熔"导""练"于一炉，不能糅理解、感悟于一体，因此，教师应在引导学生理解课文内容、体会作者思想感情的基础上，在朗读技巧上给予具体的指导，如停顿、轻重、缓急、语气等。但这些指导不可能课课皆有，次次具备，因此，要精心选择朗读训练点，每次训练有个侧重点，锤锤敲打，锤锤有声。如《桂林山水》中的"啊"的读法，可进行音变、气声的训练。"啊"的具体读法是："静啊（a）、清啊（a）、绿啊（ya）、奇啊（ya）、秀啊（wa）、险啊（na）"。还可告诉学生，随着读"啊"字，气流也轻轻带出，以达到"以情带声，

以声传情"之功效。如《再见了，亲人》中小金花跺着脚说的一句话："妈妈，这个仇我一定要报！"学生往往读得快而高昂，像在喊口号。其实，体验小金花内心的沉痛，一字一句读得缓慢而低沉，字字有声，声声有情，更富感染力……学生一旦掌握技巧后，将举一反三，极大地提高朗读教学质量。

由于学生年龄的差别，所以新课程标准中，对各年级朗读训练的要求不大相同，其侧重点也不相同。但从课堂教学手段上来说，小学阶段都应当突出朗读的训练，所以课堂教学中朗读的指导与训练必不可少。叶圣陶先生说过："语文课以读书为目的，教师若引导学生善于读，则功莫大焉。""多读作品，多训练语感，必将能驾驭文字"。所以我们小学语文课堂教学中，重视并加强良好的朗读教学，是非常必要的，它能为我们的学生在以后的语言学习中打下一个良好的基础。

阅读感悟语文之美

北京市顺义区杨镇中心小学

高 安

我国的语言文字是美的，需要我们用心去感悟。我们到底该如何去感悟语文的大美呢？多年的教学经验告诉我：感悟语文之美，读便是其中的一个好方法。

在我的语文教学实践中，一直存在这样一个问题，每当我请学生朗读课文时，学生的积极性并不高，举手的寥寥无几。如何提高小学生阅读的兴趣，使学生尽快进入阅读的角色中，掌握阅读的方法，提高阅读的质量，从而去感悟语言文字之美呢？这是我一直以来思考的问题。《课程标准》要求："语文课程应培养学生热爱祖国语文的思想感情，指导学生正确地理解和运用祖国语言，丰富语言的积累，培养语感，发展思维，使他们具有适应实际需要的识字写字能力，阅读能力，写作能力，口语交际能力。"在读白金声老师的《我为语文而来——白金声教学艺术》这本书时，引发了我对阅读教学的思考，我认为阅读教学应该以读为本，以悟为主，实施"读、悟"融为一体的教学策略。

一、语文教育之本——读

叶圣陶先生曾经说过："吟诵就是口、耳、心、眼并用的一种学习方法……亲切的体会在不知不觉之间，内容与理解化为自己的东西，这是一种可贵的境界。"古人常说"书读百遍，其义自见"，朱熹对这句话的解释是"读得熟，则不解说自晓其义也"。这说明"读"是理解文章思想

内容的基本方法。通过读，识记生字，掌握词语；通过读，培养语感，丰富知识；通过读，品味欣赏，消化吸收；在读的过程中，口诵心悟，达到"其言皆若出自吾之口，其义皆若出于吾之心"的境地。学习语文，只有达到这种境界才会终身受用不尽。也才能够深刻地感悟语言文字之优美，从而给人以心灵的慰藉。

在平时的讲课和听课中，我也深深感受到，老师们有时候忽略了读的重要性，过于重视分析讲解课文。试想，课文都没有读熟，谈何理解呢？又是如何去感受作者所赋予它的灵魂之美呢？生字的掌握，词语的理解只能是事倍功半的。白金声老师指出，提高学生阅读能力的好方法是朗读。唐彪说："学生背书，必使其声高而缓，先生用心听，则脱落讹误之处，了然于耳，然后可以记其脱误，而令其改正。"白金声老师在书中谈到，今人对背诵非议颇多，往往讥之为"死记硬背"，这是一种偏见。众所周知，少年儿童如"日出之阳"，朝气蓬勃，精力旺盛，他们智窦初开，求知心切，善于记忆，此时背的，如石上刻的。农时不可违，学时也不可违，趁他们记忆的黄金时期，多花点精力用在背诵上。如何背诵呢？自古的好方法便是熟读成诵。从而去感悟其中的美，使人身心愉悦。

在教学中，我特别重视对学生的朗读训练，培养学生在初步理解课文内容的基础上指导学生进行朗读，要求他们读每篇课文都要用正确流利的语言读出语气、读出节奏、读出感情、读出其中的美。首先，要正确地读，要求学生用普通话，声音洪亮，吐字清楚，读准字音。其次，是流利地读。在正确读的基础上，重点要求读得连贯自然，不读破词句。最后，是有感情地读。在读音正确、速度合适的基础上，把握语气的轻重缓急，尤其是要读好人物对话的不同。

"以读为本"，不是一遍一遍地机械重复，而是要一遍有一遍的目的。阅读教学中，教师先要让学生明白为什么要读这些内容，然后才是怎样读好的问题。如要求孩子们在读中找出不会读的词语；读准词语的音；

读通课文；读懂课文的主要内容；读后把不明白的地方告诉老师，以便顺学而导；读流利课文；读中体会文章的标点符号、词语、句子表达的效果，体会它们在表情达意上的作用；读中要求领悟修辞表达的妙用；读中发现文章重点段落的构段方法。例如，教学《咏华山》这首古诗时，我示范朗读感染学生，努力用老师的情怀、情绪影响学生。通过老师的引导，使学生从整体上感知本课的主要内容，激发学生继续研读的学习兴趣。扫清生字生词障碍之后，读古诗，指导停顿，读出节奏。读古诗一定要注意停顿，这样古诗就充满了节奏，同时还要注意重音，这样就能读出感情，读出韵味。最后，理解诗意。同学们来看看这幅图，是不是一下子就理解古诗的意思了呢？整首诗的意思就是：华山的上方有蓝蓝的（天），周围没有别的山比它更（高）。如果登上华山山顶，抬起头看，红红的太阳离我（很近很近）；回过头看，白云（低低地）飘浮在山腰。在理解诗意的基础上，背诵古诗：

只有天在上，更无山与齐。

举头红日近，回首白云低。

古诗教学，对诗意不要做过高要求，老师从第一行的意思讲起，进而告诉学生第一句的意思，最后使学生明白整首诗的大概意思，即从行一句一诗。也就是说，在语文教学中合理而恰当地运用朗读可以大大提高教学效率，深化语文的课堂功效。通过多角度的朗读，使学生能够感受这首古诗中美的境界。登上华山山顶，抬头看红红的上方有蓝蓝的天空，回过头来白云低低地飘浮在山腰。这是多么美的景色啊！如果我们不多加朗读又怎么能体会到其中的优美之处呢？

二、读有所悟

感悟，感知而领悟。在读中领悟，就是把读书与思考结合起来，学生对课文有所领悟，有利于逐步形成阅读和表达的能力，是谓"善教者授其法也"。阅读教学中，要避免烦琐多余的内容分析就必须注重和突出"感悟、积累、运用"。课程标准提出的"感悟、积累、运用"，除了读之外，还存在着大量的其他学习活动，例如说、听、写、思考、游戏等。读是感悟、积累的重要手段与方式，说、听、写、思考、游戏等也是积累、感悟、运用的重要方式。我们的语文课堂提倡以读代讲，是为了减少教师对课文进行烦琐零碎的分析，把读书的时间更多地还给学生。让学生在读中感悟，鼓励学生说出自己的感受，分享自己的生活经验，有了学生自身的感悟，才能让文本"活"起来，让课堂具有生命力，从而才能深刻地感悟中华语言之精美。语文感悟能力的培养，需要我们语文老师做长期的、细致的、积极的引导和训练。只要我们在语文教学中坚持"以读为本"的训练，学生与语言充分地面对面接触，品尝语言的"原汁原味"，就能有效地引导学生与作者进行情感沟通，产生共鸣，从而达到以读为本，构建富有生命活力的语文课堂教学之目的。语文阅读不应是生活中随意的漫无目的的消遣性阅读；也不应是一般的了解性的浅尝辄止的阅读；它应该是一种全身心投入的欣赏性阅读，应当以一种积极向上的审美心态，集中自己全部心智，去充分感受、理解、欣赏、评价文本中的人与事、景与物、情与理，不仅要观其"言"，更要品其"味"，悟其"神"，让阅读过程成为学生一次审美的体验，一次发现美的旅程。而选择好了"读"的方式，找准了语言文字情感的基调，才能与文本与作者产生共鸣，涌起随之而至的激情，鲜明的态度与真实的情感也才能从"读"的声音语调里自然而然地流露出来，从而去感悟语言文字之优美。

在我的阅读教学中，我注重让学生把文本与自己的生活实际联系起来，以加强对文本、词语的感悟。教学一年级《我多想去看看》这篇诗歌时，有这样一句话："遥远的北京城，有一座雄伟的天安门，广场上的升旗仪式非常壮观。"我首先出示中国地图，请说说你的家乡在哪？说说从你的家乡到北京，坐车坐多久？再找找新疆在哪里？想象从新疆到北京坐车要多久？用书上的一个词形容新疆到北京的距离是什么？学生们能说出自己家乡到北京要坐三天的火车，这样就理解了新疆到北京的距离非常遥远。我又请同学们说说在生活中，你见过哪些壮观的场面。通过联系实际，使学生理解"壮观"的意思，再让学生朗读中感悟词语的含义。课下，孩子看到操场上一千多名学生在跳跳绳，锻炼身体，跟我说："老师，我觉得操场上场景非常壮观。"有了课堂上的阅读、感悟，学生能够把自己的所见所闻表达出来，为以后的写作打下了基础。多次朗读之后，孩子们自然就悟出了其中的大美之处，不光祖国的文化是美的，我们的日常生活中也处处洋溢着美。

三、注重朗读形式的多样性，更能深刻感悟语言文字之美

课堂教学要避免单调乏味，有效的策略之一是设计形式多样的读书活动，让孩子们在灵活多变的教学过程中充分享受到读书的乐趣。从不同的角度来设计，读书的形式也就多种多样。阅读目的：引读、范读、赛读、评读、品读。阅读速度：速读、慢读、跳读。阅读人数：个别读、开火车读、小组读、男同学读、女同学读、集体读等。是否出声：默读、朗读、背诵。阅读意图：精读、略读、浏览、正确地读、流利地读、有感情朗读。教学《小壁虎借尾巴》时，我给学生足够的读书机会，采用多种形式，如：自由读文、小组读文、朗读、齐读等，不求形式统一，只求学生真正投入。在开始教学时，我让学生自由读文，给每位学生一个比较个体的自由散读的空间，起到读通课文，扫清生字障碍的作用；其间，又展开小组读文，理清课文的主脉，了解文章的内容，知道鱼、牛、燕子尾巴的功能；最后，女生齐读，揭示小壁虎不用借尾巴的原因……总之，只有让学生充分地读文，才能有所感知，才能有所感悟，同时也培养了语感，进而更深刻地体会到我国语言文字的那种震撼心灵的美。

在小学语文阅读教学中，读是悟的基础，悟是读的深入，练是读和

悟的保证，是语言积累和运用的重要手段。语文教师应指导学生把一个个词、一句句话、一段段文，化为有声有色的事，有血有肉的人，丰富多彩的景，真挚感人的情，让学生在琅琅的书声中受到熏陶，培植语感，吸取课文中丰富的营养，充分去感悟语文的大美之处。

让吟诵回归课堂的尝试

北京市顺义区杨镇中心小学

刘 彦

"吟诵"这个词是赵元任先生在 20 世纪 20 年代发明的。当时这种新词还有很多，除了吟诵，还有吟咏、吟唱、吟哦、唱叹、唱读、声读等。2009 年中华吟诵学会成立，在命名的时候决定采用赵元任的说法，叫"吟诵"。

古人没有"写诗"，只有"作诗"，因为诗文首先是声音的作品，而非文字。"作诗"的主要方式是"先吟后录"，鲁迅诗云"吟罢低眉无写处"，说得非常清楚。汉诗文是用声音作出来的！这种方式与今日之上来就写、涂涂改改，或者敲键盘，删除回车，完全不同。"吟"的总体特征是拖长腔，即"歌咏言"，吟诵的独特性几乎都来自这一点。因为有的音可以拖长，有的音拖不长，所以长的就更长，短的就越显得短。同理，高低、缓急、轻重，都被放大了。汉语的语音本就有意义，一旦拖长，声音的意义又被放大了，它就承载了作品更多的意义。

一、吟诵，可以让孩子自主学习

吟诵也并不难学，因为它是遵循汉语本身的声音的。汉语本身是旋律型声调语言，我们的四声本身就带着上上下下的旋律。毫不夸张地说，有的老师十分钟就能教会大家简单地依字行腔，以前的中国人是见字就唱的。总有人说中国音乐落后，连谱子都没有，不像国外，有五线谱，记得那么完整。这种说法真是让人哭笑不得。我们的祖先怎么那么傻啊？

歌词记录得那么清楚，那么仔细，怎么曲谱就扔了呢？唯一的原因是什么——不需要！因为汉字里带着声音呢。

诗文的含义是字义和音义的结合！失去了音义的汉诗文，是残品。吟诵是一种传统的教育和学习方法，是祖先们几千年的总结和发明，特别适合于学习中国传统文化。学习中国传统文化最需要的就是背诵，那不是几个公式就可以举一反三的事情。我们都知道唱歌比朗诵要容易记住歌词，所以吟诵有帮助记忆的功用。然而，这还不是它的主要作用，吟诵更大的作用在于可以激发学生自觉学习和个性理解的潜能。吟诵不仅有旋律、节奏、结构，而且有声音之高下、强弱、长短、清浊，这一切都是用来表达理解的。古代的老师们，教一首诗很简单，就是吟诵三遍。有许多老先生曾经表示过，几十年过去了，老师教的吟诵调，永远都记得。而且，随着年龄的增长，慢慢体会出老师为什么这么吟，为什么这个字高，那个字低，甚至老师的表情、动作、姿态，都清清楚楚地想起来——原来，老师把自己的理解融进吟诵中一股脑地教给了自己。然后，学生自然又要加进自己的理解，觉得老师理解得不对的地方，自己也会修正，慢慢成了自己的吟诵调——这又是一个自主学习的过程。

如《登鹳雀楼》这首诗中"白日依山尽"一句，白日是入声短音，山是长音，依尽是中音，我们的古诗是分长中短音的，不能乱念！有人说王之涣写错了，应该是"红日依山尽"，就是因为没弄明白"山"是长音，日落是个过程。如果是"红日"，"山"就不能读长音了。"黄河入海流"，河、流是长音，入是短音，黄、海是中音。按长短读一下，马上就会感觉到，那么大的黄河转眼就到海里去了。学会吟诵的学生在自主吟诵的过程中自然就明白了这首诗的意思。

二、吟诵，可以让孩子快乐读书

说了这么多，无非是想说明两个问题：吟诵是对的，吟诵是好的，但是这个世界上对的、好的东西有很多，有的不一定要学，有的不一定现在要学。但是我却主张孩子从小学吟诵，因为吟诵是好玩的、快乐的。

吟诵解决了一个十分艰巨的问题，就是读书。一堂精彩的语文课上，可以用讲故事吸引学生，也可以利用多媒体吸引学生，不过这些手段都不能解决学生自主自愿读书的问题，孩子被吸引的并不是书本上的文章本身。现代文还好，我们可以用朗诵的手段吸引孩子。可是一到古诗文，朗诵就有点行不通。不管多么声情并茂，总是离不开四个字：佶屈聱牙！长此以往，孩子会渐渐地远离我们的祖先三千多年来留下的瑰宝，这是很可怕的。

中国人用什么办法呢？就是吟诵，通过中国传统的方法将文字和曲调同时呈现出来，将以往干巴巴的读书变成了特别好玩的歌唱。要是孩子每天唱着歌就读了书，爸爸妈妈讲讲故事唱唱就完成了对小朋友的教育，上了学堂也是老师唱学生唱，大家拍着手做着游戏就学习了，这是一件多快乐的事啊。除此之外，唱的比念的记得牢。现在的记忆学也研究证明了吟诵有助于记忆，很多老师在教学中引入吟诵，也是着眼于此。

三、吟诵，可以让孩子开启心智

在朗读的过程中加入音乐还不光是增加阅读乐趣、记得牢这么简单。对于小朋友来说，他们现在是许多感官发育的关键期，用古人的话来说是开智的关键阶段。吟诵是有助于心理发育的，在心理治疗界有一个门类叫音乐治疗，即通过音乐的方式能够疏解一些心理问题。对于小朋友来说，通过适当的音乐也可以让他们心理和智力更好地发育。西方心理学的音乐治疗理论已经很成熟了，但吟诵和一般的西方音乐治疗相比有更大的优势。西方音乐治疗还是以听为主的，是以模仿和表达为主的，吟诵却是由内向外，是自己唱自己的歌，是与人交流的一种个性化方式，这使得吟诵起到了其他音乐治疗所不能替代的作用。

培养阅读兴趣 养成读书习惯

北京市顺义区杨镇中心小学校

郝超云

阅读是语文学习中一个重要组成部分，随着课程的改革，小学生阅读兴趣和阅读习惯的培养在教学中占据着越来越重要的地位。因此，在教学中应积极培养小学生的阅读能力，使阅读成为陪伴孩子终身学习的良好习惯。

一、营造阅读氛围，激发阅读兴趣

阅读兴趣是学习兴趣的一个重要体现，在教学过程中，充分利用小学生的好奇心理，加以循序渐进的诱导，调动他们的求知欲，培养学生的学习兴趣，带动他们进行课外阅读。这样，就可以提高学生的学习和阅读的积极性，有利于帮助他们获得成就感和享受学习的乐趣。

（一）以好奇心调动求知欲

人类天生具有好奇心，小学生低年级生活经验少，极易产生对周围自己未知事物的好奇心理，表现为好问、好动。我充分利用这种好奇心理并给予正确的引导，增强他们的求知欲，加强对学生通过阅读获取知识习惯的培养。如在教学中，我发现配以一些与故事相关的实物、图画或者小物品作为导线和奖励更能激起学生的主动性。记得我在教学完课文《春夏秋冬》总结时展示出四张不同的春夏秋冬美丽的绘画图片，向充满好奇的学生说："明天要是谁能讲出与课文不一样的四季或是有趣的春夏秋冬，谁就能获得一张美丽的绘画奖品！"第二天，有的学生讲出

223

了自己在课外书上看到的春天里神奇奥妙的知识，有的学生讲出了自己在课外书上找到的冬天里动物的生活习性，有的学生讲出了自己在网上看到的有趣的秋天的多彩世界，还有的学生展示出自己在网上查找到的四季图片并向大家解说等。通过这种合理的诱导，学生在好奇心的驱使下，求知欲被充分调动起来，就会积极主动地去阅读相关的课外知识而寻找答案，获得成就感并增强个人的自信心。同时，老师应该积极运用各种方式引导学生的好奇心，以达到学生自己积极主动寻找相关书籍为导向，拓宽学生的阅读范围和知识视野。

（二）阅读兴趣的层次性定位

当学生拥有了探索新知识、阅读新书籍的欲望，它就成为学生学习的内在动力。但是由于低年级小学生的阅读量不多，阅读面窄，同时缺乏辨别书本好坏的能力，此时，老师要因材施导，针对不同学生的兴趣爱好给予不同的定位指导，推荐一些较好的相关图书给他们。一般而言，我们一年级的学生都比较喜欢看具有配图的小故事或者动画片的配图故事，可推荐他们看图文版的《三字经》《安徒生童话》等；当然，同一年级的学生之间也具有较大的差异，如女生喜欢故事性的书籍，而男生喜欢科普、体育等内容的一些书籍。针对这种情况，我有意地将同班同学根据兴趣分成几个不同的小组，人数可不固定，不定期地让一个小组发言，并在班级建立的图书角贴上小组喜欢看的书籍名称，并写上推荐理由。以此吸引不同小组的注意，去阅读不同类型的书。事实证明，好奇心在各个兴趣小组的人数和人员间的变换很频繁。这样，不仅可扩大学生的阅读范围，还可积极促进学生读书心得的相互交流。

二、以活动为载体，提高阅读效果

阅读兴趣的培养还要在各种活动中让学生感受到阅读获得的成就感，充分挖掘他们的积极性，达到以阅读丰富活动，以活动促进阅读的效果。

开展各种活动，激发读书兴趣。例如开展语文综合实践活动，每项活动以一场比赛的形式出现，把竞争机制引入语文实践活动。使学生在活动中得到成功的感觉，得到他人一句赞许的话、一道敬佩的目光，鼓励学生阅读的内在动力。

（一）利用班级图书角，让孩子感受读书的乐趣

班级是孩子在学校生活的一个大家庭。营造良好的班级阅读氛围对孩子健康成长尤为重要。因此要建立班级图书角，让资源共享，以便于孩子阅读，使孩子乐于阅读。其次，在班级内开展比一比，看谁读得多、读得好、讲得好等各种形式的读书活动，以活动营造读书氛围，使孩子养成爱读书的好习惯。

（二）坚持以读为本，重视读书多种形式

培养学生的读书兴趣，要有良好的读书氛围，才能始终兴趣盎然地学习。读懂一篇课文不要单独重复一种朗读形式。要多种形式交织在一起，使学生不枯燥、有兴趣。如指名读、开火车读、自由读、齐读、默读、分小组读、分角色读、配乐读等多种形式，感悟作者表达的思想感情。

（三）开展课本剧表演，锻炼语言表达能力

在班级里开展兴趣小组的课本剧比赛，更能鼓励学生进行自我创作故事的展示，例如学习《小壁虎借尾巴》一文时，学生们很感兴趣，提前准备好头饰道具，在同学面前表演得有声有色。在课本剧比赛中，学生不仅仅是把故事内容简单复述，相反，学生们往往为了表现得更形象，会配上肢体语言，以达到惟妙惟肖的效果。这样不仅语言表达能力得到锻炼，也展现了很强的创新能力。

（四）开展故事绘画活动，发挥学生想象空间

在阅读兴趣培养过程中，班级可开展故事绘画活动。让学生从阅读的文章或书籍中找出自己最感兴趣的画面，充分发挥他们的想象空间进行绘画，并在旁边写上一两句自己想说的话。同学之间进行讲述展示，能大大激发孩子们的阅读兴趣。

（五）个人阅读成果展示，建立学生自信心

个人阅读成果展示就要设立一个平台，给学生展示自己的阅读所得和阅读后自己所创作的手抄报、绘画作品等。可以以周为时间单位，在班级的空置处设立展示台，每周让学生们自己推荐几个同学展示自己的阅读成果，并向同学们介绍自己一些作品的构思等，让学生们在一个互相交流、互相学习的过程中，感受分享的快乐，建立自信心。也可以根据学生的阅读量，每月评选出 10 名"读书之星"，给读书之星发奖状与奖品，这样既对获奖学生进行了鼓励，也对其他同学起到了促进作用。

三、家校配合，"悦"读无穷

低年级学生的自制能力比较差，在学校里常常要在老师的引导下才能积极主动地阅读各类书籍。然而到了家里，由于受到电视、游戏等影响，导致课外阅读的连续性和时间效率性无法得到有效保证。所以，老师应该寻求与家长配合，建立一个学校加家庭的阅读机制。鼓励家长们积极配合，在家里规划建立一个阅读的小空间，这个小空间由学生和家长自己商量设计布置，如包括书柜、贴图等；鼓励家长参与自己孩子的阅读计划，每天用半小时左右时间进行亲子阅读，分享阅读心得，通过家长的言传身教给孩子树立典范。这样，学生感觉的"孤独、枯燥无味"的阅读也会变得津津有味、乐趣无穷了。而家长与孩子的感情也会在交流中得以加深、得到升华。

总之，"兴趣是最好的老师"，学生的阅读同样是从兴趣开始的，有了兴趣，学生才会主动积极地遨游书海，沉浸在读书的快乐之中。因此，培养孩子的读书兴趣，让书籍的阳光照亮孩子们的生活，陪伴其一生，是我们的光荣任务和神圣使命。